当代儒学

第23辑

主　　办　四川思想家研究中心

主　　编　杨永明　执行主编　郭　萍

四川人民出版社

图书在版编目（CIP）数据

当代儒学. 第 23 辑 / 杨永明主编；郭萍执行主编.
—成都：四川人民出版社，2023.5
ISBN 978-7-220-13256-8

Ⅰ.①当… Ⅱ.①杨… ②郭… Ⅲ.①儒学-研究-
中国 Ⅳ.①B222.05

中国国家版本馆 CIP 数据核字（2023）第 080729 号

DANGDAI RUXUE

当代儒学（第 23 辑）

杨永明 主编
郭 萍 执行主编

出 品 人	黄立新
责任编辑	王定宇
特约编辑	梁 明
封面设计	张迪茗
版式设计	李其飞
责任校对	母芹碧
责任印制	祝 健

出版发行	四川人民出版社（成都三色路 238 号）
网 址	http://www.scpph.com
E-mail	scrmcbs@ sina.com
新浪微博	@ 四川人民出版社
微信公众号	四川人民出版社
发行部业务电话	（028）86361653 86361656
防盗版举报电话	（028）86361661
照 排	四川看熊猫杂志有限公司
印 刷	四川机投印务有限公司
成品尺寸	170mm×240mm
印 张	21.25
字 数	347 千
版 次	2023 年 5 月第 1 版
印 次	2023 年 5 月第 1 次印刷
书 号	ISBN 978-7-220-13256-8
定 价	75.00 元

目　录

"儒家思想之现状与展望"学术研讨会
暨《当代儒学》创刊十周年座谈会专题

当代儒学思想探索

当代儒学文献研究

当代儒学观察家

Contents

On Current Situation and Prospect of Confucianism & Tenth Anniversary Symposium of *Contemporary Confucianism*

Explorations of the Thoughts on Contemporary Confucianism

Researches on the Documents of Contemporary Confucianism

Observations on Contemporary Confucianism

「儒家思想之现状与展望」学术

研讨会暨《当代儒学》

创刊十周年座谈会专题

【编者按】面对 21 世纪全球发展变化带来的新课题，当代儒家逐步走出传统的儒学研究范式，通过新视域的开辟、新资源的挖掘、新方法的借鉴，形成了诸多新思想、新理论、新学派。这不仅使当今儒学界呈现出一幅复杂的思想光谱，同时使儒学的未来发展涌现出了多种可能性。透析现状，展望未来，乃当代儒学进一步发展的必要准备。为此，借《当代儒学》创刊十周年之际，我们于 2022 年 9 月 17 日举办了 "'儒家思想之现状与展望'学术研讨会暨《当代儒学》创刊十周年座谈会"。本辑我们将与学界同仁分享此次会议的成果。

"其作始也简，其将毕也必巨"

——在《当代儒学》十周年大会上的致辞

杨永明*

尊敬的各位专家学者：

大家早上好！

本次会议原计划今年6月中旬在山东大学召开，但因为疫情的原因，一直未能成行。今天我们只能在线上集会，就"儒家思想之现状与展望"展开学术研讨，同时也为庆祝《当代儒学》创刊十周年展开座谈，作为会议主办单位之一，作为《当代儒学》主编，我谨代表四川思想家研究中心和《当代儒学》编辑部，感谢各位嘉宾的光临，并预祝大会取得圆满成功！

下面我就《当代儒学》创刊的缘起，十年来所取得的主要成就和下一步的打算向大家做一简要汇报，敬请各位专家批评指正。

一、《当代儒学》创刊缘起

光阴似箭，日月如梭，《当代儒学》已走过了十个春秋。该刊诞生以来的诸多往事，仿佛就在昨日，是那样的清晰，一一浮现在眼前。应该说，如果没有黄玉顺教授的辛勤付出，就不会有《当代儒学》的诞生。十年来，《当代儒学》"无中生有"，从默默无闻到小有成就，走过了一段极不平凡的路。在此，我们首先要感谢黄玉顺教授，这本刊物从策划创刊一直到今天，黄教授倾注了

---

* 作者简介：杨永明，四川思想家研究中心主任，《当代儒学》主编。

大量心血（包括组织稿源、联系出版社、拓展经费等等），可以说他是这本刊物的灵魂。除此之外，黄教授还为刊物撰写了大量文章，据初步统计，黄教授在《当代儒学》发表各类论文 30 多篇（包括专题论文、访谈、会讲、序言等等），绝对是发表文章最多的作者。其次要感谢崔罡博士和郭萍博士，没有他们的无私付出，这本刊物也许支撑不到今天。特别是郭萍博士接手编辑工作以来，任劳任怨，事无巨细，无不躬身参与，八年如一日，厥功至伟。最后，要感谢在座诸君、各位作者和一如既往关心支持本刊的宜宾学院历届领导，没有这些助力，就没有《当代儒学》的今天。

《当代儒学》最初由四川思想家研究中心（以下简称"中心"）、山东大学儒学高等研究院、台湾大学人文社会高等研究院联合主办，由陈炎教授和黄俊杰教授担任主编，余志民教授和我担任副主编，计划每年出版 2 辑，分为春季卷和秋季卷。但是计划没有变化快，由于种种原因，直至 2011 年 8 月才由广西师范大学出版社出版发行第一辑，当年只出版了这一辑。待 2012 年 3 月出版第二辑的时候，台湾大学人文社会高等研究院退出主办单位，黄玉顺教授替换黄俊杰教授接任主编，当年也只出版了这一辑。2013 年 1 月出版第三辑的时候，山东大学儒学高等研究院也退出了主办单位。自此之后，主办单位就只有四川思想家研究中心了，《当代儒学》从这时起才开始走入正轨，每年按计划出版 2 辑。3-5 辑由我担任主编，崔罡先生担任副主编；自 6 辑起至今，郭萍博士接替崔罡先生担任执行主编。1-12 辑均由广西师范大学出版社出版，13 辑起由四川人民出版社出版。

作为本刊的主办单位，四川思想家研究中心是四川省社会科学界联合会、四川省教育厅依托宜宾学院建设的四川省社会科学重点研究基地，是系统研究四川历代思想家、弘扬蜀学传统并着力构建新蜀学的科研学术机构。中心秉承"传承蜀学菁华，阐释人文精神，开发名人文化，建设文化强省"的宗旨，在科学研究、人才培养、传承文化、服务社会等方面都取得了较为可喜的成绩。黄玉顺教授自 2003 年四川思想家研究中心成立起就一直担任中心的学术委员，作为中心的资深学术委员，黄玉顺教授一直为中心的发展壮大出谋划策，帮助中心确立研究方向、撰写课题指南、评审中心课题等。可以说，这本《当代儒学》的创办，就是以黄教授为中心发展找到的一个重要生长点。中心当时的主要研究对象是以唐君毅为代表的现代新儒家，而现代新儒家就是要在西方文化的冲击下为中国文化寻找出路的一个学派。用唐君毅的话说就是要为在欧风美雨的吹打下而"花果飘零"的中国文化进行"灵根自植"。改革开放以来，随着国力的不断增强，国人的文化自信也不断增强，对以儒学为代表的传统文化越来越重视，出现了研究热潮。诸如"政治儒学""社会儒学""生活儒学""民间儒学""公民儒学"等各种各样的儒学如雨后春笋般冒出来，令人目不暇接、眼花缭乱。与此同时，儒学研究的刊物也不断涌现，除了历史比较悠久的《孔子研究》《船山学刊》《鹅湖月刊》等外，近年来《原道》《中国儒学》《孔学堂》《国际儒学》《走进孔子》《现代儒学》《儒家典籍与思想研究》等刊物也相继问世。正如《当代儒学》在"征稿启事"中所说，"这些刊物的内容，往往是对传统'儒学史'的某种对象化的所谓'客观'研究，在这种研究中，儒家儒学成为'历史上的'东西，即'故纸堆里的'、'博物馆里的'东西，而与当代社会现实生活无关"。为改变这种状况，使儒学研究与当下人们的生活发生关系，为人民的美好生活而贡献儒学研究者的力量，《当代儒学》应运而生。

《当代儒学》在"征稿启事"中对"当代儒学"做了界定，对本刊宗旨和常设栏目也做了介绍，不妨抄录如下：

> 所谓"当代儒学"，是指改革开放以来，尤其是 21 世纪以来的中国"儒学复兴运动"中所出现的新的儒家思想创造、新的儒学理论形态，这些思想理论的探索，旨在回应当今时代的呼唤、解决当今社会的问题。

> 本刊的宗旨在于：通过对当代儒学的研究与评介，推动儒学复兴、中华民族文化复兴的伟大事业。因此，本刊的着眼之点，乃在于儒家的"活的思想"，意在推动当代儒学的思想原创、理论建构，推出当代儒学的重要学派、代表人物。

> 本刊常设栏目有：当代儒家思想探索、当代儒家理论建构、当代儒家学派评介、当代儒家文献研究、当代儒学观察家、当代名儒访谈录等。

二、十年来，《当代儒学》所取得的主要成就

十年来，《当代儒学》是否实现了它的初衷，我想这是一个仁者见仁、智

者见智的问题，似乎无须多说。但是在我看来，至少以下几方面是值得肯定的。

（一）培育人才，壮大研究队伍

一本刊物的成长自然离不开作者的支持，同样作者的学术成长也离不开刊物所提供的平台。据不完全统计，《当代儒学》自创刊以来，共计发表各类论文 500 多篇，作者高达 300 多人。在作者群中既有名流大家，也不乏青年才俊。该刊影响所及，不仅局限于中国大陆及港台地区，而且远及海外（包括美国和韩国）。十年来，大批儒学研究者和儒学爱好者因《当代儒学》而走到一起，砥砺前行，共同为儒学的现代化贡献力量。我们希望《当代儒学》将来能够团结越来越多的作者和读者，进一步壮大研究队伍，发表更高质量的研究成果，对更多的人的当下生活产生更大的影响。

（二）拓展研究方向，努力做到兼容并包

浙江省儒学学会会长吴光先生在《中国当代儒学发展的新态势与新方向》一文中讲道："当代新儒学是从现代新儒学继承而来的，现代新儒学有新心学、新理学、新经学、新仁学等等，这些形态都有一些当代的继承者。"① 其中，新仁学比较集中，包括杜维明先生的"文明对话论"、牟钟鉴先生的"新仁学论"、陈来先生的"仁学本体论"、郭齐勇先生的"民间儒学论"，以及吴光先生本人的"民主仁学论"等，在新心学中，包括熊十力先生、牟宗三先生的新心学等。在新经学中，有马一浮先生的"六艺论"以及马氏的推崇者刘梦溪先生的"新经学"。除此之外，尚有林安梧先生的"后新儒学"与"公民儒学"、涂可国先生的"社会儒学论"、颜炳罡先生的"民间儒学论"、黄玉顺先生的"生活儒学论"、李景林先生的"教化儒学论"、蒋庆先生的"政治儒学论"等等。总之，当代儒学的发展呈现多元化的趋势。

可喜的是，《当代儒学》并非定于一尊，而是以海纳百川的气度，对吴光先生所列举的当代新儒学各个流派一视同仁，所有来稿，不分流派，只要言之有理，论之有据，论证合理，均一体采纳。我们坚信真理愈辩愈明，为此，有意识地组织了各类"访谈"和"对谈"栏目，为各种不同的认识和思想交锋提供平台。

---

① 吴光：《当代儒学发展的新态势与新方向》，《人民政协报》2016 年 7 月 25 日第 10 版。

（三）推动儒学现代化，使儒学从书斋走向生活

黄玉顺教授在《儒学之当前态势与未来瞩望》一文中将当代儒学划分为三派：原教旨主义儒学、自由主义的儒学、马克思主义儒学。黄教授在该文中对儒学发展的前景进行了展望，强调指出："儒学要避免被时代所抛弃的命运，就必须接受现代文明价值；为此，儒学自身首先需要现代转型，即实现儒学现代化，成为某种'世界儒学'或者'人类儒学'，而非某某主义的儒学。"① 这不失为见道之解。那么，如何才能实现儒学的现代转型，实现儒学现代化呢？吴光研究员认为，"当代儒学的发展方向是走出书斋，面向大众、面向现代、面向生活，建设大众的、生活的、民主的新体新用新儒学"。并且认为"儒学如果脱离生活，就是一潭死水，如果不讲民主就像无水行舟，寸步难移。儒学只有深入生活、面向大众才有源头活水，只有会通古今、兼容中西才能继往开来，就像朱熹诗句所说的：'问渠哪得清如许，为有源头活水来'"②。这与《当代儒学》的学术追求不谋而合。显然，这也是黄玉顺教授所提出的"生活儒学"的题中之意。

《当代儒学》不仅就"生活儒学"出版过专辑，也就"政治儒学""自由儒学""冯友兰新理学"等组织过专题研讨，其目的就是要使儒学研究与当代人们的生活发生联系。

（四）传承文化，增强文化自信

面对百年未有之变局，中国向何处去？世界向何处去？如何为解决世界难题贡献中国智慧和中国方案？中国共产党对这些问题做出了令人信服的回答。中国特色社会主义的高歌猛进，无疑增强了国人的"四个自信"特别是文化自信。近年来以儒学为代表的传统文化出现了官方倡导、学界响应、民间跟进的良好态势。郭齐勇先生在《近年来中国大陆儒学的新进展》一文中谈到中国大陆儒学的两项长足的发展："一为民间儒学的兴起，二为儒学新系统的建构。"他称前者为"立地的面向"，称后者为"顶天的面向"，并指出"这两个

---

① 黄玉顺：《儒学之当前态势与未来瞩望》，《孔子研究》2018 年第 4 期。
② 吴光：《"三学"在当代的定位与精神》，载"扬州发布"网，http://www.yznews.cn/p/1410023.html，2022 年 9 月 14 日。

面向的新发展象征着儒学在现代社会的自我更新"①。

应该说,郭齐勇先生的判断是有充分依据的。《当代儒学》就是在弘扬优秀传统文化的大背景下诞生的。按照郭齐勇先生的说法,《当代儒学》作为"顶天的面向",为儒学新系统的建构做出了自身的贡献。通过十年的发展,该刊不仅有力地推进了以儒学为代表的传统文化的研究,而且扩大了传统文化的影响力,对传承中华优秀传统文化和增强国人的文化自信贡献了一份微薄的力量。

三、展望未来:对《当代儒学》的期待

学术刊物是学术研究成果集中展示的重要载体之一。《当代儒学》自2011年创刊以来,至今已满十年,逐渐在国内产生了一定的影响力。《庄子·内篇·人间世》中说"其作始也简,其将毕也必巨"。我想,《当代儒学》从无到有,从小变大,从弱变强,前途光明。我真诚地希望各位与会嘉宾并通过你们团结更多的专家学者为《当代儒学》惠赐大作,为本刊的发展提出意见和建议,使这份刊物能够越办越好,早日成为 CSSCI 收录的集刊,从而在学界产生更大的影响力!

谢谢大家!再次祝愿本次研讨会和座谈会取得圆满成功!

---

① 郭齐勇:《近年来中国大陆儒学的新进展》,《广西大学学报》(哲学社会科学版)2015年第1期。

何谓"当代儒学"

黄玉顺[*]

　　转瞬之间，《当代儒学》辑刊已创刊十周年，共出版了20辑，可喜可贺！不仅如此，实际上，《当代儒学》辑刊已经在学术界、思想界具有相当的影响力。

　　此何以故？当然与《当代儒学》的办刊宗旨的自我定位密切相关。借此十周年纪念之机，我谈谈自己对"当代儒学"这个概念的理解。

　　从第一辑就开始发布的《征稿启事》，其实具有"发刊词"的意味，即宣布了"本刊宗旨"：

　　　　通过对当代儒学的研究与评介，推动儒学复兴、中华文化复兴的伟大事业。因此，本刊的着眼之点，乃在于儒家的"活的思想"，意在推进当代儒学的思想原创、理论建构，推出当代儒学的重要学派、代表人物。

　　就此宗旨，我想讨论以下三点：

一、"当代儒学"不是指的前现代的儒学研究

　　辑刊在《征稿启事》中指出：

---

　　* 作者简介：黄玉顺，山东大学儒学高等研究院教授，博士生导师。

近些年来，儒学研究的刊物纷纷涌现。但是，这些刊物的内容，往往是对传统"儒学史"的某种对象化的所谓"客观"研究；在这种研究中，儒家儒学成为"历史上的"东西，即"故纸堆里的""博物馆里的"东西，而与当代社会现实生活无关。

这就是说，当代人的儒学研究，并不一定就是"当代儒学"。

事实上，当今的许多儒学研究都与"当代"无关，大致可分为两类：一类是无价值立场的所谓"学术研究"，即是对属于前现代的儒学史的所谓"客观"研究；另一类则是有价值立场的研究，然而其立场恰恰是一套前现代的价值观，乃至有人要为帝制时代的"三纲"招魂①。

这些当然绝非"当代儒学"。"当代儒学"强调"活的思想"，乃是对现实生活的趋向、人类社会的趋势的回应，是对儒家思想的实质"推进"，而不是"发思古之幽情"，不是津津乐道于前现代的所谓"学问"，更不是复古主义的、"原教旨"的所谓"回归"。

二、"当代儒学"甚至不是指的现代性的儒学

所谓"现代性的儒学"，最典型形态是 20 世纪兴起的"现代新儒学"②；它的时代本质，就是"现代性"（modernity），即是用儒学的话语来表达新文化运动的时代诉求，如"民主与科学"③。所以，我称之为"现代性诉求的民族性表达"④。

---

① 黄玉顺：《大陆新儒家政治哲学的现状与前景》，《衡水学院学报》2017 年第 2 期，第 69-71 页；《儒学的现状、教训与经验——政治哲学层面的观察与思考》，载作者文集《生活儒学与现代性问题》，成都：四川人民出版社，2019 年版，第 251-256 页；《儒学之当前态势与未来瞩望》，《孔子研究》2018 年第 4 期，第 17-21 页。

② 黄玉顺主编：《现代新儒学的现代性哲学——现代新儒学的产生、发展与影响研究》，北京：中央文献出版社，2008 年版。

③ 黄玉顺：《新文化运动百年祭：论儒学与人权——驳"反孔非儒"说》，《社会科学研究》2015 年第 4 期，第 134-142 页；《"国权"与"人权"之纽结——"五四运动"与"新文化运动"辨正》，台湾《鹅湖》2020 年第 2 期，第 3-13 页。

④ 黄玉顺：《儒学与生活：民族性与现代性问题——作为儒学复兴的一种探索的生活儒学》，《人文杂志》2007 年第 4 期，第 14-19 页；《现代新儒学研究中的思想视域问题》，载《中国传统哲学与现代化》，北京：中国文史出版社，2007 年版，第 50-67 页。

当然，如果仅就中国而论，毫无疑问，"现代性诉求"仍然是时代的基本课题①；但是，如果就整个人类世界而论，那么，后现代主义者所提出的"现代性反思"，则应当是"当代儒学"的题中应有之义。

不过，这种反思的前提，是要辨明"后现代"与"现代性"之间的关系。关于这个问题，我曾提出：真正的后现代主义的"现代性反思""启蒙反思"，本质上并不是现代性启蒙的对立面，而是现代性启蒙本身的一种深化，即对迄今为止的"现代化"结果的不满，认为它还没有真正兑现"启蒙承诺"即"人的解放"②。

于是就有两种不同内涵的"现代性"概念：一种是"反思现代性"所说的"现代性"，其实是在说迄今为止的"现代化"状况；另一种则可以称之为"后现代的现代性"，即作为现代性启蒙的深化的"现代性"。在这个意义上，真正的"反思现代性"本身就是一种"现代性"。

我想，"当代儒学"的时代内涵，应当就是这种"反思现代性的现代性"。这仍然是一种"现代性诉求的民族性表达"，或者说是"现代性诉求的儒学化表达"。

三、"当代儒学"乃是指的当下性的儒学

应当指出："现代性"这个概念毕竟还是存在者化的观念；这就是说，在当代哲学思想前沿中，它还不足以充当最为透彻的方法论概念。要获得真正透彻的方法论，必须进入"前存在者"的思想视域。

辑刊在《征稿启事》中指出：

> 本刊所称的"当代儒学"，是指的改革开放以来，尤其是21世纪以来的儒学复兴中所出现的新的儒家思想创造、新的儒学理论形态，这些思想理论的探索，旨在回应当今时代的呼唤、解决当今社会的问题。

---

① 黄玉顺：《儒家文明发展的时代问题》，《国际儒学》2021年第3期，第110-112页。

② 黄玉顺：《前主体性对话：对话与人的解放问题——评哈贝马斯"对话伦理学"》，《江苏行政学院学报》2014年第5期，第18-25页；《论"儒家启蒙主义"》，《战略与管理》2017年第1期，北京：中国发展出版社，2017年版，第221-250页。

那么，这种"新的儒家思想创造""活的思想"何以可能？这属于当代哲学思想前沿的发问方式：存在者何以可能？

这需要理解"当下性"（immediateness）这个概念。这里的"当下"，并不是指的流俗时间概念中的、与"过去"和"未来"相对的"现在"，而是一个"前时间性"（pre-time／meta-time）的概念，意味着"前主体性""前存在者"的存在，这也就是生活儒学所讲的"生活"①。

我想，"当代儒学"所说的"当代"，就是这个意义的"当下"。因此，我的理解是：《当代儒学》的"当代"并不是一个历史学的概念，而是一个历史哲学的概念；换言之，"当代"并不是一个与"古代""近代"和"现代"相对的概念，而是一个与"前现代"甚至某种"现代性"（详上）相对的概念。

这样的生活存在，其实就是全球化情境中的"共在""共同生活"。只有在这样的生活存在的思想视域中，才有可能生成新的存在者、新的主体性，包括作为当今世界人类的"我们"——"自我"与"他者"，也包括《当代儒学》辑刊所关心的"新的儒家思想创造、新的儒学理论形态"。

当然，这并不是说不能研究前现代的儒学，不能研究儒学史。但是，每当面对这样的研究对象之际，我们应当心知肚明：它们都是既有的存在者化的东西，是前现代的生活方式的产物，因此首先应当接受"当下"视域的"解构"与"还原"，然后才可能有新的"建构"②，也才能够真正适应于新的现代性的生活。

以上是我关于"何谓'当代儒学'"这个问题的几点粗浅的想法，以就教于各位朋友。谢谢！

---

① 黄玉顺："Contemporariness：A Common Field for Dialogue Among Chinese，Western and Marxist Philosophies"（《当代性：中西马对话的共同场域》），《中国社会科学》英文版 2009 年第 3 期，第 176-188 页；《"时间"观念何以可能——从"无间性"到"有间性"》，《河北学刊》2014 年第 4 期，第 18-24 页；《如何获得新生？——再论"前主体性"概念》，《吉林师范大学学报》2021 年第 2 期，第 36-42 页。

② 黄玉顺：《神圣超越的哲学重建——〈周易〉与现象学的启示》，《周易研究》2020 年第 2 期，第 17-28 页。

儒学在 21 世纪还有戏吗，怎么唱？

林安梧[*]

恭喜《当代儒学》创刊十周年，刚刚杨永明院长很清楚地叙述了这个过程，让很多网上的朋友可以因此更清楚。黄玉顺教授又谈到了怎样看待当代儒学，他提出了三大点，讲得非常透彻。

我联想到，21 世纪儒学还有戏唱吗？这个问题是我在台湾的时候，一些年轻朋友问我的。我自己参与的所谓当代儒学，是先参与以"鹅湖学派"为主导的，上溯到唐、牟、徐三位先生，再往上上溯到熊十力、马一浮与梁漱溟几位先生的。刚刚黄玉顺教授大概是把它归到所谓的现代儒学。它现在产生了当代儒学，其实是包蕴到所谓现代化之后，后现代的重新反思的一个儒学，而且有它的当下性。原先的现代儒学，唐、牟、徐几位先生，他们也有那个年代的当下性，但随着时代的变迁起了很大的变化。

我大概在 20 世纪的 80 年代末期开始比较强烈地感受到这个问题，然后在 90 年代开始反思。也因此造成我们《鹅湖》内部发展上有一些不同，一是坚守着一个论题："儒学如何走入现代化？"我现在觉得问题已经不再是儒学如何走入现代化，当然这个部分还是有，现在更重要的议题是："在现代化之后人类的文明该当如何？"

另外，在这个过程里，我们也可以重新反思：所谓的中国传统文化如何走入现代化，这样的思考有着怎样的限制。像牟先生所提出的理论，"良知的自我坎陷"开出知性主体，然后如何融摄现代化。这是它一个诠释学意义上的"理论的逻辑次序"的安排，而在实际上它有一个"实践的学习的次序"与这

---

* 作者简介：林安梧，山东大学易学与中国古代哲学研究中心特聘教授，台湾东华大学荣誉讲座教授。

个是不同的。这是我在20世纪90年代初的时候提出来的问题，一直到前两个礼拜，我与我的学长李瑞全教授就此做了一个论辩，李教授比较站在所谓"护教新儒学"的立场来讨论这个问题，比较坚守着牟先生的立场。这与我比较是站在"批判新儒学"的立场是不同的。他对我所提的内圣外王、交与为体，互藏以为体，交发以为用，我借船山哲学立场而说的，他全然不能理解，很是可惜、遗憾。

这里我们必须回溯思考，从整个现代新儒学，一直到当代儒学的发展过程，再往前追溯到前现代，还有哪些资源，应该要重新去正视。我想有很多朋友也在做这个工作。

在21世纪的现在，中国经过了改革开放以后的进一步的发展，从"文化搭台、经济唱戏"，到"经济发展、文化扎根"，已经从经济的进步，到整个军事、政治、文化，乃至在这个世界上成为一个大国，慢慢进入强国阶段。它所面临的整个世界的地缘政治的崭新问题，很是麻烦，还是因为国际霸权竞争抗衡进入一个新的阶段，陷入了严重的危机。这时候，儒学能够做些什么？这是我们应该去深思的问题。

我自己在做这些问题的研究里，大概想到了一个，总的来讲，是从整个人类文明的反思与疗愈，进而对21世纪文明病的治疗这个问题，大家应该共同努力，儒学、道家与佛教，都可以提供丰富的资源。就这个部分来说，儒学应该进一步地开发这样的资源，这有很多工作要做。我最为关心的是：如何让传统、经典的语汇，通过现代生活和现代学术的语汇，把它表述出来，真正展开深层的交谈与对话。

这就牵涉到，目前我们的学术研究多以哲学史的研究为核心，通常是以古代的话语直接作为概括，而没有真正地、好好地通过现代生活话语与现代学术话语来把它表述出来。这个部分我觉得是必须要花很多功夫的。这与整个学制的养成也是密切相关的，必须要有彻底的反省。

另外就是：重新正视现代性本身，它到底是一个什么样的现代性？刚才黄玉顺教授提到了在后现代之后的现代性，那么真正的启蒙之后的再启蒙是什么？我想从整个启蒙运动发展到现在为止，这个启蒙显然没有真正完成。人类在启蒙过程中，又陷入一个更为严重的，如韦伯所说，一个严重的铁笼（iron cage）之中，这现代性看似理性，却陷入了另一个蒙昧状态。我们可以看到，新冠病毒肆虐的这两三年，人类文明本身面临的不是文明，而是"文暗"，因为这个"明"而导致严重的"暗"，生命实存的存在是被封闭的，这被封闭的存在没有办法回归到存在本身，也无法真正回到自身来彰显其自己。这个部分，尽管在20世纪很多思想家，像海德格尔，或者许多批判理论的学者，他们很早就从各方面去思考到这些问题。但是进到21世纪，我想应该进一步仔细地、深刻地思考这个论题。

我认为，对于政治、经济等多方面而言，传统儒学有一些重要的概念可以重新去理解。譬如说，经济之为"经世济民"，政治之为"政者，正也，子帅以正，孰敢不正?""正德、利用、厚生"等等。这些民国初年以来被批评为泛道德主义的东西，应该重新正视。其实，什么叫泛道德主义？真正回溯到"道"与"德"，道为根源，德为本性，真能做到如其根源，顺其本性，则条理畅达，生生不息。

我认为应该好好去正视整个儒学，要检讨现代新儒学，因为现代新儒学所含藏的西方近代性的主体意识太强，他们往往忽略了真正的儒学所处理到的完整性。儒学其实并不以本心论做主导，而是以心作为一个触动点，心是参赞点，而不是核心点。宋代的儒学就讲"吾儒本天，释氏本心"，我觉得这是可以重新再理解的问题。

我认为完整来说，儒学离不开天道论、离不开道统论、离不开心性论，这三只脚是要共同照顾的。然而当代儒学，现代儒学，我觉得他们太强调以心性做主导，不管心学派，还是理学派，都是以心性之论作为主导，而忽略了真正的、广大的共同体这个概念。这些年来我重新诠释"天地亲君师"，我认为这里隐含了四个共同体：天地是自然的共同体，血缘是人伦的共同体，君是政治社会的共同体，师是文化教养的共同体。人生于世上，离不开这四个共同体。在这个过程里，我们必须要重新来理解这个论题。时代变迁，我们已经从"花果飘零"，慢慢到寻求"灵根自植"的年代。整个世界又回到了讲求文化的崭新年代，其实并不新，而是回到母源，重开生面的新。我们须得正视儒学原本的人伦、民本与自觉的重要性。

这些年来，我在谈这个问题的时候，也想到把儒家的"人伦"与所谓的现代化的"人权"连接在一块儿，把"民本"与"民主"连接在一块，把"自觉"与"自由"连接在一块。我强调：有人伦的人权、有民本的民主、有自觉的自由，这或许可以对西方现代所谓的民主政治，比如说欧美的政党政治已经面临的困境，提出些许讨论针砭。因为美国连一个枪支问题都没有办法妥善处理，这简直不可思议，很显然到最后他只有是"权力摆平"的问题，而没有"真正公平正义"的问题。我们在这里必须回到原先在我们华人世界之中，我们中国传统的正义论是如何的问题，中国原先对理性如何看待的问题，道德与理性以及其他种种之间的关系是如何的问题。在这些问题里面，其实我们有机会反思，现代新儒学呼唤着要现代化，我觉得受到反传统主义的影响是非常深的。他们在谈很多问题的时候，其实是很委屈的，他们之所以委屈，是想委曲求全，然而这是不可能的。反传统主义者的声浪太大了，他们怎么说，已经形成风潮，你不顺着说一些，根本没有可能与他相抗。现代新儒家往往说：中国没有科学，只有科技；中国没有政道，只有治道。然而，这些说法基本上都是不准确的。中国传统政治当然有治道，也有政道，只是不同的政道而已。传统的科技当然也有科学，只是不同的科学，不同典范，不同时代，必须要有一个转折的过程。

前阵子，我还读到有一位先生提到余英时说中国没有神学，言下之意，好像少了神学是一种缺憾。其实不能这样理解，因为在我们来讲，我们并没有一神论的神学，我们是多元而一统，归本于一的道学，这就是我们的国学的根本。须知：我们讲究的是"参造化之微、审心念之几、观事变之势"，孔子赞周易，做的就是这些。这是极为深奥的哲学，比起一神论的神学，当然大异其趣，但你不能说它不如一神论的神学。像这些似是而非，口耳之间传来传去，造成了一种错误氛围，形成了错误意识的视域，这些问题是十分严重的。我们必须要提到更重要的高度，有更多人的关注，引发更多的热烈讨论。

如上所论，我认为"当代儒学"这个提法是重要的，因为当代儒学它不只具有现代性，而且有它的当下性，这当下性就是从古至今，从今继续往前迈进，以当下作为一个连接过去、开展未来的重要切入点。这里面有所谓的"接地气"，不只接地气，而且要"通天道"，进一步，要"入本心"，才能"布乎四体"，才能通达于八方。

就此来说，我认为整个中国文明到了一个崭新的年代，中华文明必须对世界文明有一些贡献。最重要就是我们应该好好地回归我们的传统理念，去开发我们经典中的和平的思维、和平的逻辑。"大道之行也，天下为公"（《礼记·

礼运·大同篇》）的思想也好，道家的"道法自然"也好，还有老子所说让百姓"甘其食、美其服、安其居、乐其俗"，孔子所说"老者安之，朋友信之，少者怀之"这些基本思想，如果全人类的文明能够往这边走，其实是很重要的。

譬如说，我们在国际上碰到一些问题的时候，我们的外交发言应该要进一步提升，达到更高的视点、更宽的胸襟、更广的视域，既能接地气、通天道、入本心，又布乎四体、通达于八方，真正有一个泱泱大国的气度，才能够化解冲突。外交辞令必须注入一些新的东西，要不然的话，就会陷入以西方近现代发展出来的被权力与利益所主导的这样一个霸权的世界，一个霸权逻辑的终极看法里面我觉得这是非常麻烦的。我们儒学当下就得面对这样的当代性，而面对这些当代问题，就应该回溯古典而面对当下，从而有更多的发展可能。

当然哲学史的研究、儒学史的研究都是必要的，我们并不是认为儒学史、哲学史研究不必要，只是儒学史、哲学史的研究也必须用更多的现代生活话语、现代学术话语，而不是用古典的话语重说一遍。这一点包括整个中国哲学、中国哲学史研究，都到了必须赶紧反思的时候了。

感谢《当代儒学》的邀请。这个会我觉得非常有意义。十年，我想这是一个非常重要的"始、壮、究"的过程，一个起点，就是始，进入壮，我们希望它有一个更好的发展，也希望有更多的学者能参与到这里来进行更多的讨论。我就说到这里，谢谢。

儒学研究中的"史"与"论"

——《当代儒学》十年座谈会上的发言

周可真*

这次座谈会的主题是"儒家思想之现状与展望",其中"儒家思想"是关键词。儒家思想是儒家作为一个学术派别,通过它的学术活动,运用一定方法创造出来,并使用一定语汇表达出来的观念与知识系统。讨论"儒家思想之现状与展望",实质上是就儒家的观念与知识系统来探讨和论述儒家的学术方法,包括观念与知识的创新方法和表述方法。

所谓"儒家思想之现状与展望",其实主要不是指儒家学术方法的当前状态与未来走势,而是指儒家思想研究者的学术方法的当前状态与未来走势,因为在儒家思想研究者群体中,除了少部分学者本身自愿站队或被人归队于儒家或新儒家以外,大部分学者并非是儒家或新儒家,只是以儒家思想为学术对象的研究者而已。

所以,我今天在这里要讲的"儒学研究中的'史'与'论'",是针对以儒家思想为学术对象的研究者来说的,是指包括我自己在内的此类研究者研究儒家思想的学术方法而言。但是,因为研究儒家思想必然要涉及儒家的学术方法,也当然要研究儒家的学术方法,并通过这种研究,自觉或不自觉地获得儒家学术方法的滋养,所以,研究儒家思想的学术方法与儒家的学术方法又有联系。我今天是从这种联系中来谈论"儒学研究中的'史'与'论'",也因此,我所讲的"史"与"论"含有双重意义:既指研究儒家思想的学术方法而言,也指儒家的学术方法而言,在具体讲述中,是借助于谈论儒家学术方法

---

* 作者简介:周可真,苏州大学教授。

上的"史"与"论"，来探讨儒家思想研究中学术方法上的"史"与"论"。

一、儒家学术方法上的"史"与"论"

司马谈《论六家要旨》中讲到"六家"（"阴阳、儒、墨、名、法、道德"）之儒家时，把儒家界定为"以'六艺'为法"的一个学派："夫儒者以'六艺'为法。'六艺'经传以千万数，累世不能通其学，当年不能究其礼，故曰'博而寡要，劳而少功'。若夫列君臣父子之礼，序夫妇长幼之别，虽百家弗能易也。"从"'六艺'经传以千万数"一语可以判断，司马谈这里所说"六艺"是指"六经"。所谓"'六艺'经传以千万数，累世不能通其学"，说明儒家学术的范围包括"六艺"的"经"和"传"。《庄子·天运篇》记述孔子对老子的讲话，有"丘治《诗》《书》《礼》《乐》《易》《春秋》"之说，这里的"治"就是指孔子对"六艺"之"经"的研究。《史记·孔子世家》称孔子"读《易》，韦编三绝"，这个"读《易》"之"读"，便是司马迁眼中孔子对《六经》的研究。而司马迁所谓"'六艺'经传"之"传"（zhuàn），则是孔子研究《六经》的著作，是孔子所谓"述而不作，信而好古"（《论语·述而》）之"述"（shù）的一种形式。

"述"的价值基础是"信而好古"，这个"古"主要不是一个时间概念，而是一个价值概念，它所标识的对象对"述"者来说，是具有超现时性的，从而也意味着是非感性的理性存在，这种理性存在是为情感所"好"（与"恶"相对）的价值存在，并且还是为意志所"信"（与"疑"相对）的真实存在。这样一种超现时性的、理性的、真实的价值存在，也就是《礼记·中庸》所谓"仲尼祖述尧舜，宪章文武"（以尧舜之道为祖而述之，以文武之制为宪而章之）的尧舜之道与文武之制，亦即司马迁所谓"儒者以'六艺'为法"的"法"。对孔子而言，"以'六艺'为法"的儒学活动的内容就在于，以圣人之道为根据而阐述之，以圣王之制为法则而彰显之。

按照许慎《说文解字》"述，循也。从辵（chuò）、术声"（案：《说文解字》"辵，乍行乍止也。从彳、从止"）的解释，孔子之"述"《六经》的儒学活动，不只是在语言世界中阐述《六经》思想，更在行为世界中遵循寓于《六经》的圣人之道和体现圣人之道的圣王之制行事。也就是说，儒家学术的表述方法有两种基本形式：其一是对《六经》思想的"言述"，其二是对《六经》思想的"行述"；前者是以言说方式来阐明《六经》之旨，后者是以事为方式来体现《六经》之旨。这就是儒家对于观念和知识的表述方法。

儒家对于观念和知识的创新方法，并不在其表述方法之外，而是寓于其表述方法之中，并通过其表述方法来体现和实现的。也就是说，儒家的学术创新方法是以"言述法"与"行述法"的相互统一为特点的。"言述法"是阐述寓于《六经》之中的圣人之道的"明道"方法；"行述法"是遵循体现圣人之道的圣王之制行事的"体道"方法。

儒学的"明道"方法，是儒学认知活动中求圣人之道于《六经》的经学归纳法；儒学的"体道"方法，是儒学实践活动中行圣人之道于内圣外王之事的经学演绎法。这两种经学方法，就是我所谓儒家学术方法上的"史"与"论"。

《说文解字》说"史，记事者也"，又说"论，议也"，这是"史"与"论"的古义。我这里所说的"史"与"论"并不是完全按照这两个字的本义来说的。所谓"史"，是指起源于"记事"的史学之基本方法而言。顾炎武曾自述其《日知录》的撰写过程，称"某自别来一载，早夜诵读，反复寻究，仅得十余条，然庶几采山之铜也"①。"采山之铜"是在阅读群书过程中，经过反复寻究，从大量经验材料中抽象出来的道理，这是顾炎武经史之学的基本方法，属于归纳法，可名为"史"。

至于"论"，按照许慎的解释，当然无论如何"论"都是指语言活动。但是从东汉经学训诂学家刘熙《释名·释典艺》中所说"《论语》，记孔子与弟子所语之言也。论，伦也，有伦理也。语，叙也，叙所欲说也"② 来看，"论"(lùn) 又并非是指一般的语言活动，而是指有条理地叙述的语言活动，由此引申出"论理""说理"的意义。正是在这种意义上，近代传入西方逻辑学之后，学界多称逻辑学为"论理学"。这样"论"字就获得了逻辑推理的意义，而逻辑学所讲的推理起初只是指传统逻辑的演绎推理，后来则泛指包括演绎、归纳和类比等内在的各种推理形式。西方传统逻辑发展到弗兰西斯·培根时，

---

① 参见《顾亭林诗文集》卷四《与人书十》，北京：中华书局，1983 年版。
② 转引自杨伯峻：《语论译注》，北京：中华书局，1980 年版，第 24 页。

培根抱怨"现有的逻辑亦不能帮助我们找出新科学"①,并指摘"由论辩而建立起来的原理,不会对新事功的发现有什么效用"②,因此提出,"我对于解释自然的指导含有两个类别的部分:一部是指导人们怎样从经验来抽出和形成原理;另一部是指导人们怎样从原理又来演出和推出新的实验"③。这样演绎就获得了新的意义,它不仅指"由论辩而建立原理"的理论性演绎,还指"从原理推演出新实验"的实践性演绎,于是"论"就不仅可以指理论性演绎,还可以指实践性演绎。

根据儒家学术方法的特点和培根逻辑理论中的相关内容,完全可以把儒家求圣人之道于《六经》的经学归纳法,类比于培根所说的"指导人们怎样从经验来抽出和形成原理";把儒家行圣人之道于内圣外王之事的经学演绎法,类比于培根所说的"指导人们怎样从原理又来演出和推出新的实验"。既然是类比,那么,除了相似性,当然还有差异性,其首要差别在于:

培根"从经验抽出和形成原理"的归纳法,是基于对自然事物的观察与实验;儒家求圣人之道于《六经》的归纳法,是基于如孔子"读《易》,韦编三绝"那样反复研读《六经》之文,以及如孔子所说"君子博学于文"(《论语·雍也》)那样广泛地学习古代文化典籍——前者是在自然界中进行的科学归纳法,后者是在文山书海中进行的经学归纳法。

由于这个差别,培根的实践性演绎与儒家的经学演绎也有相应的差别:培根的实践性演绎是根据由科学归纳法得到的自然原理来推演出新的科学实验;儒家的经学演绎是根据由经学归纳法得到的圣人之道来推演出躬行圣人之道的内圣外王之事。

以上所论儒家学术方法,是以"儒家"被界定为"以'六艺'为法"的一个学派为前提和依据的。到了儒、释、道互相渗透和融合的时代(主要是宋明时代),儒家学术的形态发生了重大变化,在宋明时代,理学成为儒学的主流形态。宋明理学的学术方法不再能被归结于经学归纳法与经学演绎法的相互统一。上次在参加研讨蒙培元情感哲学的学术会议上,我作过题为"儒家

---

① 培根:《新工具》,许宝骙译,北京:商务印书馆,1997年版,第10页。
② 培根:《新工具》,许宝骙译,北京:商务印书馆,1997年版,第14页。
③ 培根:《新工具》,许宝骙译,北京:商务印书馆,1997年版,第117页。

的情感哲学与情感推理"的发言，其中提到，儒家情感逻辑思想中作为情感推理法之哲学基础的，起初在孔子为"性相近"的人性论，至孟子则发展为"性相似"的"天人同类"论，到朱熹则进一步发展为"性即理"的理学，再到王守仁更发展为"心即理"的心学。在孟子情感哲学中，"性""理"之间的同一性还不是直接的，在它们关系中，"性"只是"理"的萌芽，还不就是"理"。而朱熹"性即理"的感情哲学命题，使"性""理"之间具有了直接同一性，其情感哲学中也就不存在怎样从"仁"之"性"推出"仁"之"理"的情感归纳问题，只存在怎样从"仁"之"理"（"天理"——宇宙公理）推演出具体事理的问题，所以只要按孔子"近取譬"的"仁之方"来进行情感演绎推理——将"自家身上道理"（朱熹语）推行于日常生活实践，使这"道理"（"天理"）具体落实到日常生活事务中去就行了。朱熹所谓的"致知"，正是指从"本于天而备于我"的"自家身上道理"出发，来进行"因其所已知而推之"的情感演绎，这种情感演绎是自我证验"自家身上道理"的方法，亦即在自己的生活经历中，证验宇宙公理以至于"见得实体"，从而自我确证其"诚实在我"，这是朱熹情感演绎推理所要达到的目标。当宋明理学发展到以"心即理"为基本命题的阳明心学时，"致知"——情感演绎推理，就不再是朱熹所讲的那种自我证验"自家身上道理"的方法，而是王阳明所讲的那种"吾心之良知"自我实现的方法了。在朱熹，"致知"是吾心之理自我觉解的方法；在王守仁，"致知"是吾心之理自我实现的方法。

宋明理学的情感演绎法已经不是儒家经学意义上的学术方法，而是儒家仁学意义上的心性修养方法，不在我今天讨论的范围。我今天要讲的是儒家学术方法，其前提和依据是把经学理解为儒学的本体，即以经学为儒学的本来形态。谈论儒家学术，离开了经学，就无从谈起了。

二、儒家学术方法的缺陷与儒学研究中学术方法的改进

拿儒家学术方法来同培根的"新工具"相比，若撇开其内容而仅从形式上看，二者是相互一致的，都是把归纳与演绎互相结合起来的，而且二者的演绎都是实践性演绎，而非理论性演绎。有鉴于此，这里来讨论一下培根"新工具"的缺陷，是有意义的，因为培根"新工具"的缺陷与儒家学术方法的

缺陷是类似的。

从培根《新工具》中有关其归纳法与亚里士多德以来传统演绎法之间根本区别的论述来看，新、旧两种"工具论"（逻辑理论）所共同面对的问题，是怎样建立"最普遍的原理"。培根指出，亚氏"工具论"的解决思路，是"从感官和特殊的东西飞越到最普遍的原理"①。然而在培根看来，这种"飞越"式的原理建构方式，充其量不过能"建立起某些抽象的、无用的、普遍的东西"②。而培根自己所提出的解决思路则是"从感官和特殊的东西引出一些原理，经由逐步而无间断的上升，直至最后达到最普遍的原理"③。所谓"感官和特殊的东西"，其确切含义是"简单的感官知觉"。培根解释之所以应当"直接以简单的感官知觉为起点"④ 的道理在于："由论辩而建立起来的原理，不会对新事功的发现有什么效用，这是因为自然的精微远较论辩的精微高出多少倍。但由特殊的东西而适当地和循序地形成的原理，则会很容易地发现通到新的特殊的东西的道路，并从而使各门科学活跃起来。"⑤ 按照培根的归纳理论，获得"简单的感官知觉"的途径是"观察和实验"。然而，无论是观察还是实验，其前提是观察者和实验者具备一定知识，必须在一定知识指导下他们才能进行有意义和有序的观察和实验，否则就只能进行动物式的本能活动，这种本能活动是既谈不上是什么观察，更谈不上是什么实验的。如果"简单的感官知觉"真是一种动物式本能知觉的话，以这种本能知觉作为前提的归纳，就不是由已知的判断推出新判断的一种推理形式了，因为"推理是从一个或几个已知的判断推出一个新判断的思维形式"⑥。换言之，如果承认归纳是一种推理形式，那就必须承认，作为其前提的"简单的感官知觉"是一种区别于动物式本能知觉的知识，并同时承认，这种知识的获得是以另一种知识作为前提和根据的。那么，充当归纳前提的一般知识，究竟从何而来？在培根的逻辑理论框架内，无法自洽地解答这个问题。正是这个理论缺陷，使得培根的逻辑理论未能处理好传统演绎法与他的"新工具"的关系，由此造成

① 培根：《新工具》，许宝骙译，北京：商务印书馆，1997年版，第12页。
② 培根：《新工具》，许宝骙译，北京：商务印书馆，1997年版，第12—13页。
③ 培根：《新工具》，许宝骙译，北京：商务印书馆，1997年版，第12页。
④ 培根：《新工具》，许宝骙译，北京：商务印书馆，1997年版，第12页。
⑤ 培根：《新工具》，许宝骙译，北京：商务印书馆，1997年版，第14页。
⑥ 刘仲林：《中西会通创造学》，天津：天津人民出版社，2017年版，第231页。

了形式逻辑演绎法与归纳法的互相分离，使他的"新工具"缺少了理论性演绎方法。

理论性演绎方法以亚里士多德所提出的三段论演绎法为核心内容，当这种方法被人们信奉为"知识工具"而对其认知活动产生实际影响时，它对于求知者的认知活动就具有了如此规约与引导作用，使他们不是以获取那些可以满足各种实用要求的杂多知识为目标，而是注重按必然性推理的要求，来构造使各种知识之间或知识要素之间具有必然联系的知识体系，由此推动西方学术朝着理论化方向发展，从而形成了西方学术推崇哲学的理论思维传统，养成了西方学者好尚思辨的理论思维习惯。

理论性演绎方法不只是具有理论思维习惯的作用，而且对于知识创新具有重要意义。我在即将由中国社会科学出版社出版的新书《元管理哲学》中，具体探讨了理论性演绎对于知识创新的作用，得到的主要结论是：（1）理论性演绎是作为知识发明之基础的灵感得以产生的认知先导。（2）演绎推理和类比推理是促成知识发明过程实验行动发生的认知条件。概念界说和归纳推理是促成知识发明过程中"信息形态转换"（由实物信息到语言信息的转换）和"知识形式转换"（由特殊知识到普遍知识的转换）的认知条件。这些研究结论，实际上是进一步证明了恩格斯的这样一个观点："一个民族想要站在科学的最高峰，就一刻也不能没有理论思维。"[①]

培根的"新工具"固然缺少理论性演绎法，但西方学术原本有重视理论性演绎的悠久历史传统，所以培根"新工具"的缺陷并不至于在实际上严重影响到西方学术的发展。但是，中国传统学术却没有西方学术那种一向重视理论性演绎的历史传统，所以与培根"新工具"的缺陷相似的儒家学术方法的缺陷，对于中国学术发展是产生了实际影响的，它使得以汉代以后以儒家学术为主流形态的中国传统学术，缺乏足够自觉的形式逻辑意识，不重视对人际对话中与语言文字密不可分的认知思维规律的研究，由此导致了理论思维的不发达和相应地对于理论的长期轻视。这种轻视理论的传统思维方式形成于春秋之末，其思想基础是儒道哲学的天道观——道家哲学的天道观以老子声称为圣人所效法的"无名"之"道"为主要标识，儒家哲学的天道观以孔子声称为圣

人所效法的"无言"之"天"为主要标识。这种因形式逻辑不发达所导致的轻视理论的传统思维方式集中体现于中国哲学。对于中国哲学轻视理论的思维特征，张岱年（1909-2004）先生曾在《中国哲学大纲》中明确指出："中国哲学不注重形式上的细密论证，亦无形式上的条理系统。中国思想家认为经验上的贯通与实践上的契合，就是真的证明。能解释生活经验，并在实践上使人得到一种受用，便已足够；而不必更作文字上细微的推敲。可以说中国哲学只重生活上的实证，或内心之神秘的冥证，而不注重逻辑的论证。……所以中国哲学家的文章常是断片的。但中国哲学家并不认为系统的长篇较断片的缀集更为可贵。中国思想家并不认为细密论证是必要的；反之，乃以为是赘疣。"①

轻视理论的传统思维方式一直延续到当代中国，这突出地表现在，官方哲学长期以来一直都把辩证法和形而上学当作两种互相对立的世界观来看待，并把形而上学当作错误世界观予以否弃。然而据实说，就其思维特质而言，辩证法和形而上学是两种不同形式的逻辑思维：辩证法是辩证逻辑思维，形而上学是形式逻辑思维。对形而上学的否弃，乃是意味着在思维方法和思维形式上否定形式逻辑和摒弃形式逻辑思维。

因此，尽管相对于西方学术来说，中国学术向来比较擅长于辩证逻辑思维，但由于形式逻辑的欠发达和相应的理论思维不发达，这种辩证逻辑思维在实际生活过程中往往表现为实践缺乏理论作为先导这样一种特殊形式的知行分离，由此导致的直接后果是：在认知过程中，因缺乏演绎逻辑推理的引导，思维主体难以产生作为知识创新的认知来源的灵感，同时更由于缺乏演绎推理和归纳推理互相结合的逻辑界说与逻辑推理，难以实现由实物信息到语言信息的信息形态转换和由特殊知识到普遍知识的知识形式转换。这是我国学术界至今难以创造出具有逻辑必然性的普遍知识的文化（思维方式）原因。

所谓逻辑的必然性，就是通过逻辑论证所达到的理论上的无可辩驳性，它是以知识共同体对于逻辑论证规则和程序的公认作为前提的。在此前提下，知识创新主体对于其创新成果的逻辑证明，乃是为了证明其创造或发明的知识在形式或结构上是符合逻辑要求的，亦即证明其知识的逻辑合法性，以便使这种个人意见形式的私人知识转化成可获知识共同体承纳的公共知识。由于与形式

---

① 张岱年：《中国哲学大纲》，北京：中国社会科学出版社，1982年版，第8页。

逻辑思维存在严重分离倾向的传统辩证逻辑思维的惯性作用，我国学术界向来具足"事实胜于雄辩"的经验知识信念，却缺乏"逻辑上无可辩驳"的理论知识信念，故而不重视理论思维能力的自我锻炼与提升；由此导致在科学研究中既无足够的自觉意识也无足够的思维能力运用形式逻辑来构造理论，基本上只是利用已有的科学理论来从事开发性的应用研究，抑或充其量能够利用在已有科学理论指导下从事科学实验所获得的第一手经验材料与数据来发表一些科研论文，但这类论文基本上只是对原始材料与数据的初级整理，距离依靠形式逻辑思维创造出新概念、新命题和新理论则普遍尚存不小差距。

改革开放以来四十余年间，包括学术界和教育界在内的整个社会都将目光聚焦于"知"，指望通过全民的崇"知"和对"知"的倾力投入来求得知识的快速发展，但由于轻视理论的传统思维方式的惯性作用，整个社会所倾力以求的"知"，以其总体而言，实际上是既脱离"情""意"又脱离理论思维的单向度的经验之"知"。在现实生活中，整个社会对于这种经验之"知"的追求与对 GDP 的追求互相结合和融合起来，蔚然形成了一股强大的崇实用而逐实利的功利主义思潮，在这种思潮支配下，不仅为马克思主义所特别重视的理论思维被抛在一边，连原本为中华民族所擅长的仁道思维也被弃置一旁，由此造成了理论思维和仁道思维双缺、唯求知识立见实功实效的实用思维大行其道。这种情况亟待改变，否则无论我们主观上多么想提升自己民族的知识创新能力，都是难以在事实上如愿以偿的。

"参照着讲"：现代儒学的第三种讲法

任剑涛*

谢谢主持人沈顺福教授，谢谢郭萍教授的邀请。时间过得很快，咱们《当代儒学》第一期出版还记忆犹新，现在一晃已经十年过去了。如果从2005年在广州召开的《原道》创刊十周年会议，各方诸侯讨论大陆儒学发展的问题算起，当代儒学发展便将近20年了。这多少给人一种时不我待的紧迫感。

关于现代儒学怎样得到好的叙述的思考，确确实实是自现代新儒家第一代即熊十力他们那一代以来就凸显的问题。在这方面，至今需要我们去解释的问题，仍然非常之多。冯友兰先生明确提出来，新儒学不是要"照着讲"，而是要"接着讲"，因此把现代儒学发展的理论目标确立起来。但是如果从儒学的知识学角度来考虑，还是有一些基本的问题有待厘清。我今天就从我的角度来谈谈自己的想法。

毫无疑问，现代儒学之谓"现代儒学"，正是因为儒学面对的处境不是"传统"，而是"现代"，否则它可以在古代儒学或古典儒学的范畴意义上，可以在古代学术史和古典知识史角度做一个很好的清理。现代儒学面临的基本挑战是：如何在基本价值上既能"卫道"又能"求知"。"卫道"的事情，在现代的背景下看，是一个信念，乃至于信仰的问题。如果说把它处理为一个信仰的问题，这就是儒教建构的问题。大陆现在讨论宗教是一个非常敏感的问题，我写过一篇《宗教的塑形：儒教建构与现代儒学的适应性路向》，讨论现代儒学向儒教的转向问题。但这篇文章，在几个地方都没发出，写出来将近两年了，也没能出笼。大家对讨论宗教问题都有退避三舍之感。作为信念的向度，

---

* 作者简介：任剑涛，清华大学社会科学学院教授。

现代儒学建构的问题，实际上就是儒家道德原理的现代重建问题。这是现代儒学选择知识形式的两个基本路向。也可以说是"照着讲"这个学术史的现代儒学第一种讲法之外的、第二种讲法的基本路数。

但我不想从信仰和信念的角度讨论儒学。原因很简单，只要把儒学问题放置到信仰和信念的层面，就触及马克斯·韦伯所说的现代遽变：现代就是一个让神圣和神秘的东西退隐到公共生活幕后的大变局。从传统到现代之变，让信仰、信念主要诉诸为个人的价值偏好与选择。简而言之，在公共层面争辩价值问题，就有些徒劳无功了，价值问题似乎是无法讨论的。于是，在现代知识上是否能够确证某一思想学术体系，可能就对这一思想学术体系的前途与命运发生极大影响。可惜，在中国大陆，不论人们怎么在知识的颓势上挽救儒学，都被大陆有儒教信仰和儒家信念的朋友们所拒斥，说你这个根本就不是儒学立场，不是儒学研究。尤其是以弘扬儒家价值为鲜明主张的"儒家网"，便经常亮出这样的说法，宣称"卫道"的儒学比所谓知识上研究儒学显得更加儒学。究竟凸显"现代儒学"只是个价值宣称的问题，还是有个知识建构问题，本身便成了问题。有及于此，在知识上如何寻求可靠与信仰和信念上如何宣称可信，可能是儒学本身需要清理的一个问题。

如果说，我们把现代儒学的建构看作是信仰和信念的一个宣称，那么就只能成为一个小群体圈子内的一种信仰和信念的相互激励。我认为，这样会戕害儒学。虽然会有朋友认为，在挽救儒家知识颓势上，可能要有信仰和信念作为根基，才保证儒教和儒家能够进入现代情景时不变初衷。我的看法正好相反，如果在现代知识的建构上无法与其他的知识系统，或者是与现代的主流知识对话，而是要么通过一个差异性比较，争取儒学在传统维度上的成立；要么从反思现代和批判现代的角度，试图成为现代的批判者角色，这实际上都给儒学留下了一个巨大的知识真空。什么是知识真空呢？就是儒学在现代知识上的无能为力：只要一谈"现代"儒学，基本上就陷入了一个绝对的知识被动状况。

现代儒学的这个知识被动状况是什么？按我的说法就是，现代儒学一直处在一个自觉和不自觉的"参照着讲"的知识位置上。这是现代儒学讲法的第三种进路。各位同道也许会批评，"接着讲"不就是既要秉承儒家道统又要重建儒家的政统和学统吗？这不已经是一种既接纳西方"现代"，又力图加以超越的现代儒学阐释进路吗？在学术上，它继承着学术史式"照着讲"的优良传统，让儒家保有其传统的原汁原味；在思想上，它将"现代"纳入儒学之中，凸显其"中国的"现代思想学术属性。话是可以这么说。但是，作为现代儒学比较对象的"西方"，似乎就此成为"现代"儒学的一个陪衬者。而这正好是对现代儒学与西学关系的一个颠倒。"接着讲"变成了一个旨在阐述传统儒学中潜存的现代东西，遮蔽了现代儒学其实是"参照"西学才讲述出来的这个根本事实。在"参照着讲"的进路中，西学在主导儒学；而在"接着讲"的进路中，儒学在主导西学。这不符合现代知识史的真相。对现代知识史真相的掩盖，在两个流行命题中显露无遗：一是人们把西学作为一个地域性学问跟中学来比，以中西比较替代古今比较，以中西之争替换古今之变。而我们也不能说只有西方成功实现了古今之变，中国可能也会开辟一个新的古今之变的阳关大道。这是我们最津津乐道的，从官方到民间都是这样。二是进一步将现代化，或者是更宽泛的现代性多元进路取代现代化的规范模式。我们着意强调现代化不止一个方案，而有多个方案、多种道路、多种可能，让人们误以为中国完全可以脱离先期的西方现代化路径，全新开拓出一条"中国的"现代化模式。分析起来，这都是一种对"参照着讲"自我修饰的说法。"参照着讲"，一个最重要的标志，就是国人在讲述现代化、现代性时，必须参照西方思想学术来讲中国古代的思想学术文化与现代转变。如果不做相应参照，我们就不知道怎么讲述传统儒学与现代儒学。这就将作为潜在的、背景的现代知识系统的西学，给摆到现代儒学建构的台面上来了。换言之，我们不得不对儒学的知识处境做一个可能令人不容易接受的、有伤自尊心的揭示。

现代儒学的一切阐述都可以说参照现代知识，或者是现代知识成功的也只有西学知识的情况下呈现的。如果缺少了这个参照系，就不知道现代儒学从何说起。现代儒学的"参照着讲"，已经判然形成了两大知识结构，或者说两大参照进路：一大参照进路是雅斯贝尔斯所说的"第一轴心期"，公元前八百年到公元前二百年这期间出现的种种思想体系之间的比较或参照。第一轴心期诸文化之间存在显著张力，因为中国、西方、印度等等虽然都发现了大写的人，但路向确实有很大的不同、发展结果也有极大的差异。其相互间的张力是什么呢？简而言之，就是由理性传统呈现的古希腊，民法传统展现的古罗马，与立宪张力显现的中世纪，经现代转变而产生了一个完全不同于第一轴心期非西方轴心文明的新的知识结构。这样的张力，是在第一轴心期开辟出来的发展结果，也是在西方率先垂范，而实际上应当被准确称为现代知识结构那里获得了它的一个基本的框架。这样一个基本框架，可以说是我们现在"参照着讲"现代知识的一个最基本的坐标。传统儒学经由第一轴心期诸文化—文明之间的冲击，需要接受第一轴心期胜出的西方文化—文明的重要成果，并将之作为延续且超越自己传统的一个出路。

当下中国的现代儒学"参照着讲"的西学，实际上参照、比较的是第一轴心期产生的西方文明形态。这已经是一种知识位势上的不利处境。现代儒学的建构，是尽全力在改变这样的不利知识处境。问题的严峻性在于，国人似乎还远远没有进入雅斯贝尔斯所说的第二个轴心期的参照或比较。在雅斯贝尔斯看来，第二个轴心期就是由科学技术的迅猛发展所带来的一个新的轴心期。不过，他的预测比较含糊和朦胧。根据当代最新科学的发展，第二轴心期的根本轮廓已经由科学技术的飞跃发展呈现其全新的面目。与第一轴心期形成的确定性知识构成完全不同，第二轴心期正是以打破这一确定性为前提条件，来建构在第一轴心时代完全让人匪夷所思的文明新结构。依据科学技术所带动的第二轴心期已经或将要出现的种种事务来看，可以把它概括为对第一轴心期确定性知识的三大突破。

第一个突破是什么呢？可能是生死的突破。无论在中国，还是在西方，在第一个轴心期都是以人的"向死而生"来设定文化—文明诸规则的。一切伦理的假设、人际关系的假设和人伦秩序的建构，都建立在这一基础上。但是根据美国一些著名人物的预测，比如谷歌的首席未来科学家 Ray Kurzweil 就认为，大约到 2029 年的时候，人类就可以一步步接近永生，到 2045 年，人类将不再受寿命的困扰，正式实现永生。如果一旦实现永生，我们所有的关于忠和孝，也就是关于家庭伦理的规范，就此失去了意义。这对第一轴心期确定的社会伦理、政治伦理和宗教伦理，构成了根本颠覆。随着人突破生死界限，第二个突破就接踵浮现，即人神界限很难维持。原来只有神是不死的、永恒的，因此也就唯有神才可以是真善美俱足的，神的世界才是秩序井然的世界，也才是完美的世界。但是在生死界限突破之后，人神界限也就无法保障。在第一轴心期人类付出极大代价而建构的神之城与人之城的现实与超越对应结构，便因此会坍塌。而在第三个突破上，技术更显示出它的"神力"，曾经是如此鲜明且固若金汤的人机界限，出现了松动。从机械力学时代发展至今，三四百年的时间，技术给我们塑造出一个物的客观世界和人的主观世界的界限。但是如今，技术的发展却似乎使得人机界限正在消失。注入人体的纳米机器人，在维护人类肌体健康上的深度介入作用，确实让人机界限不再鲜明，甚至相当模糊。这是科学技术将要给人类展现的一个全新世界，是第二个轴心期真正崭露阵容的象征性事件。而现代儒学的"参照着讲"，主要还沿着第一轴心期的西方思想学术成就来讲。人们似乎还没有随着西方现代的最新发展来"参照着讲"：执着地参照西方的第一轴心期的"现代"发展"参照着讲"一个"中国的""现代"。

在这种情况下，现代儒学就面临两个重大的矛盾。一个矛盾是，我们面对现代知识结构"参照着讲"的时候，我们的知识是凝固状态的。而不是我们惯常所说的，是一个与时俱进的状态，即不是通常所说的，夏商周三代"损益可知也"（《论语·为政》）。实际上，我们全力追求的还是第一个轴心期西方知识发展的结果。在这里，现代儒学的处境就非常被动了。可以说，现代儒学的主要概念、主要命题、主要论证，即整个现代儒学的知识体系建构，从熊十力"一心开二门"，牟宗三所说的"圆善论""坎陷说"，以及现代儒学家尝试接引的诸如西方宗教、哲学、文化所有的主张，基本上都是"参照"西方现代知识而提出来的。这是一个显见的知识颓势。

现代儒学常常以自己的自尊心来替代必要的知识论证，以其对于价值和信仰的表述、宣称、宣誓，来掩盖其在知识上的低位或劣势的处境，这就很难改变现代儒学的知识位势。与之相关的是，在这样的一种知识位势还没有根本改变的时候，人们还在自觉和不自觉地讨论如何才可以达到西方第一轴心期形成的逻各斯的知识体系之际，没有料到第二轴心期所带来的可能的知识突破，让现代儒学的实际处境和知识建构能力更加被动。现代儒学落伍太多了，当其执着地与第一个轴心期的西方知识体系进行差异性比较，深怀兴趣地在中西文化—文明的相对独立性上提供儒学现代价值的强有力论证的时候，第二轴心期的新挑战，似乎完全溢出了儒家的视野。

儒学的知识建构，如何才有望改变这种位势上的被动性？可能在如下三个方面，需要做出相应的突破，现代儒学的知识颓势才会有一个根本的变化：第一，现代儒学应从执着于第一轴心期向直面第二轴心期转变，以此清醒认清自己的知识处境，改变自己对人的存在处境的第一轴心期单纯、执着的把握模式，高屋建瓴地综观人类的最新发展态势，给出相应的突破性理论解释。否则，人们根本无以改观儒学和现代知识相比的不利位势，一直会处在跟随性发展的窘迫状态。

第二，现代儒学必须要有一种真正面对问题，而不是面对现代和传统知识的优劣来进行比较的知识心态，要跳出一般的、以"卫道"而强调儒学作为人学对人的本质的把握能力之儒家立场。现代新儒家担忧，如果师法现代，那儒家的位置何在？如果不捍卫传统儒家，那儒家的特质岂不丢失？在第二轴心期鲜明浮现之际，儒家除了坚定捍卫人学的基本立场，致力凸显人之为人的本质之外，恐怕必须要尝试建立一种全新的结构，从知识上对人做出解释。

第三，现代儒学在知识建构时的价值信念宣称或信仰宣称有没有必要？有必要，但其安顿的是个人的信仰和信念，而不是解决公共问题。因而儒学研究的公私之分，对我们今天来说，不仅仅是一个简单的建立政法制度的问题，而且是一个重新设定我们个人的趣味和公共讨论的机制问题。这就需要强调知识学建构上的可公度性标准。至于不能公度的东西，对不起，一个人尽可以用以个人安慰，可以在小圈子里互相欣赏和赞美。但那就得承认，它是无法取得公共承认的东西。

于是，现代儒学面临一个从第三种讲法即"参照着讲"，向第四种讲法即"创造地讲"迈进的必要。这是一个需要另做讨论的问题了。我大致就讲这些，谢谢各位。

现代新儒学思想建构的三个向度

赵法生[*]

首先祝贺《当代儒学》创刊十周年，刚才听了几位老师的有关杂志的背景介绍，非常不容易。儒学研究现在特别需要这么一份刊物，既有思想性，又有现实关怀。只有将深度的哲学研究与现实关切结合起来，儒学才能获得内在的生命力，能够回应现实的挑战。像《当代儒学》刊物，目前还太少，可以说是弥足珍贵。

关于现代儒学理论建构如何展开，我从三个方面来谈点浅见：

第一，现代新儒学的思想建构必须面对传统儒学的理性缺失问题。关于中国传统哲学的特点，"五四"一代学人大致已经研究得比较清楚了，张岱年先生将中国传统哲学的特点概括为"一天人，同真善，合知行"，这一归纳全面且精到。同真善就意味着传统的儒家思想没有知识论，缺少探求理性的逻各斯传统。同真善实际上是以善摄真，但真和善在性质上毕竟不同的，整个现代文明是以理性为基础建构起来的，理性在启蒙主义和现代社会建构中发挥了关键作用，是现代化的灵魂，虽然它并不是现代化的全部，但从根本上说，现代化就是理性化。所以，启蒙运动的代表思想家康德才将勇敢地运用人的理性，作为启蒙运动的特征所在。现代日新月异的科技进步，正是理性主义的成就之一，是理性之用。现代科技和经济全球化，将世界各地的文明统统汇入其中。我们已经无可选择地被卷入这样一种现代生活方式，如果我们生存于其间，却不明白这一生活方式的内在逻辑，那就容易以其昏昏、使人昭昭。在这种情况下，如果儒学仍然保持着一天人、同真善、合知行的传统思想结构，理性将无

---

* 作者简介：赵法生，中国社会科学院世界宗教研究所研究员。

法植入我们的文明和生活，我们将成为一个无理性甚或非理性的民族，也不可能建立理性的法治系统，更没有科学上的创造力，因为我们将根本上缺少现代社会正常运作所需要的理性与逻辑这一现代社会的精神基础。

"五四"一代学者，包括牟宗三等现代新儒家，他们已经清醒地认识到了传统儒学在思想结构上的这一重大缺失，所以他们在肯定传统文明价值的时候，也明确地指出了其不足之处，张岱年先生和李存山先生都指出传统儒学以泛道德主义的伦理取代了物理，这种思维模式必将阻碍科学的发展，不可能开出科学。明清之际的儒家对此有所反省，也表现出若干近似于理性思维的萌芽，表现出一些内在的启蒙因素，并未充分展开。这表明儒家和科学民主并不截然对立，但儒学的现代转型需要更为有力的推动。

牟宗三、唐君毅、徐复观等现代新儒家的重要努力之一，就是力图将理性传统植入现代儒学，这也是何以牟宗三要下大气力翻译康德的三大批判，以康德的实践理性重新诠释儒家思想的心性论，他实际上是要把理性主义纳入到传统的心性论结构中，赋予其当代思想活力。牟先生的良知坎陷说，致力于从内圣中开出新外王，开出民主、科学，也是基于同样的理路。不管他们的体系本身有多少可以继续商榷的问题，这种融通中西思想，再造儒家哲学的气魄和识见，都是值得钦佩学习的。

但牟先生的现代新儒学体系建构，目前也面临着众多的质疑反思，这当然并不意味着否认其巨大的思想价值，而是表明现代儒学的思想建构依然在路上，它在寻求新的突破，而牟先生是绕不过去的，因为他太重要。我个人认为，牟先生现代新心学为引进西方的理性精神作了卓越的努力，但在他的思想晚期，通过人的自由无限心，他声称通过借鉴儒释道三家的智慧，最终克服了康德局限，即批评康德自由无法通过知识证明的结论，从而将康德的道德神学发展为道德形而上学。从道德形而上学方面看，这自然是走向了儒释道成德工夫的更为圆融的形态；从其哲学思维来看，则是抽取了康德道德思想的理性根基，因为康德在为科学知识提供了新的论证的同时，也确定了理性自身的边界，而牟先生的自由无限心，恰好是拆除了这一边界。于是，牟先生最后还是回到了传统儒学义理架构，他大乘佛学的"一心开二门"作为普适思想架构，来融合心学和康德，天人之际的分界实际上又被取消了。

康德认为自由是无法认识的，它不在理性认知的范围之内，所以他必须经以三大预设作为道德哲学的前提，所以自由意志只是个设准，它不属于人的知识。可在牟先生这里，人的道德自由是基于一种自由的认识，他最终以儒家的心性融摄了康德的理性。这说明现代新儒学消化理性，仍然还有很长的路子要走。

从这一点来讲，我认为关于中国哲学的合法性这个讨论需要予以辩证的分析。现代中国哲学参照西方哲学的系统，来建立了这种现代中国哲学系统，具有重要意义。要把中国哲学演变为一种有系统的知识论的架构，首先是因为中国哲学本身也包含内在的义理系统，包含丰富的形而上学思想，这样的建构和诠释并非无源之水。其次也是将理性因素引入中国哲学的需要，寻求东西哲学之间的会通，而理性精神正是重要的会通点之一，梁漱溟甚至认为中国哲学最富有理性精神。我们或许可以说中国哲学的理性有其特殊性，但这同样也不否认特殊性之间拥有普遍性，殊相之间存在共相。如果我们只是强调中国哲学的特殊性，否定它具有普遍性，不仅道理上讲不通，也堵塞了中国哲学的现代发展之路。如果那样的，现代新儒学就越来越失去理性和现代性，越来越成为一种封闭的、保守的、僵化的思想，这将是现代中国哲学的失败，这对于中国哲学和中国都不是福音。

第二个问题，现代新儒学的思想建构必须重新诠释儒家的心性论传统。在历史上对儒家的心性论传统有两大诠释体系，一个是宋明理学，一个是现代新儒学，它们构成了先秦之后儒学的两大高峰。但无论是宋明理学，还是现代新儒学的诠释，都还有很多值得讨论的地方。就以心性论而言，它们的创造性诠释，与先秦儒家心性论本来的义理形态之间的关系，还是值得深入讨论的问题，这些比较讨论为当代儒学发展拓展了新的空间。因为理学是通过本体论的建构发展先秦儒家，它的本体论思想受到佛学和道家影响。理学本体论在大大提升儒家形上思维的同时，也把性与情，心与性由一本转化成为二本，二者在基本义理结构上存在明显差异。先秦儒家的天人观、性情论和心性论是一本论，它没有预设性和情，心和性的二本对立，如果将郭店竹简等新的出土文献，与《礼记》《易传》、孟荀等传世文献结合起来，先秦儒学的一本特征就可以清晰地展现在我们面前。理学的二本论是对先秦儒学的一种创造性的诠释，但是它并不完全等同于先秦儒家心性论的本意，厘清二者的同异，才能真正理解理学的创造性价值所在。

先秦心性论的意义，体现在如下三个概念及其联系中：情性、心性、理性。情性，最早的儒家的人性是性情论，它是以情为性的，郭店出土的竹简是最明显的证明，《礼记》也是这样，它们不但不忽视情，而且非常珍视情和高看情。在这个基础上将情内在化，心性化，本体化，把它提升为先天形而上学，才有了孟子的心性论。孟子的心性论是辩证地吸收了七十子的性情论。孟子的这个心性论，其实就是儒家的理性论，这是儒家特有的理性，不同于古希腊逻各斯。它的核心是仁义内在，性由心出，讲四德源于四端，四德就是理性，四端是情性，理性与情性在心性论中获得统一。梁漱溟说中国是理性之国，也是源于这一思想。但不难发现，这种理性恰恰不是知识论的理性。这种理性的本质是心性，它是经由心性开发出来的理性。它不是知识论，它依然是那种同真善、合知行的思想体系。先秦儒家心性论本身确实是缺少一个理性论的传统，它没有这样的理念。

那么，反过头来再来看牟先生的现代心性学，这一种大而精的思想也有其问题，主要问题是他把"气"完全排除在道德的基础之外。他说，情可上下其讲，但与气无关，这虽然把情提了上去，但是情已经被虚化了，已经不是先秦儒家本来意义上的那个情。既然没有"气"，就无法发动道德行为，所谓"即存有即活动"也会落空。所以，我觉得我们要重新诠释和重新认识儒家的心性论传统，还是要回到先秦儒家心性论的根本精神。我们要先把它本来的义理结构清理出来，先把它的思想特点研究清楚。先秦儒家的心性论具有现代性的思想元素，就是对情的重视和张扬，仁根植于情，具有现代思想特征。但同时会发现，由于儒家心性论本身缺少知识论意义上的理性传统，单向的植入很不容易进行，就像牟先生所做的思想实验一样。

第三个，现代新儒学的建构必须回答现代性的挑战。现代性最大的一个特征就是工具理性压倒价值理性。人成为物欲的奴隶，成为技术的奴隶。后发的中国并未有置于现代性之外，一方面社会的现代化很不充分，但现代性问题却已经非常突出。现代性的特征之一是人成为现代科技网络上的一个钮结，人由目的沦为手段，生命失去自主性和意义因而日益异化，这是个严峻的现实问题。由于个体主体性确立进程缓慢，后发国家在这方面的问题甚至比发达国家更为严重。尊重人的道德主体性和人格尊严，本来是儒家人文主义的重要特征，但是，如果处理不好现代性对人性的异化问题，我们可能既没有康德那种理性启蒙意义的人道主义，又丢掉了先秦儒家基于心性论的古典的人道主义，我们将面临理性和心性的双重失落，这将是一种可怕的文明前景，是我们应该全力避免的。

内圣外王与当代新儒学重构

韩　星*

各位专家、各位同道：大家上午好。

首先祝贺《当代儒学》杂志成立十周年，为当代儒学的发展，做了很大的贡献。我原来报了一个题目，刚才听黄玉顺教授这么一讲，我觉得那个题目是讲过去的，所以就想换一个题目，更贴近现实。但是我觉得还是应该把传统和现代联系起来讲，所以我就以"内圣外王与当代新儒学重构"为题做个发言。刚才李若晖教授、梁涛教授也都提到了内圣外王的问题，也给我很大启发。

我认为传统儒家是把内圣外王作为它一个核心的思想结构，能不能叫核心价值观？还需要讨论。在传统儒家，内圣外王进一步展开表述为内外的关系、体用的关系、本末的关系，特别强调以内圣来驾驭外王，用道德精神来指导事业实践，可以说体现了儒家的全体大用。

现在我们面临当代儒学在传统儒学基础上的现代转型。这个逻辑起点，我觉得还是要考虑到对传统儒学的核心结构，也就是内圣外王进行现代诠释和转换。

历史上的内圣外王我就不讲了，反省儒学现代转型的过程可以发现，从近代以来，学界非常重视内圣外王之道，如梁启超，他就在《儒家哲学》这本书当中指出："儒家哲学范围广博，概括说起来，其用功所在，可以《论语》'修己安人'一语括之；其学问最高目的，可以《庄子》'内圣外王'一语括之。……儒家千言万语，各种法门，都不外归结到这一点。"他觉得儒家哲学

* 作者简介：韩星，中国人民大学国学院教授。

非常广博，可以用庄子"内圣外王"来概括。孔子讲的修己安人，修己的功夫做到极处就是内圣，安人的功夫做到极处就是外王。所以儒家的千言万语、各种法门，无不归结到内圣外王。

现代新儒家更是如此，非常强调内圣外王。熊十力先生就认为"昔吾夫子之学，内圣外王"。他说，内圣外王囊括大宇，孔子与儒学的广大就在这里。冯友兰等先生也重视这一方面。现代新儒家在理论上仍然以内圣外王作为构建自己理论的核心结构，他们抓住了这个核心，具体构建思想体系则要借助宋明理学，所以他们非常重视心性之学，以心性之学为本，但还是在内圣外王的构架之中，所以他们把内圣与外王问题化为觉悟与实践、知与行的关系来讨论，提出返本开新，就把心性之学推广到广泛的社会政治实践中去，这是他们的基本逻辑思路。刘述先先生就说："新儒学由民族文化的危机开始，提升到学术与哲学反省与建构的高度，最后仍必须落实到政治、经济、文化、社会、教育等实际层面，不能自甘停留在'游魂'的状态。"

牟宗三、唐君毅、张君劢等人参照西方民主和科学精神，从西方新实用主义和康德的道德哲学入手，寻找中国传统与现代民主政治的契合点，努力使内圣与外王在新的时代重新统一起来，因为他们认为内圣之作为本是不变的，所以他们努力的方向是守持内圣之本，赋予外王新的内涵，提出了以内圣开出新外王的思路，来寻找儒学与中国现代民主政治的契合点，试图在现代环境下，把内圣外王重新统一起来。

他们努力的方向，主要还是强调要持守内圣之本，然后开出新外王。传统的外王是齐家、治国、平天下，他们就提出了民主与科学。这方面大家讨论很多，也有很多质疑和争论。但我觉得这对我们大陆来说还是有意义的。

另外，我觉得除了民主、科学，当然我们现在还得讲人权等等，还有非常重要的一点，就是道德问题。因为道德是我们传统儒家思想最主要的内涵和精神，但是我们百多年来正好把这个最重要的东西给弄丢了，造成西方民主没有引进来，科学引进来又变异了，而传统道德被抛弃了，出现了整体性的道德堕落，文明程度下降。于是当代新儒家不同于以往儒家的"内圣"直通"外王"，改而强调由"内圣"曲通开出"新外王"。新儒家的重镇牟宗三提出了"良知自我坎陷"说，这是大家都知道的。

港台新儒家的这种理论试图影响现实，而且他们确实一定程度上也参与了现代民主社会的构建。所以在台湾，这个问题实际上已经解决了。

针对港台新儒家大讲心性之学，在大陆以蒋庆为代表提出了政治儒学，其实他对所谓心性儒学的理解也有问题，他的盲点还在于讲政治儒学时对于制度设计有许多构想，却因为割裂了政治儒学与心性儒学即内圣与外王的关系，就忽视了进行制度设计和实践操作的儒者自身心性修养和道德人格如何，怎样保证你所设计的是良制善法而不是恶制坏法等等问题，海内外学界对他有很多的批评。

下面我主要谈谈我的一些基本想法。内圣外王是儒家一以贯之的一个内在的思想结构，它传承了几千年，在我们今天儒学的复兴过程当中，是不是就完全过时了呢？我觉得还是应该重视这样一个基本结构。那么，我们怎么来结合现代社会对它进行一个重构，重新建构呢？

我觉得首先是以经明道。像孔子在当时那个礼崩乐坏、天下无道的时代，他主要通过对礼乐文化的历史反思来明道，有了对道的自觉，正因为这样，孔子以及后儒提出和强调道统。明道主要是为了重构、重建道统。

具体讲儒家这个道，我觉得主要还是仁道，就是仁爱的仁道。儒家这个仁道，从孔子开始，它所体现的就是儒家以人为本的基本精神。因为"仁"是儒家核心价值的核心，它是内圣外王的一个主体价值，也就是所谓内圣外王之道的这个"道"的含义。我们经常讲内圣外王之道，那么这个"道"到底是什么呢？我觉得就是仁道。因为仁道它是以天道为终极依据，然后由下学而上达，达到了天人合一的至高的境界。一方面从纵向来说，它推动人的自我的修养，就是克己省察，安身立命，超凡脱俗，达到很高的精神境界；另一方面从横向来说，它推动人推己及人、惠及社会，向外践行仁政，是以博施济众，然后达到一个外王的境界，合起来也就是圣王的至高境界。

所以本于仁心才能有内圣，才能行仁政。内圣是人所培育的精神修养的一个至高的境界，外王是人在社会生活当中的一个现实的发用，所以这二者皆以"仁"为原则和根基。在这个意义上，"仁"就是儒家内圣外王之"道"的基本含义。

怎么来明仁道呢？我觉得还是要通过研读经典，我指儒家最基本的"四书五经"。当然我们现在很多学者提出新时代的经典是否要有所变化，不仅仅是传统的四书五经，像梁涛教授提出的"新四书"，还有郭沂教授也提出了

"五经七典"等。我觉得不管怎么样，就是要通过对经典，像孔子那样的对经典进行研读、阐释。孔子讲"述而不作"，开创了儒家的学统，也就是经学的传统，同时他也彰显了儒家的道统。后代儒者深契孔子整理六经之义，所以强调经以载道、以经见道，通过经典传世来呈现儒家之道。所以，我觉得现在我们要明道还是要通过研读经典。

关于"经"，历史上很多的讲法，像熊十力先生就说过经为常道，是包天地，通古今，无时而言，无时而不然，无地而可易的恒常之道。所以我们今天要明常道，这个常道我觉得主要还是仁道。这样就会在四书五经当中，真正找到儒家的源流本末，来彰显儒家之道，重建儒家道统。

其次，是立本。立本的这个"本"指的就是《大学》讲的"修身为本"。对修身为本，《大学》当然讲得很清楚了。修身为本在今天并没有过时，仍然是我们个人修养的很重要的基本功。儒学的复兴需要"以身体道"的儒者群体的直接推动，因此，如何塑造这一儒者群体，修身为本是切实可行的出发点。

再次，社会儒学。再往外讲一讲，刚才提到了心性儒学、政治儒学，很多学者，包括我也提出了社会儒学等。在儒学史上，心性儒学、政治儒学与社会儒学在博大精深的儒学体系中构成一种三元和合关系，形成了不尽相同的特性。社会儒学的逻辑理路是：修身是社会儒学的根本，家庭是社会儒学的基石，社群组织是社会儒学的展开领域，天下大同是社会儒学的最高理想。如赵法生教授重视乡村儒学，我觉得乡村儒学，就是社会儒学的传统传承下来的非常重要的领域。

问题是，我们国家现在在不断地城镇化，所以我也提出，儒学的复兴还应该重视城镇社区儒学。乡村+城镇，就是整个中国社会。乡村儒学+城镇社区儒学就是社会儒学。这样，乡村儒学+城镇社区儒学互补、融合、共生、共荣，推进城乡相辅相成，协调发展，把乡村文明和城市文明融为一体，实现城乡一体化，推动中国社会整体文明、进步、和谐发展。

最后，制度建构。大家也都提到以仁道为核心来重建中华民族的核心价值体系。在这样的基础上，在传统与现代的转换、中西汇通的基本思路下，吸收当今人类政治、经济、法律、教育等各个方面的有益成果。然后，集中学界、政界、民间各种精英的思想智慧，抓住人类文明进化大开大合的有利时机，全面创建中国的各项制度。

在国体方面，我觉得首先要走出几千年的大一统的模式。然后在政体方面，建立以民主为基础、以法治为形式、以分权制衡为手段、以个人自由为终极目标的现代民主制度。在治理层面，应该复兴儒家礼治治国模式，并与德治、法治结合。礼治是治道的主体，在德治与法治中向上沟通道德，使道德能够落实，向下沟通法律，使法律有所统摄，起着上通下贯、中道制衡的作用，形成德治、礼治、法治立体的综合治理模式。

总之，从内圣外王的角度看，心性儒学是内圣之学，政治儒学和社会儒学，我觉得可以归为外王之学。当今新儒学应该以儒家的中和之道，整合心性儒学与政治儒学、社会儒学，上升到内圣外王之道的高度，来安稳儒家的核心结构，确立儒家的价值主体，与时俱进，吸收世界多元文明的成果，重建圆融圆满的新儒学体系。

我的发言就到这里，请大家批评指正，谢谢。

同情理解与批判重建

——谈当代儒学的发展

梁　涛*

前几天郭萍请我为《当代儒学》的创刊十周年做一个发言。我就结合自己最近一年来的一些感受来谈谈当代儒学的发展。

我觉得近百年来讨论儒学的时候，比较多的是从一种批判的角度来讲。这种批判更多的是外部的批判。五四时期，我们提出了科学民主，是从现代的西方价值，或者说是近代由西方产生出来的现代价值，对它进行批判。1949 年以后，我们也是在历史唯物论的角度对它进行批判。这种批判，我觉得更多的是外部式的。

我们今天来讲当代儒学，来讲儒学的重建，首先要对它有一种"同情的理解"。在上一节主持的时候，我说到我们受了新儒家的影响。我们来看一下，新儒家的这些代表人物对儒学有没有批评呢？有没有批判呢？其实是有的。他们，比如徐复观先生，对宰制化的儒学的批判的深入程度，不亚于五四的陈独秀这些人物。

贺麟先生也说过，五四时期实际上是打破了儒家里面僵化的部分，对儒家起到了思想解放的作用。这种思想解放的作用，其实比曾国藩之流，对儒学复兴的推崇和宣传积极作用更大。所以说，他们也不是对儒学没有批评和批判，有。

但我们要看到，新儒家对儒学的这种批评，是建立在这种"同情的理解"的基础之上，这一点很重要。儒学这么大一个传统，当然有它僵死的、保守

---

* 作者简介：梁涛，中国人民大学国学院教授。

的、落后的，被专制制度所利用的内容，这个当然是需要批判的。但是它也有超越性的，超越了具体时代而具有恒常价值的内容，在今天仍然可以给我们提供精神的滋养，提供人生方向的指引。所以我觉得我们今天来讲儒学，首先建立在一种同情的理解之上。但是现在又出现另外一个问题，我们在讲这个"同情的理解"的同时，对儒学的批判和反省有所不足了。特别是这些年来所谓儒学的复兴，尤其是官方也在提倡儒学，导致另外一个倾向，好像大家对儒学不去反思了，不去批判了，这个问题也是值得我们警醒的，值得我们去思考的，导致哪一个极端都是不恰当的。

对儒学的这样一种重新的理解，我们是在 20 世纪 90 年代的时候，通过研读新儒家的著作，进入了儒学的思想内部。今天回过头来看，我们在今天儒学的重建和复兴的时候，这种深入的批判同样是必需的。甚至可以说，你越是进入到儒学的内部，你越是对它有深入的了解，你才有可能对它进行深刻的批判和反省。如果说你对儒学完全不了解，你是站在外部，当然你也可以批判，但是这种批判的价值就不是太大了。

我看过很多批判儒家的，像邓晓芒先生。邓晓芒先生在西方古典哲学研究中的造诣很高，我看过他的很多文章，受益匪浅。但是他对儒家的一些批判，非常的随意，我觉得这就没有太大的价值，也包括齐惠先生。他们对儒家的这些批判，有些东西不能说它完全没有价值，但是因为他没有对儒学进行深入的研究，没有真正地进入儒学的内部思想体系中去，没有对儒学两千年的历史有个深入的把握，那么这种批判往往失之表面、失之皮相。

那么现在，可以说我们是专门做儒学的，我们对儒学有比较多的同情理解，甚至可以自称为要继承儒家的精神传统。我们该怎么来对儒学进行批评？对儒家进行反省？这同样也是非常重要的问题，特别是在当今这个情况下。

我记得几年前，我请刘笑敢教授到人大来做报告，当时他是讲老子，因为他的《老子古今》那本书刚出版。讲完了吃饭的时候，刘笑敢教授问我说：我今天讲了半天，我看你一声不发，一声不吭，现在我问问你，你来谈谈你的感想，你有什么看法？我说我今天听了一天，你都是从正面来肯定老子，老子思想的正面价值，我没有听到你有一句话去批评反省老子。刘笑敢说：是啊，这个其实是很难的一件事情，你说你怎么批评他呢？你站在外部，你说老子不会使电脑，没有坐过飞机，或者不懂得历史进化？这个没有什么价值，没有什么意义。他这些年也一直在想老子的问题在哪，站在今天的角度怎么反思老子的思想，其实他也没有想得很清楚。当时我就说：对了，我一直期待你，老师你也能讲当代的新道家，如果你把这个问题想清楚，恐怕你这当代新道家就可以讲起来了。这件事情给我留下了很深的印象。

所以说我们要去反思、批判古人的时候，可不是一件容易的事情，只有你深入到了他的思想的内部，对其思想有深入的把握之后，你这样的一种批判和反省，往往才是建设性的。你不是否定了一个什么东西，而恰恰可能是发展了一个什么东西。

这样讲可能还是有点抽象，我想再结合我这两年的一些研究讲一些体会。大家都知道，近十年来，我一直在推动《荀子》的研究，为《荀子》正名，我提出"新四书"，其中就要把《荀子》放进去。我还写过文章，把《荀子》要列入儒家的第14经，列为儒家第14经，都是为《荀子》正名，肯定《荀子》的价值。

但是我在肯定《荀子》的价值、积极的方面的时候，不知大家有没有注意到我对荀子也有很多反思和批判。比如说，我们传统认为荀子是性恶论，我提出了荀子不是性恶论，是心善论。他既指出了以性为代表的向下堕势的力量，也同时指出了以心为代表的向上提升的力量。从这种性和恶的张力中，对人做了深入的反省。我说他这样一种人性论，较之孟子的人性论，是更为完备的一种形态。因为他既思考了善，也思考了恶的来源问题。从这一点来说，我是肯定荀子的价值和意义的。

荀子讲"人之性恶，其善者伪也"。那个"伪"，其实是郭店竹简里上面一个"为"，下面一个"心"那个字。实际上就是心的思虑和活动。善来自什么呢？善来自我们心的思虑活动，我把它简化一下，就理解为是心善论，实际上指的心可以为善论。

但是我也注意到，荀子虽然提到了性恶心善论，可是回到现实中他又讲，圣人可以制作礼乐，普通的人他只能被动地接受圣人的教化。也就是说，荀子认为圣人也是性恶的，这本是很有积极意义的一个命题，但是荀子到此戛然而止，并没有进一步去探讨。相反他认为是什么？一旦人成为圣人之后，他可以完全不受性恶的影响，"尽善挟治之谓神，万物莫足以倾之之谓固，神固之谓圣人"。就是说我把一切都给治理得好，这是神。任何事物都不可能影响到我，这就是固。圣人是什么？就是做到了神和固的那个人。

我们都知道，阿克顿勋爵有句很有名的话，叫"权力导致腐败，绝对的权力导致绝对的腐败"。但是这句话在《荀子》里是不成立的。在《荀子》里头，圣人是不受任何影响的，权力、美色都不能影响，他是绝对可以信赖的。

这样的话，它这个性恶心善论的积极意义完全就被瓦解掉了。在现实中，圣人只有心善，他完全不受性恶的影响。而常人只有性恶，如果没有圣人的教化，没有礼的引导，他就不可能自觉走向善。他说这样的话，又走向了一种圣人的崇拜，一种圣王的崇拜。

还有一点，荀子讲"两贵之不能相事，两贱之不能相使，是天数也"。两个人地位都一样，谁也不愿意服从谁，两个地位都一样低，谁也不愿意去听谁的指挥。那怎么办？只能是区分出尊卑贵贱的等级了。

所以说《荀子》虽然发展了儒家的那一套礼仪秩序，建立了隆礼重法的礼学体系，但是它这个体系完全是建立在一种尊卑贵贱的等级秩序之上。而且他那一套礼，就是不断地强化尊卑等级秩序，他的"礼者养也"，"养"就是培养你的尊卑贵贱等级意识，你处在一个尊的位置上，你要培养你相应的那套礼仪，你是在卑贱的地位上，也要有一套相应的礼仪来约束你。

不光是《荀子》，中国的政治始终认为人只有区分出等级来，才可能形成秩序。这是有问题的，因为人除了这样一个统治和支配的关系之外，还有一种合作的关系。尤其在商品社会中，人的这种合作、契约的关系更为重要。

那么有人说了，今天的科层制也是普遍存在的，的确是这样的，韦伯写的《支配社会学》就是谈这个问题，在一个公司、部队、企业，甚至高校，都有这种科层的体系。但是我们不要忘记了，在现代社会中，公司的法、单位的法，是要服从于国家的普遍的宪法。国家的这种普遍的宪法，是建立在人的一种平等的关系之上，建立在人的一种契约的基础之上。你没有这样一种普遍的平等的法律关系，只有那种支配型关系的话，是非常可怕的。

我现在看到很多人在学《荀子》，荀学成为显学了，可是他们不去反思《荀子》中出现的问题，不去思考中国传统政治中出现的问题，相反还把它的一切东西都合理化，甚至一切都美化，这是值得我们警惕的。

儒家由于他自身的这样的一个发展路径，用侯外庐先生的话说，它是亚细亚的生产方式，亚细亚的路径，它是始终没有把父权制消解掉，它是建立在宗法的关系之中。在传统的父权社会中，父就是君了，家国就是一体，所以他把家庭内部的等级关系扩大到社会，扩大到国家去，始终没有建立起来基于人的平等关系上的一种合作的、契约的关系。这是儒家，也是我们传统文化始终难以走出传统社会，迈向近代的一个很大的障碍。

有这样的等级，在等级的顶端就得有一个圣王。这种圣王的崇拜，以及这种等级政治，是儒家的一个短板，这是儒家里面急需要反思和批判的一个东西。你不把这个东西解构掉的话，它总有一天要借尸还魂的，总是会有人认为自己就是圣王，他总会认为你这个秩序是不对头的，他要来重建这个秩序，而这个秩序又是建立在一种统治服从的关系之上。

所以说对于当代儒学的重建，我觉得刚才李若晖讲的外王的方面、制度的方面，遇到的挑战更大。在这一方面，当然需要我们深刻的反思和批判，而不是去美化它，而不是去合理化它，甚至把它看成一个中国文明的独特道路，中国文明的什么特色，这是会产生严重的问题的。

我就讲到这，谢谢大家。

新世纪儒学本体论的建构

程志华*

谢谢赵法生老师。谢谢《当代儒学》编辑部的几位老师，玉顺老师、郭萍老师、杨永明老师，谢谢他们邀请我来参加研讨会。

刚才听了上面两位教授的报告，很受启发。梁涛教授谈到的一个观点很有讨论的意义，他谈到秩序的问题。我们传统的儒家总讲等差，讲没有等差就没有秩序这样一种思维模式。其实，在现代化的语境下，这样一种思维模式是我们儒家的一个短板，故需要建立在平等基础上的一种新的思维模式。在这样一种模式下去探讨社会秩序可能更有意义，故应该是儒家所致力的一个方面。这是一个观点，对我很有启发意义。

刚才韩星教授谈到了一个观点，这个大语境我很赞同，就是内圣外王这样一种语境。在这个语境下，重构内圣外王之道，是"社会儒学"的主张。他也谈到了民主和科学的关系。在制度的这样一种框架下，如果不恰当，科学也会异化。这个观点也很有意思，科学本身按道理来讲没有什么价值意味，但是它可能异化。这个讲法很有新意。

为什么我要讲前面这两位教授的观点？因为我下面的内容，更多的是"述"的内容，是知识性的，不是"论"的东西。前面梁涛教授、韩星教授他们俩更多的是"论"的，问题意识很强，我这个问题意识相对淡一些。我做了一个PPT，分享出来，可能便于讲解。

我报告的是《新世纪儒学本体论的建构》。为什么说是"述"？是对于这个世纪以来儒家复兴过程当中本体论建构的一种梳理。主要的内容分四个部

---

* 作者简介：程志华，河北大学哲学与社会学学院教授。

分：第一部分，是对于新世纪儒学本体论建构的一个概说；第二个部分，是对于本体论的建构，按照年龄，分了"两代八家"，对他们的观点，本体论的观点，做了一个简单的阐释；第三个部分，是对于他们的形上建构，进行一个总的分析；第四个部分，就是有一个希望。总的是这样四个部分的内容。

首先看第一个部分，就是对于儒学本体论建构的一个概说。新世纪就是进入21世纪以来，关于儒学的复兴和发展，也有不同的说法。一种说法是"六家"的说法，崔罡有一本著作是这样一种说法。还有"十家"的说法，我看到郭沂教授也参加这个会，这是他的说法，关于当代儒学的建构，他列出了"十家"。

我也提出了一个想法，就是"两代八家"。这个角度，和前面的崔罡、郭沂教授不一样。我是单纯从新世纪、这是时间的维度，然后儒学、这是学科的维度，然后形上学、这是层面的维度这样三个维度提出一个说法。这样三个维度的确定就把国外的儒家的建构包括成中英先生等人的说法没有包括进来。

这"两代"，是指两代人。第一代大概是出生于20世纪30年代的四位老一辈的哲学家，他们都有自己的哲学本体论的建构，都是在儒学的范围内来展开的，李泽厚、张立文、蒙培元、牟钟鉴。第二代是20世纪50年代出生的四位新生代的哲学家，陈来、杨国荣、黄玉顺、林安梧。

这样的一种说法是基于我上面讲的那三个范围，新世纪、儒学、本体论这样三个关键词来做的划分。像上面的"六家""十家"当中，没有在这个范围里面论及，也可能有遗漏，如果有遗漏的话，请大家批评指正。

为什么要研究这个问题？其一，因为现在的儒学复兴，刚才我上面的这两位先生，梁涛老师、韩星老师也讲到了这个问题，似乎汹涌澎湃，似乎有所谓的"一阳来复"。研究会刚开始时，黄玉顺老师就谈到这个问题。其实，里面有很多沉渣泛起的东西，有很多不是我们这个时代、这个文明状态应该有的内容。其二，在应该有的内容里面，其实也是分层次的，儒学的本体论、形上学的内容应该是一个必要的内容。就这个角度来讲，上面的两代八家，做了一些探讨。在我看来，我们应该对儒学的形上学建构进行研究，而不仅仅是进行儒学传统价值的弘扬、挖掘、推扩。形上学的建构应该作为我们研究的内容之一。同时我们也应该对照历史上的宋明儒学甚至包括明末清初的儒学这些形态的变化相较来研究，因为宋明儒学和明末清初的儒学，包括后来的现代新儒家，都是一种形上学基础之上的形态的建构。这应该是我们一个不可或缺的语境。其三，就是比较研究。应该和西方哲学有个互动。我们都知道玉顺教授，现象学与儒学的比较研究催生了他的"生活儒学"。其他的老师，像郭沂老师、韩星老师他们也都有相应的建构，赵法生老师在这个方面视野很开阔。我们都应该在这样一种语境下来开展研究，而不应该封闭在儒学的内部来开展，自说自话。在一种开放的语境下进行比较研究，扬长避短，取长补短。其四，是基础理论研究。对于"两代八家"所代表的儒学的形上学建构，应该有一个纯哲学的、纯形上学的、纯本体论的这样一个基本理论方面的探讨。

第二个部分，就是对"两代八家"形上学的分别疏解，简要地把八家的思想给大家做一个汇报。

第一个就是李泽厚先生。李泽厚先生已经仙逝了。就本体论的角度来讲，他的建构是人类学历史本体论。他的理论的问题意识是"一个出发点""三个问题"。"人活着"是出发点，"人如何活""为什么活""人活得怎么样"这三个问题是他的问题意识。

然后是他的"三句教"。"三句教"是他建构哲学理论的一个前提性的预设——"历史建理性""经验变先验""心理成本体"。我觉得，他的理论体系当中，这三句话起着"三句教"的作用——这三句话是他的形上学的前提性预设，是他的形上学建构的基础。

然后是他的历史本体论的体系。他的历史本体论和别人的本体论不一样。他的本体构成一个体系，为多个本体。在他和学生们对谈的过程当中，有很多的提问，说本体只能是一，李泽厚先生却建构了多个本体。但他这个多，是在不同层面上的展开，不同的角度上的发展，是一个自洽的体系。其中最根本的是"历史本体"。基于这样一个根本，然后由实践基础上建构的工具本体，心理结构基础上的认知本体、伦理本体、情本体，方法论角度下的"度本体"。所有的这些东西都奠基于历史的基础上，故它是很类似于历史唯物论的一种观点。

第二个是张立文先生的"和合哲学"。他自己把"和合哲学"与"和合学"做了一个区分。他的本体论的内容主要是在"和合哲学"里来讲的，讲了三个世界、五大原理。根本的概念还是"和合"，"和合"是他的本体建构。

第三个是蒙培元先生的"情感儒学"。前一段时间，蒙先生全集出版的时候开了座谈会，很多专家学者对这个问题有所探讨。我也参加了这个座谈会。我下面的内容，是对他本体的一种解读，一种探索。

他的"情感儒学"的本体就是"情感"，在"情感"基础之上建构了一些基本概念，如：主体思维、心灵、情感、超越、境界、自然，然后他围绕这些概念建构了一个体系。这个体系就是"情感儒学"，独树一家。黄玉顺教授的"生活儒学"，便是在这个脉络下的一种新发展。

第四个是牟钟鉴先生的"新仁学"。"新儒学"区别于以往的仁学，所以他用了一个"新仁学"的概念。他提出来了一个核心概念，当然也就是他的最重要的整体概念，然后通过三个递进脉络、三大命题、十大专论、五大范畴，建构了一个应用性比较强的、论说比较明白的新儒学体系，也是独成一家。

以上是第一代四位哲学家形上学建构的概要。

第二代四位哲学家形上学建构的情况如下：

第一个是陈来先生的"仁学本体论"。在其《仁学本体论》共 12 章的论述下，他采用了"原"这样一种文体来推究"仁"以及"仁"的内容、开展、应用和下落、上升等问题，从而建构起一种本体论。这种本体论体现出来的特点也比较鲜明——接着原来的"仁"来"接着讲"，然后重点放在宋儒形上学的角度来探讨；同时又应了现在的时代的需求，所以也具有一定的时代性。

第二个是杨国荣先生的"具体的形上学"。"具体的形上学"从概念上来讲，是跟以往的两种进路有区别。以往的两种进路，他概括为"抽象形态"和"后形上学形态"，他的进路则为"具体的形上学"进路。"具体的形上学"以"存在"作为本体概念，探讨它的本源性、形上向度、成己成物的过程，来回应真善美等等问题。"具体的形上学"在形上形下、道器之间有明显的沟通的特点。"具体的形上学"对于"抽象形态的形上学""后形上学的形态"讲，是一种既有区别又有联系、有点独辟蹊径的这样一种理路。

"具体的形上学"的问题也很集中，表现为三个方面：是什么，意味着什么，应当成为什么。这样一种理路很有点康德、李泽厚的理路——先把问题提出来，然后去回答。因此，这几家哲学均体现出体系化非常强的特点。

第三个是黄玉顺教授的"生活儒学"。"生活儒学"的关键概念，或者是本体概念，就是"生活"。我们一讲到生活儒学，若望文生义，往往有误解，以为它是社会儒学、民间儒学、城镇儒学那样的概念。其实，在黄教授这里，"生活"是一个本体性的概念、存在的概念。

在这个理论体系当中，他把人的可能从三个角度去进行探讨——生活存在、形而上存在者、形而下存在者。然后，他把体系建立在三个层级之上，表达为"生活论的存在论""形而上学的重建""形而下学的重建"。可贵的是，他把原来的形而上学两级表达为三级，这样可能至少从理论上来讲，更为周延地考虑到了我们原来所没有考虑到的一个方面，上去以后还要下来，上升以后还要下落下来。这在理论上周延性确实非常强。

第四个是林安梧先生的"存有三态论"。林安梧教授参加了今天的会，他的问题意识是由牟先生的"一心开二门"这样一种模型所引发的反思而提出的。在他看来，牟先生原来的理论有限制，一个是忽略了生活世界的总体，一个是表达为主体主义倾向。由此出发，他提出了"存有三态论"，以存有、存在为本体，来解说这个世界，来建构他的理论。"存有的根源"就是形而上之道，"存有的开显"就是"道"经由"可道"而开显出来，"存有的执定"就是"道"定向为万物。

第三个部分，是形上学建构的理论分析。当前的儒学复兴，确实分为好多个向度。"向度"就是理论维度这样一个意思。一个是"生活向度"，要求儒学走向民间，发挥它的人伦日用的作用。第二个是"宗教向度"，大概就是康有为所主张的儒教的这一向度。第三个是"意识形态向度"，指的是儒学在历史上的意识形态主导地位向度。第四个是"哲学向度"。上面提到的"两代八家"的这样一个向度，就是"哲学向度"里的一部分。

这部分的内容是和形而上的命运紧密地联系在一起的。应该说，20世纪一直到现在，形而上学，包括本体论，所面临的挑战冲击是很严重的。一个方面，是实证主义的冲击；一个方面，是实用哲学的冲击；一个方面，是后现代的冲击，它们都对形而上学建构形成强烈的挑战。

形而上学如果要想生存下来，儒学要想发展下去，得走哲学的理路。前面所提及的宗教的、生活的、意识形态的向度是走不通的，理论上、实践上都已经给了我们答案。然而，要建构形上学，核心的还应该是本体论。

形而上学的本体论的建构，以往有两种本体论：一种本体应该是事实本体，以客体为特征；一种是价值本体，以主体为特征。其实，在两种之外还有一种本体，就是客体、主体融合的"道体"，它是对客体主体否定之否定的一种综合的超越。前面提到的好几家，本体状态都是这样的一种"道体"。

本体论的建构不应该是凭空而有的，应该有一些因子，叫问题意识、核心命题、概念体系、实用面向。这四个因子应该是进行本体论建构不可或缺的内容。不是说提出一个本体来就可以叫作本体，也不是说不面对哲学问题凭空而有就可以。这些因子的建构，若没有概念体系的搭建都是不成的。

第四个部分，是本体形态建构应该成为中国哲学登场的一个角度，而且是比较有方向性、"朝阳性"的一个角度。刚才谈到，形而上学面临诸多挑战。其实，当前中国哲学也是命悬一线，尽管我们在这里讨论它。总的来看，整个中国哲学面临着世俗化、民族性、时代性、经学这样四个方面的挑战。这四个方面都对"中国哲学"这四个字形成巨大冲击。所以我们说它命悬一线，一点也不为过。

儒学的形上学建构应该是中国哲学登场的基础或者是重要的一面。在这个问题上有两种鲜明的对立的观点：一种主张放弃形上学的思路，反对从形而上学角度发展儒学，像明末清初部分儒者主张宋明儒学"弃权"一样。另一种是主张从形上学的角度重建儒学，像上述"两代八家"所致力的一样。我是倾向于后一种观点的。

上面就是我给大家汇报的内容，不妥之处请大家批评指正，尤其是"两代八家"，可能挂一漏万，请大家指出来，我们共同完善。

我就说这么多，谢谢。

当代儒学研究的几点思考

刘　丰[*]

　　谢谢法生教授，也感谢会议的邀请，参加《当代儒学》创刊十周年座谈会。其实我个人在平日的工作当中，也从事一点有关编辑的工作，所以特别能感受到办一个杂志所付出的辛苦和努力。尤其是在目前各大学和科研机构的评价体系中，辑刊处于一种比较尴尬的局面，面临着稿源、经费等各种问题甚至是困难，发表的文章有时候得不到学界应有的承认，所以对于编辑的辛勤工作深有同感。在此向坚持了这么多年的《当代儒学》杂志、向编辑部的各位同仁，表示祝贺和感激！

　　前一段时间，收到这次会议的邀请函之后，我也像往常参加学术会议一样，填了一个回执，发给了郭萍，但是后来郭萍和我联系，告诉我说我填的那个发言题目有点过于小了，因为我就是把最近写的一篇文章的题目发给会务组了，所以郭萍说，在这样一个关于《当代儒学》创刊十周年的座谈会上，同时也是关于当代儒学研究的回顾与展望的会上，谈一点儒学史上的某个具体问题，可能不太合适，因此建议谈一个比较大一点的、宏观一点的题目。但我一时也没有想出来一个合适的题目和话题，这主要是因为我个人的研究主要还是局限于一些比较具体的问题上，所以就只好报了这么一个很空泛的题目。

　　我今天一上午是非常认真地听了刚才几位老师的发言，他们对于当代儒学重构的一些思考，对我确实是有很大的启发，很有价值，很有意义。所以，我也就结合着我自己这些年来对于儒学史、学术史的一些研究，来谈一谈我在儒学研究当中的一些体会，同时也结合着这个会议，结合着刚才几位老师的发

---

　　* 作者简介：刘丰，中国社会科学院哲学研究所研究员。

言，再简单地谈一下我的一点粗浅的理解。

我这些年，准确一些说，应该有二十来年的时间，一直在从事儒学史的研究，如果按照会议一开始黄玉顺教授的发言，我的研究主要是局限于儒学历史的研究当中，而且在儒学史的研究中，我的研究更多的是偏重于儒家的礼学研究。

在这二十来年的研究过程当中，我感触最深的一个体会，就是基本以2000年为界，礼学的研究有一个很大的变化。可以说在这之前，礼学的研究基本不受学界的重视，但是在2000年以后，礼学研究受到了越来越多的关注，我个人的研究可以说也是亲眼见证了礼学研究的这个变化与兴盛。

大约在2000年之前，也就是90年代以前，我想可能主要是两方面的原因，导致我们不太关注儒家的礼学。一方面是，过去尤其是从"五四"以来，一直到80年代，我们对儒学基本是持一个批判的态度。从这个角度来看，礼学更多的主要是封建礼教，是落后的，是应该批判的，因此自然也就不会受到太多的关注。

另外一方面，从80年代以来，新儒家的影响在学术界越来越大，但是新儒家对儒家的理解主要突出的是儒家的心性哲学，把儒学越来越哲学化、思辨化，甚至宗教化。从这个角度来看，礼更多的是一些形而下的器物、仪式、制度、经典，好像和形而上的新型传统距离比较遥远。所以从这个角度来看，儒家的礼的问题，自然也不会进到新儒家的视野当中。

所以我觉得，大约在八九十年代、2000年以前，儒家的礼学应该说是相对比较沉寂的。在这之后，由于各方面的原因，主要可能是国学的兴盛、儒学的复兴，礼学就受到越来越多的关注，从各个角度，比如经学的、历史的、哲学的、文献的、宗教的，等等，各个方面受到了学界的关注与研究。以至于到今天，我们无论是哲学界还是史学界，不但都切身感受到了礼学研究的兴盛和热度，甚至在某些方面还是学术界研究的热点，比如在一般距离礼学比较远的哲学研究中，很多学者也都在关注礼学，研究礼学。

简单来说，我觉得这些年来礼学的研究主要是从几个方面展开的。第一就是经学史的，这可能是和这些年来经学的复兴密切相关的。在经学史的脉络当中，经学史上的重点人物，比如郑玄、朱熹，经学史上的"三礼"，历代有关"三礼"的一些注疏，礼学史上的重要经典，应该说都重新受到了一些关注与研究，尤其是一些比较艰深、冷僻的礼学经典在相当长的时间里几乎都没有纳入研

究的视野当中，比如朱熹的《义礼经传通解》等等，但是现在类似这样的经学
著作都受到了研究者的重视，并且已有相当多的、比较深入的研究成果。

第二就是礼制史的研究，这方面的研究主要是在史学界。我过去也参加过
几个重大课题，都是和礼制史的研究有关。这二十来年，关于礼制史的著作，
大大小小出了很多种。前一段时间，应该是 8 月份，中华书局刚出版的一套
《中华礼制变迁史》，四卷本，上海师大汤勤福教授主编的，这也是我参加的
一个课题的成果，也是目前有关礼制史研究，尤其是通史的研究方面最新的著
作。除此之外，一些具体的各种礼仪的研究，学者们结合着考古、古文字以及
传统文献，也都有很多很好的成果问世。

第三个研究方面，可以说是一种综合的研究，尤其是从历史、制度、政
治、思想、社会等各个层面，能够对礼做一个综合的研究。我过去参加过我们
社科院历史所吴丽娱老师主持的一个社科院的重大课题"礼与中国古代社
会"，当然这个课题也是很多人完成的，时间跨度也比较长，从先秦一直到清
代，但是在每一个时间段都是尽可能地采取一种不是单一的，而是综合的、多
角度的，把礼和社会之间的一些复杂关系能够展示出来。

所以就我个人的体会而言，我觉得主要是这几个方面，比如经学的、礼制
的，还有综合的研究，当然除此之外还有礼学思想的研究，可能都是这二十多
年来礼学研究的比较重要的几个方向和研究领域。

这些年我个人也参与到这样的研究当中，我的一个体会就是，礼学研究未
来还会继续地深入下去，包括我个人的研究也还在逐渐地拓展，在深化。所以
我觉得，以后的礼学研究，一方面还是要进一步地深入，比如扩展更多的文
献，把很多问题纳入到这个视野当中来。另外一方面，我也特别主张能够采取
一个综合的视角，把礼制和思想、礼学与社会、礼学思想与社会政治等都能够
连接起来。一般来说，礼制史的研究可能主要关注的是某一种礼制在历史上的
变迁，而礼学思想可能更多侧重的是儒学家们在我们的思想史、哲学史研究当
中体现出来的关于礼的思想部分。这两个方面、两个问题我觉得应该结合在一
起。因为如果光研究思想，脱离了具体的礼制和社会，这个礼的思想的研究就
会显得很空，不能深入下去。另一方面，历史上的礼制，也是在儒家的指导之
下建立的，也是在不断地变迁，礼和当时的政治、社会、思想，都是处在一种
密切的互动关系当中。所以我觉得如果能够把这两方面结合起来，其实也是打

通思想与社会的一个很好的角度和方法，能够推动礼学的研究。这是我首先谈一下我在研究当中的一些具体的体会，尤其是这二十来年，我主要从事的礼学史与礼学思想研究的一个体会。

下面，我结合各位老师刚才发言谈到的儒学重建的问题，从我的研究所关注的角度，来简单谈一下我的思考。

我想把我的思考首先明确地表达一下，其实也没有什么具体的理论成果或一些创新的观点，更多的是一些困惑。因为刚才好几位老师都谈到了，我们当代儒学的建构，如果从当代儒学的发展来看，从某个方面来看，礼学的研究也是参与到、加入到当代儒学的这个队伍当中来了。我想很多人也都能感受到，这些年来礼学研究逐渐地壮大，从它受到的关注和影响来看，它自然也参与到这二十来年当代儒学的研究中来了。

但是另外一方面，从儒学的未来的发展，儒学的建构来看，礼学如何进入到当代儒学的建构当中，我觉得这应该是一个重大的问题。刚才梁涛教授在发言中谈到的，我很赞同，他认为要通过深入到儒学内部去，我们才能去反思，甚至去批判儒学。我想对于礼学也是如此。

在传统儒学当中，或者我们在研究儒学史的过程中，礼是重要的一个部分。从历史的研究来看，如果我们不研究儒学当中的礼学，不研究礼制，那么我们对中国历史、对儒学，我们的认识与研究就会有所缺失，缺一块，是不完全的。但是从当代儒学的发展来看，礼和当代儒学的建构，又确实存在一定的距离。

刚才梁涛教授在发言中着重谈到了他最近这些年来所思考的关于荀子的研究。我们都知道，荀子是很重视礼的。刚才梁涛也是提了一个大的思路，从这个角度，从儒家礼的角度来看，它确实是和我们现代的以平等观念为核心的现代价值，是有大的差距。因为传统的礼尽管表现在多个层次，面非常宽，但是核心的一点，"礼以别贵贱"，这是礼的本质。我们无论如何，无论研究哪个方面的礼，都不能忽视这一点。现在很多的学者对于儒学、对于礼学的研究，我个人的理解，很多学者可能深入进去了，有时候反而被礼的那种雍容华贵、钟鸣鼎食的华丽的、铺张的仪节所遮蔽，反倒把礼的本质，有所淡化甚至忽略了。

所以如果我们从这个角度来看，儒家以礼为核心的这一套礼乐刑政、这一套秩序、制度，我们如何在当代儒学的建构中使它能够加入进来，这对我来说，也是一个很大的困惑，甚至是难题。如果我们从简单的方面来讲，我们谈一些具体的礼的仪式、仪节，包括一些礼的观念，比如过去我也写过一两篇这样的文章，谈"礼之用，和为贵"，类似这样的都可以谈，在我们当今社会的礼俗重建，这样的一种成民化俗的过程中，确实可以发挥礼的一些作用。我在刚才开会的过程中，还有朋友发来微信说要申报课题，报礼与服饰以及它的现代价值这样的一个课题。我觉得在这些具体的层面，我们都可以来借鉴、发挥礼在当代社会的作用与价值，但是从整体上，尤其是上升到制度建构这个角度来看，如何使礼能够进入到当代儒学的重构中来，这是一个重要的理论问题。也许有一种观点，就像刚才有的老师讲当代儒学的形而上发展，当代儒学完全可以成为一种形而上的哲学理论，走这条路子是不是我们就不要这方面的制度、礼乐刑政这方面的内容了？我觉得这至少对我来说是一个很大的困惑，也是一个未完成的课题。

我刚才提到的汤勤福老师主编的《中华礼制变迁史》，当时申报的重大课题是"中国礼制变迁及其现代意义"，当时开题论证的时候，各位专家都一致叫好，说一定要把礼的现代意义给写好。但是最终礼制变迁顺利完成了，现代意义尽管我们也讨论了一些具体的内容，比如从观念上发挥"礼之用，和为贵""礼，时为大"类似这样的一些观念的阐释，也可以写那么一两篇文章，也可以通过一些具体的礼仪的改革，比如冠婚丧祭方面，因为我们现在的生活中很多方面确实比较粗糙一些，需要一些礼的文饰，需要有仪式感，这个方面都可以来做，我们当时也做了一些，但是最终没有形成一个理论化、体系化的思考，如何来凸显礼的现代意义、现代价值，从理论上来讲确实没有完成。

所以我觉得今天参加这个会议，对我来说也是收获很大。刚才几位老师的发言，尤其是梁涛的发言，我觉得对我也是一个很有意义的启发。但是这个困惑，我觉得依然还是存在的。我觉得未来如果把这个困惑稍微有一点点推进，就可以为我们整个的礼学的研究，能够在当代儒学的真正的建构的意义上，提供一个方向，而不是把礼学的研究完全是看作一种历史的、面向过去的儒学史的研究。当然，今天我个人认为，很多人的经学研究、礼学研究，他也有他的现实的追求，他也有他的学术的目的。但是我觉得还需要更进一步加强和凸显传统的礼学在我们当代儒学建构上的意义和价值。

我就简单说这么多，谢谢大家！

儒学：从对象到方法

李若晖[*]

首先祝贺《当代儒学》创刊十周年，这十年来真的是非常不容易，其中很多艰辛我们大家也是看在眼里、记在心上，在这里为杨老师、黄老师等，以及其他诸多同仁的艰辛付出表示感谢。

我是有一点粗浅的想法，讲出来请诸位老师多多指教。陈来先生曾经归纳儒学研究的方法一共有 11 种，我们今天很有必要对儒学研究方法进行反思。而且这个反思，不是就儒学研儒学，即不是仅仅从儒学的这个视角来考虑，而是要深入思考儒学与中华文明发展演进的关系，要从整个中国和已知人类的研究视角来看待儒学研究，并在此基础上思考儒学的整全性研究。

近代以来，中华文明的整体危机集中体现为儒学之沉浮。列文森曾经指出来，清末将祭孔提到上祀一级，被认为是试图以君臣之义钳制新学。这样，儒学最后一点思想意义也被剥夺了，它成为抵制革命的一种象征。这在事实上使得中华文明的发展与儒学最大限度地分离了，也就是说在当时，中华文明是以反儒的方式来获得发展的。

经历了辛亥革命"地裂"和五四运动"天崩"的儒学究竟是何种形态？学界颇有争议。余英时先生就提出了著名的"游魂说"，这是坚持制度是儒学不可或缺的组成部分。当代的儒学研究，比如郑家栋先生，他现在重新出山以后，观点有所改变，但是有一点好像并没有变化，就是说虽然他承认内圣外王是儒学的一贯之道，但是他又认为，儒学之所以为儒学，乃在于它自觉地以内圣统贯全体，用内圣统于外王。因为在儒学看来，政治实践不过是道德实践的

---

* 作者简介：李若晖，中国人民大学国学院教授。

扩充而已，此乃是由体达用的功夫。这也就是认为，制度不是，甚至政治实践也不是儒学的必要组成部分，儒学的核心是在道德功夫。

我们再看李明辉先生的观点，他当然也认同内圣外王，但他同时认为内圣是外王的基础。所以他的整个论证的脉络是包含两个层次，也就是只坚持道德的普遍性这一核心价值，儒家才称其为儒家。只有在现代社会不同文化差异的背景下重新证成其道德普遍主义的立场，儒学才能够真正进入现代社会，成为一种现代学说。即成为既传承其核心价值又具有现代性的现代新儒家。

它实际上是区分了儒家核心价值的古典表述内圣外王，以及对这一核心价值的现代把握，即对内圣外王进行一个哲学的分析，以内圣为外王的基础，并从现代哲学的角度将内圣转变为、转换为道德普遍主义。所以他的新儒学研究的核心就是重新论证孟子的"性善说"，而且不是以所谓的事实为基础，而是以康德的"纯粹实践理性底事实"这套论证策略来论证道德普遍主义的观点。

正是由此，儒学最终转换为实质意义上的西方哲学研究。虽然其出发点确实是儒学的整全性，比如说都强调内圣外王，但是无论是李明辉先生还是郑家栋先生等学者，他们对于儒学的研究，在一头扎入哲学之后，就再也没有延伸到外王，扩充到政治实践。

如果这一研究方法仅仅限用于现代新儒家，那么其作为儒学在一定阶段的一个流派如此表征，也无可厚非。问题就在于，由于当前秉持现代新儒家理念的学者成为绝大多数大学哲学系中国哲学专业教师的主体，所以对于古代儒学的研究，往往也是以现代新儒家的理论模式为基准进行上推。也就是说，按照现代新儒家的理论模式，重塑了整个中国儒学史的整体面貌。

陈来先生曾经指出（也是现代学者的一致看法），自 20 世纪初期以来，随着政治、社会、教育制度的改变，儒学已经陷入了困境。然而从 20 世纪哲学史来看，新儒家的贡献却相当可观，在这个意义上，儒家哲学在 20 世纪不仅不能说是衰微，反倒可以说是相当活跃的。

以当代儒学形态为基准进行逆推的方法来研究古代儒学，将会扭曲甚至裁割中国古代儒学的真实面貌。正像陈先生所说的，现在儒家哲学尽管是对于儒学现代困境的一种哲学回应，却仍然不能改变儒学在现代中国的社会文化层面的尴尬处境。所以，我们应当回到历史现场，回到历史情境中去，理解原汁原味的儒学。

作为现代儒学的一个转折点，康有为是一个重镇。他在《实理公法全书》开篇的第一句话就是"凡天下之大，不外义理、制度两端"。康氏的几部重要学术著作，如《孔子改制考》《新学伪经考》，都是结合制度与义理二者的。

金耀基先生对于儒学的研究，也是从内圣外王入手。但是他认为儒家的政治设计结晶于内圣外王的理想规模上，内圣属道德范畴，外王属政治范畴。而在儒家眼中，这二者是不可分的。两千年来真正实现的，不是一"儒教之国"，而是"国家儒学体制"。进而，中国一统性的"国家儒学体制"之特性，不在它的绝对的专制性或专制的绝对性，而在于它体制内没有真正制衡的机制。因为内圣外王的理念排除了对人君权力从制度上加以制衡的可能性。

金耀基先生指出，制度化儒学的具体表现有三个方面。作为制度化，儒学是制度和文化的复合体，那么它的三个方面是：一、政治制度，包括作为国家系统之基石的皇权；二、作为帝制国家之工具的庞大的官僚机器；三、文人学士和地方绅士，他们作为一个身份群体将"国家"与"社会"连为一体。所有的制度性结构都同儒家的文化价值交融在一起。

金先生最后所列的三个方面，将政治制度与官僚机器区分开来，与士绅并列并不妥当。毫无疑问，官僚机器就是政治制度不可分割的有机组成部分。这也正是金先生所说的"皇权加官僚机器"，构成"金字塔形的国家机器"。

金先生另有一精确之论："儒家政治理念与道德是不分的。理想性的'仁政'，即是一种高境界的德政。"儒学政治是道德与政治合一的制度，这主要体现在两个方面：一方面，道德必须由社会群体来承载，这个承载的核心就是家族；另一方面，道德无法直接成为或支撑制度，制度的实现需要权力的支撑。权力在传统中国主要是君权。质言之，儒学政治的核心是：家族承载道德，君权支撑制度。

那么，对于儒学的整体性，不仅限于政治维度，我们可以通过《尚书》开篇三圣王即尧舜禹之记载来进行分析。尧的事迹是依据天象制定人民行事的历法。这一历法，也就是后世的《月令》之类的文献，那么可知，尧的历史意义是以天象规范人事，也就是"天人合一"。舜的主要事迹是命官授职。其中最重要的，是任命契为司徒，也就是所谓的"五品不逊，汝作司徒，敬敷五教，在宽"。刘歆的诸子出于王官论，在《汉书·艺文志》的儒家小序里面，就是明确认为儒家是出于司徒之官。五教的内涵有不同的解释，一般认为是孟子所指出的所谓的五伦。孟子实际上是以《左传》的太史克家内三伦为基础，由父子去除血缘亲情而得到君臣一伦，以建构国家，于是君臣有尊卑，有等级之尊卑。这也就是《孝经》所说的"资于事父以事君，而敬同"。由兄弟去除血缘亲情而得到朋友一伦以建构社会，于是朋友为平等与责善。

舜的历史意义为依据德性授予官职，也就是所谓的"德位合一"。但是作为这两点，在其他的学派里面也是同样的，就是说也都可以做到。儒学主要的特性是禹的事迹。禹一般认为他是治水，但是他在儒学政治上真正的最重要的影响是"锡土姓"，也就是说土地与姓氏共同传承子孙，造就了血缘与地缘的合一，这就必然导致变禅让为传子，传子就必然要讲究孝道。所以大禹的历史意义就在于"孝治合一"。

张德胜先生提炼儒学之终极关怀为："中国自秦始皇统一天下以来的文化发展，线索虽多，大体上还是沿着'秩序'这条主脉而铺开。用弗洛伊德的术语，中国文化存在着一个'秩序情结'。中国文化的形貌就由'追求秩序'这个主题统合起来。儒家正是以建立秩序为终极关怀。它之所以能于传统时代脱颖而出，长时间成为国家意识形态，相信这是最主要的原因。"

儒学的制度追求，如以三圣王之天人合一、德位合一、孝治合一进行探讨，可以分为四个维度：

第一是哲学思想，基于尧的天人合一，探寻秩序的终极依据，这一终极依据就是天道。

第二是伦理道德。天人合一意味着天人相贯通，贯通的通道，就是人所禀授于天的根本，也就是《中庸》所谓的"天命之谓性，率性之谓道，修道之谓教"。在中国哲学的特色里面，就表现为伦理学心性的修养功夫。

第三是政治制度。儒学对于基于暴力的国家政治制度是持敌对态度的，儒家所重视的是儒者的造就与儒者的批判精神。这种批判精神最后在孟子那里区分为现实世界中实有之位与依据每一人德行所应有之位，以前者为人爵，后者为天爵，要求"修其天爵而人爵从之"。在汉文帝时有两件事很重要，一是《孟子》立于博士，另外一件是奠定察举制度为基本的选人制度。这实际上可以视为孟子以德定位思想的现实化，开启了后来科举制的前史。事实上，在宋代儒学转向内在之前，从汉代一直到唐宋，儒学是以经学为核心的，其底层信念就是以变革制度来追求太平。

制度需要一个社会结构作为支撑，第四点就是社会结构。以德定位的实践，也开启了世袭与选举之间的冲突。这种冲突反映在政治制度上，就是门阀与君权之间的冲突。从古代的君与民为一到民与君为二，豪族与君权争夺地方的控制权，政治体系与经济体系相分离。到宋代最终完成道德重建，如程颐、张载都致力于寻找一个新的道德承载者，既要能承载道德，又不能像以前的世家大族一样威胁君权，这样的群体可以称为"县下家族"。以往的世家大族是所谓的"县上家族"，本身就是国家的政治力量之一，而县下家族偏于一隅，最多只有地方上的政治影响，在国家层面再无政治力量可言。

经过朱子定家礼，邱浚改家礼，使县下家族只有亲亲之义，而无尊尊之等，于是县下家族上服朝廷规制，不会对君权造成危害；下有人伦之亲，成为道德承载的中坚。但是县下家族的形成，消解了县上家族对君权的规制，君权在现实政治中失去了制衡力量，从而又使明清君权大盛于以前。

我们纵观整个中国历史，自周至清，儒学与家族相结合，构成了中国基层社会最为稳固的格局。

总结起来主要有三点：第一是大格局，中华古典政治是道德与政治的合一，是德与位的合一，承载德的是家族，承载位的是君权。而中华政治的内在矛盾即是家族与君权的矛盾。家族盛则有德无制，君权盛则有制无德。其二，这一格局由三圣王所奠定，尧奠定了天人合一传统，舜奠定了德位合一传统，禹奠定了孝治合一传统。其三，变局是周代以后无法再实现以位定德，孔孟将其改为以德定位。家族承载道德，与君权相对抗，形成世俗门阀制度，隋唐用科举解决豪族问题，北宋解决方镇问题，同时在社会层面上，理学家建立县下家族承载道德。但是县下家族不再成为国家层面的政治力量，君权失去制衡，从而权力过盛。

我们今天讲这四个方面，哲学思想、伦理道德、国家政治、社会结构，把它结合成为一个有机整体，纵横贯通地予以把握与阐释，这个综合体系就是儒学。事实上，也只有儒学能够真正抟合起这四个方面，这就意味着儒学是把握和理解中国的主要方法，同时也意味着儒学作为方法，也是把握和理解儒学自身的重要方法。

好，我就讲到这里。请大家多指教，谢谢。

中国当代易学研究回顾、困境与展望

林忠军*

一、当代易学研究的回顾

大陆自改革开放以来，以儒学为主流的国学热一直持续不断，延续至今日，虽趋向理性，但其热度有增无减。全国高校和地方国学研究机构及其相关某一思想家研究机构相继成立，与国学相应的中国哲学、史学、文学等研究生和各种国学培训班不断扩大招生，形成了一个庞大的国学研究队伍。而国学中带有神秘色彩的易学倍受青睐，学院派和民间的易学研究机构及团体数不胜数，与易学相关的正规的和非正规的出版物，层出不穷。如果说当今国学研究是显学，那么，易学研究则是国学当中热度最高的显学。就学术而言，有大量易学著作出版和易学论文发表。粗略统计，2017 年至 2021 年出版易学著作900 多部（包括新版和再版的古籍整理、通俗读物、学术专著、数术类著作），发表论文 850 多篇。因此重新总结和反思当代易学已经成为易学发展的必然，关于总结和反思当今易学研究学界已有论述，但介绍易学研究成果者多，反思者少①。兹从经典还原、哲学阐发、易学史和科学易四个方面论述中国当代易学②。

＊ 作者简介：林忠军，山东大学易学与中国古代哲学研究中心教授。

① 关于总结和反思当代易学研究论文主要有：邓声国：《21 世纪易学文献学研究展望》，《周易研究》2003 年第 1 期；黄黎星：《易学研究现状与展望》，《华北水利水电学院学报》2009 年第 3 期；宋锡同：《建国六十年来大陆易学回顾与展望》，《现代哲学》2011 年第 4 期；林忠军：《近六十年中国大陆易学研究述评》，《哲学与文化》2015 年第 12 期；张鹏：《改革开放四十年易学研究》，《孔学堂》2019 年第 2 期等。

② 中国当代易学，包括大陆港台，此文主要以大陆为主论之。

（一）经典还原式易学之延续

1. 象数与文字训诂的解释

《周易》象数之学，始于《易传》，形成于汉代。《易传》从"观象系辞"出发，以"观象玩辞"方法解读文本，开系统地以象数解《易》之先河。汉儒以此为据，一方面，迎合当时天人之际发展的需求，将汉代自然科学与易学符号融合，阐发易学微言大义，形成了偏于天道的象数理论；另一方面，以象注《易》，最大限度揭示象辞之间联系，形成易学史上的象数派。由于王弼尽扫汉儒之象数，汉代象数式微，宋代以新的话语系统，发明图书之学，重建了象数之学。至清乾嘉学派，以考据为方法，旁征博引，辨明是非，剥落图书之伪，通过梳理和重建汉易象数之学，汉代象数易学再次兴盛。而以象数注经、探索文本之原意，是当时易学研究的主流。近代西学东渐以来，学者将象数与西方科技结合，以新的话语构建新的象数易学系统，然而十年动乱，大陆传统象数易学基本上失传，唯有港台的传者不绝。因此，重新梳理汉象数之学、阐明其复杂的内涵，恢复失传的象数易学方法，评析其得失，一直是大陆改革开放之后，易学研究的一个新的动向。国内出现一批专门研究的团队，出版系列研究成果，其中不乏精品，失传已久的《周易》象数之学在大陆重见天日。以象数注经虽然未绝迹，然因其附会之弊已经不是当今象数易学的主流。

传统的象数之学，并不是孤立地解释《周易》文本，往往兼顾训诂。象数解读，探索文本系辞之依据；文字训诂，探索《周易》文本字、词、句本来的意义。以文字训诂解释《周易》文本，自《易传》始，历经几千年，绵延不绝。汉代、清代易学研究最为典型。易学发展到今天，探索易学本义，文字训诂仍然是不可取代的方法。尤其随着出土文献增多，对照出土文本和传世文本，检讨传统的易注，重新释读《周易》文本、还原其本义，成为当今易学研究的重点。有许多研究成果问世，其中有些对于文本字词句的释读颠覆了传统的观点，发前人所未发，令海内外学界瞩目。

2. 历史还原的解释

与还原式注经方式类似的还有，将《周易》置于当时的历史视域中，以《周易》文本相关的历史文献涉及的历史事件、历史人物、生活生产、风土人情等方面解读《周易》文辞，其旨复原《周易》文辞真实意义，此是以史解《易》的一种形式。这种形式自《易传》始，经过汉代郑玄、晋人干宝等努力，以此方法解《易》已经完善，虽然使用此方法与文字训诂方法一样，其解释未必完全符合《周易》文本原意，但它却是接近本义的重要方法之一，直至今日，此方法仍然不可取代。另一种形式是以《易》为史。以古史辨为代表的学者，剥离《周易》经学神秘的光环，视《周易》为一部古籍。以历史二重法探索《周易》，以早期传世历史文献与《周易》文本相结合，还原《周易》文本成书时代的历史，成为易学研究一派。这种以史解《易》方法影响深远，至今仍有人坚持用此法研究《周易》。

（二）现代语境下义理哲学阐释

传统的义理之学，形式上是解释《周易》文本，即解释者依据文本去解释和言说。这种解说是以已有的理论前见或见识解释经文。其实质是，解释者更多假借《周易》文本解读和探索圣人之意为名，依照自己理解去思考问题，发表自己的看法，建构自己的思想系统。因此，与象数派不同的是，义理派注经，不再盲目地崇拜文本、关注文本字词句固有的意义，更多是探讨深藏于文本内的具有普遍意义的思想。为达到此目的，可以改经，有时可以解释出与文本不尽相同或与文本相背离的意义。在这个意义上，解读易学文本是形式，阐发自己思想是归宿。自魏晋王弼以老庄注《易》而形成玄学义理之学、宋儒以儒家解《易》而形成的心性义理之学，到民国时期通过梳理整合先秦和宋明易学而形成的新儒家的易学，无不例外。

当今学者在新的哲学语境下，秉承义理之传统，返本开新，重建义理之学话语系统。这个话语系统不再是以注经为形式，而是将其置于中国哲学视域中，开显深邃的哲学思想。在大陆，经过几代人不懈的努力，由原来以马克思哲学为指导而确立本体论、辩证法、认识论、历史观为主要内容，转换为中国特有的"本天道而立人道"而确立宇宙观、心性论、功夫与境界论为内容，已经成为当今中国哲学的范式。而作为与中国哲学融为一体的易学研究，也基本上遵循此研究理路实行转变。即由运用马克思哲学研究《周易》转变为与当今中国哲学史研究相适应的易学哲学。因此，综观当今易学哲学研究成果，无论是易学家个案研究，还是某一时期易学研究，处处显现出中国哲学的理路与特色。这种以中国哲学方法探索易学、借鉴易学思维建构中国哲学，凸显了易学与中国哲学水乳交融的关系，是易学义理价值之所在。这种义理之学，改变了义理之学的形态，将原来的经学式研究转变为哲学研究。"任何真正的哲学都是自己时代的精神上的精华。"① "人民的最美好、最珍贵、最隐蔽的精髓都汇集在哲学思想里。"② 因此将易学置于现代哲学研究视域中，以哲学范式解说易学，重塑易学义理之形态，是贴近时代的、最强大的、最具有活力的易学理论，是当今中国哲学新的表现形式之一。

除了哲学以外，以儒、道、释文化及与之相关的人文和社会科学的角度研究《周易》思想，是当今研究义理学另一种表现形式。部分人文学者，或者探讨易学与道学、佛学互动关系，以此阐述中华文化的特点；或者探索易学对于中国文字学、文学、史学、伦理学等学科的影响。另一部分学者站在社会科学角度解读易学经典，见仁见智，各抒己见，探讨易学经典中的法学、管理学、经济学、社会学、中医学等思想。经过理解和解释，形成了一些内含易学的法学、经济学、社会学、管理学、生态学的新思想，易学从理论的象牙塔下落到现实社会实践应用中，发挥安邦治国、平天下之作用，易学成为经世有用之学，当然，当下仍存有以注经为形式阐发义理之思想，但已不是易学义理学的主流。

（三）易学史研究之推进

中国易学源远流长，绵延不绝，易学研究总是历史的、传统的，无论研究对象——易学文本本身和涉及的易学问题，还是研究者所处的历史环境、所受到的教育和具有的思维模式及掌握的易学理论，皆离不开易学传统，而易学研究成果并非一蹴而就，必经历一个长期的思考和反复研读的过程，其易学研究成果一旦问世，也成为历史，在这个意义上说，易学即是易学史，易学史研究亦是易学研究。不关注或脱离了易学史，去解释文本和思索易学问题，则往往缺乏厚重的历史感，流于无根之游谈，或重复前人观点、思想津津乐道而不自知，或高谈阔论陷入闭门之杜撰。因此，易学史研究是易学研究的关键。古代对于易学史研究比较简略，往往在易著序言或前言中出现，未出现易学史专著，多以师承传授、易学人物和易籍为内容，如《史记》《汉书》中的易学传承记载。唐代孔颖达《周易正义》卷首和李鼎祚在《周易集解序》中对于象数义理两派的评析，朱震对于宋代易学传承的论述，朱熹对于宋代易学人物观

---

① 《马克思恩格斯全集》第 1 卷，北京：人民出版社，1995 年版，第 220 页。
② 《马克思恩格斯全集》第 1 卷，北京：人民出版社，1995 年版，第 219-220 页。

点的评价，清代黄宗羲《宋元学案》和江藩《汉学师承记》《宋学渊源记》涉及的易学人物，朱彝尊《经义考》关于易学的著录，《四库全书》对于易学著作的提要和汇编，皮锡瑞《经学历史》中对于易学历史的论述，马国翰、孙堂、张惠言等人对于汉魏易学资料辑佚等等，皆属于易学史。

纵观近几年大陆易学史的研究，取得了一些可喜成果，主要表现在断代史研究和易学个案研究。如断代史研究有：先秦易学史、两汉易学史、宋代易学史、元代易学史、明代易学史、清代易学史。专门易学史研究有：易学哲学史、易学象数史。个案研究有：出土文献数字卦、上博简、王家台秦简、马王堆帛书、阜阳汉简、海昏侯简研究。传世文献研究有：《易纬》易学、郑玄易学、虞翻易学、王弼易学、孔颖达易学、程颐易学、苏轼易学、张载易学、朱熹易学、杨简易学、来知德易学、方氏父子易学、惠栋易学、张惠言易学、焦循易学等，几乎历史上著名的易学家或著名易学著作皆有人研究。主要成果以硕博士论文为主，当然也不乏专著，其中长期被忽略的域外和少数民族易学研究也有所进展。这些研究，不仅可以理清易学发展和易学对于中华文化的影响，更重要的是在当今新的话语系统下，对于重新解释易学文本、传承易学、阐发易学思想和重新建构易学新体系和哲学新体系有重要的学术意义。

（四）科学易兴起与发展

易学有一套整齐的符号系统和由这些符号构成的图式，内含与之相关的易学思维，如中和、变通、观象、整体性、对称性、互补性等是易学固有的思维模式。这些传统易学思维对于自然科学有很大的吸引力，又由于汉代以后的易学是官学，因此，中国古代天文、历法、数学、地理、农学、中医等学科皆在不同程度上受到了易学的影响，易学本身借鉴了古代科学建立了新的易学理论。如汉代的卦气理论、爻辰理论、月体纳甲理论等则是例证，此不再赘言。就近代而言，自西方科学传入中国以来，中国的科学家、翻译家和学者为了扭转中国积弱落后的局面，积极探寻富兵强国之路，以"以夷制夷"为旗帜，将中国易学与传入的西方自然科学互诠互鉴，形成了后来的专门以易学与科学关系为研究对象的科学易，科学易所涉及的学科除了中医学、农学、天文历法等中国传统学科外，还有近现代的天文学、数学、物理学、量子力学、光学、化学、生物学、心理学等，这种以科学方法研究易学和以易学方法探讨科学，至民国达到鼎盛，一直延续至今，仍有从事自然科学的学者，为易学思维和方法所吸引，专门从事易学与科学关系之研究。自然科学与人文易学有各自不同的话语系统，本不属于一个领域，但是，易学仰观俯察近取远求世界万物而形成的抽象的思维方法、符号系统，与自然科学探索自然形成的理性思维、严格的科学方法有同工异曲之妙，美国著名科学哲学家卡普拉曾将包括易学在内的东方文化与现代科学关系视为"互补关系"，"它们是不同的，又是互补的。不能通过一个来理解另一个，也无法从一个推出另一个，两者都是需要的，并且只有相互补充才能更完整地理解世界"①。卡普拉的说法未必那么精确，但对我们理解易学与科学关系有启发。其实，易学与近现代科学共同的特点皆重视经验，从观测出发，获得知识，然后去解释、认知、探寻外在世界的本质，故二者运用的方法和提出的观点有一些惊人的相似，从而为易学与近现代科学双向诠释互动提供了可能性。这是科学易形成的内在原因。科学易以丰富的科学知识和理性方法给易学研究注入了新的生命力，"一方面可以用现代科学已经发现的诸如二进制、元素周期律、热力学物质状态方程、质量转化规律、遗传基因密码、天文和星空结构，以至于系统思想等等，重新揭示《易经》科学内容；另一方面还可以进一步对新的自然规律的发现给予某种启示"②。同时，科学易淡化了易学中非理性的因素，促使易学走向理性和科学。应该说，科学易研究是易学发展的必然趋势。

二、当今易学研究的困境与存在问题

当今大陆易学在各个方面的确取得了许多研究成果，无论是研究深度和广度都远远超越以往的易学研究，这是可以肯定的。然而随着时代的变化和学术文化发展，易学研究存在的问题日益突出，有待当今易学研究者思考和解决。其问题主要表现在以下几个方面：

（一）缺乏宏观远大的视野

由于大陆易学研究相对分散，学者个性及独立创造性强，缺乏合作精神，

---

① 卡普拉著、灌耕编译：《现代物理学与东方神秘主义》，成都：四川人民出版社，1984 年版，第 243 页。
② 邱亮辉：《重视易经和现代自然科学的研究》，李树菁、段长山、徐道一主编：《周易与现代科学》，北京：中国社会科学出版社，1990 年版，第 3 页。

就易学宏观重大问题的交叉研究难以达成共识，而个性化的易学研究多缺乏宏观的易学视野，其成果显得片面而零散，难以形成一个完整的易学体系，如当今易学，大部分是按照学科划分进行分门别类研究，学者接受的教育和所掌握的知识及从事的研究领域不同，故不同领域的学者往往将《周易》纳入自己熟悉的学科当中，运用所在学科知识与方法，深入开展易学研究，其研究成果带有一定的偏向性，这种易学研究的优势在于：拓展了易学研究的思路与方法，易学研究学科化和精细化，与传统不分学科的易学研究形成了鲜明对比。问题是，将易学分割，易学失去了本来的整体面貌，也不可能形成宏观整体的新易学话语体系。又如由于学者个人知识和能力受限，大多着眼于易学个案研究，其研究往往脱离了整个易学发展的脉络、孤立进行研究个案，只注重个案易学内在逻辑和思想内涵，对于易学史上已有研究成果考察过于粗略，其研究成果缺乏历史的厚重感。又如还原式的易学解释，对于传承易学有重要的意义。然而，仅仅停留在还原式的解释，未由还原式易学到阐发式易学的转变与发展，如何创新？如何应对现实世界发展出现的问题？反之，仅仅注重阐发式易学，忽略还原式易学，缺乏深厚之根基，而流于杜撰的空泛理论。其理论意义何在？值得当今学者深思。易学史研究最大的问题，除了早期出现的一本《周易简史》外，至今未有一部完整的易学通史。此为当今易学研究最大的遗憾。

再如，中国易学研究者本之于易学以中国为中心的观点，往往只关注中国自身易学发展，对于中国以外地域性的易学所取得的成果和整个东亚易学、全球易学互鉴共同发展状况关注不够，故其研究成果，缺乏宏大、整体的易学学术视野。固然易学起源于中国，其研究重心也在中国，但是"从宏观的历史角度而言，《周易》并非单纯是中国的儒家经典，它亦是东亚地域的共同智慧，其影响决不局限于中国及儒家，日本、韩国及越南等域外的易学都有客观的发展，而且建立出自己的特色，对易学有所贡献"①，作为学术研究，应该理性地、客观地对待中国以外的包括易学在内的学术。既要看到中国易学历史上对域外易学的传播与影响，又要时刻关注域外易学的历史及其取得的新的研究成果。

---

① 吴伟明：《东亚易学史论》，台北：台大出版中心，2017年版，第1页。

（二）缺乏突破现状的新方法

易学发展至今日，易学研究范式已经形成，学者按照已有的学术规范和方法研究易学，已经成熟和基本完善。以此学术范式研究易学展现了当代易学的特点和最高水平，突破了传统经学意义研究的藩篱，对于改变易学形态、创新易学起到了巨大的作用，但是，运用这种延续已久的完善的易学范式研究易学，不仅不能迎合时代发展的需求，而且其学术理论本身很难有大的突破而进行质的飞跃，也就是说易学发展在当今已经出现瓶颈期。如易学哲学，研究者由于长期运用固定的思维模式与方法思考和研究易学问题，缺乏新的思路与方法，往往转述前人思想观点者多，阐述自己观点少。虽然研究易学对象不同，而研究成果的题目和内容却似曾相识。又如借助于当今法学、管理学、生态学、心理学、中医学等学科展开对易学的诠释，拓展了易学研究思路，然其研究内容往往流于形式、缺乏研究的深度思考，而遭人诟病。科学易将易学与自然科学结合，是易学研究新的亮点，学者对此充满信心与希望，然而审视其成果，则往往不尽如人意。其最大问题是易学与近现代科学毕竟是不同学科，表现在科学易研究中，研究者很难文理兼通，研究自然科学往往对于易学缺乏深入研究，研究易学则又不熟悉自然科学。故其研究成果中，牵强比附是其大弊。同时，科学易除了发现惊人相似的思想观点之外，给科学和易学带来什么？到目前为止，还未有满意的答案。总之，当今易学研究从内容上说缺乏创新。如何冲破这种平庸化的研究，运用新的思维方法、开创新的领域、研究新的研究成果，是当今易学研究必须面对的问题。

（三）缺乏贴近现实的关切

易学作为儒学的重要组成部分，属于经学。是以《周易》文本为研究对象，运用象数训诂和义理方法解释《周易》是研究的主要内容，虽然《易传》提出"立成器以为天下利""精义入神以致用"的观点，然而古代大多数易学家将易学研究视为脱离现实的、书斋中的学问。虽然汉代以阐发《周易》微言大义，为当时新建的汉帝国的巩固和安定提供了理论依据，宋代学者提出易学为经世之学，力图改变传统易学研究的趋向，却未从根本上改变易学研究的性质。而用之于卜筮、丹道、中医等易学之用，则被称为"易外别传"，与经学视域中的易学有本质之别。近代由于时代的巨变，引发思想家易学家重新思考易学之用，将易学运用到富国强兵实践中，用传入中国的西方思想观点解释易学道器关系，分析中国落后原因在于重道而轻器，提倡用易学道器观发展科技军事，图存救国，启发国人觉醒，其作用有限，而大部分研究易学的学者，往往崇尚为纯学术，以为学术而学术自豪。时至今日，这种为学术而学术的易学研究者是主流。大多人文学者认为与现实相关的易学研究是缺乏深度的、赶时髦的、不会长久的学问。因此，宁愿在书斋闭门坐冷板凳，思考探索易学问题，也不愿意走出书斋，融入现实中去，关心国家政治、经济和生活中出现的重大问题，通过实地考察调研，思索与现实密切相关的易学问题。固然，时代需要纯粹的学者研究纯粹易学，以传承易学文化，阐发易学理论。然而，社会更需要贴近时代的易学，去合理解释和有效解决现实问题。历史证明，脱离现实学问将失去生命力，易学也是如此，许多易学著作因为脱离现实而失传。而当今中国经济发展中出现的速度减缓、能源危机、生态失衡、疫情反复及台海危机加剧、中美关系紧张等，成为复兴中华过程中的障碍，急需解决。鉴于此，当今易学研究需要适度转向，以研究易学与现实相关的问题为研究对象，更加关注易学中与现实相关的创新理论，化解社会急需的疫情、能源、外交、生态等问题的易学理论，而不是流于一般形式的易学理论。

（四）缺乏实质性的学术互动

当今学术界举办易学学术会议比较频繁，参加会议的学者也比较多，但易学研究者，客观上由于学科和语言存在着障碍，不同的易学学科之间和中西交流互动，往往与想象不那么如期。就学科而言，学者站在不同学科解释易学文本，因所掌握的知识和使用的方法不同，故研究的结果相差甚远，以致无法沟通。如以自然科学研究易学与以人文社会科学研究易学，其差别，人人皆知，自不必言。同用人文社会科学方法研究易学，因为学科差异，也表现为不能融通，如还原式的文字训诂的解释与阐发式的易哲学解释，因为专业差异，往往交流不那么顺畅，甚至有时相互轻视而不相容。前者注重本义，往往轻视不懂文字训诂者；后者重视哲学阐发，往往攻击前者不懂哲学。以己之长攻他人之短，时有发生。中西易学研究，也因为语言、文化和方法之不同无法交流，各说各话。即使有交流，只是与西方少数汉学家交流。也就是说，中国博大的易学文化无法真正融入西方文化之中，成为大多数西方人文学者熟悉的学术与文化，并与之交流与互鉴。

总之，反思当今易学，如何克服易学研究的问题，走出困境，由传承转向创新，推动易学发展，则是当今易学研究最大的难题。

三、当今易学研究的展望

（一）充实与总结当下已有易学研究领域

易学研究有许多领域需要深化和完善。如新出土的清华简、上博简，马王堆、海昏侯易学文献，这些易学文献对于理清先秦易学起源和汉代易学史有重要意义，而其中仍然有许多疑难问题悬而未决，需要下大功夫去思考与探讨，因此，出土易学文献研究仍然是当今易学研究的重点。同时，易学史中传世文献的个案研究，也有许多研究难点，如方以智、黄道周、焦循等人的易学对于易学和中国哲学影响很大，但其内容涉及古代天文、历法、数学等知识，大部分学者往往望而却步，故其研究成为少数人的专利，这不符合易学开放的精神，应该加强研究。又如前所言易学史研究，目前只有易学简史、易学断代史和某一方面的易学史，至今未有一部完整的易学史，易学史整体研究也是一个易学研究方向，出版多卷本完整的易学史著作，势在必行。科学易研究，应当重点培养文理兼顾的复合型人才，以弥补知识不足，有效地解决科学易存在的问题，建构科学的易学体系。易学应当贴近现实，将易学研究与国家重大战略需求结合起来，创造贴近现实的易学理论，用之合理分析现实问题和化解当下现实中存在的诸种危机。更重要的是，当下还原式经传注释借助于新出土上博简、帛易本、阜阳汉简取得一些成果，义理之哲学和其他易学也有新的研究成果，汇集当代已有的新的易学研究成果，加以梳理、总结和反思，指出存在的问题，吸收合理研究成果，推动易学向更深层次发展，是当今易学研究的另一重点。

（二）开拓新的易学领域

中国儒家文化历经几千年，在与道学、佛学融合之中，形成博大精深的中华文化。不仅深深影响了中国古代的政治、经济、宗教伦理、民族心理、科技等形成与发展，也对整个亚洲各国产生了深远的影响，尤其与中国相邻诸国，使用共同语言，演习相同的儒家经典，有相同的习俗和礼仪，与中国长期保持经济、文化联系，在历史发展过程中，通过互动交流，形成独特文化圈，即亚洲文化圈。时至今日，虽然诸国有自己的语言，其文化传统仍然未变。作为中华文化重要组成部分的易学，也以不同的方式对韩国、朝鲜、日本、越南、蒙古、新加坡等国家产生影响。也就是说，亚洲许多国家的文化与中国易学有密切的联系，经过亚洲文化圈中的学者，对周易阐释和学术借鉴与互动，形成了包含易学在内的儒家文化是亚洲共同文化。海外部分学者开始以极高的学术热情，由关注东亚儒家文化开始关注东亚易学。拓宽视野，探讨亚洲文化圈中东亚易学思想、方法共性和差异已经成为今后很长时期易学研究的新领域。同时，欧美易学研究也取得一些研究成果，但是，遗憾的是许多欧美研究成果未翻译过来，因此，将欧美易学的思想研究置于全球语境下加以研究也是易学研究的方向之一，总之，全球化与地域化研究结合是当今易学研究的新领域。

用现代西方哲学思维与方法，解读易学，是一种方法创新。西方经过几千年发展，形成了当今诠释哲学、符号哲学、现象学、语言哲学等新的哲学理论体系。中国从先秦至今，虽未出现过像当代西方那样纯粹的理论化哲学，却更多借解释古代经典谈论哲学问题，因而，中国有深厚而丰富的理论性哲学资源。当今中国除了专门研究现代西方哲学外，还出现借鉴现代西方哲学研究中国哲学的学者。以诠释学为例。中国在傅伟勋、黄俊杰、汤一介等学者推动下，出现一批学者，以西方诠释学解释中国经典，重建中国哲学诠释学，中国儒家经典诠释成为学界研究的显学。易学作为儒家重要经典，也有一个诠释问题。汤一介先生在建构中国解释学中提出易学诠释学，之后又有个别学者尝试发表了关于易学诠释学的论文。以诠释的方法和话语，解读易学经典，令人耳目一新。问题是如何借鉴西方诠释研究易学而又不落入西方诠释哲学中心论的窠臼？此为当今易学研究者应该思考的问题。其他符号学、现象学、语言哲学之于易学也是如此。这种研究最大意义在于以全球化视野，中西互鉴，建立新的易学或易学哲学系统，使中国易学或易学哲学真正走向世界，参与世界对话，让西方了解中国易学文化，因而中西互鉴语境下的易学研究将是易学研究的新趋势。

（三）重建新的易学体系的构想

从易学经典出发，将易学文本置于当时历史背景之下，借助于传统的象数训诂兼义理等方法，重新解读易学经典和已有的研究成果，力求做到其解释客观真实，不先立己见、不脱离文本杜撰，以再现易学文本固有之意为导向。然后在此基础上，借鉴当代哲学思维方法和学术文化成果及科技知识，为我所用，促进传统的易学与现代知识深度地融合，建构新易学体系。其可能性在于：西方在哲学诠释学、符号学、逻辑学、心理学、伦理学、管理学及物理学、化学、生物学、医学、生态学等领域取得显著的成果，这些成果为易学创新和重建易学新体系奠定了基础。易学本有一套完备整齐的卦爻象符号，以卦爻符号（象数）解释是易学的传统，运用西方符号学和解释学解构和重构新的易学则完全成为可能。又如西方荣格以易学建立心理学，这为我们当下重新思索易学与心理学的关系提供了现成的模式，其他领域也是如此。总之，虽然学界在某些领域或某些方面借助于西方哲学文化科技成果取得了一些研究成果，但是，与用当代中西哲学文化和科技知识融合重建易学新体系的目标相差甚远，因此，以西方符号学、解释学、心理学、逻辑学及科技哲学，解构和重构易学体系，是今后很长一段时间易学研究的目标。

管见认为，易学新体系的建构大致思路与框架：始于形上的"道"（或太极），道（或太极）是易学最为重要的概念，是内涵阴阳、生生、整体、形上之易学本体，历代易学家对其内涵均有解释和阐发，易学的道别于道家以阴静、虚无为内涵的形上之道（或太极）。以"道""器"关系为核心，并运用现代话语解释之，即以意义与符号、精神与物质、本质与现象、静止与运动、整体与个别、抽象与具体、道德与法制、文化与科技等关系解释道器关系，赋予道器关系全新的内容。再由道器关系推演出易学思维：法象思维、整体思维、变通思维、中和思维、趋时思维等，然后由易学思维建构与易学相关的学科：易学语言哲学、易学解释学、易学符号学、易学心理学、易学生命学、易学伦理学、易学生态学、易学中医学、易学管理学等，从而完成由形上到形下的、贯通古今中外的易学思想体系的建构。虽然这个框架比较粗略和不成熟，然而，随着中外哲学文化科技知识的交流，我们可以按照现代哲学方法和话语系统，立足于易学原典，通过整合中西文化科技知识和易学已有的新成果，在深度思考与反复探索基础上，将会构建起内含古今中外思想科技内容的、与人类命运共同体息息相关的、更为科学的易学文化体系，以应对与化解当今世界所存在的人与人、人与社会、人与自然及经济、政治、宗教、文化、军事等方面的危机与挑战。这是当今学人应有的责任，也是易学学术文化研究的目标与归宿。

儒学形态学的当代建构

涂可国[*]

儒学形态学的当代建构，目的既是为了助成儒学的结构优化、强化儒学的整合统一，也是为了凸显儒家普遍性的而又为人们所忽视的思想，更是为了彰显儒学的社会大用。

一、何谓儒学形态学

要理解什么是儒学形态学，毫无疑问首先就要搞清楚什么是形态和儒学形态。所谓形态，简单地说就是指事物存在的样貌，或在一定条件下的表现形式。它既可以是联合式，即"形"与"态"，两者可作为同义词或近义词来理解；也可以是偏正式，即形的"态"或"状态"，形的"样貌"，或态的"形"或形式，或态的"样貌"。在中国哲学界，"哲学形态"一词较为流行，以至于有的学者提出建构系统的哲学形态学[①]。在社会层面，诸如文明形态、意识形态、思想形态、观念形态、经济形态、语言形态、文学形态、思维形态等也得到广泛应用。形态学（英语 morphology，德语 morphologie ）范畴来自希腊语 morphe，歌德在自己的生物学研究中倡导得最早，他由于不满意自然科学中过分的理性分析倾向，才有这样的规划与设想。当然，由于历史条件的局限，歌德所说的形态学在正确地反对机械的科学主义的同时，也多少带有新柏拉图主义的神秘因素在内。到 20 世纪中叶，先后有两位德国学者把形态学

  ＊ 作者简介：涂可国，山东社会科学院国际儒学研究院原院长、研究员，曲阜师范大学孔子文化研究院特聘教授。

① 孙晓文、欧阳康：《关于哲学形态学的思考》，《哲学动态》1987 年第 5 期。

引进了文学研究，他们是 G. 穆勒和 H. 欧佩尔。

关于儒学形态的本质，李承贵作出了这样的界定："对于这样包含了儒家思想内容的分类、儒学价值的开掘和落实、儒学存活和发展途径的寻找，且具时间上的持续性，空间上的规模性，主体上的群众性的儒学更新运动和存在形式，我们称之为'儒学的形态'。"① 受此启发，笔者认为，从根本上说，儒学形态是指富于鲜明时代内容、致力儒学价值发掘与展现、寻找儒学存在和发展途径的儒学基本样貌和表现形式。

儒学形态大致包括四大向度：其一是历史形态，如先秦儒学、两汉经学、魏晋玄学、隋唐儒学、宋明理学、明清实学、现代新儒学等；其二是地域形态，如分别以杜维明和成中英为代表的波士顿儒学与夏威夷儒学等；其三是内容形态，譬如崔大华就根据思想内容把儒学的理论形态主要分为天人之学、自然之学和性理之学，提出儒学的理论结构分成社会的理论层面、心性的理论层面和超越的理论层面三大部分②；其四是现实形态，譬如黄玉顺的生活儒学、蒋庆的政治儒学、干春松的制度儒学、邵汉明的大众儒学、黎红雷的企业儒学、李景林的教化儒学、陈明的文化儒学、颜炳罡的乡村儒学、李承贵的人文儒学、曾振宇的观念儒学、郭萍的自由儒学以及笔者本人的社会儒学等。

至于儒学形态学，笔者将其理解为：对儒学基本形态及其衍生形态的划分标准、构成要素、根本特征、基本功能、历史演变等进行深入研究的元儒学学科。

二、儒学形态学建构的现有基础

20 多年来，儒学界提出并创建了多种多样的儒学新形态，为儒学形态学的建构奠定了良好的基础。

李维武明确地提出了"儒学生存形态"观念，他在《儒学生存形态的历史形成与未来发展》一文中指出，儒学在从先秦至 20 世纪的发展中依次形成了人生儒学、社会儒学、政治儒学、形上儒学、考据儒学、文化儒学等不同形

---

① 李承贵：《儒学的形态与展开》，北京：社会科学文献出版社，2016 年版，第 101 页。
② 崔大华：《儒学引论》，北京：人民出版社，2001 年版。

态，未来儒学的生存形态在于根据儒学的特质和中国人生活世界的变化，重建人生儒学，进一步发展文化儒学和形上儒学，做好社会儒学、政治儒学资源的转化①。吴光在着重探讨了儒学的根本精神、基本特性、核心价值观念等问题的基础上，阐述了当代儒学新形态——民主仁学的新思维②。李承贵不仅如前所述指明了儒学形态的实质，而且阐明了当代儒学的五种形态（宗教儒学、政治儒学、哲学儒学、伦理儒学、生活儒学），强调人文儒学是儒学的本体形态，同时围绕"儒学的形态"和"儒学的开展"两大议题，他还重点阐释了"生活儒学"和"生生之学"，并且尝试性地提出了一些促进儒学积极健康发展的主张③。

许多学者虽然没有自觉地上升到儒学形态的高度阐释自己的儒学构想，但也从不同维度提出了不同类型的儒学。陈明独创了"文化儒学"④。在《价值儒学：接着新理学的新儒学价值儒学——陈来先生儒学思想述评》的访谈中，陈来强调指出，当代有三种在场的儒学，即学术儒学、文化儒学和民间儒学⑤。且不说黄玉顺建构了系统化的生活儒学，颜炳罡的乡村儒学、曾振宇的观念儒学和郭萍的自由儒学也产生了较大的影响。此外，其他学者也提出了各有特色的儒学样态⑥。

然而，遗憾的是，至今未见有人讲"普通儒学"。笔者认为，普通儒学应当规定为儒家的宇宙论或是世界观，它是历代儒家关于整个世界的根本看法，是儒家关于世界的基础、特性、本体、演变、运行、规律等问题的一般理论。

① 李维武：《儒学生存形态的历史形成与未来发展》，《中国哲学史》2000年第4期。
② 吴光：《论儒学核心价值观的普世性与当代儒学的新形态》，《浙江工商大学学报》2008年第4期。
③ 李承贵：《儒学的形态与展开》，北京：社会科学文献出版社，2016年版。
④ 陈明：《文化儒学：思辨与论辩》，成都：四川人民出版社，2009年版。
⑤ 陈来、翟奎凤：《价值儒学：接着新理学的新儒学价值儒学——陈来先生儒学思想述评》，《学术界》2012年第5期。
⑥ 蒋庆：《政治儒学——当代儒学的转向、特质与发展》，北京：生活·读书·新知三联书店，2003年版；蒋庆：《政治儒学默想录》，福州：福建教育出版社，2015年版；干春松：《制度化儒家及其解体》，北京：中国人民大学出版社，2003年版；干春松：《制度儒学》，上海：上海人民出版社，2006年版；邵汉明等：《大众儒学》，北京：人民出版社，2014年版；黎红雷：《企业儒学》，北京：人民出版社，2017年版；李景林：《教化儒学续说》，北京：中国社会科学出版社，2020年版；李海超：《心灵的修养：一种情感本源的心灵儒学》，成都：四川人民出版社，2020年版等。

根据笔者对儒学形态的理解，儒学可以分为以下层次。

第一层次：普通儒学。

第二层次：自然儒学（其核心就是儒家的天观或天论）与广义社会儒学。

第三层次：人类儒学、文化儒学和狭义社会儒学。

笔者曾经指出社会儒学是一个相对于自然儒学而言的，是由人类儒学、文化儒学和狭义社会儒学所组成的"三位一体"的有机学科体系、学术体系和话语体系；人类儒学包括人生儒学、心性儒学和身体儒学等，文化儒学包括义理儒学、教化儒学、宗教儒学、艺术儒学、道德儒学等，狭义社会儒学包括经济儒学、政治儒学、制度儒学、法律儒学、管理儒学等。①

梳理笔者关于儒学形态学的建构成果，就狭义社会儒学而言，笔者已经发表了《社会儒学视域中的荀子"群学"》②、《社会儒学视野中的儒家民说》③、《政治儒学的一个重要向度：先秦儒家的法治思想》④ 等论文，出版了个人专著《多元一体的社会儒学》⑤，主编出版了《社会儒学论丛》（第一辑）⑥ 论文集。就文化儒学而言，笔者认为不妨把它进一步分为语言儒学、文艺儒学、科技儒学、学术儒学、知识儒学、诗教儒学、乐教儒学、宗教儒学、道德儒学、伦理儒学、道统儒学等多种多样的类型。迄今为止，笔者除了发表了《文化儒学：当代中国儒学新形态》⑦ 以及与人共同主编出版了《文化儒学研究》（一）⑧ 之外，就是重点围绕国家社会科学基金项目 "中西伦理学比较视域中的儒家责任伦理思想研究" 开展系统探赜，发表了 30 多篇 C 刊文章，推出来一百多万字的《儒家责任伦理学》，该书 2023 年即将由人民出版社出版，据此建构了独特的道德儒学和伦理儒学两大样态。就人类儒学而言，围绕人类与儒学的双向互动关系，笔者着重阐释了儒学对人的塑造与制约，早在 2004 年就立项了国家社会科学基金项目 "儒学对人发展的影响"，后来出版了《儒学

---

① 涂可国：《社会儒学建构：当代儒学创新性发展的一种选择》，《东岳论丛》2015 年第 10 期。
② 涂可国：《社会儒学视域中的荀子"群学"》，《中州学刊》2016 第 9 期。
③ 涂可国：《社会儒学视野中的儒家民说》，《江汉论坛》2018 年第 9 期。
④ 涂可国：《政治儒学的一个重要向度：先秦儒家的法治思想》，《当代儒学》2019 年第 5 期。
⑤ 涂可国：《多元一体的社会儒学》，济南：济南出版社，2020 年版。
⑥ 涂可国主编：《社会儒学论丛》（第一辑），济南：山东人民出版社，2017 年版。
⑦ 涂可国：《文化儒学：当代中国儒学新形态》，《孔学堂》2018 年第 1 期。
⑧ 涂可国、秦树景主编：《文化儒学研究》（一），济南：山东人民出版社，2019 年版。

与人的发展》① 专著，与此同时，笔者也初步探讨了生命儒学问题②。

三、如何建构儒学形态学

（一）确定儒学形态学的基本框架

笔者认为，儒学形态学不仅要深入研究儒学形态的划分标准、构成要素、根本特征、基本功能和历史演变等问题，还要着重从以下三个方面创建儒学形态学的基本框架。

1. 对各种儒学形态进行合理分类。一是如果按照价值标准来分，那么儒学的形态包括自由儒学、进步儒学等。二是假如依照领域标准来分，那么儒学的形态应当包括自然儒学、人类儒学、生命儒学、人生儒学、心性儒学、身体儒学、文化儒学、义理儒学、教化儒学、艺术儒学、道德儒学、语言儒学、科技儒学、学术儒学、知识儒学、诗教儒学、乐教儒学、宗教儒学、伦理儒学、道统儒学，社会儒学、经济儒学、政治儒学、制度儒学、法律儒学、管理儒学等"大家族成员"。

2. 对具体儒学形态做出科学界定。目前，一些提出儒学形态构想的学者，大多对自身倡导的儒学并没有对其内涵做出令人信服的说明。即便是黄玉顺创建了影响较大的生活儒学，即便他涉及生活儒学的方法论、生活儒学的本源论、生活儒学的形上学、生活儒学的形下学等层面，且较为系统地呈现了生活儒学的理论体系，但是他没有就自己言说的生活儒学与李承贵言说的生活儒学、龚鹏程言说的生活儒学③做出本质的区分。如下所述，儒学形态包含三大

---

① 涂可国：《儒学与人的发展》，济南：齐鲁书社，2011年版。
② 笔者认为生命儒学大体由四个层面组成：一是作为思想内容的生命儒学。它是指儒家对各种生命问题进行思考、整理、批判所产生的思想、观念或学说，具体分为儒家客观的生命本体论、生命本质论、生命进化论等和主观的生命观念论、生命精神论、生命情感论等两大向度。二是作为功能实现的生命儒学。生命儒学借助于各种社会化方式和途径向社会领域传播、转化、推广，借以实现自己的文化功能，发挥生命儒学的教化、激励、塑造、批判、导向、示范等功能。三是作为存在形态的生命儒学。通过社会化、外在化、主体化实现功能展现，融合到社会文化各个领域，发挥以儒化人、以儒化文、以儒化俗、以儒治国的作用，形成了社会化、世俗化的体现儒家精神的生命思想、生命观念、生命信仰等。四是作为象征图像的生命儒学。它既指由儒学特质所呈现出来的生命形象，也指儒学标识的文化符号，也可以理解为未来儒学创新性发展的、理想化的生命力图像或目标等。参见涂可国：《生命儒学具备强大的解释力》，《社会科学报》2020年1月16日。
③ 龚鹏程：《儒学与生活》，北京：东方出版社，2018年版。

层面：一是作为思想内容的儒学，二是作为功能实现的儒学，三是作为存在形态的儒学。建立完善儒学形态，不仅要阐发相应的思想内容，如儒家的生活哲学、自由观念、生命理念、文化思想等，还要从功能实现和存在形态角度探究儒学样态。

3. 研究儒学形态的整合。我们固然鼓励儒学形态的多样性发展，倡导对儒学进行多学科、多层面的研究，但是，各种不同形态的儒学毕竟在思想主旨、参考框架、致思模式、理论重点等方面存在差异，难免存在各自的局限性，如果不加以整合，就会导致整个儒学的离散化、碎片化，因而必须根据"多元一体"的致思理路，推进不同儒学形态相互之间的对话、交流、融通，以提高儒学内部的凝聚力，发挥总体儒学和具体儒学各自应有的功能作用。

（二）推动儒学形态的创造性转化与创新性发展

由于科举制等依托制度的废止、语言文字的障碍、社会经济基础的变更、多次激进反传统运动的破坏以及主流意识形态、西方文化和现代化等的冲击，导致儒学在大众心理层面出现了疏离、陌生、冷待乃至排斥。要建立儒学形态学，就必须使儒学成为绝大多数中国人的精神信仰、人格操守、价值向导、观念支撑和行为规范，为广大民众所理解、所认同和所接受，而要做到这一点，就必须推动儒学相应作出调整和更新，实现创造性转化与创新性发展。

从作为思想内容的儒学来说，应当以一种学术慧命的责任感，既要回归儒家经典，认真挖掘传统儒家丰富的思想资源，又要基于儒学的核心理念，身心下移，灵根再植，面向转型中的中国社会创造性发展出旨在解决中国社会问题、富有生命力的儒学形态。

从作为功能实现的儒学来说，儒家之所以建构不同形态的儒学，之所以建构不同形态的道统、学统，并非"为知而知"，而在于用之于世，在于治统、政统，这就是"修道之为教"。据此，我们应当着眼于寻求社会的文治教化和长治久安，以发挥它对社会的分析、批判、重建、激励、规范、教化和奖惩功能。应借助于以儒化民、以文化民，不仅设立文庙、书院等文化机构对民众进行德化教育，教之以"六艺"及为人处世之道，还要借助于诵习儒家经典让人掌握儒家人伦知识，努力把儒家的伦理纲常转化为内在的道德自觉；利用人见贤思齐的心理，树立理想人格让人学习仿效，激励民众培养向善之心，以便培植人的德性；发扬忧民忧国、经世致用、仁以己任的弘道意识和关心民事的担当精神，致力于重建中国社会的伦理秩序和文化生态。

从作为存在形态的儒学来说，一是通过经典诵读、国学普及、传唱活动以及包含三字经等在内的蒙学方式，融合到各个中国当代文化领域，乃至潜入百姓习俗文化之中；二是借助于外在化、社会化、制度化，把儒家倡导的行为准则、道德规范融入乡规民约、家规族规、校训学规、家谱家庙等各种形式的文化之中，培育忠孝仁厚风俗；三是借助于推广和普及，加强对物质文化遗产和非物质的文化遗产的保护，以留住带有儒化特质的"乡土记忆"。

（三）上升到学科体系的高度加以建构

一方面，从方法论上坚持"返本开新"与"反向格义"相结合。所谓"返本"，既是指推动建构者保住儒学的核心价值、大本大源，又是指回归儒家原典或文本寻找儒学的真实义理。儒学形态的研究固然要采用当代中国学者自己创立的社会学、文化学、政治学、经济学、人类学等理论范式深入探讨儒学发生发展的历史渊源、社会背景、历史作用、主要内容等问题，也要采用"反向格义"的方法、运用西学的人文社会科学概念方法对儒学进行诠释与解读。

另一方面，基于学科体系、学术体系和话语体系谋划儒学形态学，将其与儒家人学、儒家哲学、儒家政治学、儒家社会学、儒家历史学、儒家文献学、儒家经典学、儒家心理学、儒家教育学等相提并论。真正完善的儒学理论形态应当包含三大层面：一是作为思想内容的儒学，二是作为功能实现的儒学，三是作为存在形态的儒学。无论是陈来还是陈明，他们所言说的"文化儒学"主要指向的是作为存在形态的儒家文化而忽视了作为思想内容和功能实现的文化儒学，而黄玉顺生活儒学则更为凸显作为思想内容的儒学。儒学的三个层面并非毫不相关，而是存在内在的逻辑关联：作为功能实现的系统化的儒学实际上就是作为思想内容的儒学与境遇（人、自然、社会）的双向互动——双向关照、双向批判、双向参与和双向影响，作为思想内容的儒学正是通过功能实现而转换为作为存在形态的儒学。如果说作为思想内容的儒学是"体"的话，那么，作为功能实现的儒学和作为存在形态的儒学则是"用"。当前，理应在儒学体与用之间避免割裂甚至对立的极端化倾向，不能像一些现代新儒家那样只是满足于埋头构筑纯学理的"经院儒学"，而要关心重大现实社会问题，致力于儒学向社会的普及传播。

对儒学现代性转化的几点思考

——以《周易》哲学为视角

张文智*

首先祝贺《当代儒学》创刊十周年，也感谢主持人曾振宇老师，感谢郭萍老师的邀请。我一开始想着简单地讲一讲，昨天晚上还是匆忙地做了一个PPT，与大家分享一下，这样讲起来会更直观一些。

这些年来我自己也在思考一些问题，上午有好多老师在谈论儒学本体论的一些内容，我自己也受到不少启发。我今天下午讲的内容正好跟本体论的内容有关。这样我就展开我的一些想法，包括刚才郭沂老师讲的一些宇宙爆炸论之类的问题，我觉得我说的内容和他的一些说法也没有根本的冲突。

最近看了黄玉顺老师主编的那本书——《易学现代化史纲要》，这里面提出了现代性的问题，认为个体性是现代性的特质，这个我是很佩服和认同的。这本书对我有很大的启发，认为整个的儒学发展，特别是从宋代以后，现代性体现在个体性上。我今天就从个体性进一步展开我的一些想法。我认为要保证个体性的实现，首先需要的是社会的多元性，如果没有一个多元性的社会，个体性就很难实现。而多元性就是我们传统上讲的五行之间平衡协调性，也是易学的一部分。这个主要是体现在《周易》中的河图、洛书之说。虽然是从宋代之后才兴起河图洛书的说法，但这10个数字与五行的结合，至少在春秋时期已经出现，郭店楚简里面有《五行》，更可以印证五行说出现很早，这也是易学的很重要的一部分。河图体现了阴阳五行之间的先天的属性，洛书体现的是阴阳五行之间的后天的属性。先天的属性主要是阴阳之间的对待与流行，和

---

* 作者简介：张文智，山东大学易学与中国古代哲学研究中心教授。

先天八卦图有内在的联系。洛书主要体现了阴阳之间的交错，体现了后天世界的复杂性，而河图体现的是先天世界的一种简约性。这是一个简单的河图和洛书之间的关系。

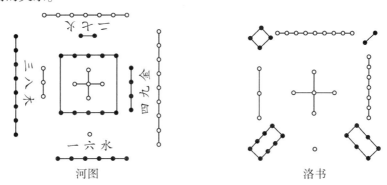

河图　　　　　　　　　　　　洛书

五行之间平衡协调最终又依赖阴阳之间的平衡协调，阴阳平衡协调并不是指阴阳各半。从《周易》经传本身来讲，阳来就阴、尊来就卑才能形成阴阳之平衡协调，这就是泰卦［䷊］表现的那种形式，或如益卦［䷩］，损上益下，这样才能阴阳和合，否则的话就会形成一个两极分化的形式，如否卦［䷋］。所以说阴阳平衡是通过阳来就阴、尊来就卑实现的。

通过阳来就阴、尊来就卑实现阴阳平衡，主要体现在《周易》中的宇宙生成论。我再简单地讲一下这种宇宙生成论。《周易·系辞传》里面有一句话："易有太极（○），是生两仪（☯），两仪生四象，四象生八卦。"根据这句话，可以形成我们所说的先天八卦图。先天八卦图体现了"天地定位，山泽通气，雷风相薄，水火不相射"的阴阳相对模式，在这种模式下，阴阳还没有相交，天地还没有相交，所以它体现了阴阳的循环往复和对待流行。而在后天八卦图，我们可以看到，乾［☰］、坎［☵］、艮［☶］、震［☳］等四个阳性卦在图的左下方，而巽［☴］、离［☲］、坤［☷］、兑［☱］等四个阴性卦在图的右上方。中国传统上有一种阴升阳降的说法，所以后天八卦图体现了一种通过阴阳交合产生万事万物之象，其中亦有五行相生相克之意，在这里我就不展开讲了。

今本64卦卦序的排列，与先、后天八卦图有密切的联系，体现了从先天到后天、从形上到形下、从简单到复杂，愈变愈频的、内在互相关联的宇宙生成规律，是一幅气数推演模型，是"道"的一步步展开与显现，而其生生之源则是先天太极（○）。具体的论证，请参见我已发表的相关论文。也就是说，先天太极（○）以及下面要谈到的"乾元"之气作为宇宙的原动力一直贯穿于从乾卦到未济卦这一螺旋式推进的整个过程之中。这就是今本 64 卦卦序所蕴含的宇宙生成论，显然，此宇宙生成论寓有"先天生后天，后天之中有先天"即"体能生用，用中有体"之意。

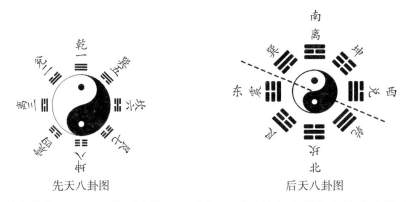

先天八卦图　　　　　　　　　后天八卦图

道从乾卦展开，一直到未济卦，我们看到的是各个卦代表的种种卦形。道不可见，而德可见，每一卦有每一卦的德用，《大象传》讲的就是这些德用，如"厚德载物""果行育德""反身修德"等等，意即人们依据各个卦所寓示的德行而行，就可以由德返道、由用返体。这是《周易》所寓示的"后大返先天"之意。

乾卦的《象传》又说："乾道变化，各正性命，保合太和乃利贞。"意思是说，天道的展开称为"元亨利贞"即春夏秋冬这种形式，而人道则需要反修，即通过"利贞"才能回到"元亨"。这就是"乾道变化，各正性命，保合太和乃利贞"的基本意思。

由德返道也体现在孔子在帛书《要》篇里面所说的话："君子德行焉求福，故祭祀而寡也，仁义焉求吉，故卜筮而希也。"所以《易传》的说法和孔子的意思也不相悖。

从《周易》中的宇宙生成论，我们还需要往前推到《周易》中的心性本体论。《乾·象》有云："大哉'乾元'，万物资始，乃统天。云行雨施，品物流形，大明终始，六位时成，时乘六龙以御天。"也就是说，如果"乾元"做主语的话，"统天""御天"就是谓语和宾语。所以在乾天之上还有一个"乾元"的存在。乾卦与其卦辞"元亨利贞"相对应，而"乾元"则与"用九"之辞"见群龙，无首吉"相对应，因为乾卦《文言传》讲"'乾元'用九，乃见天则"。也就是说，"乾元"之体虽然不可见，而其用可见，见于全易之阳爻而称"九"者，凡阳爻皆为"乾元"之用。相应地，"坤元"与坤卦"用六"之辞"利永贞"相对应；"坤元"之体虽不可见，而其用可见，见于全易之阴爻而称"六"者，凡阴爻皆为"坤元"之用。这是我从《周易》里面提炼出来的一些思想。

乾坤"二元即两仪也，二用即两仪之德"，阳仪对应"乾元"，阴仪对应"坤元"，而"坤元亦乾元所出"。"乾元"与"坤元"之间的关系则表现为，"一为阳主施，一为阴主受，一为气之始，一为形之先"，所以乾元主始，坤元主终，而乾坤之间的关系表现为"乾之大始，坤作成物"，也就是"乾主气，为道之全，坤主形而包于天"。

在《周易》这里，"太极动则阴生，静则阳复"，而在两仪生成之后，"乾元"即可代表先天太极，故与"乾元"相对应的乾卦"用九"之辞"见群龙，无首吉"才有如下之意："群龙者，众善人也，在天界言，则出界，在道德言，则太极之初也。"亦如佛教净土宗所说的众佛菩萨所居之极乐世界，故可用先天太极（○）来表示。

而从宇宙生成论的角度来讲，先天太极（○）为宇宙本原，具有无限的光和热。太极一动即生出有形的各种星球。从这一点来讲，这一宇宙生成论与"宇宙大爆炸"说有类似之处。但"宇宙大爆炸"说没有"阴中有阳""阳中有阴""阴阳相感""阴阳互补"之意，而《周易》更强调乾天、坤地之间的生成关系及"人"在天地之间"裁成""辅相""感通"之角色。

"太极动则阴生，静则阳复"之说至为重要，由此可以融摄佛道两家，与《礼记》所云"人生而静，天之性也，感于物而动，性之欲也"之说正好相呼应，与《大学》"止至善"之说亦相契合。而由周敦颐所提出、由朱熹等坚持的"太极动而生阳，……静而生阴"的说法不符合《周易》中的宇宙生成论之本旨。这个今天我们就不展开讲了。周敦颐的说法后来造成了许多不好的影响，导致我们现在面临的很多问题。

如果进一步向下落实，乾坤亦可对应两仪图中的阳仪与阴仪，乾为人之心性，坤为人之身命，故如果只有"心性"而没有"身命"，则意味着有施无受，有始无终；如果只有"身命"，而无"心性"之指导，则无始亦无终。这是从乾坤对应身心来讲的。

道"在天为神，在人为性"，"性"为生生之本，可用先天太极（〇）来表示。"情生于性"，犹如"'坤元'亦'乾元'所出"，故在心如如不动之时，性体自显。心一动即意味着性生情，而性情皆居于心。此动中之"性"可用两仪图中的阳仪来象征之，其所生之"情"可用阴仪来符示之。而心动之时之性、情可上推至先天太极所符示之纯性。所以心动之时，性容易被怒、恨、怨、恼、烦等不正之情所支配，故必须以性为主导，情为辅从，即如"乾元"主施，"坤元"主受，"乾元"为主，"坤元"为从，"乾元"主始，"坤元"主终，如此才能够"赞天地之化育"。这即是《周易》中的心性本体论所寓之意。

《大学》所说的"至善"之境即此先天太极（〇）之境，可通过"定、静、安、虑、得"等次第功夫证得，由此亦可体会"太极动则阴生，静则阳复"之意。"至善"和太极之境和《中庸》所说的"至诚"之境也是相通的。

先儒多认为《周易》"崇阳抑阴"，通过综合分析《周易》经传所蕴含的本体生成论可知，从"先天"的角度来看，《周易》确实是"崇阳抑阴"，旨在强调在任何情势下都不要失却道之本体大源，而从"后天"的角度来看，《周易》则更注重"崇阴抑阳""裒多益寡""损上益下"，如此才能实现"天地交而万物通""上下交而其志同"的化成天下之阴阳和合状态。

通过阴阳和合，我们才能与万物感通。在《周易》这里，神道、天道、性道是合一的，"神"乃"聪明正直而一者也"，人若通过自修达到"诚""一"之境就可以通于神明。所以《周易》注重"神道设教"，旨在让人们生起敬畏之心。如果没有敬畏之心，所谓"内在的超越"就难以落实。所以在《周易》这里，宇宙生成论及神道思想被巧妙地转化成了心性修养论。

由上可知，儒学的现代化需要注重个体性才能得以实现，还要培养个体的感化能力，这是可以进行验证的。《大学》《中庸》为儒门心法，《周易》为儒家的密理，所以《周易》《大学》《中庸》有内在的关联。《大学》里面有"四纲""八目"。"四纲"中的"止于至善"为"内圣"之功；"明明德"由"亲亲""新民"两个阶段组成，为"外王"之行。"八目"里面的"格致诚正"，对应的是内圣的功夫；"修齐治平"为外王之行。"内圣"之功在《周易》中体现为"寂然不动"，"外王"之行则表现为"感而遂通"；"利贞"为内圣之功，"元亨"为外王之行，故"乾道变化，各正性命，保合太和乃利贞"亦为"内圣外王"之道。

《中庸》里面有一句话："诚者，非自成己而已也，所以成物也。成己，仁也；成物，智也。性之德也。""成己"为内圣之功，"成物"为外王之行。成己、成物需要仁、智并用，是由内到外的一种感通。所以《中庸》又说"唯天下至诚为能化"。因此，儒学特别强调感化，而感化又要从自身做起。"八目"之间是环环相扣的，有验证的方式，比如如果一个人不能"齐家"，则说明他"修身"的功夫有所不足，"修身"不足说明心不正，心不正则由于"诚意"的功夫不足，意不诚则由于"格物""致知"的功夫不足。《大学》虽然讲"格物""致知"，但对于如何"格物"则语焉不详。通过了解《周易》所蕴含本体生成论，就可全面地"格物""致知"，"成己""成物"。

所以儒学的终极目标是"内止至善，外明明德"。内止至善是极静的状态，外明明德是通过跟万物接触以后，一种处理事情的方式和方法。

仁也是儒家思想中的核心观念，先儒通常把仁与乾卦"元亨利贞"中的"元"相配应。只有把"仁"与"乾元"暨先天太极相对应，"仁"的本体地位才能得以确立。因为"乾元"和先天太极发用于 64 卦 384 爻之中，"仁"体亦如之而发用于与其相关联之各种德目之中。通过"定、静、安、虑、得"等次第功夫可证得先太极即"至善"之境，又可通过《大学》之"八目"来验证是否已证成"仁"本体及其发用。

《大学》里面讲的这个很重要，值得我们反思，"儒教自秦汉以后，其所传已非圣人之全旨，如'止至善'，'用极'及'格致诚正'诸义，均无实行之功，学者仅为文字解说，故其所成先失其本而病弊百出，世常以为诟病"。

最后需要说明的是，《周易》与荣格分析心理学有很内在的联系。受《周易》的启发，荣格创建了其分析心理学。他所提出的"自性"（self）和"自性化"（individuation），和我们在上面所说的"成己""成物"有内在的关联，并且能启发我们更好地研究《周易》哲学。刚才涂可国老师说研究儒学心理学，这里是一个很好的借鉴。我们虽然强调儒学的现代性、个体性，但每一个个体性都应该身心健康，将来儒学本身应该有治疗心理疾病的功能，也是它的现代性的一个体现。

我讲上面这么多的内容，旨在说明，为了实现儒学的现代性转化，我们强调人的个体性是没问题。而只强调个体性是远远不够的，因为个体性的实现需要多元性，多元性的实现则需要建构一个"阳来就阴""尊来就卑"的阴阳和合环境，如此才能"成己""成物"，即"参赞天地之化育"。失却了"成己""成物"，没有对"仁"本体及其发用的体会，儒学也就不能称为儒学了。所以，为了实现儒学的现代性转化，在强调个体性的同时，还需要明了"成己""成物"即"感通"之道，《周易》哲学可以为此提供本体生成论依据。没有这些价值理念，个体性既难以实现，又失去了其存在的意义。

时间的关系，我就讲这些，谢谢各位老师。

"仕则不稼""田则不渔"

——董仲舒以社会分工制衡财富分配的理念设计

余治平[*]

汉在建政后的最初六十多年时间内，朝廷以黄老之学为主导意识形态，所采取的是一种无为而治、休养生息、轻徭薄赋的政策，社会生产获得迅速恢复和有效发展，特别是"文景之治"近四十年，国家财富积累已经达到相当高的程度。《史记·平准书》曰："汉兴七十余年间，国家无事。非遇水旱之灾，民则人给家足。"社会生态安宁，没有战争破坏，经济自然就获得恢复和发展。"京师之钱累巨万，贯朽而不可校；太仓之粟，陈陈相因，充溢露积于外，至腐败不可食。"[①] 中央政府超级有实力，国库富足不差钱。班固《汉书·景帝纪》亦曰："汉兴，扫除繁苛，与民休息。至于孝文，加之以恭俭，孝景遵业，五六十载之间，至于移风易俗，黎民醇厚，周云成康，汉言文、景，美矣！"[②]

然而，这种局面到武帝出现了转折。汉武大帝，一般都认为是一代圣主，在中国历史上明显属于英明领袖的级别。但他在位五十四年，竟然打了五十二年的仗，几乎是年年打，年年都要花很多钱，死很多的人。他对匈奴人的军事目的的判断是有问题的，甚至可以说是完全误判。游牧民族，虽然骁勇善战，但胸无大志，他们对大汉没有什么领土要求，只是定时、不定时地骚扰一下边境城镇，往往都是抢点财物，掠点女人就走。可武帝却如同一头犟驴，一直打来打去，长期坚持错误战略，最终把国库都"清零"了，社会财富也消耗殆

* 作者简介：余治平，上海交通大学长聘教授，董仲舒国际儒学研究院院长。

① （汉）司马迁：《史记·平准书第八》，长沙：岳麓书社，1988 年版，第 228 页。
② （汉）班固：《汉书·景帝纪第五》，长沙：岳麓书社，1994 年版，第 57 页。

尽，"功费愈甚"，全国人口锐减一半，天下竟出现十室九空、"人复相食"①的惨败景象，而匈奴问题的解决则还是回到了当初的起点，舍财加和亲，给他们美女和财物也就息事宁人了。早知如此，何必征战不休呢！

面对武帝朝贫富悬殊拉大、两极分化严重的社会矛盾，眼见阶层撕裂、民不聊生的危急形势，董仲舒能够向武帝直言不讳，劝谏以匡正，应该是冒着巨大生命危险的，其勇气本身就非常值得肯定和钦佩。董仲舒在他著名的《天人三策》中列举出当时贫富悬殊、利益不均衡的现象："众其奴婢，多其牛羊，广其田宅，博其产业，畜其积委，务此而亡已，以迫蹙民，民日削月朘，浸以大穷。富者奢侈羡溢，贫者穷急愁苦。穷急愁苦而上不救，则民不乐生。民不乐生，尚不避死，安能避罪！此刑罚之所以蕃而奸邪不可胜者也。"② 一方面，权贵豪门，富可敌国，经常拥有数量可观的奴婢，牛、羊等牲畜以及田地、房宅都难计其数，家业、产业之大令人惊奇，他们手上积攒并控制着几乎全部的社会财富，不可一世。而另一方面，贫穷者则无立锥之地，食不果腹，饥寒交迫，连最基本的生存问题都解决不了。董仲舒提出的"调均"理念，是全面而系统的。在土地政策上，建议朝廷"限民名田，以赡不足，塞并兼之路"；在税收政策上，则要求"薄赋敛，省徭役，以宽民力"；在人口政策上，则呼吁"去奴婢，除专杀之威"；还有，打破国有垄断的"盐铁皆归于民"③ 等等。作为帝国的智库，这些建言都具有一定的前瞻性和先进性，有些即便放在今天也不显得过时落后，仍有它们的普适性和有效性。

我在这里主要从社会分工（含行业分工、阶层分工两大方面）制衡财富分配的视角而对董仲舒的思想予以分析和诠释。

儒家队伍中，解决贫富两极分化重大社会问题的办法大多是主张往后退的。光绪二十三年（1897），康有为在《春秋董氏学》一书中辟有《调均》一目，援引董仲舒《春秋繁露·度制》篇开始两段，但却被他合并成一段。引文之后，康有为注曰："大富则骄，大贫则忧，忧则为盗，骄则为暴。体民至精，此井田采邑所由起也。"④ 大富、大贫两种极端状态都不利于社会秩序的

---

① （汉）班固：《汉书·食货志第四上》，第 516 页。
② （汉）班固：《汉书·董仲舒传》，第 1107 页。
③ （汉）班固：《汉书·食货志第四上》，第 515、516 页。
④ （清）康有为：《春秋董氏学》，楼宇烈整理，北京：中华书局，1990 年版，第 189 页。

建构和天下稳定局面的形成，所以上古圣人便发明出一种"井田采邑"的制度，均平天下土地与财富，防止出现"两极分化"的问题。1919年的《大同书》中，康有为又指出，"今以农夫言之，中国许人买卖田产，故人各得小区之地，难用于机器以为耕，无论农学未开，不知改良"，土地自由买卖，导致良田过于分散，无法集中耕作，更不能进行机械化生产。正是由于"孔子昔已忧之"，才"创井田之法而后人人不忧饥寒"。他以为，井田制度是调均天下的必要手段。当初"孔子所谓'盖均无贫'，则义之至也"，可惜的是，"后儒日发均田之说，又为限民名田之法，王莽不得其道而妄行之，则适以致乱"。在康有为看来，先圣所设计的"井田制"无疑是好的，均田是必需的，具有唯一合理性，只是被后来的儒家官员执行坏了。"盖许人民买卖私产，既各有私产，则贫富不齐，终无由均"，土地买卖是罪魁祸首，千万要不得。所以，如果"去产界"，则必须首先"均地产"①。社会财富分配一旦出现"两极分化"，便只有一条路："退回去"，只能够从先圣祖宗那里寻找药方②。

但董仲舒却没有走回头路，而是从社会分工（包括行业分工、阶层分工）的角度切入，在源头上调节、规整社会财富的分配流向，以达到制衡的效果，进而使他所提出的"调均"方案更具有可科学性。

在《繁露·度制》篇中，董仲舒引《礼记·坊记》的文字，对王公贵族、体制内官吏提出了一个最基本的要求，即尊重社会分工，体恤底层民众，不能剥夺他们的"职业权利"，而做到不与民争食，不与民争利。"君子仕则不稼，田则不渔，食时不力珍，大夫不坐羊，士不坐犬。"③ 显然，这里的"君子"，并不是一种道德、人格意义上的好人、善人，而应该看作是一种职业分工的概念。食税阶级，即从事社会管理工作的或脑力劳动者可以称为"君子"；而纳税阶级，即那些干具体活儿的，靠出卖体力劳动的人，则叫作"小人"。君子

---

① （清）康有为：《大同书》，北京：古籍出版社，1956年版，第234、235页。

② 《度制》篇明确说过，"上下之伦不别，其势不能相洽，故苦乱也"。取消差别，无针对性地实行"一刀切"式的财富均一，则是走不通的，因为既打击了富人创造财富的积极性，又助长了穷人身上的惰性与依赖性，社会就因此而失去前进的动力与活力。故周桂细说，"分配问题也是协调人际关系的关键，处理不好，就会混乱"。见《秦汉思想史》（下），福州：福建教育出版社，2015年版，第181、182页。

③ （汉）董仲舒：《春秋繁露·度制第二十七》，（清）乾隆三十八年抱经堂刻本影印，上海：上海古籍出版社，1989年版，第48页。下引《度制》文字，皆不出注。

位居社会上层，管理别人，靠领取朝廷俸禄而养活一家老小；小人则处在社会的底层，被人所管理，劳动所得之后还必须缴纳税赋。纳税阶级的上缴，构成食税阶级的俸禄来源。也可以说是正是纳税阶级，实实在在地供养着食税阶级。因为食税阶级的故意隐瞒，而使得这个常识经常不被人们所认识。三百六十行的百工"小人"，可以追逐利，因为一天无利则一天不能活，他们每天开门的第一件事情，就是赚钱。而上层"君子"则不应该沾利，不可以染指百工之事。一国之内，如果官僚阶层时刻算计着老百姓的口袋子，并且，争相盘剥民众的利益，那么这国离灭亡也就不远了。《孟子·梁惠王上》曰："上下交征利，国危。"含辛茹苦的老百姓，即便再有钱也经不起食税阶级的一层层脱皮乃至敲骨吸髓。而最为可耻、可恨的则是，官僚集团经常以堂而皇之的名目，牵强可笑的理由，强制性抽取老百姓的血汗钱，而老百姓则可怜得连大气都不敢吭一声。

值得强调的是，在《度制》篇中，当董仲舒明确要求"君子仕则不稼"的时候，他所坚持的肯定是"不与民争利"的态度，而不会是"君子不尽利以遗民"，这两者是有一定区别的，不能混淆。稼，指播种五谷。种庄稼，原本是农民做的事情，是他们的营生。官员在官言官，当以做官为自己的职业，而不应该再去兼做农民的行当，不能赚了本该是农民赚的那份收入。不是干这行的人，你就别抢这行的饭碗，也好给别人留下一条生路。不同职业之间，都应该确立一系列的领域边际与利益界限，清晰而明了，而不致相互交叉、彼此打架。本行业的事情不好好做，手伸得太长，贪心不足，兼取太多，则必然什么做不好。至于正当的跨行业开辟与发展，则显然是另外一个非常有趣的话题，在不同行业不断走向专业化的同时，跨行业同样也会成为一种必然的趋势。周桂钿指出，"一个人不当得两方面的利益"，所谓"并兼"，就是指"同时兼得多方面的利益"①。而这恰恰是一种违背"分予"原则的不正常行为，必须加以制止和反对。

在"仕则不稼"的命题里，还隐含着一个非常重要的问题，值得分析。掌握特权、控制社会资源的官僚集团对普通民众利益进行垄断、霸占乃至完全褫夺。而这又远远超出了不同民生行业之间的利益交换与兼取的程度，因为官

---

① 周桂钿：《董学探微》，北京：北京师范大学出版社，1989年版，第316页。

府与民生行业之间从一开始就不是一种平等的关系，前者往往对后者具有强势优势地位。当前者凭借自己的身份地位优势、运用手中掌控的特权对后者形成一种强迫和威逼的时候，整个社会的财富都会无条件地汇聚和集中到他们的手中，这就必然出现了一种资源分配的不对称，其最终后果则是官府富得流油，特别是朝廷，钱多得不知道怎么花，中央财政总有用不完的钱，官吏发达，家财万贯；而民间则积贫积弱，大多数百姓骨瘦如柴，面有菜色，衣衫褴褛，而不堪一睹。富国穷民，肯定不是董仲舒所倡导并追求的"善治"。实际上，政府太有钱，并不是一件什么好事，当公职人员并不具备合理支配公共财富的德性和能力的时候，反倒会大面积地激活、助长原本一直潜藏在他们身体内部的那种贪婪、自大、狂妄和戾气。于是，就会滋生腐败，乃至大面积的政治溃烂。所以，不能把"仕则不稼"看作简单的那种隔行取利，它远比一般行业的不正当经营更有危害，必须引起统治者的高度警戒。

当然，作为阶层分工，"仕则不稼"的前提必须是当官的收入足以养家糊口，官府工作人员的薪酬体系要健全、完善，最低目标应该是使他们不必要整天为衣食犯愁，更不必要还去种稻种麦，种瓜种豆，所以董天工《笺注》强调说，"禄足以代耕也"①。政府官员的收入如果长期保持一种低水平状态，就避免不了他们插足、兼利于其他行业，并且还会滋生贪污腐败。高薪未必一定能够养廉，但低酬则显然稳定不了官吏队伍。一个清廉、公平的政府，决不允许自己的官员染指民生事务，决不允许自己的官员赚取外快，或者，通过权力寻租而谋得任何个人私利。政府官员必须德性优先，树立自己的职业理想，为天下人管理事务，而不是掏空天下人的钱袋。政府官员要把公共管理当作自己的人生事业，端正心态，而不必觊觎富贵，不必眼红别人发财。既然当了官，就不要发财；如果要发财，就不要去当官。鱼和熊掌不可兼得。

而作为行业分工，"田则不渔"就是尊重每一个行业，承认在这个世界上还有自己不会做、做不了、做不好的事情，然后必须自愿地、主动地把它们让渡给别人，并且相信别人能够做，会把它们做得了、做得好，而自己则在自己所选择的行业领域里勤劳耕耘，安身立命，发家致富。进而，可以划定职业边

---

① （清）董天工：《春秋繁露笺注·度制》，上海：华东师范大学出版社，2017年版，第118页。

际与经营领域，不鼓励不同职业之间交叉相兼，互抢饭碗，也不主张隔山取利，妨碍别人的财路。与"田则不渔"相对的则是"渔则不田"，种田的就种田，打鱼的就打鱼，这样才能把各自的事情做精、做好。如果种田的也去打鱼，抢了打鱼的饭碗，你让打鱼的怎么活呢?! 反之亦然。不同职业之间，只有各司其职，各守其责，彼此尊重对方的专业领域和行业范围，才能促进物资生产和贸易流通，实现价值交换和利益共享。任何一个行业，只有在边际限定明确并且自身利益得到保护的前提下，才能获得健康发展。

儒墨比较的一个向度：
墨家从"天本论"到"义本论"的转向[*]

曾振宇[**]

在儒学史上，墨家几乎一直成为"不受欢迎的人"。孟子抨击墨子兼爱"无父"，"无父"近于"禽兽"。宋代程伊川评论说："能亲亲，岂不仁民？能仁民，岂不爱物？若以爱物之心推而亲亲，却是墨子也。"[①] 从"爱物之心"推及"亲亲"，也就是从道德理性推演至道德情感和情感冲动，与儒家仁爱逻辑恰好相反。在程伊川看来，这种逆推在逻辑上和理论上一大谬误就在于忽略了世界首先是人的世界，而非物的世界。"人的世界"意味着人首先是情感的存在，情感是人本源的行为动力，情感透显了人的生命本质和生命意义。王阳明接踵而起，批评墨家"兼爱"是"无根"之爱。基于儒家仁爱思想逻辑推论，仁是本体，"仁是造化生生不息之理"[②]；爱是情，属于已发。仁作为本体，其发生"有个渐"，既然爱人有个逐步发散的层次（"渐"），必然也就"有个发端处"[③]。"仁理"发端的第一个经验世界生活场景是父母子女血缘挚爱之情，也即孟子所说"亲亲"之爱；由"亲亲"向外"推"，显现为"仁民"之爱，"民"是陌生人，"仁民"即是陌生人之爱；由"亲亲""仁民"往外推所能达到的最终境界是"爱物"。因此，儒家仁爱哲学是"爱有差等"

---

* 原载台湾《哲学与文化》，2022 年第 7 期。在"当代儒学十周年座谈会"上，该文作者与会宣读了该文。

** 作者简介：曾振宇，山东大学儒学高等研究院教授。

① （宋）程颢、程颐：《河南程氏遗书》卷二十三，王孝鱼点校，选自氏著《二程集》，北京：中华书局，2004 年版，第 310 页。

②③（明）王阳明著，［日］三轮执斋点校：《标注传习录》，北京：光明日报出版社，2014 年版，第 86 页。

和"爱无差等"的辩证统一。作为"爱之理"的仁，没有时间性和空间性，因为它是形上学本体。但是，人作为"存在者"是有时间和空间的具体存在。"爱人"作为"仁理"的呈现，爱是普遍的无差等之爱；在工夫论层面，爱又自然而然呈现出由近到远的差等性。从"爱有差等"向外"推"，才能引向"爱无差等"。"爱有差等"是"有个深爱做根"①，犹如大树有根，春天方能发芽。"墨氏兼爱无差等，将自家父子兄弟与途人一般看，便自没了发端处；不抽芽，便知得他无根。"② 儒家爱人，强调爱必须合乎人性与人情。方其如此，"仁者爱人"才不会陷入宗教的偏执与狂热。墨家"兼爱"泯灭"亲亲"之爱，片面追求"爱无差等"，犹如大树无根，"有根方生，无根便死。"王阳明对墨家"兼爱"学说的批评，旨在揭露墨家思想的一大理论缺陷：墨家学说没有建立道德形上学！墨家"兼爱"思想单纯停留在经验世界的层面"转说转胡涂"。只看到了情，没有看到性；只看到了用，没有看到体；只注重枝叶繁茂，却忽略培植根本。换言之，"兼爱"何以可能？墨子并没有从哲学层面加以证明。

王阳明的"无根"之论，确属"烈耀破迷"之识，但也存在一些误读之处：其一，墨家学派有"墨离为三"之说，《墨子》一书成书时间从战国初期延续至战国晚期，前后持续二百余年③。《墨子》一书所载并非仅仅反映墨子本人思想，弟子以及再传弟子的思想也包括其中，胡适将墨家学派划分为前期"宗教的墨学"和后期"科学的墨学"④。王阳明将墨子思想与墨子后学思想混合为一，忽略了墨子后学对墨子思想既有所继承，也有所发明。其二，墨子没有建构哲学义的本体论，建立的只是原始宗教意义上的本体论；后期墨家扬弃了前期墨家"天本论"，建构了"义本论"，道德形上学基本确立。本文按照这一问题意识展开论述，不当之处，敬请方家教正。

---

① （明）王阳明著，[日] 三轮执斋点校：《标注传习录》，北京：光明日报出版社，2014年版，第7-8页。

② （明）王阳明著，[日] 三轮执斋点校：《标注传习录》，北京：光明日报出版社，2014年版，第86页。

③ 胡适：《中国哲学史大纲》，北京：东方出版社，1996年版，第六篇、第八篇；孙中原：《墨子及其后学》，北京：中国国际广播出版社，2011年版，第18页；丁四新：《论〈墨子·墨语〉墨家后学之鬼神观》，《安徽大学学报》2011年第2期。

④ 参见胡适：《胡适学术文集·中国哲学史》，北京：中华书局，1991年版，第127-128页。

一、"尚同于天"：前期墨家"天本论"的建构

墨子从经验世界的维度，证明"兼爱"观念存在的正当性与重要性。西周晚期以降，天子失驭，礼坏乐崩。《兼爱》篇云："今若国与国之间相攻，家与家之间相篡，人与人之间相贼。"① 天下大乱的根源是"不相爱"，有鉴于此，墨子开出的治世"药方"是"兼相爱，交相利"。墨子所倡行的"兼相爱"，在伦理学上属于"爱无差等"的人类普遍之爱，"夫爱人者，人必从而爱之"。

墨子虽然力倡超越血缘与地域的人类普遍之爱，但并没有抛弃父慈子孝、兄友弟悌的家庭伦理，"为人父必慈，为人子必孝，为人兄必友，为人弟必悌"。但值得注意的是，墨子将家庭伦理的边界无限扩张、蔓延，导致家庭伦理与社会政治伦理混杂为一，私德与公德缠绕不清。"臣子之不孝君父""君之不慈臣""君臣父子皆能孝慈""视父兄与君若其身，恶施不孝""视子弟与臣若其身，恶施不慈"之类表述俯拾皆是，由孝父扩张到孝君王，由父慈子扩张到君慈臣。家庭血缘亲情之爱与社会政治伦理边界模糊，私德与公德夹杂不分。墨子"爱无差等"观念的哲学性质与特点，与儒家著作《孝经》有些雷同。《孝经》作者在论证孝是"天经地义"同时，立足于为天下立法的高度建构孝本论。孝不仅仅是家庭伦理，也是涵摄人与自然、人与社会政治的价值本体。无论是天子"治天下"，诸侯"治国"，抑或庶人"治家"，最高价值原则一律是孝。忠孝合一，从"孝亲"证明"孝君"的正当性，是《孝经》作者的真实政治意图，《孝经》由此得以可能成为古代帝制意识形态的理论根源。与之相对，孟子从"恻隐之心"证明人性先天有善端，仁本论初步得以建构。仁本论的提出，既是对孝本论的否定与回拨，也是儒家内部的一场自我拯救运动。汉代董仲舒以天论仁，北宋程明道首次提出"仁体"观念，"学者识得仁体，实有诸己，只要义理栽培。如求经义，皆是栽培之意"②。程明道的"仁体"说旨在表明：天地万物由气所化生，实现了天地万物的浑然一体。这种天地万物浑然一体的人文表达就是"仁体"，这种仁体之"实"，通过

---

① 吴毓江撰：《墨子校注》，北京：中华书局，2006 年版。
② （清）黄宗羲：《宋元学案》卷十三《明道学案》，北京：中华书局，1986 年版，第 561 页。

"天地生物之心"得以外显；与此同时，在工夫论层面，通过后天的"栽培"，仁体可以贯通、内化为人的本质，成为人人有可能真实拥有的生命之"实"。隋唐以降，无论气学、心学，抑或理学，无论对《论语》《孟子》存在多少种"异见"，"仁本"论已确立为儒家道统之核心思想，孝本论从隋唐以降逐渐被主流思想家扬弃。

缘此，王阳明对墨家学说所作"无根"的评价，实际上是想揭示墨家思想的根本缺陷：道德形上学缺失。墨家"兼爱"思想只不过是治世之策论，而不是一种哲学思想。冯友兰先生也认为墨子"对于形上学本无兴趣"①，其思想学说只是一种客观知识，哲学形上学的大厦没有建立。但是，王阳明和冯友兰的论断也存在一些偏颇之处，忽略了墨子的天本论其实也是一种特殊类型的形上学。

墨子天本论的建构与其国家起源理论紧密相连。在国家建立之前，"人是其义，以非人之义"（《墨子·尚同上》），人类处于"皆以水火毒药相亏害"的自然状态。墨子所言"若禽兽然"的天下大乱，近似于霍布斯所说"所有人反对所有人的战争"的自然状态。墨子认为天出于"爱民""利民"目的，从茫茫人海中选拔"贤可"者，"立以为天子"，建立国家与公共权力，继而"划分万国，立诸侯国君"。随着从里到乡、由乡到国，公共权力的完善，意识形态和价值观的建构应时而生。"上之所是必皆是之，上之所非必皆非之"（《墨子·尚同上》），全里平民百姓的利益要求和价值观必须"尚同"于里长，全乡平民百姓的利益要求和价值观必须"尚同"于乡长，全乡人民的利益要求和价值观必须"尚同"于国君，全国人民的利益要求和价值观必须"尚同"于天子。方其如此，才能"一同天下之义"，达到天下大治。墨子这一观点与逻辑，有点类似俄罗斯套娃。无论里长、乡长，抑或国君、天子，他们之所以能高踞这一官位，取决于一个根本性的前提——"仁人"。由此推论，墨子"尚同"论不是论证自下而上必须绝对服从上级个人权力意志，而是服膺里长、乡长、国君和天子这一官位所承载的义理——仁义。尤其值得一提的是，墨子"尚同"与"天志"逻辑的最终端并非推演至天子戛然而止，天才是天下共识的创立者。换言之，天是本体。"天子又总天下之义，以尚同于天"（《墨子·尚同下》），在墨子思想体系中，天存在的意义犹如"轮人之

---

① 冯友兰：《中国哲学史》上册，上海：华东师范大学出版社，2000年版，第80页。

有规，匠人之有矩"（《墨子·天志中》）。天是位阶最高的"第一概念"，天的本质是"爱人""利民"，"爱人利人，顺天之意"。墨子天论的这一逻辑与观点，不禁使人联想起董仲舒的一大命题："故屈民而伸君，屈君而伸天，《春秋》之大义也。"① 学界对董仲舒这一命题多有误读。譬如，李泽厚先生认为"董仲舒搞这一套，主要是为了以这种宇宙论系统确定君主的专制权力和社会的统治秩序"②。但是，如果将这一段话放在董仲舒政治哲学体系中考察，李泽厚的评论有待商榷。徐复观先生对董仲舒这一命题的评论发人深思，他认为"屈民而伸君"是"虚"，属于"陪衬"，目的是在策略上"先迎合统治者的心理"③。"屈君而伸天"一句话才是"实"，才是"进而说出自己的真正主张"的"主体"。先虚后实，虚晃一枪，"盖欲把君压抑（屈）于天之下，亦即是压抑于他所传承的儒家政治理想之下，使君能奉承以仁为心的天心，而行爱民之实"④。在两屈两伸中，落脚点是"伸天"。"天"指谓天命、天心，天命、天心的本质就是民心，民心即天命。因此，"屈君而伸天"的本质在于凸显民心，制约君权。两相比较，我们不难发现董仲舒天论对墨子天论有所昭承。在董仲舒天论的背后，我们时常可以发现墨子的绰约身影。

统而论之，墨子天本论的本质在于论证上天是社会政权存在合法性的本源，政权兴亡存废由天主宰。天首先是宇宙生成论层面的本原，天创生日月星辰，为人类带来光明；天创造山川河谷、五谷丝麻，布列春夏秋冬，为人类生活创造基本保障。天地万物变化无常，天是天地万物变化无居背后永恒不变的最高存在。不仅如此，天为人类社会创设国家这一社会管理制度，"为王公侯伯，以临司民之善否，使之赏贤而罚暴"（《墨子·天志中》）。既然国家由天创立，人间政权存在合法性和正当性的本源自然而然来自上天，而不是人间君王。具体而论，"爱人利人"（兼爱）是政权存在合法性和正当性的最高依据。天出于"爱人利人"目的建构国家，国家和政府自然应奉"兼爱"为治国理政最高圭臬。何以证明上天是"爱天下百姓"（《墨子·天志上》）？四海之

---

① （汉）董仲舒：《春秋繁露·玉杯》，曾振宇、傅永聚注：《春秋繁露新注》，北京：商务印书馆，2010年版。
② 李泽厚：《中国古代思想史论》，北京：人民出版社，1986年版，第149页。
③ 徐复观：《先秦儒家思想的转折及天的哲学的完成》，选自氏著《两汉思想史》第二卷，上海：华东师范大学出版社，2001年版，第212页。
④ 徐复观：《两汉思想史》第二卷，第212页。

内，上自君王列侯，下至贩夫走卒，"莫不犓牛羊，豢犬彘，洁为粢盛酒醴，以祭祀于上帝鬼神"（《墨子·天志上》）。从普天下无所不在的祭天习俗，可以证明上天确实"兼而食之"；由上天"兼而食之"，证明上天"兼而有之"；由上天"兼而有之"，证明上天"兼而明之"；由"兼而明之"，证明上天"爱天下百姓"。从形式逻辑而言，墨子这一论证过程恰如冯友兰先生所论有些"浅陋"①。但是，思想学说是否具有严密的逻辑性，并不是墨子政治思想的最高追求。墨子只是出于救世目的，力图阐述一个核心政治理念："爱人利人，顺天之意。"（《墨子·天志中》）缘此，天主宰人间政权的兴亡存废，已是不证自明的结论。统治者如果"爱人利人"，顺天之意，国家兴旺发达；统治者"憎人贼人"，逆天之意，国家必将土崩瓦解。墨子在《天志》《明鬼》诸篇中，不厌其详地通过"本之于古者圣王之事"证明这一观点：夏桀虽贵为天子，富有天下，但"上诟天侮鬼，下殃傲天下之万民"（《墨子·明鬼下》）。于是上天命令商汤替天行道，讨伐夏桀；商纣王虽拥有广土众民，但"上诟天侮鬼，下殃傲天下之万民，播弃黎老，诛贼孩子"（《墨子·明鬼下》）。于是上天命令周武王兴师讨伐商纣王，欺天侮鬼的商纣王政权灰飞烟灭。墨子在论述夏朝和商朝为何灭国失政的原因时，无一例外都用"天乃使汤""天乃使武王"文句，意在阐明商汤灭夏和周武王灭商都是承顺天命。上天这一至上人格神所承载的道德精神是兼爱——"爱人利人"，因此，与其说上天命令商汤灭夏、武王灭商，毋宁说人民"命令"商汤灭夏、武王灭商。"天乃使"是虚，"民乃使"才是实。尤其值得注意的是，当有人与墨子辩论天帝鬼神是否确实存在时，墨子的回答时常游移不定、模棱两可。在他看来，从历史悠久的祭天事鬼传统信仰，可以证明天鬼的存在是一客观知识。但是，墨子继而又指出，"虽使鬼神请亡，此犹可以合欢聚众，取亲于乡里"。"请亡"意谓"确实不存在"，丰盛的祭品即使因为天地神祇不存在，神祇因此无缘享用，也可用来款待亲朋好友、协和邻里乡亲。借天言事是墨子一以贯之的叙事模式，另一方面，墨子又无法从哲学维度解决"天"观念内在的逻辑矛盾。天观念的本质以及蕴含的内在逻辑缺陷，限制了墨子思想上升为哲学。尽管如此，以上天信仰为核心的"天本论"已经建立。但是，这是一种原始宗

---

① 冯友兰：《中国哲学史》上册，第80页。

教意义上的本体宇宙论，而不是哲学意义上的本体论。胡适将前期墨家称之为"宗教的墨学"，可以说把握了墨子思想的精髓。在中国哲学史视域中，宗教意义上的本体论有别于哲学意义上的本体论，前者建立在"想象""信仰"和"相信"基础上，属于对可感事物的想象性认识。这种想象性认识缺乏确定性，因此这种认识只是信仰而非真理；后者属于对可知世界的认识，这种对思维"抽象世界"的认识建基于逻辑推理与思辨证明基石之上，因此属于真理性认识。

二、"贵义"：后期墨家"义本论"的建构

"兼爱"依然是后期墨家的思想核心，"兼爱相若，一爱相若""爱人之亲，若爱其亲""爱人非为誉也"（《墨子·大取》）之类表述不胜枚举。墨家主张"爱无厚薄"，"秦国产的马"和"齐国产的马"都是马，没有必要刻意区分马的产地与类型，爱马在逻辑上指谓爱所有的马。兼爱天下，并非一定要枚举天下所有人的姓名之后才能证明兼爱具有普遍性，而是每个人在其生活经验所涉范围内将兼爱精神播撒出去。但是，在何种话语系统中论说"兼爱"，前期墨家和后期墨家已有云泥之别。前期墨家在"天本论"语境中论说兼爱如何可能，后期墨家另辟蹊径，开始在哲学层面上证明兼爱何以可能。

其一，仁义内在于人性。"仁，爱也。义，利也。爱利，此也。所爱、所利，彼也。爱利不相为内外，所爱利亦不相为外内。"（《墨子·经说下》）后期墨家此处所说"内外"，与战国中晚期关于仁义与人性关系的争论密切相关。与孟子同时代的告子主张"仁内义外"，《管子·戒》篇也主张"仁从中出，义由外作"。后期墨家观点与孟子相近，皆倡导仁义内在于人性。仁与义是人性，爱与利人是情感；仁义是未发，爱利是已发。在后期墨家看来，"仁内义外"说犹如将左眼所见说成是视觉自内出、右眼所见说成是物象自外入一样，皆是疯癫谵妄"狂举"。值得一提的是，后期墨家已经提出了"体爱"和"利爱"一对概念。"体爱"是指仁爱源自人性，普遍先天禀具的爱在后天经验世界中自然而然流露，"说仁：爱民者，非为用民也"（《墨子·经说上》）。与此相对，"利爱"建基于功利主义基础上，爱他人带有某种功利性、目的性，"仁而无利爱，利爱生于虑"（《墨子·大取》）。爱"获"这种"爱

人”行为，并非纯粹出自内在人性，而是出于“虑获之利”的实际功利目的。由此可见，墨家“体爱”近似于孟子“由仁义行”，“利爱”类似于孟子“行仁义”。后期墨家的观点在逐渐向儒家“靠拢”，这不得不说是一令人关注的文化现象！在儒学史上，孔子“仁者安仁，智者利仁”之说犹如空谷足音，孔子把“仁”分为“安仁”与“利仁”两类，《礼记·表记》进而将“仁”细分为三类，“仁者安仁，知者利仁，畏罪者强仁”。“安仁”也可以理解为“乐仁”，《大戴礼记·曾子立事》有“仁者乐道，智者利道”① 表述。以仁为“安”，以仁为“乐”，意味着仁与人性有内在牵连。毛子水说“安仁，天性自然”②，可谓切中肯綮。仁内在于生命本然是真理，仁不是外在强制性行为准则，仁蕴含自由意志。正如牟宗三先生所言：孔子之“仁即是性，即是天道”③。仁既然源自普遍人性，就具有普遍性、绝对性特点。普遍性意味着平等，人性平等思想，在孔子思想中已有萌芽。孟子接踵而起，继而从“恻隐之心”证明仁确实普遍存在于人性之中，人有“不忍人之心”是真理，人人皆可在经验世界中自证自成。人先天“饱乎仁义”，是从“实然”意义上立论。两相比较，后期墨家的“体爱”与孔子“安仁”、孟子“由仁义行”，后期墨家的“利爱”与儒家“利仁”“强仁”“行仁义”之说，无论在内涵上，抑或在逻辑上，都存在逐渐会通与契合之处。

其二，“万事莫贵乎义”（《墨子·耕柱》）。墨家特别重视“义”，无论前期墨家抑或后期墨家，率无差异。《墨子》一书正文“义”凡292见④，代表前期墨家的《兼爱》等“十论”，“义”出现191次。后期墨家“墨辩”部分（《经》上下、《经说》上下、《大取》《小取》），“义”总共出现16次。后期墨家“墨语”部分（《耕柱》《贵义》《公孟》《鲁问》《公输》），“义”凡66见。在后期墨家思想架构中，义是最高价值本体，“万事莫贵乎义”。手足贵于冠履，生命贵于王位。但是，为了正义事业，应该舍生取义，视死如归。“争一言以相杀，是贵义于其身也”（《墨子·贵义》），越国国君想用高官厚禄聘用墨子，墨子回答说：如果越国君王采用我的道术治理国家，我愿南

① （清）孙希旦：《礼记集解》卷五十一《表记》，北京：中华书局，1989年版，第1301页。
② 参见毛子水注译：《论语今注今译》，重庆：重庆出版社，2011年版，第50页。
③ 牟宗三：《名家与荀子》，长春：吉林出版集团有限责任公司，2010年版，第135页。
④ 根据孙诒让《墨子间诂》注本为依据统计。

下就职。如果只是以高官厚禄笼络我，却不推行我的治国之策，这是可耻的"以义粜"（《墨子·鲁问》）。义重于生命，出卖道义以换取个人利益，墨家弃之如敝屣。墨家以"义"为天下立法，"义"不是董仲舒所言仅限于"正我"，而是"志以天下为芬"（《墨子·经说上》），义的适用范围是天下，无论处江湖之远，还是居庙堂之高，义是绝对的道德律令。"义可厚，厚之。义可薄，薄之，之谓伦列"（《墨子·大取》），后期墨家谈兼爱，以义为鹄的。爱已有差等"伦列"，与前期墨家"天下之人皆相爱"的爱无差等相比较，已有轩轾之别。"厚之"抑或"薄之"，以义为规矩准绳。"德行、君上、老长、亲戚"这四类人应当厚爱。但是，如果这四类人的行为不符合义，是否还应当一如往旧"厚之"？后期墨家的回答是否定的。"厚亲不称行，而类行"（《墨子·大取》），如果亲情与道义发生冲突，应当重义而薄亲。后期墨家虽然论证爱有差等，但因为以义为最高价值原则，差等之中又彰显些许平等精神。

后期墨家贵义的另外一个非常重要的表现，体现于在"义政"（《墨子·天志上》）方面有不同于前期墨家的政治要求。"义政"与"力政"相对，"义政"建基于义本论基石之上，义是国家主流意识形态和政治行为的最高价值原则。"力政"建立在功利主义价值观基础上，以追逐实际利益为基本内容，以满足统治者个人私欲为最终目标。"义政"则以"上利于天，中利于鬼，下利于人"为基本内容，以"兴天下之利"为最终理想归宿。广而论之，"义政"属于前期墨家和后期墨家共同的政治主张，前期墨家"义政"体现在"尚贤""尚同""非攻""非乐"等具体措施，尤其在"尚贤"策略上着墨极浓。前期墨家认为"尚贤"是"为政之本"，而且"尚贤"主张不是人为的臆想，乃"取法于天"（《墨子·尚贤中》），是上天意志的彰显。尧舜禹汤文武以"爱利万民"为治理天下之圭臬，这是贤能之人治理天下的典范，因此得到上天奖赏："立为天子，以为民父母，万民从而誉之曰圣王"（《墨子·尚贤中》）。遵循上天意旨、以"尚贤"治理天下者，被称为"圣王"；与此相对，诟天侮神，贬斥贤能，如夏桀、商纣之流，被贬称为"暴王"。"圣王"或"暴王"的裁定者是至上人格神——天，前期墨家由此具有主权在天、治权在贤的特色，与儒家主权在民、治权在贤观点有所不一。

后期墨家将"义政"论证为"良宝"。和氏之璧、隋侯之珠是世俗社会所追捧的"良宝"，在后期墨家看来，判断一件物品是否"良宝"的标准在于是否"利人"，和氏之璧、隋侯之珠显然"不可以利人"（《墨子·耕柱》）。因此，"是非天下之良宝也"。但是，"义政"与和氏之璧、隋侯之珠不同，"今用义为政于国家，国家必富，人民必众，刑政必治，社稷必安"（《墨子·耕柱》）。"义政"才是"天下之良宝"。在后期墨家的这一论证过程中，"义政"所追求的社会理想目标涉及"国家""人民""刑政"和"社稷"，恰恰没有指涉前期墨家念念不忘的"上利于天""中利于鬼"，而只保留了"可以利民"。从"利天""利鬼"过渡到"利民"，这是前期墨家向后期墨家的一大变化。理论重心的转变，凸显的是天本论与义本论的本质差异。天本论在社会政治上最高原则是以天为本原，义本论在社会政治信奉的最高价值原则是义。《鲁问》篇是后期墨家的文章，其中记载墨子与齐国国君的一番对话。墨子问：有人以砍斩人头来测试刀剑是否锋利，经过砍斩多人头颅之后证明刀剑确实锋利。但是，善恶必有报应，谁将承受滥杀无辜的报应？与此相应，侵占他国领土、抢掠他国百姓、屠杀无辜平民，谁将"受其不祥"？墨家并非一概反对战争，而是将战争分为"诛"与"攻"两类。"诛"是正义战争，"攻"是非正义战争。前期墨家认为战争正义与否的标准在于是否禀受上天意志，"天命殛之"。后期墨家则认为战争正义与否的标准在于是否"贼敖百姓"。换言之，"利民"是决定战争正义或者不正义的唯一标准。

后期墨家在"义政"上的另一大特点是以利训义。"义，利也"（《墨子·经说上》），道义以利为具体内容，缺乏利的道义，属于空而无当的"客言"。广而论之，尚利也是前期与后期墨家共同的政治主张，"利"在《墨子》一书凡378见，其中"十论"部分出现248次，"墨辩"与"墨语"部分出现94次[①]。前期墨家论"利"，立足于至上神上天信仰而发，《尚贤》等"十论"主张是"利"的具体内容；后期墨家已将至上神上天信仰边缘化，尚利建立在义本论基石之上"功，利民也"（《墨子·经上》），"利"与"禄"相对，"禄"是私利，有"利民"之"功"的"利"才是公利。墨子派遣弟子胜绰前往齐国辅佐齐国大将项子牛。项子牛三次侵略鲁国，胜绰三次陪同项子牛。墨子勃然大怒，立即召回胜绰，并批评他说："言义而弗行，是犯明也。"（《墨子·鲁问》）口头信奉道义，背地里却为了高官厚禄背弃正义，这是典

[①] 根据孙诒让《墨子间诂》注本为依据统计。

型的"禄胜义"(《墨子·鲁问》)和"倍义而乡禄"(《墨子·耕柱》)。"利"是代表天下大多数人根本利益的公利,后期墨家称之为"天下之利"。弟子问墨子,"为义孰为大务?"(《墨子·耕柱》)墨子以"筑墙"为例作答:能挖土的挖土,能填土的填土,能夯筑的夯筑,各司其职,各尽所能,共同完成"筑墙"任务。"为义"与"为利"同义反复,"筑墙"之利在于"利人"。"筑墙"之利实现,"义事"也就大功告成。

"利"既然是天下之公利,这种"利"往往又以人同此心、心同此理的情感的方式呈现出来:"利,所得而喜也"(《墨子·经上》)。"利,得是而喜,则是利也。其害也,非是也"(《墨子·经说上》),喜属于情感,只有能激发人内在普遍喜悦之情的"功",才是真正的公利。公利顺应人类普遍的、善良的情感与欲求,而不是违忤人类普遍的情感。缘此,喜是公利在情感上的表达。巫马子质问墨子:你提倡"兼爱",我主张"别爱",皆是空而无征的阔论,都没有产生实际的社会功效。为何你决绝否定我的主张,却始终不渝称赞自己的理想?墨子反驳他说:假设有一个恶人蓄意在这儿纵火,有一个人立即端着一盆水想要浇灭大火,另一个人却拿来火把想要增加火势。面对此情此景,你赞同端水者还是赞同举火把的人?巫马子说:我赞许"捧水者",鄙视"掺火者"。其中的原因就在于"捧水者"的动机和意愿代表了天下大多数人的根本利益,动机善和功效善和谐一致。动机和功效的中和,能使人滋生喜悦的情感。值得注意的是,后期墨家"以利训义"政治思想,与战国晚期儒家"以礼训义"相映成趣。《荀子·大略》属于荀子后学作品,"以礼训义"体现的是儒家演变至战国晚期的哲学思考,"行义以礼,然后义成"。《礼记·礼运》也有类似的表述:"礼也者,义之实。"义虽是本体,但需要借助礼外显。在实践伦理层面行义,需要以礼来节制。"仁有里,义有门",义的"门"是礼,义通过礼这唯一的"门"出入才赋有正当性。"义非其门而由之,非义也。"(《礼记·礼运》)"礼义"在《荀子》一书中是一复合词,出现115次。"以礼训义"目的在于理顺欲望与道德理性之间的关系,后期墨家"以利训义"则力图证明权利与道德理性之间的辩证关系。墨家"义政"是"义本论"在政治生活领域的下贯,"天下之利"并非仅仅只涵摄经济利益、物质利益,其深层的内涵应当是"义"这一本体观念下蕴含的人先验自然权利。"圣人有爱而无利,俔日之言也,乃客之言也"(《墨子·大取》),此处"圣人"

应是义本论的具象化表达。"倪日"当是"倪曰"之误，《说文》："倪，譬喻也。""圣人有爱而无利"只是一譬喻性表达，属于"客言"，而不是"主言"。这一命题真实内涵应表达为："圣人"（义本体）是无时间、无空间性的存在，人是有时间性和空间性的具体存在者。圣人之爱通过"倪曰之言"委婉曲折显示给世人：圣人之爱下贯于人间，彰显为"利"。利源出于圣人（义本体），而不是出自人世间物质利益之间的交换。因此，此"利"具有普遍性和绝对性。

三、结　语

春秋战国时代的诸子百家争鸣，经过数百年的相互驳难与碰撞之后，自战国中期以降，已逐渐形成相通相融的文化大趋势。《墨子·公孟》是后期墨家作品，其中记载的墨子与程子一番对话颇具深意：墨子在对话中，居然多次称赞孔子。程子对此迷惑不解："非儒，何故称于孔子也？"墨子回答说："是亦当而不可易者也。"鸟在大暑热天高飞，鱼在大暑热天却深潜河底。孔子儒家思想具有客观知识特点，真理蕴含其中。"是亦当而不可易"这一观点，典型反映的是后期墨家在战国晚期文化融合会通大趋势之下的文化立场。后期墨家思想体系中"爱人之亲，若爱其亲""仁义内在""万事莫贵乎义""义政""利民"等观念，表明后期墨家已在逐渐向儒家"靠拢"。诸子百家从相反走向相成，从相互辩驳走向相互融合这一文化现象，早在《汉书·艺文志》已有深刻剖析："其言虽殊，辟犹水火，相灭亦相生也。仁之与义，敬之与和，相反而皆相成也。"韩愈起而踵之，从兼爱、尚贤等方面对儒墨两家思想内在的相融相通性加以阐发①。缘此，我们不难发现，王阳明对墨家兼爱思想所作的"无根"之论，显然存在片面偏曲之处。王阳明只看到了前期墨家原始宗教义的"天本论"，却忽视了后期墨家在心性论基础上建构的"义本论"。"仁义内在"不是"想象""信仰"之类宗教精神寄托，而是世俗感性生活中人人可以自证自成的客观真理，道德形上学在后期墨家已经建立。

---

① （唐）韩愈：《读墨子》，选自《韩愈全集》，上海：上海古籍出版社，1997 年版。

儒家与公共存在

沈顺福[*]

谢谢主持人，谢谢《当代儒学》编辑部的盛情邀请。能在现在这么困难的情况下召集一个会议进行学术交流也很不容易，所以我本人也是很感动的。我给大家汇报的内容主要是讲"儒家与公共存在"。

我为什么写这个题目呢？最近微信上出现了一个新名词，叫工具人。可能关心时事的人也知道这个词。最近这几年因为疫情的原因，我们社会上出现了各种各样的怪象，其中包括因为没有做核酸，或者是因为被隔离，有些人不能就医，不能治病，不能正常地出差等等。后来有人就把这种盲目地、僵化地执行任务的人叫作工具人。工具人这个概念我觉得用得非常贴切。为什么会出现工具人这种现象？工具人这种现象怎么来的？来源是什么？在理论上怎么解释这个事情？非常遗憾的是，工具人现象的理论来源和我们传统儒家是相关的，也就是说，传统儒家观念是造成工具人现象的一个重要的理论来源。为什么这么说呢？这也就是我这一次给大家汇报的主要内容。

传统儒家，我们大家知道，从《大学》来看，传统儒家关心的重点，就是齐家治国平天下。修齐治平，层层推进，我们发现它有一个共同点，家、国、天下，它讲的都是群体，因此传统儒家，两千年来的传统儒家，它非常关注群体问题。这也是我们学术界的共识，即传统儒家非常关注群体建设、关注集体，对于个人是不太关注的。所以我这个题目就涉及公共存在。

传统儒家关注群体，或者说如何建构一个稳定的、和谐的、有秩序的群体？这是两千年的传统儒家理论的核心问题。群体是一个整体。整体的核心要

---

* 作者简介：沈顺福，山东大学儒学高等研究院教授。

素就是秩序。如何确保一个整体的秩序、什么是秩序呢？秩序这个词的英语就是 order。我们懂英语的都知道，它还有一个汉语翻译，叫作命令，order 就是命令。所以我们自然就想，order 从哪里来？中国传统儒家有一个传统观念，就是天命，上天的命令。我们的秩序是来源于上天的。那么上天给我们的是什么呢？是性，顺由我们的本性，便能够形成道，"由是而之焉"谓之道。道是维护整体秩序的关键。也就是说，我们由道而行就能够形成一个有秩序的整体。这应该是先秦两汉到隋唐时期传统儒学的共同的观念。其中在孔子那里、在荀子那里有过详细的论证，仁义之道，可以确保社会的稳定，包括家庭的稳定、社会的稳定、天下的太平。道是确保层级存在的关键要素。什么是道？关于这个问题，内容比较丰富，我也不展开讲。我在这里就取其中之一，那就是规则。道就是规则，就是行为规则。

我们知道，在现实中做任何事情都要讲规则，走路要讲规则，开车要讲规则，开会也要讲规则，这就是道。道是确保整体活动秩序的要素。两千年的传统儒家始终在讲这个问题，所以儒学也是道学。它关系到怎么用道来形成稳定秩序的整体。这是从先秦到两汉到隋唐时期传统儒家关注的核心。作为规则的道，唐朝的韩愈曾写过一篇文章《原道》，在《原道》里面他曾经说过这样一句话，叫作"道与德为虚位"。道和德这两个实际上是虚的，也就是任何一个规则都是虚的。作为一个知识形态的规则，科学命题知识，都是虚的。什么意思呢？就是它仅仅是一种抽象的观念。因此，对于道的合法性就遭到了质疑或怀疑。韩愈之所以讲道德为虚位，其实对传统儒家产生了巨大的调整，你空虚的道如何获得真实性？这就是宋明理学的任务。宋明理学的核心使命就是论证道，为道的合法性提供一个存在论的辩护，叫 ontological argument。所以天理概念的产生，确保了道的真实性与合法性。我们今天讲的，我的这个行为是合法的，我的这个行为是合理的等，这个观念就来源于宋明理学的理。有了理，这个道就是真实的、合理的、正确的。所以宋明理学对于传统儒家来说，做了一个巨大的理论贡献，为道的合法性提供了一个存在论的辩护，这个非常重要。

无论是道还是理，他们都有一个共同点，那就是公共性，属于公共存在。道是公共规则，理是普遍存在，都是公共的，不是具体个体的。在朱熹那里曾经有过这样的一个问题，他讨论过忠与孝的关系。齐家治国平天下，齐家要讲孝，治国平天下要讲忠，当忠和孝矛盾的时候怎么办呢？因为忠有忠道，孝有孝道，忠道有忠道之理，孝道有孝道之理，仅仅有理为其提供辩护是不足的，公共存在永远是虚的，不是真实的。这个我们可以从真理论的角度来证明，任何一个真实的存在，一定是具体的，这就是最近这几年，杨国荣教授所讨论的"事的哲学"所阐述的一个核心的观念。只有具体的行为，具体的事情，具体的事件，具体的做才是真实的。任何一种观念，包括知识，包括命题，都是虚的，是不真实的。比如说刚才说的孝道、忠道，其实我们在现实中，既可以遵循孝道如我们在家里孝顺父母，也可以遵循忠道如为国献身，这个问题是比较普遍的。我记得萨特曾经写过一篇文章讨论过这个问题，二战期间德国人侵略法国的时候，一个年轻人就问萨特我该怎么办？是报名参军、保家卫国，还是在家侍候老人、侍候父母？当时这也是萨特所面临的问题。实际上，无论是以忠效国，还是以孝侍亲都是有一定的道理的。

这里面就有一个问题，我们做事情，你遵循这个原理，遵循那个原理，是不是就足够了呢？或者是我们有了这样的原理、那样的原理，是不是就足够了呢？其实是不够的。任何一种行为原理只是一个公共的观念性存在，这个观念性的存在是虚的，不是真实的。如何将知识性的东西、观念性的东西，转变成真实的行为、具体的事件，还有一个重要的因素，那就是自主的、自由的个体，而这恰恰是中国传统儒家所欠缺的。

我记得上半场有几位老师，包括张文智教授也谈到这个问题，我是完全不赞同文智教授的观念，认为中国传统哲学里有个体性。我这个观念本身其实也不新，中国传统儒家没有这个角度，它不是从这个角度考虑我们怎么去关心个体、关心个人，它不从这个角度考虑，先秦也好、两汉也好、宋明也好，全部不考虑这个问题。所以个体性、个体存在、自由的个体，这是中国传统儒家所欠缺的。这个观念的欠缺，对于传统儒家来说，就产生了致命的问题。那就是我们只知道有规则，这个规则却是虚的、观念的东西，如何将这种观念的东西转变为具体的事实？这是需要一个环节的，需要自由个体来处理。传统儒家在这里应该存在着一个巨大的漏洞，就是没有从个体的角度去关注人的生存问题。所以传统儒家仅仅考虑我们要讲道理，要遵守规范。那么遵守什么样的规范呢？他是要由自由的个体来决定。我是忠还是孝，这是由个人决定的。我们传统儒家在这一点上存在着一个巨大的理论不足。这个我想也是我们传统儒家将来发展的方向，也就是说，我们讲儒家过去是什么样的，现在是什么样的，未来是什么样的，包括我刚才讲的工具人现象，其实工具人现象，我觉得跟我们传统儒家的观念是关系非常密切的。我们只讲规则、只讲听话，这个规则是需要我们每一个人自主地去抉择、去选择、去决定，而不能盲目地、僵化地、像机器一样地去听从。我们两千年来的儒家文化在这一点上是有先天不足的。

我们现代儒家如果要想继续在中国人的生活中发挥作用，我觉得这一点是它的短板，需要补齐这个短板，否则的话很有可能会给自身带来灭顶之灾。当然了，我从来不认为儒家讲规则、讲规范、讲整体、讲秩序、讲道德是不对的，不是这个意思。任何一个人的存在都是整体的、秩序的，都要有规则，要讲道德、要讲秩序。但是任何一种规则，任何一种道德规范，都需要个体，而不是盲目地、僵化地听从某些人的指令。我觉得这也是我们儒学发展的未来，就是要注重培养个体的自主性，而不是像有些人说的那样，我们要进行教化，要让他们听话，要讲秩序。我们中国人实际上不需要在这方面做功夫了，我们需要做的是培养每一个独立的、自主的、能够做主的个体，这才是儒学发展的未来和方向。

我就讲这些，谢谢各位。

儒学复兴与儒学再造

徐庆文[*]

非常感谢会议主办方,特别是郭萍老师的邀请,给我这样一个机会与同仁探讨;同时也祝贺《当代儒学》走过十年历程。

我今天讲的题目是儒学复兴与儒学再造,主要想说明两个问题。

一、传统儒学的兴盛不可复制

传统社会中,儒学之所以兴盛发达,长久不衰,其实得益于两个强大的支撑系统。

第一,形上层面的"天人纵贯"式的思维系统。儒家思想中,"天"是至高无上的,人的一言一行、一举一动都由天来裁定。"尽心、知性、知天"既是人生的理想,也是做人的责任。人只有尽其心,才能知其性,也才能知天。人与天的高度合一是人生的最高境界,人与天不能合一,是人没有能够尽心、知性。人要尽心、知性,就要不断地通过修身来达到更高的道德境界。所以,"士希贤,贤希圣,圣希天"成为古代人生的理想路途。这种"天人纵贯"思维系统将高高在上的"天"与渺小的"人"贯穿一体,使人永远处于一种"知天"的路上,寻求着天理,揣摩"天"的意志。这种思维系统成就了"天",也造就了儒家思想的至高无上,奠定了信仰儒家的形上基础。

第二,操作层面的固定的维护儒家思维模式。传统社会对儒家思想的推崇和维护主要有两条途径。一是从上到下的尊孔崇儒机制。由于"天"被奉为

---

* 作者简介:徐庆文,山东大学儒学高等研究院副院长、教授。

至高无上，社会运转中的许多地方烙上"天"的印痕。皇帝称为"天子"，皇帝圣旨开篇就是"奉天承运"。这意味着皇帝是奉"天"来治理国家，皇帝管理百姓是"存天理"。为了维护儒家思想在社会中的地位和所起的作用，帝王、官员及"士"都小心翼翼按照儒家思想规范自己的行为。皇帝及官员们的这些尊儒言行，无异在社会上起到风向标的作用。二是通过科举的形式，固化了儒家思想对"士"阶层的影响力。隋代实行科举制度后，科举考试就成了由"士"入"仕"的唯一途径。也因此，科举的内容对于"士"们产生了重大影响。自宋代理学兴起后，朱熹将儒家经典提炼成"四书五经"，确立了儒学成为科举考试的唯一内容，"四书五经"成为科举考试的"课本"。

近代西方文化的输入，打破了传统社会固有的运作模式，也打破了儒家思想兴盛的局面。当传统文化在不经意间被打破，就无法恢复到原来的程度。儒学复兴不可能恢复到传统社会中儒学兴盛的局面和地位。

二、儒学复兴的关键在于儒学再造

当代儒学的复兴，关键在于儒学的再造。传统经典与当代社会已经有了很大距离，庞杂的内容让今天的常人望"经"生叹，必须对儒家经典进行精简和聚焦，造就出适合今天话语体系和当代社会的文化、思想。

一是回归儒学核心，把儒学再造成一个适应当代社会的新仁学。儒学的复兴，就是要将被"礼""理"等遮蔽的儒学再造成仁学，将"仁"从"礼""理"的包围中解放出来，创造一种新仁学。这种新的仁学不但要讲人如何做人，而且要讲人与人如何相处，人与社会如何相处，人与国家如何相处。推而广之，将新仁学再造成处理人与人之间、人与社会之间、个人与国家之间、国家与国家之间各种问题的有效解决的价值资源。只有这样，儒学才会被重新重视，也才有可能复兴。

二是精简儒学内容，将儒学再造成既有民族本体的形上学理论体系，更具有实践层面容易操作的道德准则。儒学"博而寡要"，没有一定学术基础和学养的人，根本无法弄懂儒家经典，也就无从知晓儒学的内容。显然，对于现代人来说，传统儒学的内容过于博杂，太过深奥了。儒学的复兴，一定要突破原来的儒家经典，简化庞杂的经典的内容，在原来经典的基础上，再造出儒学的哲学化体系，使儒学经典成为既有理论高度，又具有实践操作功能的思想体系。

三是融汇不同文化，将儒学打造成一个更加开放的思想体系。儒学之所以在传统中国经久不衰，其中一个重要原因就在于它的开放品性，不断地融合异体文化充实自身。开放性品格是儒学立身之本，儒学每次改造，都为其注入了新的活力，给自身带来了新的生机。儒学的复兴也不应该固守儒学的原有体系和论说方式，而应该以更加开放的心态融入现代话语体系，积极接纳异体文化，实现现代转换。

诚然，一种思想的生成、转换、再造等，并不是一朝一夕的事情，也不是几十年能够完成的，需要几代甚至几十代学人的共同努力。作为现代学人，仍然需要静下心来，沉潜于学术思想之中。

NBIC 时代儒学的回应

方旭东[*]

　　刚才听了各位的发言，很受启发。我这边有一点时差，因为我现在在巴黎访学。暑假的时候，郭萍给我讲这个会，我非常爽快地答应了。因为对我来讲，《当代儒学》和我有一种特殊的缘分。刚才我看了一下，大概从 2018 年开始，《当代儒学》就不断登我的一些小文。2018 年，承玉顺兄雅意，登了我的一个访谈。尤值得纪念的是，2017 年夏天，跟玉顺兄在我的富春山房的一个对谈。之后，但凡有比较新的作品，我都很乐意给《当代儒学》。2021 年，我有一篇《后疫时代与人工智能》的文章，就是登在《当代儒学》上。今年，有一个关于我的那本小书《儒道思想与现代社会》性别话题的笔谈，也是登在这上面。所以，就我个人来讲，是非常感念《当代儒学》的。而且，我也深深地感受到这本杂志的一种开放性，一种前沿性。比如说，《后疫时代与人工智能》那篇文章，因为当时好几个平时联系比较多的杂志都说上面有禁令，疫情期间有关疫情的文章不能登。可是，《当代儒学》却没有这样的顾虑。所以，这里我首先想对玉顺兄、郭萍，还有整个《当代儒学》的团队致敬，感谢你们实实在在地为儒学思想当代的创新开拓做了自己的贡献。而且，我觉得，《当代儒学》将来肯定还会发生持续的影响。也许，过了几十年后，我们要做当代儒学的研究，就像今天人们回顾台湾儒学的发展，就会提到一两个杂志，比如《民主评论》《再生》，我想《当代儒学》在将来也会这样被人提起。

　　因为郭萍说今天是一个座谈，所以我没有准备专门的文章，也来不及做 PPT，我想主要是口头做一个报告。我报告的题目叫《NBIC 时代儒学的回

---

* 作者简介：方旭东，华东师范大学哲学系教授。

应》。刚才郭美华在下面问我，说这个题目是什么意思？所以，我首先要解释一下 NBIC，这实际上是一个英文的缩写：N 就是英文纳米技术（Nanotechnology）的第一个字母，B 是英文生物技术（Biotechnology）的第一个字母，I 是英文信息技术（Information Technology）的第一个字母，C 是英文认知科学（Cognitive Science）的第一个字母。这四大技术可以说代表着 21 世纪最前沿的科技的发展。关于 NBIC，我在今年刚刚发表的一个文章，《NBIC 时代的修身问题》（《广西大学学报》2022 年第 1 期），有具体的解释。

简而言之，NBIC 时代，说的是当代科技这样一个急剧发展的时代。我们现在已经进入了这样一个时代，那么，我们讲儒学，讲当代儒学，就应该正视这些科技的发展。实际上，科技如此深地改变了每一个人的生活。比如，我们现在能够在线上开会，就是拜科技所赐。信息技术让我们能够跨越时空：我在法国这边跟国内有六个小时的时差，相隔十万八千里。

研究儒学的经典，当然是儒学研究的一个重要方面，今天前面发言的很多学者对古典做了自己的新诠，我听了很受教益。但我觉得当代儒学还有一个重要的面向，那就是直面现实问题，无论是政治的、经济的，还是科技的。因为这几年我对文明互鉴的研究有兴趣，在华东师大还成立了一个"文明互鉴研究中心"。我在不同场合都讲过这样一个观点：谈到文明互鉴，除了不同文明之间的互鉴以及同一个文明内部的互鉴，其实，我们也应该注意到，全人类现在有一个共同的处境，那就是面对科技的洗礼，科技文明是当代文明的一个重要特征。那么，关心儒学的未来，就不能不关注科技方面的问题，要深刻意识到科技文明的存在及其问题。

实际上，我个人这两年对科技带来的挑战的问题也有过一些思考。除了刚才提到的《后疫时代与人工智能》这个小文章，还有一些。以下，我就结合自己做的这些工作，谈谈儒学如何回应当代科技的挑战，比较粗浅，希望得到各位师友的指正。

2017 年，应香港城市大学范瑞平教授的邀请，我曾参加《中国医学伦理学》组织的有关"换头术"的笔谈。所谓换头术，专业的说法是头部移植手术，其目的是将一个人或其他动物的头部嫁接到另一个的身体上。头部移植曾经在狗、猴子、老鼠等动物上做过实验。晚近几十年，科学家开始尝试将此技术应用到人类。换头术的关键是脊髓移植，即把受者和供者的脊髓切断再吻合起来。由于重新联结受损脊髓的医疗技术难度很大，长期以来进展甚微。2017年，意大利神经学家塞尔焦·卡纳韦罗宣布，世界第一例"人类头部移植手术"已经在一具遗体上成功实施，手术地点在中国，哈尔滨医科大学教授任晓平参与指导了这次手术。媒体报道后，当事的任晓平教授做了澄清，称"人类第一例头移植""换头术"等说法并不妥当，他的团队只是完成了第一例头移植外科实验模型，这次实验是在遗体上做了临床前的手术设计，跟"换头术"还有距离。尽管如此，"换头术"成为一时热议的话题。

哲学家更关心"换头术"带来的伦理问题。正如范瑞平教授所指出的那样，"换头术"给人文社会科学带来一系列挑战，至少包括以下问题：一、人的同一性及其心—脑—身关系问题。换头后，被手术者是否还是原来的那个人？男性若换上一位女性身体后是否变成一个女人？他未来生出的孩子是否属于他的生物学后代？到底是换头还是换身？换头/换身后到底是存活了一个人、两个人，还是产生了第三个不同的人？等等。二是风险问题。死亡及永久瘫痪的风险显然很大，好处是否大过代价使得人们愿意尝试，并使得社会允许这种尝试？如果允许，条件是什么？何种严重健康问题才可允许？还是任何人只要双方愿意即可？想做变性手术的人是否可以通过换身手术来替代变性手术？三是资源分配问题。换头/换身手术费用极其昂贵，谁来支付？实施一般的器官移植是否来得更加划算？身体供体本来可以提供更多器官来供移植，而挽救更多人的生命，这在资源利用上是否比换头/换身术来得更加有效？最后是其他方面的伦理问题。诸如假设允许换头术，知情同意应该如何实施？谁有权来作决定？如何选择供体？个人及家人该有何种决策权利？是全由个人说了算，还是妻子/丈夫乃至其他亲密家人也应当有权参与决策？等等。

从儒学角度看，"换头术"带来的问题可能主要是伦理关系的困扰。我们都知道，蒲松龄《聊斋志异》有一个故事叫《陆判》，其中讲到，朱尔旦因嫌妻子不好看，让神通广大的陆判帮忙，最后给换上了一个美女（也就是新故的吴侍御的女儿）的头。故事结尾，吴侍御夫妇将换了头的朱妻认为义女，两家结成了亲。换了头的朱妻，其伦理身份的认定，这个难题得到了这样的解决：她既是朱尔旦的妻子，又是吴侍御之女。这当然是一个中国式的大团圆结局。可以想见，现实当中的情况肯定更为复杂与棘手。

我当时提出的看法是"换头术"应慎行，因为，按照儒家"身体发肤受之父母，不敢毁伤"的观点，毁伤尚且不敢，置换又如何可以？生命再生，绝不是简单的技术问题，而是关系到人伦大义，"再生父母"只能是比喻的意义，一旦落实到身体，则其身心及伦理后果不堪承受。"生死有命，富贵在天""我与我周旋久，宁做我"，换头虽可赞，为人只一生。

"换头术"只是当代科技给人文社会科学工作者带来的诸多挑战之一。还有，就是人工智能问题。其实人工智能现在在我们生活当中，特别是在中国，应用极其广泛。比如，智能手机已经深深改变了我们的生活，人们经常开玩笑说：出门什么都可以不带，但一定要带手机。更重要的是，人工智能的用途远不止这一方面。现在日本也好、欧美也好，都在做这样的工作，将人工智能用于很多方面，比如说，在应对全球老龄化问题的时候，日本积极开发护理机器人。今天，护理机器人的新产品已经达到了非常高的技术水平，其智能化或人性化已经到了很高程度。其实，中国的普通家庭就有很多已经用上了诸如"小爱同学"这样的智能设备。小米开发了一系列智能小家电，可以通过手机远程操控全屋设备，乃至监护老人与儿童。

高度智能化的护理机器人的出现，实际上对传统孝道提出了挑战。因为传统上，儒家讲"不孝有三，无后为大"，又讲"养儿防老"。可是，当代中国经济与社会结构的变化，导致很多年轻人不愿意生孩子，甚至不愿意结婚。这些人，按照传统儒家的标准衡量，就是所谓"无后"之人，也是所谓"大不孝者"。另一方面，今天中国人口结构的老龄化现象日渐严重，有识之士忧心忡忡：这样一个倒金字塔形的人口结构，一对夫妇上面有8个老人，如何承受养老的重负？护理机器人的出现，也许是解决这个难题的一个办法。如果护理机器人能够解决独居老人的基本生活需求，如果护理机器人的价格变得跟现在的智能手机一样让普通人都可以承受，那么，指望护理机器人承担照顾老人生活起居的日常工作，就不再是异想天开的奢望。如果真到了那一天，人们对于生儿育女、对于养儿防老、对于孝道，肯定会有不同的想法。

现在，生物技术的发展十分迅猛，它在提高人类福祉的同时，也不断刷新我们对人类既有生物属性的认识，比如说人造子宫、基因改编这两项技术，它们对人类的生物特性都将带来翻天覆地的变化。

关于人造子宫。早在1924年，英国遗传学家哈尔登就预言，到2074年，将有七成婴儿通过体外孕育并诞生，这是关于体外培育的最早设想。一直到

21世纪初，医学上对人造子宫的相关研究，实验对象都还是动物，比如，1969年，法国科学家首先将早产羊置于人工子宫内培育，羊羔存活了两天。1992年，东京大学研究人员利用人工子宫诞生下一个羊羔。2017年，美国费城儿童医院的研究人员，将早产的羊羔放置在人工子宫内继续培育，其后又进行剖腹产，小羊发育良好。2020年，中国郑州大学第一附属医院首次取得人造子宫胎羊体外培育的成功。晚近，科学家加快了针对人类的人造子宫的研发，2019年，荷兰的研究人员斥巨资290万欧元投入研究。这意味着，研究一旦获得成功，不用依靠女性也能生出孩子。虽然，从技术层面看，人造子宫现在还很不成熟，很多实验装置都是一个简单的"孵化器"，只能在孕育的最后阶段，发挥子宫的部分功能，提高早产的存活概率，现有技术尚不足以支撑整个生育过程。然而，按现有科技的发展趋势，人造子宫的到来，只是一个时间问题。

针对人类的人造子宫技术一旦取得决定性的突破，女性怀胎十月一朝分娩的时代就会终结。它对儒学带来的挑战是巨大的，因为，传统儒学对世界的认识是建立在阴阳（男女）的基础之上，《易传》所谓"一阴一阳之谓道"，《太极图说》所谓"阳变阴合，而生水火木金土"，张载《西铭》所谓"乾称父，坤称母"。儒家对人伦的理解，夫妇是最根本的一伦，有夫妇然后有父子、兄弟，再有君臣、朋友，《中庸》说："君子之道，造端乎夫妇，及其至也，察乎天地。"未来借助人造子宫这样的辅助生殖技术，男性独自就可以完成生育的工程。这对女性究竟是福还是祸？一方面，似乎女性可以从怀孕生殖的种种苦楚当中解放出来，从而获得前所未有的一种自由；然而，另一方面，这是否也意味着女性失去了自己生理上的一个优势而解除了生育对女性的依赖，从而给女性带来巨大的失落？女性（母亲）在孕育过程中的缺席，对胎儿是否会构成某种缺失？人造子宫的胎儿，与自然子宫的胎儿相比，成年之后在心理以及情感方面是否会有很大不同，这种不同是否会影响到他们的性格？等等，这都是值得考虑的问题。

如果说人造子宫还仅仅是对受精卵赖以生长的环境做了一个变动，尚不涉及受精卵内部的调整，那么，针对人类的基因改编（gene editing）技术则对受精卵的遗传密码直接加以干预，将"人造"性发挥到极致。以前说"天生人成"，基因改编可以说是"人生人成"。基因改编大量应用于基础理论研究和生产应用，这些研究和应用，有助于生命科学的许多领域，从研究植物和动物的基因功能到人类的基因治疗。其中，植物基因改编是基因改编应用最广泛的领域。比如，可以通过修饰内源基因来帮助设计所需的植物性状，还可以用来改良农产品质量。基因改编能大幅缩短作物品种改良时间。针对人类的基因改编，目前主要限于治疗疾病，比如，2021年8月，由香港科技大学副校长叶玉如领导的团队研发出一种新型全脑基因编辑技术，在小鼠模型中证明可改善阿尔茨海默病的病理症状，有潜力发展成阿尔茨海默病的新型长效治疗手段。一旦超出这个范围，就会受到普遍的担忧与反对。2018年11月，中国科学家贺建奎在深圳宣布，他们团队创造的一对名为露露和娜娜的基因编辑婴儿已顺利诞生。这对双胞胎的一个基因经过修改，使她们出生后就能天然抵抗艾滋病。这对世界首例基因改编婴儿的出世，迎来了从科学家群体到普通民众对人类实施基因改编伦理的正当性的普遍质疑。2020年，中国第十三届全国人民代表大会常务委员会通过《中华人民共和国刑法修正案（十一）》，在原有的刑法第三百三十六条后面增加一条："将基因编辑、克隆的人类胚胎植入人体或者动物体内，或者将基因编辑、克隆的动物胚胎植入人体内，情节严重的，处三年以下有期徒刑或者拘役，并处罚金；情节特别严重的，处三年以上七年以下有期徒刑，并处罚金。"2021年，中国最高人民法院、最高人民检察院通过《最高人民法院最高人民检察院关于执行〈中华人民共和国刑法〉确定罪名的补充规定（七）》，非法植入基因编辑、克隆胚胎罪等罪名被纳入补充之列。

针对人类的基因改编技术，对儒学将造成极大震动。因为，儒家传统一直以来强调通过后天修养来完善自我，这就是所谓变化气质，这就是所谓修身养性。宋明理学尤其重视"学以成圣"，许诺个体可以通过自身努力改变自身的气质缺陷而成圣成贤。这种精神修炼被称作"工夫"。宋明儒者还形成了各自富有特色的工夫论体系。按照王阳明晚年提出的"四句教"，人应当"在良知上实用为善去恶功夫"。现在，既然科学家可以通过修改某个基因而使胎儿出生后可以天然对艾滋病产生抵抗力，那么，完全可以设想，将来科学家可以通过修改基因而使得胎儿出生后对很多疾病产生抵抗力，乃至于，科学家可以通过修改基因使得未来人类变得更聪明。总之，人类可以按照自己的理想来改造基因。从好的方面说，人类可以更接近完美。从坏的方面说，一旦这种技术被邪恶力量掌握，就有可能制造出各种"怪物"，就像现在科学家对植物所做的那样。无论如何，这样的基因改编，对儒学，对所有传统的智慧，其实都是一个挑战。以前，儒家基于人的差异性而做的各种道德、政治哲学考量，在这样一种形势下，可能不得不加以调整乃至完全推倒重来。

总而言之，像这样一些问题，我觉得需要儒学认真地面对，而且孔孟程朱那里是没有一个现成答案的。这些科技带来的挑战，不是说回去读几遍《论语》就能解决的。所有这些问题，需要我们及时了解当代最前沿的科技进展，同时从儒学当中寻找可以活化的资源。

今天，限于时间，我在这里就不展开具体的讨论，因为每一个话题其实都有很多详细的技术分析。最后，我想再就前面提到的 NBIC 时代的修身问题再说几句。

传统的修身实践，被称作工夫；如何从事这种实践，所形成的理论话语就是所谓工夫论。那么，NBIC 时代，修身或工夫是不是因此终结了呢？中山大学的陈立胜教授专门研究儒家的工夫论，他比较早关注到这个问题。我们完全可以设想，就像今天的电子运动手环可以帮助你监控身体与运动数据，如果有一天人类发明了一种电子穿戴设备，可以对人的道德心理加以监控与调整，那么，就完全可以达到传统工夫论所说的"为善去恶"的效果。这听起来像是天方夜谭，但是，如果我们看一下马斯克现在做的事，也许就会承认，这没有听上去那么疯狂。马斯克现在正在进行"脑机接口"计划，即在大脑当中植入芯片。马斯克的大脑植入公司 Neuralink 正在执行这项计划，在一个被称为脑—计算机接口（bci）的实验性医疗行业中进行了实验。自 Neuralink 成立以来的六年里，脑—计算机接口领域取得了巨大进展，其中一些进展来自 Neuralink 自己的工作，他们将设备植入猪和猴子体内，在实验过程中，由于脑—机接口技术实现的数字远程感应，猴子可以使用芯片的思想玩乒乓球。而现在，下一代脑—机接口将首次在美国进行人体试验。马斯克并不是发明脑—机接口的第一人，它已经存在了很长时间。唯一的问题是，从 1990 年代到 2016 年，人类在改进脑—机接口的方法和实施方面几乎没有任何进展。而 Neuralink 诞生之后，它提出了一种前所未有的机器人脑部手术，之前没有人用机器人缝纫机将电线缝合到人脑中。这实际上与植入起搏器的过程完全相同，只不过，他们是将电线插入大脑而不是心脏。植入的计算机设备将通过蓝牙与系统的其余部分连接，可以与计算机配对，甚至可以与智能手机连接。手术过程中，患者不会感觉有任何突出物，也不会有明显迹象表明他们的大脑中有植入物。该系统可以在任何地方使用，手术可以在任何医院环境中进行，只需几个小时，最重要的是，无须打开患者的头骨或损坏其脑组织。

马斯克的脑机接口实验，最低程度，可能会对人类的学习造成一次革命性的变化。以前，我们都是通过死记硬背来掌握很多知识，现在基础教育阶段的学习，主要内容也还是记忆。自从搜索引擎出现之后，人文学者的研究如虎添翼。我们现在经常讲 E 考据或 E 时代的学术研究，就是表示跟传统的依靠个人记忆以及大量实体图书资料的方式不同。以前，很多从事人文研究的大师，都具有惊人的记忆力，博闻强记几乎就是大师的基本功。比如，据说马一浮记忆力超人，《四库全书》他都过目不忘。然而，今天，一个只要会操作电脑的人，就可以通过搜索引擎获得巨大的信息，再也不需要过目不忘，再也不需要腹中万卷。在这种情况下，人文学者还能做什么？以及，到底要做什么？都成了问题。我个人觉得，这对从事哲学研究的人来说，反而是一个机遇，因为它可以让学者专注于哲学思考本身，而不用将大量的精力花在了解前人的思考成果上面。如果在人脑当中植入一个芯片就可以解决记忆存储问题，解决搜索问题，那么，剩给我们人脑要做的事真的不多了，这可能促使你思考：真正需要人脑思考的是什么问题？

前面我们说，如果基因可以改编，那么，我们可以都把人都变成好人，这不是比传统工夫论指望通过个人精神修炼为善去恶来得容易而可靠吗？事实上，通过生物技术控制人的道德意识，在以前的预防犯罪当中已经有所运用，比如说化学阉割，就被一些国家用来打击性犯罪者，即对性犯罪者使用控制内分泌药物或激素，以抑制其性冲动。那么，我们当然可以设想，在未来，随着基因改编技术越来越成熟与完善，我们就可以指望依靠生物技术的力量实现人类向善的目的。然而，那是不是真的到了一个"六亿神州尽舜尧"的时代呢？恐怕未必。因为，首先，依靠生物技术而不作恶，这是不是人的一种异化？失去主体的能动，还能不能称之为一种道德实践？其次，究竟谁来决定什么是善，怎么样才叫善，这背后必然涉及不同的价值理想冲突。归根结底，人要成为什么样的人，是一个哲学问题，而不是一个科学问题。

我就想通过这样的举例，向各位稍稍报告一下，在 NBIC 时代，儒学可能会遇到哪些挑战，以及我们要怎么样去应对这些挑战。我就先讲到这里，请各位师友指正。

牟宗三对孟子人性论阐释的得失

郭美华*

谢谢郭萍，谢谢黄玉顺老师。

我这个题目是对《圆善论》的一点想法。简单地说，牟宗三对孟子人性论的阐释，得少失多，实质上基本上悖于孟子的本意，更悖于今天关于人之自由本质之义。我们通常说心学传统从先秦孟子一直延续到牟宗三，这个说法也是不准确的（仅仅因为自诩为心学便被视为心学，如此传统有其不真实性）。

《圆善论》主要是牟宗三用康德和孟子相杂糅在一起讲儒家的圆教、圆善。我主要是抓住四个比较小的点来说我的理解：一是对牟宗三分析孟子"生之谓性"的反思；二是对牟宗三讨论"心之所同然"的反思；三是对牟宗三"尽心知性"章阐释的反思；四是对牟宗三"仁义内在"章诠释的反思。

线上发言，对孟子原文与牟宗三原文的仔细分析就略去了，这里只就牟宗三在孟子如上四个方面诠释的整体倾向上看其得失。从哲学反思的角度讲得失，自然说"失"比较多一点。当然，除了反思的本性，我个人思考的风格，也是问题疑虑要多一些。现在有一种倾向，讲传统儒学，喜欢从信仰主义角度来肯定其中的一切说教，哲学的理性反思越来越少了。这个倾向是不健康的，只要不允许反思、质疑与批评的东西，都是悖于哲学理性的。

第一个是对于孟子与告子"生之谓性"的争论，牟宗三以事实与价值二分来理解人之"性"。他认为孟子是从价值上讲人之性，是人的道德之性或善性，并将这个价值之性或善性视为本然之性；而告子是从事实上讲人之性，是自然之性，是人之生而具有的感性欲望之性，也就是"生之谓性"的性。牟

---

* 作者简介：郭美华，上海财经大学教授。

122

宗三的意思，就是孟子的道德—价值之善性，否定传统主张的"生之谓性"之说，孟子实现了人性论上的根本性转变。实质上，牟宗三对人之性作自然之性与价值之性区分，这种区分本身，跟孟子本身关于人性的义理有一个距离，甚至相悖。

一方面，在中国哲学史上，对于"生之谓性"，古典时代就是一个共识，没有人否认（孟子、荀子尽管有善、恶之不同，但都肯定"生之谓性"）；后世从董仲舒开始，大程也好，黄宗羲、王夫之乃至戴震也罢，陆九渊与王阳明更是强调"生之谓性"不容否定。倒是朱熹明确认为告子主张"生之谓性"，孟子反对"生之谓性"。在这个意义上，牟宗三并未遵循心学传统，而是走了朱学路线。生之谓性的真正内涵，用今天哲学的话语来说，就是"存在先于本质"——人的现实生命创造性活动及其展开，是人之生成其生命本质的基础。这根本不容质疑，孟子的意思，不过是显豁告子所理解的"生之谓性"错失了其本意，即从脱离人之现实生存活动而理智造作地杜撰人的本质。尽管古代哲人的思考基本上都陷于本质主义之中，但孟子以及其他认可"生之谓性"的哲人，更多地蕴含着开启通向人之真实存在的通道的可能性。牟宗三对于"生之谓性"的否定，因其展开在现代性语境之下，较之于朱熹，也就更严重地关闭了通向人之真实存在的可能性通道。

另一方面，孟子人性论，讲性善论，今天有一个共识，即一本论的前提。牟宗三讲自然之性和价值之性，以价值与事实的二分来理解人之性，以"生之谓性"为自然之性，以本善之性为价值之性。牟宗三如此把人之性分成两茬并彼此对立、隔绝，明显违背于孟子的一本论。某种意义上，将人之性分而为二，是一种理智造作的结果，这与西方近代哲学认识论的倾向及朱熹的认知取向具有一致性。朱熹将"生之谓性"视为人与动物相同的知觉运动之性，是一种生物学意义上的动物本能，而将仁义礼智视为人的本然善性。撇开"本然之性"与"本能之性"在概念上的区分困境不论，朱熹如此将人之性区分为生物学本能之性与仁义礼智本然之性，这是一种二本论立场，显然违背了孟子的一本论立场。牟宗三将所谓超越的普遍本质规定视为价值之性或义理之性、本善之性，与人生而具有的自然气质之性，列为两个彼此隔绝的东西，这与朱熹的解释是一样的，也是悖于孟子一本论的二本论。二本论的错误在于理智造作虚构了一种与人之真实生存相悬隔的本质。无论是牟宗三的自然与事实的划分，还是朱熹的知觉运动和仁义礼智这种划分，它们都把统一的、整体的活生生之人剖分成了两个彼此隔绝的存在，这悖于人的真实或真实的人。人的感性与理性、人的自然与价值等等，它们本身在活生生的感性活动中融为一个整体而不可剖分。所以，从人之现实生存的整体性来看，将人的生物性与道德性加以区分，实际上就是以道德本质主义来湮灭了人自身的真实存在。理解人自身、理解人的本质，只有一个基础，即活生生的"居仁由义"生存活动本身。

简言之，"生之谓性"与一本论具有相通意蕴，即强调只有在活生生的生存活动的基础上，才能讲人的规定性，因为只有经由人的现实活动生成的内容，才具有生存论上的意义。牟宗三与朱熹这种脱离了人的生存活动而有的抽象本质，作为纯粹的"理世界"或"价值世界"，实质上是没有人的世界；作为人的本质规定，是没有人生存的世界之本质。这是荒谬而不可理解的，但却成了某种迷惑人心的东西。

第二，关于"心之所同然"一章，孟子讲每个人的眼睛、耳朵、嘴巴等都有共同的感性倾向性，即都每个人的感官都追求感性快乐——眼睛喜欢美色、耳朵喜欢美声、嘴巴喜欢美味等等。然后，孟子将人之心类比于人的感官，既然人的感官都有普遍倾向性，那么，心也有其普遍倾向性，正如眼睛普遍地喜欢美色、耳朵普遍地喜欢美声、嘴巴普遍地喜欢美味，心也普遍地喜欢理和义（普遍道德原则和规范）。此即孟子所谓"心之所同然者，谓理也，谓义也"。

牟宗三认为，孟子的感官普遍性是不严格的普遍性，而孟子讲礼义，讲心之所同然，心体上具有严格的普遍性。牟宗三对孟子"心之所同然"或心体普遍性的理解，有一个来自康德哲学的反思，即他认为康德否认了智的直觉（理性直觉）是不对的。在解释孟子"心之所同然"之论时，牟宗三把直觉与心、自由完全统一起来，并且以直觉为基础，把自由与人的本质完全合一地加以论证。在这个论证过程之中，表面上，牟宗三给出了一种自由的普遍性或普遍性的自由。但是，实质上牟宗三讨论是把一种预设的规定，即他自己预设的、特定而具体的内容（比如所谓儒家的仁义）规定为人的本质——不但在起点上人的存在是被预先规定好了的，而且人之存在的过程与终点，也是被预先规定好了的。因此，对牟宗三的直觉主义自由而言，具体现实的人的本质，实质上不但不是自由，反而是自由的反面。在康德那里，普遍立法原理是纯粹形式性的，它对于每一个人自身存在的具体生命内容、个体性意义创造，以普遍性形式（原则）和不可知之物自体（具体个体）双重承诺的方式，给予了一个可能性的空间。简言之，康德的普遍立法原理，有一个差异性他者的维度。真正的普遍性，其本质之处就在于允让了差异性他者的自由。牟宗三把理性直觉与心、自由及人的本质完全合一，如此解释就回到了传统儒家的自圣化窠臼。传统儒家以一个基本主张，即圣人是人之本质的充分而完全的实现——在特定的某个圣人那里，每个人乃至所有人的本质都可以在此圣人的心灵中得到完全透视，每个人乃至所有人的生命存在内容都可以在此圣人的行为中得到充分而完全的展现。如此理解表明，在圣人之后、圣人之外的每个个体以及所有个体，是没有自由的——其自身生命过程的自由主宰与自身生命内容的自由创造根本是不可能的。

实际上，在孟子那里，其所谓普遍性是一个很可怀疑的问题。孟子讲"心之所同然者，谓理也，谓义也，圣人先得我心之所同然"，孟子这个普遍性的同然，一方面以圣人作为担保，而不是普遍性的自由理性为根据；一方面以具体性内容规定，即理义（孟子自身所认可的儒家仁义价值规定）作为普遍性，而非抽象性的形式规定。因此，孟子所谓普遍性，实质上是某种特殊性甚至个人私人性的东西。对此，我觉得戴震的解释已经把这个问题的实质揭示出来了。戴震的问题意识分为两层：一层是，假如有一种意见提出来之后有人反对，那么，这种意见就不是普遍认可的真理，比如，"心之所同然谓理、谓义"，如果有人反对（实际上很多人反对孟子的说法），那就不是普遍的理义或者那理义就不是普遍的；二层是，就历史与现实而言，有没有一种每个人乃至所有人都认可的理义（所有人都同然的理义）？显然没有。因此，理义普遍地悦人之心，或者说理义乃心之所同然，本身是不可能的，因为历史与现实从来没过心之所同然的东西。如果要将历史与现实从来没有过的东西独断地视之为真理，那么，必然地就会泯灭人之生存的自由。尤其是，当把心之所同然当成一种实质的具有具体内容规定的时候，自由生存是更不可能的。因此，要让自由生存得以可能，心之所同然只能是形式性的，只能是空的。心之所同然只有空的普遍性，而生存的具体内容就让与每一个个体的自由创造（比如"每一个人都是独一无二的自由生存者，这一点对于所有人都是一样的"）。

在戴震之后还要不断地强调某种内容性的超越普遍性，以某种独断的实体与普遍性规范相结合来解释生命的意义与内容，是不合乎人的现实生命与自由生存的。

实际上，在人类各个文化中，在伦理原则上有一个基本的东西，即普遍性道德原则是一个否定性的命题，比如"己所不欲勿施于人"。其实，在孟子那里，他也说真正的普遍性，无分于圣人与一般人的普遍性，是"行一不义杀一不辜不为也"。意思是说，所谓普遍性，是否定的普遍性，它以否定式命题表达不能做什么，而不以肯定式命题表达能做什么。这几乎是一个现代生存的常识，即只有遵循"不妨碍他人同等自由"的普遍形式原则，每个人在其自身的自由生存与自由创造才得以可能。而牟宗三以肯定式命题给出具体内容性普遍性，这完全悖于近代以来关于人类自由生存的基本理解。从积极肯定的意义来讲道德生存的普遍性，这是一种不可取的路向。

第三个是对牟宗三关于孟子"尽心知性知天"章解释的反思。"尽心知性知天"一章的问题，实质上是讲天人关系问题。对这一章，牟宗三的解释很拗口，比如他把天分成几种不同的意义，什么虚的意义、实的意义等等，绕来绕去让人不得要领。透过牟宗三的概念与词汇堆砌，我们可以看到他天花乱坠式的解释，其落脚点在"人心的道德创造性"与"天命的生物不已性"二者的本体论合一。如此解释，没有什么逻辑与学理，其根基是一种情感主义与信仰主义。牟宗三强调一种什么"纵贯的一体"，将每个人乃至所有人现实而自由的生存，用一个他自己主观构造的宇宙实体来加以奠基和解释，表面上是给予人的现实与自由生存以根据，实质上是勾销人的现实与自由生存——因为，脱离于人的个体性选择与个体性行动及其展开过程，一切关于此个体的生命本质与生命内容的规定，都是悖于人的自由生存的。在根基处便失其大本，牟宗三再讲什么无限智心，什么润物创物，等等，这些便让人不知所谓了（自孟子开始的儒家思想，陷入了一种自圣化梦呓，将自己私人性的境界视为所有人客观的存在处境）。

《大学》三纲领八条目，其所谓格物致知、诚意正心、修身齐家治国平天下，如果讲成个体的某种具体心性境界或个体性意义世界，那是没问题的。可是，如果理解为道德—政治—社会秩序或法则，它的问题就太严重了。当一个人体验自己内心的某种境界，体会到自己的心跟自己所预设或信仰的天之间有某种契合性，这没问题。可是，如果将自己个人的生命境界体验，在道德形而上学上视之为某种普遍而实质的东西，并力图在现实中加以普遍化实现，以之作为所有人的内在生命本质的规定，它就很值得怀疑。在牟宗三这里，其道德形而上学的个体通过自身内在的通道，与天命生物之间相贯通。如此，个体道德创造与天创造万物，二者之间以同一个实体为根基而实现的实体性合一，那种实体以及二者的合一，都是很奇怪的东西。儒学拒斥"神"（打引号的人格神），可是牟宗三这种具有道德创造性的人心，它与"生物不已的天命"合一，其实质就是那种以自圣化形式表现出来的另一种"神"——拒斥超越的人格神，却将自身自圣化为神。由于道德自圣化总是倾向于神秘地把自己当作神，在儒学内部，自圣而神，可以说是一种偏执而普遍的主张。那种自圣而神的人，在理性的眼光看起来，总是显得滑稽可笑，似是而非，令人怀疑。所以，在某种意义上，牟宗三道德形而上学其实是一种形式化的道德学，假的道德学，不道德的道德学。

牟宗三道德形而上学基于"人的道德创造性"与"天命生物不已性"的合一。如此合一，自然世界的自在性问题无法解决。从熊十力到牟宗三，自然世界的自在性问题一直没解决过。前面方旭东老师涉及这个问题，现代这个世界出现了无数新颖的、技术的、认知的、物理的、科学的等等各种新东西，这些与儒学的世界图景都不谐和，儒学从自身的价值视野出发，都要对它们加以怀疑，加以改造，以合于儒学自身的世界图式。在儒学的这种思路中，这个世界好像就不能够超出儒学的范围。从熊十力到牟宗三，乃至于中体西用论视角下的许多复古主义者，都拿儒学作为一种不变的价值主张，都要将儒学作为这个世界乃至世界中的万物尤其人的本质规定——一切已有的、现有的、将有的东西，都必须由儒学来加以规定，来赋予意义。这是一种原教旨主义论调。我觉得，儒学的致思方向完全反了——世界无限性与多样性不是儒学的一孔所能穷尽的，儒学仅仅是多元世界的一个角色，而不是无穷性与多元性世界的唯一之物（儒学之外的其他任何一种主张也是一样）。世界的无穷性与多元性，就是世界相对于任何一种价值信仰的自在性。牟宗三式的道德形而上学，将"道德创造的人心"与"生物不已的天命"合二为一，本质上就是把儒家信仰的某种规定当成未知的、无限深邃广袤世界的一种不可改变的规定性，如此就囚禁了世界自身，不让世界自身不断地涌现出新颖性的可能，从而走向了创造与生成的反面。

第四个问题关于牟宗三对"仁内义外"那段解释的反思。《孟子》中孟子与告子"仁义内在"争论，因为告子主张"仁内义外"，大多数解释者都认为孟子主张"仁义内在"，而不是"仁内义外"。牟宗三的解释也强调"仁义均内在"。仁义均内在的阐释，实际上并不准确。在《孟子》文本里面，仁义与内外的理解，有着歧义。牟宗三把仁义都视为内在之物，其问题在于：尽管道德的行动总是基于内在的觉悟能动性，但是，这种内在的觉悟能动性与行动所遵守的法则之间的关系，并不就是同一个东西；个体的道德内在能动性作为觉悟能动性，其觉悟本身并非就是普遍道德法则的基础，两者之间不能直接画等号。牟宗三将仁义均视为内在之物，就在个体能动性觉悟与普遍道德法则之间直接画了等号。牟宗三说道德是自律，道德而不自律就是不道德。可是，人的道德自律是自觉引用法则于行动，而不是说个体自己的道德自觉能力直接内在地生成或创造普遍道德法则。牟宗三把个体内在的道德觉悟能动性和所有个体行动的道德法则本身直接画等号，也就意味着他就把孟子道德哲学中的自圣化道德使命感，进行了某种"现代性转化"，或者说在现代性视角下，坚持了孟子道德哲学中的自圣化道德使命。所谓自圣化道德使命，即孟子用伊尹的话来表达的、为后世所津津乐道加以褒扬的"先知觉后知，先觉觉后觉"之论。所谓"先知觉后知，先觉觉后觉"这样一种自圣化的道德抱负和道德觉悟，在现代性视野下，是让人特别敏感和本能抵触的一个东西。因为，它没有予以差异性他者对自己生命的自我主宰和内在决定，没有予以任何差异性他者作为个体生命存在的意义创造的能动性，使得无数他者或众多一般人成为道德圣人实现自身理想的工具。这是仁义内外问题第一点。第二点，牟宗三认为道德法则本身的内在性与普遍性是一致的，一个具体的个体（特定圣人）在其自身内在个体意识活动中，就给出了所有个体行动的普遍性道德法则，如此普遍性实际上是没有合法性的。普遍道德法则的真正根源只能来自无所不同个体之间的相互关系。相互关系所内蕴的规范，超越于关系的任何一方之上而具有普遍性。如此普遍性，首先将相互关联的双方乃至多方的差异性纳入其中，内蕴差异并使之得以可能的普遍性规范，才是真正的普遍性法则。基于相互关系自身内蕴的规范，对相互关联中的每个个体既有某种内在性，又有某种超越性。这种超越性即规范的普遍性。如果蔑视不同个体之间的相互关系，而是将相互关系中的某一特定个体当作超越于相互关系之上的存在者，并由之给出其他所有个体行动的普遍规定，那么，真正的普遍性便不会存在。牟宗三表面上在寻求普遍性，但他显然以自己的主观性方式，更加严峻地彰显了道德英雄主义与道德主观主义的僭越的普遍性对于真正普遍性的遮蔽。

此外，关于仁义内外问题，牟宗三解释中的第三个困境在于：道德法则内在性基于主体的觉悟能动性，但是，某一个体之内在觉悟的能动性所给出的行为准则，转而成为自身之外所有其他差异性他者遵守的普遍法则，如此从个体性主观之物转为普遍性客观之物，其间有着诸多矛盾；尤其是，牟宗三的解释把孟子哲学中原本蕴含的一个难题更加尖锐地显露出来。在《孟子》文本中，一个行敬之行为的道德行动者，其敬之行为所牵涉的老者，似乎就是施敬者所塑造的行为对象，而丧失了老者自身的自在性与差异性。敬之所以敬，当然必须有异于施敬者的老者之在场，并且老者与施敬者的相互关系及其内蕴的规范，决定了施敬者之施敬行为的道德法则。孟子以施敬的内在意识自觉性，遮盖了施敬行为所牵拽的老者自身之自在性生存。牟宗三强化了仁义均内在的主张，由此，那个异于施敬者的老者及其老之为老之性，就在施敬者的道德主体性或道德能动性中被湮灭了。第四点，牟宗三仁义内在性讨论强调内在的意识觉悟，好像人作为道德主体的意识觉悟自身就是一个真实的东西。但在道德生存论上，人之生存的真实性问题，不能仅仅局限于意识领域，其最后的关键在于现实行动的必然实现。牟宗三所突出的道德生存内在化、觉悟化、观念化、玄虚化，就成了一种光艳的内在自我想象，而舍弃了切己的生存行动。

综上而言，牟宗三对孟子的解释，忽略了《孟子》文本中有一个很重要的概念，即行和事或行事概念。《孟子·万章》中孟子说，尧把天下禅让给舜的终极性根据，是"示之以行事而已"。所谓行事，行是行动的行，事是事情的事，也就是"必有事焉而勿止"（根据焦循《孟子正义》，"正"训为"止"）之事。人的真实存在，就是行事不已。牟宗三式的孟子解释，完全忽略了"行事"之本，可以说为"大本已失"，其所谓道德形而上学，也就成为脱离人之现实生存的观念游戏。

我就说到这里，谢谢大家。

礼失求诸野：
山西儒界对当代儒学发展的举措和想法

宋大琦*

首先我对《当代儒学》十周年表示热烈的祝贺。我个人跟《当代儒学》的渊源也比较深，在上面也发了不少文章。我本来准备了一篇文章，刚才听到诸位的发言，很受启发，所以想脱开稿件，放开谈谈一些感想。

我这些年一直在思考一种现代法哲学与儒家义理在形而上层次进行沟通的路径，我叫它"新儒家法哲学"。搞了很多年，有苦有甜，最近我想换个路子，从形而上的路子转向"礼失而求诸野"的形而下的路子。

大陆新儒家兴起来这么多年，在整个形而上层次的建构中，学者们的理论建设是卓有成效的，这几年民间儒学也兴起了，一些问题也暴露出来了。暴露出来什么呢？就是所谓学者儒学跟民间儒学的脱节。民间儒学与其说是儒学，更应该说是儒家儒行，它体现为一种价值信念，外化在行为上。但是它跟儒学比较远，跟形而上层次更远。这其实导致一个问题，什么问题？我们学者儒学是以世界的现代化为参照系的，追求儒学本身的现代化建设。但民间是跟不上的，民间其实是一种不学之学，是一种传统文化和传统道德的复归，包括礼制的复归。这种情况下就造成了民间的儒学运动，在学者看来也是轰轰烈烈，但是二者之间脱节的问题非常严重。学者的问题是有时候表现为不接地气，而民间儒学或者是民间儒家复兴运动的问题更为严重，它里面隐藏着非常深刻的一种危机。它是以民族主义，乃至极端民族主义为底色的，当然它也有时候会表现为复古主义、原教旨主义，对专制主义的讴歌和拥护、对权力的崇拜。这些

---

* 作者简介：宋大琦，山西省社会科学院儒学研究中心研究员。

情况都存在，但最核心的部分是民族主义，它出于对民族复兴、民族强大的渴望，而支持一些实际上不符合儒家根本价值的东西。比如说，儒家到底是天下主义的，为普遍的人的？还是民族主义的，只为个别人的？这个东西涉及儒家深层义理，民间对这个缺乏理解，他们需要人引导。不然的话，很可能我们会看到在不远的将来，极端民族主义的潮流中，有一支号称信奉儒家的队伍。

所以这两年我想改个方向，理论是搞得很多了，这个理论是不是应该发挥作用，走向实际生活？黄师兄刚才谈到了"中立儒学"等三种情况：中立的儒学、有价值立场的儒学、现代儒学。中立的儒学，我觉得本身还是很有价值的。正是因为其中立，所以它才能够比较不带偏见地展示出历史的本来面目，当然仅有它也是不够的，也需要有价值立场的儒学。有价值立场的儒学大致分两种，一种是刚才我说的，是一种民族主义的立场，乃至是极端民族主义的立场；另一种是现在我们这个群体里面所体现的那种。应该承认，儒家群体现在也产生了价值分歧，一拨走向复国主义、民族主义，一拨接近于自由主义，世界主义。像我们这一拨是比较接近于自由主义、世界主义的。这其实就已经是两种价值立场的区分了。如果我们回到孔子的话，可能这种立场的区分和分流是不应该出现，或者起码不应该那么严重的，因为孔子站在一个"人"的立场上，而不是站在特定的人、特定的时代背景、特定的目的立场上，而我们对特定的角色代入太深，明明知道，但是不能秉持一个超越的胸怀。

我们在研究的时候就有一个情况，中立的时候，我们是作为一个学者从外部来看儒家，当有价值立场的时候，我们是站在儒家的立场来看世界。当然这个立场，它不是一个完全一致的立场，是有分野的。对于我个人来说，现代儒学，就是现代性的民族表述，好比说对民主法治、对人权、对自由。我个人基本停留在这个阶段，至于更高的，还达不到。

然后我再谈一谈对前面老师们表述的一些感受，比如说有些建构，我觉得有些建构是不必要的。刚才梁涛老师也提到了，为什么你不叫基督教和穆斯林去开拓民主和科学？这个我是比较同意，但是只能同意一半。我觉得有些建构你要从儒家义理开拓是没有意思、没有必要的，比如科学，儒家只要不排斥就行了。儒家传统中有器物之学的位置，但是不高。儒家没有开出科学，也不排斥科学，只要学习就行了。但是我认为儒学应该转换或者开出民主，因为"为政"就是儒学传统所关注的重要领域，我们今天仍然不能离开这个领域。

我们把这个放弃了，就等于放弃了外王之学。对于这点我觉得刚才梁老师可能是没讲透，要知道梁老师自己现在俨然就是当代新外王派的一面旗帜。当代新儒学从海外兴起的时候，主要内容是心性儒学。20 年前蒋庆还有追随他的一些学者崛起的时候，搞政治儒学，是外王之学。这十几年学界主要的反省和主要的成就是在心性儒学，在内圣这一方面，对蒋庆的政治儒学保持距离，当然追随他的人仍然是有的。而今天我们看到，外王之学作为一个紧迫的任务回归了，在未来的几年势头将会上升。这一方面是形势提出的任务，另一方面与前些年心性儒学在形而上方面做了很多思想准备有关。韩星等几位老师也提到内圣外王问题。我认为内圣外王在孔子时代并不分裂，是在后世，主要是宋明理学时代分裂的。最近我重读《论语》《礼记》，与《近思录》进行比较对读，那种分裂的感觉非常强烈。《近思录》除了"道体"部分谈的天道本体在孔子时代讨论的不多，后面大谈的那种心性修养，与孔子勇猛执毅的精神差别太大了。时代在呼唤，当内圣理论准备充分的时候，外王之学的新发展就要来了。

我们对外王的理解仅限于政治是狭隘的，有人问孔子"子奚不为政？"孔子说："《书》云：'孝乎惟孝，友于兄弟，施于有政。'是亦为政，奚其为为政？"这是什么意思？就是说处理好家族亲邻的孝悌忠信关系也是为政，不仅仅是道德修养。这时候我就想到一个时代的变迁：孔子时代，所谓封建或者说宗法制社会的时代，一个人的品德修养与为政是连接的，所谓修身、齐家、治国、平天下是连接的。家庭道德、个人道德不仅仅表现在有所不为上，而更多地表现在积极作为上，必须积极作为，才能处理好这些关系。

我们到农村一些古老的家族去看看，有一些老母亲、老父亲，把复杂的家庭关系、家族关系处理得非常好，堪为子女乃至族人们的楷模榜样。这其实就是一种为政，是一种内圣与外王结合在一起的东西。外王不仅仅是参与国家的政治，它包括地方关系，也包括孝和友于兄弟，当然我们今天的家族变得越来越小，这种情况可能越来越少，但是仍然能够施于朋友，在朋友关系中体现为内在与外在、行为与道德的合一。

然后我还想联系上说几句。宋明理学之后的道德，与孔子时代的道德，它的内涵可能有很大的区别。比如孔子的智、仁、勇都表现为勇猛进取的精神，而不是宋明理学清心寡欲的精神。尤其是老百姓，经常把儒家道德比较狭隘地理解为男女关系说教，但是在孔子那个时代，这方面的关系所占比例太小了。

而且孔子那个时代把这些东西都划于礼中，礼是一种规范，也是一种行为，道德化于行为中，而不是一种心性或境界状态，这一点差别非常大。

我谈的这些与我所介绍的山西情况也有关系。基于刚才说的这些情况，我觉得在我们今天，儒学、儒家、儒行这三者的统一很重要。作为儒学，不管是中立的、没有价值立场的儒学，还是有价值立场的儒学，它本身首先是一种学问，是一种观念建构。说如果这种观念或价值建构不能表现为一种落实于民间的行为的话，那么它的意义是有限的。我曾经想把这种建构作为一种政治架构，通过对精英阶层的宣传，尤其是对政法精英的宣传和争取，用风行草偃的路径来改造社会，但是最近以来我对这方面比较失望，我觉得儒家文化传统五四以来的被抛弃在精英阶层甚于民间。我是搞法律出身的，社交圈多是政法精英，他们可以说是社会中坚了，他们对儒学的排斥非常强烈，是文化立场上整体的反对，而不是针对具体弊病反对。他们并未汲取现代反儒运动带来的教训，而是把那些不如意归因于反儒反得还不够彻底，对儒学采取了一种逆向民族主义或者文化专制主义的态度。所以我感到，儒学的改进有必要更大地转向落实于民间生活。儒学作为一种学术、儒家作为一种身份和信仰、儒行表现为落实于生活的行为，这三者统一很重要。用学术开创和论证信仰，用行为践行和担当信仰。而这三者的统一，关键是要知行合一、下沉基层，我们一些山西儒学同仁目前想做的就是这些事情。

我这里提出几个核心词，知行合一、下沉或者深耕，然后是县域儒学，这几个词合起来就有"礼失求诸野"的意思。这是就山西儒学发展的情况提出的针对性想法。我们山西的儒学研究是比较落后的，大家也知道，经常参加儒学学术核心圈活动的人很少。但是山西的民间儒学是非常活跃的，就说书院，山西现在的书院起码有 400 多家，我们还搞了一个书院联盟，经常参与我们书院联盟包括读书会活动的就有 200 多家。这是一个非常深厚的民间基础，其中有我们山西儒学会自成立以来将近二十年水滴石穿的功劳。它们也表现出一些我前面说的问题：缺乏形而上层次的学术引导，崛起过程中带着很多沉渣，一些已经被现代社会淘汰，甚至早被传统儒学自身淘汰了的东西，它也抱着真诚和热情去拥抱。拥抱着真善美，也拥抱着沉渣泛起，隐含着民族主义压倒人类主义的倾向。

以上说的是民间儒学的一个群体，还有另外一个很重要群体，就是那帮经过反右、"文革"还活着的老知识分子，主要是在县里史志办、政协、作协工作过的，退休的语文、历史老师、非物质文化遗产传承人等等。在和这些老人接触的时候，我们发现他们经多见广、见识深远，绝非刻板印象中的那种读书不多、顽固守旧。他们经历了几十年各种极端性的实践，读书有选择，集中在经典，他们年轻的时候经历过反儒和极左，改革开放目睹过繁荣和腐败，各种可能性都经历过，他们的归儒不是"跟别人走"，而是饱经沧桑，各种尝试之后深思熟虑的选择。他们身上保留宝贵的儒家精神，如果不赶紧挖掘保护，不久以后精神就可能随着肉体一同逝去了。

我们山西这样的文化大省，绝大多数县里面都有丰富的历史传说，出过贤臣名将，保有文物建筑、地上文物数量山西是全国第一，这样的优势还真不是每个省都有的。山西省要摆脱对能源化工产业的依赖，把发展文旅事业当作一个方向，大部分县也非常重视文旅资源的发掘，但是他们缺乏深远的文化沉思，容易追逐表面的短期的东西，这也是假文物、假故事产生的一个原因。地方政府与儒家的愿望很大程度上是重叠的，所以县域儒学很容易得到他们的支持。地方儒学的发展能导引政府由"喻于利"而向"喻于义"，是非常有意义的儒家事业。

怎样挖掘有利资源，把学者儒学与民间儒学结合起来，把儒家愿望与政府期待结合起来，把儒学、儒家、儒行三者结合起来。我们山西省儒学会的同仁经过很长时间的探讨，现在准备推出一个电子刊物，叫《山西儒学》。我在这里也借机会向大家做个宣传。办以省域冠名的地方儒学山西不是第一家，以前的有"上海儒学""河北儒学"等，与之不同的是，我们的办刊宗旨是眼光向下，一个一个县去挖掘儒家的地方文化，以地方的文化为主要内容，办出山西的地方特色，不和学术期刊、集刊在大人物、大问题上争高下。当然学术前沿我们是要跟上的，但重点是跟，不是争。我们的主要方法不是我们去研究，而是把那些研究者挖掘出来，变成"我们"。我们想把刊物作为一个平台，作为一个联系点，用刊物去串联全省县域，我前面说到，民间儒学有两大群体，一个是新兴的城市书院，一个是县域的老文史知识分子，这些老知识分子是有学问的，说到地方的文史知识，没有比他们更熟悉的，他们是地方文化名人，有地方性的影响，但多只限于县域。我们就是要到县域把这些人发掘出来，让他们参与，告诉他们这是我们共同的事业，利用现代传媒手段，打造一个县域间可以交流的平台，把他们那种县域内的威望转化成一种在全省范围内的共鸣，让他们在其中获得自我实现的成就感，从而激发更大的参与热情。通过这种深耕，一个县一个县地去动员集中，把文化挖掘出来，在刊物上做出来，然后再通过书院把它宣传下去，让今儒言说古儒，让古儒熏陶今儒，去打造一个儒学、儒家、儒行三者合一的共同体，是带有共同信仰、共同行为标准的共同体，而不单是一个学术共同体。我们前期的行动已经证明这种做法的效果，所到的县域老知识分子和政府参与的热情都很高，甚至是远出乎我们的预期，首刊已经在网络上发布。坚持数年之后，其巨大效果会显现出来。目前存在困难还很多，资金、人员、热情这三者缺一不可，否则光靠热情，一期两期办出来容易，能否长期坚持下去是个问题。我们正在积极努力争取各方面支持。任重而道远，士不可以不弘毅！

谢谢！

中国哲学研究须进一步摆脱三个"心结"

——在《当代儒学》创刊十周年座谈会上的发言

邹晓东*

非常荣幸参加"儒家思想之现状与展望"学术研讨会暨《当代儒学》创刊十周年座谈会。我首先要代表我所在的工作单位《文史哲》编辑部,向《当代儒学》和《当代儒学》的编者与作者们致以同道的祝贺。这一祝贺是"实"的,不是"虚"的。为什么这么说呢?通过上午和下午聆听各位嘉宾的发言,我再一次认识到:《当代儒学》乃是针对一段时期以来中国哲学研究界"只述不作"的状况而创刊,她的"初心"是振作儒学的创造性研究。这与《文史哲》的办刊宗旨"昌明传统学术,锻铸人文新知,植根汉语世界,融入全球文明",无疑是声气相通的。我要代表《文史哲》,再次向创刊十周年的《当代儒学》道贺!

我想说,"座谈会"这种形式,为我们提供了"大放厥词"的好机会。我想抓住这个机会,谈一谈中国哲学研究须进一步摆脱的三个"心结"。

我们知道,从北京大学设立"哲学门"(1912 年)算起,现代学科意义上的"中国哲学"学科,在中国本土恰好已有 110 年的历史。百余年来的中国哲学学科与时代和国运交相激荡,大致经历了在"依傍西方哲学"与"强调中国哲学的特质"的张力中草创、在接受"思想改造"的过程中转型、在改革开放中解放思想并多元发展、21 世纪以来通过重新审视"合法性"问题而再出发几个阶段。当下,各时段的中国哲学史研究均一派繁荣,而以问题为中心的研究和学理层面的深度创新研究则明显乏力,"思想家淡出,学问家凸

---

* 作者简介:邹晓东,山东大学儒学高等研究院暨《文史哲》编辑部副教授。

显"成为 20 世纪 90 年代以来中国学界状况的生动写照。这一状况严重有违哲学史及哲学学科的本性。如果说文、史学科总有做不完的资料整理工作，而在一定意义或一定程度上可以坚守"朴学"的话，那么，相形之下，以问题为中心的学理探索及创新就是哲学学科最不可回避的核心业务。在当代中国国运持续向好，日益上升的国际地位要求与之相配的文化软实力与学术话语权的背景下，"要出思想"的呼声开始在中国哲学研究界日渐壮大。不要安于"吃史"，而要去"做中国哲学"，正在成为中国哲学界的新愿景。

有了改善现状的意愿，还有必要从为学理念和方法论层面对现状深加检讨。只有这样，才能标本兼治，行之久远。在笔者看来，有三个"心结"从根本上羁绊着当今中国哲学研究跻身大写思想史的步伐，它们分别是：不切实际的"复述论"理想、"新夷夏之辨"洁癖、忌惮学理批判的"伪忠厚"。尽管当今中国哲学研究界已经在一定程度上意识到了这三个"心结"的不合理性，但在方法论和为学理念层面往往仅止于泛泛点评，且因害怕伤及"从文本出发""中国主体意识""礼敬传统"这三个正面价值，而不敢针锋相对地聚焦上述三个"心结"，不敢深度揭发其消极效应。如此一来，这三个"心结"遂继续在中国哲学研究者的为学理念深处潜移默化地发挥羁绊效应，说不定还在谋算着"三十年河东，三十年河西"的下一次抬头机会。有鉴于此，本文不揣简陋，欲逐一检讨上述三个"心结"，为更优质、更系统的中国哲学，为学理念和方法论的出现和流行鼓与呼。限于学力，本文所言定难周全——唯愿抛砖引玉。

一、不切实际的"复述论"理想

冯友兰先生提出的"照着讲""接着讲"这两个提法，在中国哲学研究界广为流传。冯先生的提法，在圈内造成了一正一负两种效应。其积极效应是，促使学人重视中国哲学史上的文本，下大力气考释、梳理、述学，在流行白话文和汉语西学的现当代语境下努力接续传统文脉。其消极效应是，割裂了文本解读与创造性研究之间的有机联系，放任许多研究者在一段时期内名正言顺地在"照着讲"旗号下"吃史"。20 世纪 50 年代出生的那一代学者，甚至一度断言：我们现阶段的基本任务只能是用当代话语把古人讲过的中国哲学思想复述一遍，以便接续被打断的文脉；至于思想创新意义上的"接着讲"，则在高质量地完成复述意义上的"照着讲"任务之前，只能说基本上不具备条件。这些提法不乏真诚度，但作为一种为学理念，则既有害，又不成立。

如上所述，"照着讲"可以理解为"精确复述"，"接着讲"更多地涉及"创造性研究"或"思想创新"。然而，哲学诠释学告诉我们，"照着讲"也即"复述"，与"接着讲"也即"创新"，在严格意义上纠缠不清，无法分割。史学理论有言，"一切历史都是当代史"，"一切历史都是思想史"，合而言之"一切历史都是当代思想史"，是当代研究者在阅读理解中给出的关于往昔的叙事。也就是说，当代研究者的视角，总是不可避免地渗透在其历史研究与历史叙述之中。一代人有一代人的历史书写，包括哲学史研究在内的历史研究从根本上无法摆脱"趋新"。用上述洞见审视所谓的"照着讲（复述）"与"接着讲（创新）"，所看到的正是这样一个诠释学事实：一切后来人的"复述"，都是视域交融与新视域乍现过程中的"意义再创造"，无不渗透着"接着讲"的"创新"成分。特别地，其中一些"接着讲"的创新成分，往往还要等到"旁观者清"的后世哲学史或思想史研究者出场时，才能看得更清，梳理得更明，而当初的哲学史研究者对这些创新则是不自觉的。正是这种无处不在的"接着讲"与"创新性"成分的渗透，使得作为许多哲学史从业者职业理想的"精确复述（照着讲）"在严格意义上成为不可能之事。

随着哲学诠释学在中国学界有效传播，越来越多的中国哲学研究者在意识到哲学诠释学对"精确复述"理想的深刻挑战之后，开始表现出在修辞上有所松动，但在为学的核心理念上顽固坚持的情态。不少学者一方面承认"精确"意义上的"复述"确实是不可能之事，另一方面则紧接着强调，我们无论如何还是要尽可能地努力接近"本义"。笔者非常理解，这些学者之强调"尽可能地努力接近本义"，乃是为了坚定地扭住文本与读书这个中心，以免哲学史学科因游离于文本解读之外而"虚无化"。毫无疑问，其初心是严肃的——然而，这种"严肃"性在学理上却是短视的。

如若严格贯彻"尽可能地努力接近文本本义"这一动议，并严格遵守"先照着讲清楚（精确复述）了再接着讲（创造性研究）"这一规训，结果就只能是：非但这一代人只有"尽可能地努力精确复述往昔思想资源"的份儿，就是下一代人也捞不着进行以"创新"为旨归的"接着讲"——因为"精确复述"这个不切实际的理想原则上是无法实现的，既然无法实现，则"尽可能"的"可能"便是无穷无尽的，"尽可能地接近文本本义/尽可能地精确复述"的努力便代代无穷，永无尽期。在此过程中，即便学界中冒出了卓越的进行创新性研究的大哲学家，那也不是"尽可能地接近文本本义/尽可能地准确复述"这一为学理念框范的结果，而恰恰是该大哲学家自觉或不自觉地摆脱了这种不切实际的框范才取得的成就。换言之，以"精确复述"为理想的为学理念，既不支持亦无法解释进行创新性研究的大哲学家的出现。

那么，出路何在？我想，出路在于深入、系统地评估（而非简单搬用）余敦康先生提出的"诠释学是哲学和哲学史的唯一的进路"这一命题①，发展出一种水乳交融地兼容"照着讲（复述）""接着讲（创新）"的"文本解读的实在性"概念，在此基础上锻铸一种系统、有效的"即哲学史研究做哲学"的为学理念。我本人在这方面略有写作和阐发，在此不予赘述，若有兴趣敬请参考《〈大学〉、〈中庸〉研究：七家批判与方法反思》与《哲学史研究的实在性：基于"三方互动"的新考量》这两篇拙文②。要之，"文本解读的实在性"不是体现为永久不移的"对文本本义的现成展示"，而是体现为"古今读者围绕文本展开的有效博弈"，在此过程中自会此起彼伏地涌现出一系列在不同范围内拥有共鸣者的解读方案与引申探讨（包括批判性探讨）。只要这种博弈是围绕着文本或不断要求去查考文本的，它在性质上就是属于"阅读理解"范畴的，而大写思想史正是在这种既连续又创新（二者水乳交融）的"主体间"阅读理解活动中演进的。

二、"新夷夏之辨"洁癖

中国哲学作为一个现代学科，始于西强东弱、西方冲击、西学东渐的近现代，而且从一开始就打上了依傍特定的西方哲学范式、参考西方哲学史系统的烙印。从消极角度看，这其中饱含着文化上的屈辱感，因为国运低迷，文运在

---

① 余敦康：《诠释学是哲学和哲学史的唯一的进路》，《北京青年政治学院学报》2005 年第 2 期，第 29-33 页。

② 前者载《社会科学》2013 年第 7 期，第 122-132 页；后者载《孔子研究》2020 年第 3 期，第 41-51 页。

当代儒学 第 23 辑　139

总体上亦不得不相应低头，相关中国学人感到不得不仿效西学改造传统中国学术。从积极角度看，中国哲学学科的构建，则不失为中国文化人在西学主导的现代世界知识舞台上争取中国文化话语权的一种努力，在一定程度上使中国传统思想的声音抵达了强势的西方哲学界，促使西方本土出现了一批较为活跃的（尤其是在 20 世纪 70、80 年代）中国哲学研究者。不难指出，无论是消极的屈辱感，还是积极的话语权争取努力，其核心都是"文化上的中国主体"意识。

从 20、21 世纪交替之际开始，受中国国运持续向好这一大趋势鼓舞，上述"文化上的中国主体意识"开始强劲抬头。在此背景下，向来争议不断、身份尴尬的"中国哲学"学科，迎来了一场声势浩大的"中国哲学的合法性问题"大讨论。这场大讨论至今尚未落幕，且有可能迎来新的阶段性高潮。这场大讨论的一个核心关切就是，"哲学"与"中国哲学"学科，究竟能否如其所是地承载中国文化的特质？（如果不能，不如趁早放弃这条路径。）当然，大多数中国哲学研究者在这个问题上大体表现出了一致的倾向，那就是一百年来中国哲学研究成绩斐然，中国哲学学科有必要继续保留、继续发展，研究中国传统文化决不能走关门主义的排外路线。大而言之，"熔铸古今中外文化资源"进行"综合创新"，是当今中国的"文化主体性"所应有的大中至正气象。

但与此同时，另有一种声音，虽然较为小众，有时却让人感到"扎心"（让听众担心：不像这种声音那样讲话，仿佛就要成为中国文化的"不肖子孙"）。这种声音倾向于否定"中国哲学"学科的合法性，认为中国传统的主导学术形态是"经学"，主张"复活经学"①，试图用"经学"范式把现在被"中国哲学"学科掳走的研究对象和学术空间夺回来。这种声音延续了百年来学界对中国哲学学科的质疑，强调作为现代学科的"中国哲学""儒家哲学"

---

① 应该用"经学"等传统学术形态探讨中国传统思想，是 21 世纪以来的"中国哲学的合法性问题"大讨论中涌现出来的一种代表性观点。我们注意到，论者采取了"复活经学""发展当代新经学"这样的提法——其中，"当代新经学"这个概念本身具有模糊性，乃至似乎可以把现代哲学资源吸纳进去；但是，如果把质疑"中国哲学的合法性"这一重要意图考虑在内，则"复活经学"的学术路径将不可避免地是"去哲学化"的。更多相关探讨可参考田芳、邹晓东：《"本土化"转向的活例：〈文史哲〉与"中国哲学的合法性问题"大讨论》，《孔子研究》2021 年第 3 期，第 33-50 页。

等因参照西方哲学而扭曲了中国传统学术的固有形态，认为现在是时候放弃这种扭曲而回归原汁原味的本土传统形态了。诸如此类的声音，我将其戏称为"新夷夏之辨"洁癖。我们注意到，力挺经学路径的相关论者，采用了"复活经学""发展当代新经学"这样的提法。其中，"当代新经学"这个概念本身具有模糊性，乃至似乎可以把现当代中国哲学与儒家哲学研究成果乃至研究路数吸纳进去。但是，如果把质疑"中国哲学的合法性"这一重要意图考虑在内，则"复活经学"的学术路径将不可避免地是"去哲学化"的。

对此，我们可从一个侧面加以驳斥。我们可以这样追问："去哲学化"意义上的"经学"，能否容纳"魏晋玄学""宋明理学"？回归这样的"经学"，有办法弥合事关中国传统文化大体的"汉宋之争"吗？记得郑开教授在《北京大学哲学学科史》之《中国哲学学科史》中考证过，"中国哲学的最初研究者知识背景或学术基础大多是宋明理学"，所谓的"接着讲"的成果在很大程度上都是"接着宋明理学讲"①。就此而言，"复活经学"与"中国哲学"之争，在学术手法或学术路数层面，俨然"汉宋之争"的延续。循此往深处看，"反哲学"意义上的"复活经学"，最终势必也要拒斥"宋学"（以及"魏晋玄学"）。就此而言，这种洁癖式的"新夷夏之辨"，势必复活并加剧中国传统文化固有板块之间的分裂，并以这种加剧的分裂态势显示"经学≠中国传统学术"。

相对而言，更务实的状态似乎应该是"经学"的路数与"哲学"（理学、玄学、西方哲学）的路数并行不悖，在学术思想上自然切磋，分分合合，相互影响。一些主张"复活经学"的学者，实际上也是这样提议的——只是，在树立起更合理、更严谨、更系统的为学理念之前，"并行不悖"的愿景很容易被"新夷夏之辨"的洁癖挤扁。为此，我们有必要搜罗一系列哲学手法、经学手法并用，乃至中西资源与多学科手法有机互渗的成果案例，奠立起一个"事实胜于雄辩"的既有业态基础，用以抗衡"新夷夏之辨"洁癖的挤压。例如，针对陈来先生规模巨大的中国哲学史与中国哲学研究中不乏西方哲学术语、西方视角方法、中西理论比较的现象，有学者甚至在保守的意义上称陈来

---

① 郑开：《中国哲学学科史》，韩水法主编：《北京大学哲学学科史》，北京：商务印书馆，2014 年版，第 97、117 页。

先生为"当代比较哲学家"①。针对"新夷夏之辨"洁癖的关门主义与割裂主义消极效应,当今的中国哲学与中国传统文化研究界理应更自觉地强调"本土传统资源现代化"与"古今外来资源本土化"这一双向循环格局,努力走一条在兼收并蓄中不断凝练自身思想主心骨的"创造性转化、创新性发展"之路②。

顺便一提,所谓"后现代"思潮的涌现,使当今西方哲学非但在一定程度上表现出了"自我解构""自我去中心化"的态势或诉求,而且也对中国传统儒释道中的某些代表性思维显示出了有机的亲和性。这无疑为今中国哲学界更具主见地对参更广阔的西方哲学谱系,更大力度地从学理层面批判超越西方哲学的现成范式腾让了巨大的作为空间。

三、忌惮学理批判的"伪忠厚"

有人觉得,"批判"属于"西方那一套"。而且,鉴于"反传统"思潮长期占据 20 世纪中国思想文化界的主流,今天,中国传统文化好不容易迎来了复兴的重大机遇,不少学人都觉得,无论是出于对本土传统文化的礼敬之情,还是基于抓住"打翻身仗"机会的明智考虑,都不应该在研究中国哲学时把"批判"放在显要位置。更何况,中国传统文化讲究圆融,研究中国传统哲学的学者往往也会带有或注意培养圆融气质。如此一来,讲求"批判"(似乎正是"圆融"的对立面),在圈内就会有沦为异类的风险。一位前辈曾善意地提醒我说,在中国哲学界要"慎言批判"。对此,我很理解,也很感激。

那么,为什么还要在这里为"批判"大张其目呢?这是因为,做哲学研究的最大成功是跻身大写思想史,而无论对个人来说,还是对一个群体、一个时代而言,通过复述并附和前人(暂不追究其中的创新成分),是无法将自己的名字写进大写思想史的(除非被复述者进得了大写思想史,而其著作又不幸亡佚)。举例来说,西方的文艺复兴也不是以复述附和古希腊文化跻身大写

---

① 温海明:《陈来:当代比较哲学家》,《孔子研究》2022 年第 4 期,第 98-105 页。

② 更多相关探讨可参考《"本土化"转向的活例:〈文史哲〉与"中国哲学的合法性问题"大讨论》,《孔子研究》2021 年第 3 期,第 33-50 页。

思想史的，相反，这是一种"创造性的复古"，导向的是以现代中国人后来所艳羡的"德先生""赛先生"为代表（实际上不止这两"先生"）的现代西方文化。真正能使一个人、一个群体、一个时代跻身大写思想史的，是对原有知识边界的推移，是对原有思想格局的打破与重整。而这，离不开"批判"。

"批判"的意思，首先是深耕，用自己的犁深度地入乎研究对象之内，并在入乎其内的过程中，不断优化自己的犁，不断调试自己的犁地手法。"批判"的意思，其次是挑刺儿，找毛病。而挑刺儿与找毛病，是有程度深浅、格局大小之别的。最初级的挑刺儿与找毛病，是在研究对象的问题设定、方案框架下，指出研究对象在论述细节上的瑕疵，包括概念界定的粗疏、小规模的前后矛盾、值得商榷的文本援引与解读等。中级的挑刺儿与找毛病，则是在维持研究对象问题设定不变的情况下，揭示研究对象所提供的问题处理方案的结构性缺陷，并尝试优化之。高级的挑刺儿与找毛病，则是在主导性问题的提法层面，同研究对象进行高屋建瓴的商榷。上述三个挑刺儿与找毛病的层次，其实也是由局部到全局，由浅表到骨髓地出乎研究对象之外的过程。问题意识与问题的提法，往往隐含着回答问题的进路。一旦研究者能在主导性问题意识层面，对研究对象展开言之有物、大刀阔斧的商榷，那就意味着研究者已经非常自觉地找到了使自己与研究对象平起平坐，乃至高于研究对象的基本视角。这样的研究者，就从根本上摆脱了复述者与附和者角色，而成为研究对象的实质性对话者。这，正是推移知识边界、重塑思想格局的大写思想史的主人翁所应有的样子。

相形之下，那种貌似礼敬传统文化资源而忌惮尖锐学理批判的研究者，则无异于是在自暴自弃地自我矮化。平心而论，哪个为学者不从心底希望自己的产品传之久远？把自己的名字刻在大写思想史上，是最有效的传之久远。遗憾的是，那种貌似礼敬传统文化而忌惮大张旗鼓地学理批判的"忠厚"理念，从一开始便将服膺者排斥在了大写思想史大门之外——可谓是从起点处阻断其"三不朽"梦想的心理障碍。考虑到本土优秀传统文化的创造者们一定是希望其后继者大大方方地跻身大写思想史，而非自我矮化为亦步亦趋的鼓吹手，那种作为心理障碍的忌惮学理批判的"心结"就只能算是一种"伪忠厚"。

当然了，通过批判性研究跻身大写思想史还有一个前提，那就是，你的研究对象本身得是够分量的，是进得了大写思想史的。只有对这种级别的研究对象入乎其内，进而出乎其外，研究者才能站在巨人的肩膀上"更上一层楼"，从而使自己成为大写思想史向前演进的又一环。而所谓的"更上一层楼"，是要求在解构研究对象的同时，给出自己的新的建构。这样的"批判"也可称为"建设性批判"，绝不是"只开花，不结果"的怀疑主义式解构，而是要求批判者针对自己所挑的刺儿、所找的毛病提出自己的有效处理方案。建设性批判者可以动用怀疑主义的手法磨自己的批判之刀，但始终要想办法抵抗怀疑主义的反噬，力求拿出在大写思想史上立得住的"问题+方案"。陈来等学者在张岱年先生相关论述基础上所推崇的"综合创新"理念，我相信，归根结底是可以容纳上述"建设性批判"的。

本文初稿完成之后，曾在小范围内传阅，有读者曾提出这样的观察和评论：我对"心结二"十分认同，但对"心结一"和"心结三"则有疑虑，尤其是"心结一"。这一"心结"在目前的学界确实存在吗？真的有人把"照着讲"置于优先地位吗？按照我的阅读经验，这种保守的立场实属罕见，很难说构成一种"心结"。相反，目前的学者普遍都有返本开新的野心。

对此，我的回应是：大约从陈来教授出版《仁学本体论》前后吧，情况确实在改观。这主要是因为"出思想"的呼声开始高涨，"野心"指的就是"出思想"。但是，在为学理念或方法理念层面如何安放这种"野心"，学界找到成系统的说法了吗？如果没有找到，那么，现在的"不保守"做法，就更像是在趁着鼓吹"野心"这一气候的兴奋劲儿浑水摸鱼——当事人对这样做的"合法性"心中其实没底，在心理上难以为继。换言之，中国哲学研究界目前这种追求"出思想"的新气象，尚未能以严谨、系统的学术理念或方法理念的形态有根有基地得以确立，将来很可能被现在仍有市场的"复述论"再度扳回去，并在"复述论"与"出思想"之间不由自主地摇摆。

实际上，"返本开新"这个提法虽然兼顾了经典解读与思想创新两个重要维度，给人一种"中庸进取"的良好印象，但严格来讲它没有具体解决"返本和开新是分两步走，还是并作一步走"的问题。围绕这个问题，我们可以进行如下辩难：（1）如果认为"返本""开新"应该分两步走，那就必然遭遇第一个"心结"（不切实际的"复述论"理想）。严肃的服膺者必须要求自己（并在学术评论中要求他人）先把第一步走准确了，然后再考虑第二步的事，从而永远无法踏上第二步。本文第一节围绕第一个"心结"的批评，在此均适用。而如果在"返本开新两步走"服膺者身上竟未出现此类纠结，那就只能说他（她）实际上是个"一步走"论者。（2）如果认为"返本开新"应该水乳交融地并作一步走，那么，对之就可以进一步追问："返本开新"水乳交融地同步走，你不担心自以为是或别出心裁的"开新"，会污染了"返本"的准确性吗？该问题的现实尖锐性在于：如果你认为自己"一步走"得很恰当，而我也认为自己"一步走"得很恰当，然而我们二人的"返本开新"方案差异很大（这在学界并不鲜见），那么，"返本开新"这个概念，还有法在像我们这样的有学术分歧的"一步走"论者之间继续使用，而不让学界陷入相对主义吗？我看这是不可能的。

实际上，本文第一节显示，笔者在很大程度上算得上是一个"返本开新一步走"论者。然而，在坚持这种诠释学立场的同时，笔者始终揪住"阅读理解这件事情的严肃性究竟何在"这一问题不放，并在其他文章中尝试提出过自己的相关设想。相形之下，目前绝大多数"不保守"者，除了用"尽量接近文本原义"这个托词敷衍塞责之外，对此问题根本给不出任何有效说法。在这种情况下，"不保守"者"不纠结于第一个'心结'"的状态能撑多久呢？在我看来，"阅读理解这件事情的严肃性究竟何在"这个问题，必然迫使未像本文所希望的那样去深思熟虑该问题的"一步走"论者要么向"两步走"撤退（于是再次遭遇第一个"心结"），要么滑向前面所说的"相对主义"泥潭，再要么就是以不管不顾的姿态自言自语（包括成为老气横秋的独断论者）。

本文更多的是希望唤起读者深思熟虑的意识，而非提供现成的深思熟虑方案。更多建设性思考，可参考前面提到的《〈大学〉、〈中庸〉研究：七家批判与方法反思》《哲学史研究的实在性：基于"三方互动"的新考量》这两篇拙文。此外，本文题目用了"须进一步摆脱"字样，文中也表示哲学诠释学的冲击软化了刚硬的"复述论"立场，这与那位评论者对目前学界出现了不"保守"、有"野心"、谋"返本开新"的气候这一观察相一致。然而，必须再次强调：这种气候变迁，远未由"自发"状态上升到在为学理念和方法理念层面有效"摆脱"原有"心结"的地步——故而还需"进一步摆脱"。

最后，简单做个总结。中国哲学研究界已经在很大程度上认识到了不切实际的"复述论"理想、"新夷夏之辨"洁癖、忌惮学理批判的"伪忠厚"这三个"心结"的存在，并相应地启动了一系列防范性做法与探讨。但由于这三个"心结"密切勾连着"从文本出发""中国主体意识""礼敬传统"这三个正面价值，它们仍然在较大程度上享有着市场份额，从而在学理层面对大刀阔斧的"创新性研究"构成羁绊。用带有一定的挑激性的口吻列举这三个"心结"，绝非是要矫枉过正地抛弃"从文本出发""中国主体意识""礼敬传统"这三个正面价值，而是希望促使学界同仁进一步聚焦、更充分地正视上述三个"心结"的消极效应，为兼具诠释学根基、"本土传统资源现代化"与"古今外来资源本土化"双向循环格局、建设性批判精神的志在跻身大写思想史的中国哲学研究理念与实践鸣锣开道。

狄百瑞学派与儒学的国际化

蔡应坤*

作为西方"新儒家"思想（Neo-Confucianism）的开拓者之一①，狄百瑞②一生际遇都与此紧密相连。自18岁迈入哥伦比亚大学学习起，狄百瑞就以研究黄宗羲思想为切入点开始了对中国思想史变迁内涵和价值的重新评估。不仅他自身学术研究的重心在此，而且他以"与斯人之徒"的精神自我激励，以美国哥伦比亚大学东亚系为阵地，积极参加美国、中国以及其他国际学术联合体，组织各种世界性学术研讨、演讲，利用美国在二战后的学术话语权，使

---

* 作者简介：蔡应坤，山东大学儒学高等研究院《文史哲》编辑部助理研究员。

① 关于狄百瑞思想的研究，韩伟在《"中国的面具"：美国新儒学大家狄百瑞思想综论》（《国外社会科学》2017年第5期）一文认为狄百瑞是在做儒学的现代化转化，施忠连在《近十年美国儒学研究之进展》（《时代与思潮》1998年）中认为狄百瑞坚持儒学思想可以丰富和加深人们对于人权的认识，而余国藩（《先知·君父·缠足——狄百瑞〈儒家的问题〉商榷》，《读书》1993年第10期）、傅永军（《君子：先知还是师儒?》，《理论学刊》2013年第7期）、彭国翔（《君子的意义与儒家的困境》，《读书》2009年第6期）、任锋（《雪泥鸿爪自留痕》，《读书》2013年12期）、姜宗强［《从跨文化的视角探讨中国古代文化传统的先知因素》，《深圳大学学报（人文社会科学版）》2013年第1期］、黄启祥（《儒家君子：另一种先知》，《理论学刊》2015年第9期）、曾筱琪、荆雨（《儒家的困境与君子的责任——以狄百瑞论君子为线索》，《现代哲学》2020年第3期）等学者着重从狄百瑞所提出的儒家君子与犹太先知的对比中探讨儒家的发展困境。李琳对狄百瑞的思想述评重点关注了钱穆对狄百瑞思想的影响，同时围绕现代社会环境下儒学价值获得新生的路径进行讨论［《美国狄百瑞儒学研究思想述评》，颜炳罡、李琳主编：《国际儒学发展报告（2016-2017）》，济南：山东友谊出版社，2019年］。杨阳认为儒家社群主义早已游离于中国现实社会而成为真正的历史（《碎片采集与传统建构——评狄百瑞〈亚洲价值与人权：儒家社群主义的视角〉》，《哲学研究》2012年第5期）。郭萍认为狄百瑞"儒家人格主义"的实质依据是传统宋明儒学的"天理"，其实现途径基于程朱理学家的"新民"主张，但与其倡导的现代性人格相背离（《"儒家人格主义"之省察》，《哲学动态》2019年第5期）。

② 在2016年获唐奖后，狄百瑞（William Theodore de Bary，1919-2017）指出，自己的中文名字是"狄培理"，由钱穆先生所取。本文根据学术界约定俗成以其"狄百瑞"中文名行文。

"新儒家"思想体系在东西方文化学术界成为一种权威的正统建构，并试图以此思想体系解决世界性的现代化困境问题。与此同时，狄百瑞重视推动"新儒家"思想研究的团体化、组织化与国际化。早在20世纪70年代末80年代初，作为美国汉学界翘楚的狄百瑞已受到我国学界的重视。1979年，狄百瑞受中国人民和平友谊协会邀请到中国访问。1981年10月，中国哲学史学会在杭州举行"全国宋明理学讨论会"，狄百瑞与冯友兰、张岱年、陈荣捷等被称为该领域"第一流的专家学者"应邀出席①。1994年国际儒学联合会在北京成立，狄百瑞当选为国际儒联第一届副会长，第一届理事会理事，其后从第二届开始一直任理事会顾问，至第五届理事会任荣誉顾问。

一、狄百瑞学派推动儒学国际化的实践

整个20世纪，儒学作为中国传统文化的主干部分，在不同的政治时代和话语体系中，其命运出现了多次转折。狄百瑞充分意识到这些转折对中国发展所产生的历史性震动。1937年至1938年的美国哥伦比亚大学"对中国研究的兴趣正如同宗教一般，具有政治色彩"②。狄百瑞所说的"政治色彩"，通过他对时局的洞察和思考经历了一个转变的过程，"目睹欧洲的变局后，开始有了觉醒——斯大林的整肃行动出卖了革命的理想，希特勒与斯大林的协定使第二次世界大战的暴行更形放肆"③。于是，他不再乐观于用西方式革命来解决中国的困境，而是开始探索中国人自己的生活与历史，随后便注意到了当时还不为西方世界所熟知的黄宗羲。他试图通过对黄宗羲的研究来摆脱西方学术界的偏见重新分析和评估中国的政治制度。在中国近代历史进程中，黄宗羲成为近代主张变法和变革者们所标榜的旗帜，并被称为"中国的卢梭"，但是当时深入比较黄宗羲思想与民主价值的学者并不多④，对其思想和学术价值的挖潜远远不够。狄百瑞认为，西方社会科学流行的理论中有一个严重的缺点，就是这

---

① 吴震：《读陈来〈宋明理学〉略感》，《中华读书报》2020年6月10日，第15版。
② 狄百瑞：《引言》，《中国的自由传统》，李弘祺译，台北：台北联经出版事业股份有限公司，2016年版，第16页。
③ 狄百瑞：《引言》，《中国的自由传统》，第16页。
④ 蔡应坤：《东亚崛起的文化资本——狄百瑞新儒家思想史"内在研究进路"辨析》，《孔子研究》2019年第5期，第84页。

些理论没有建基于中国发展的基本事实之上。自此，狄百瑞以黄宗羲思想研究为切入点走上了东方学术研究之路。随着逐渐开展对黄宗羲与宋明理学的研究，狄百瑞受其影响也更加深入。在他的推动、组织和影响下，哥伦比亚大学逐渐形成了一批以研究东亚传统思想为志业的学术流派，他和他的合作者及学生发展成狄百瑞学派，推动了一大批以新儒学思想为研究主干的著作出版、会议召开、海外访问等学术活动轰轰烈烈开展。

1953 年 4 月，狄百瑞完成了他的论文《黄宗羲〈明夷待访录〉译注》，并在哥伦比亚大学哲学院获得了哲学博士学位。1960 年至 1966 年，狄百瑞负责主持美国哥伦比亚大学东亚语言文化系的工作。在狄百瑞的组织下，哥伦比亚大学开发出和西方文明课程相对应的"东方文明"与"东方人文"两门通识课。为了使这两门课不流于空泛，狄百瑞将有关印度、中国、日本文化的经典著作和历史文献史料译为英文作为教科书，并成立东方人文研究委员会①作为课程和相关研究开展的团体支撑。一大批有关亚洲源本的翻译著作，包括《印度思想史料汇编》《日本思想史料汇编》《中国传统典籍选编》《东方古典研究法》②在内，都成为这个委员会最早出版的亚洲经典源籍作品。角田、基恩、阿辛利·恩布里、伊万·莫里斯、陈荣捷、伯顿·沃特森、夏志清等人都为此付出了诸多努力。在狄百瑞指导下，1961 年《史记选译》出版。这册书由华兹生选译了有关汉代人物本纪与列传的 66 卷（其中全文翻译 57 卷，节译 9 卷）。这是第一次对《史记》进行的大规模英译，是英语世界传播过程中的重要里程碑③。

这些经典文本的翻译，是狄百瑞成功拉开东方文明研究序幕的一个关键因素。在此期间，他召集了"在文学和历史研究领域的 60 多位同事，对这些资料来源进行精湛的翻译和编辑，第一批研究成果在 1958 年由哥伦比亚大学出版社出版。这些源于东方经典的教科书系统地构建起东方文明的体系，成为哥伦比亚大学每个科系学生必修的核心课程的一部分。这些原本资料经多次更新

---

① 这个委员会后来被升级为学校的亚洲和中东研究委员会。

② 这本书 1959 年版书名为"Approaches to the Oriental Classics"，1990 版本书名改为"Approaches to the Asian Classics"。

③ 参考刘庚玉：《谈华兹生英译〈史记〉——以〈留侯世家〉为例》，《海外英语》2014 年第 6 期。

和修订，目前被世界各地的许多大学用作教科书"①。其中，《中国传统典籍选编》自出版后便不断修订和扩展，并在几十年中一直作为中国传统思想的源泉来向西方读者介绍中国文明、中国国家历史。

"东方文明"与"东方人文"两门课程的开设主要是为了介绍亚洲文明，内容包括回教、印度、中国和日本的传统经典内容。"东方文明"课程侧重每一个文明从古至今的重要观念、制度、发展历程，侧重于阅读原始资料、讨论传统文明的特质以及传统与现代社会面临问题之间的关联。在"东方人文"课程上，学生多诵读经典著作，赏鉴其文学、艺术、哲学和宗教价值。这门课以讨论问题为主，一般由一位资深的教授与一位年轻的讲师共同负责。在此过程中，讲师大多由研究所内的研究生担任，以便他们可以从资深教授那里获得更多的教学经验。通过这一办法，狄百瑞为潜心做研究的博士班学生提供了丰富多彩的教学经历。该课程囊括的学术范围甚广，造就了为数众多的各学科领域的人才。

1959年，狄百瑞发表论文《新儒家思想的一些共同倾向》，对"新儒家"作出定义性描述。他提出，在中国和日本，儒家思想与政治力量间存在紧密关系。然而，儒家思想角色却绝不仅作为"政府之官方工具"而已，中国统治者多半在意儒家思想是否"危及统治的态度"，而较不在意的是与政治态度无关、纯粹思想上的不同立场，并且于日本情况亦类于此。由此可见，于传播、维系、构建儒家思想体系上，中国或日本皇室所扮演角色可以说并不重要。1966年6月，他协同各合作者在伊利诺大学召开明代思想研讨会。1969年出版《佛教传统》，1970年出版《明代思想中的自我和社会（1970）》，1975年出版《新儒学的阐明》，1977年华盛顿州召开元代思想讨论会。在狄百瑞学派的努力下，研讨会论文整理成专书出版以及研讨会的召开都顺利开展，在国际汉学界产生了可观的影响。在以上汇编论文集中，狄百瑞集中探讨了新儒学发展的变迁历程，并描述了一段时期内新儒学与佛教经典的融会贯通。狄百瑞的学生钱新祖据此做了延伸发挥。他认为，程朱体系中的新儒家使用了一些原本是佛家或者道家的概念和构想，例如"静坐"来自于佛学，"体、用"的范畴

---

① http://ealac.columbia.edu/sample/。

是玄学家王弼最先提出的①。

　　1978 年到 1986 年，狄百瑞担任美国哥伦比亚大学约翰·米切尔·梅森教授和美国学术团体理事会主任。1979 年春天，受中国人民和平友谊协会邀请，狄百瑞重访北京，在他到达的第一晚，观看了自"文化大革命"以来一直被禁演当晚第一次重演的《海瑞罢官》。②其后，狄百瑞著作《理与实：新儒家思想和实践》《道学与心学》在 1979 年和 1981 年接续出版。1981 年 10 月，在首次"全国宋明理学讨论会"上，狄百瑞和一同参会的陈荣捷一起提议次年在檀岛召开国际朱熹研讨会。1981 年 10 月，刚刚组建的浙江省社会科学研究所与全国中国哲学史学会联合在杭州举办了首次"全国宋明理学讨论会"，狄百瑞受邀参加③。1982 年，他应邀去香港中文大学参加了钱穆讲座。1982 年 7 月 5 日至 15 日间，美国学术联合会、亚洲太平洋研究中心联合在美国夏威夷东西方研究中心如期召开"国际朱熹学术会议"，"会上国内外学者充分交流了学术观点和研究成果，而有所谓'正宗'与'别子为宗'之争等可谓盛矣。人们可以从各个不同角度和侧面，进行多层次的探讨和论争，这不仅可以促进研究的深入，而且有益于中国哲学的发展和繁荣"④。在这一会议上，狄百瑞提出"新儒学"的范围要比"理学"的范畴更广一些，他主张在日益宽泛的范围内开展对思想家和概念的研究⑤。1982 年，《元代思想：蒙古人统治下的中国和宗教》出版，这部书便是狄百瑞和陈学霖共同编辑的一本论文集。此外，狄百瑞和杜维明共同编辑了《儒教和人权》一书，共收录了 19 篇关于中国儒教和人权发展历史研究的文章，两位成为阐扬正统儒家的真理性及恒久价值的美国学者中主要的代表人物。此后，《中国的自由传统》《东亚文明：五个阶段的对话》接续出版，这两本书集中讨论了中国的传统思想资源，建构起狄百瑞学派新儒家思想体系的主干。

---

①　钱新祖：《中国思想史讲义》，台北：台湾大学出版中心，2013 年版，第 428—429 页。
②　蔡应坤：《儒学是疗救西方现代性疾病的一剂良药——狄百瑞"新儒家"思想论述》，《孔子研究》2022 年第 1 期，第 128 页。
③　刘述先：《香港中文大学哲学系与我》，《修远之路：香港中文大学哲学系六十周年系庆论文集同寅卷》，香港：中文大学出版社，2009 年版，第 26 页。
④　张立文：《宋明理学研究》，北京：中国人民大学出版社，2016 年版，第 2 页。
⑤　田浩：《北美的宋代儒学和朱熹研究之演变：六十年回顾》，《国际社会科学杂志（中文版）》2009 年第 2 期。

1987 年 11 月 12 日至 17 日，由台湾的孔孟学会、哲学会、中华文化复兴运动推行委员会联合召开的"国际孔学会议"，来自英国、美国、联邦德国、日本、新加坡、中国香港等 14 个国家和地区的专家学者参与本次会议。在会议期间，陈立夫、刘述先、王家康、华珊嘉、沈清松、梁金定、爱兰娜、左松超、翟志成、蒋复璁、王熙文、罗光、曾春海、狄百瑞、卜洛嘉等作了报告演讲。会后，《儒学与现代世界国际讨论会会刊》得以出版①。1989 年，狄百瑞出版《心学与道统》和《宋明儒家的教育》。1989 年 10 月 7 日至 10 日，中国孔子基金会和联合国教科文组织在北京和曲阜联合举办了盛大的孔子 2540 诞辰纪念暨学术讨论会。世界五大洲 25 个国家和地区的 300 余位专家学者出席，这次纪念活动受到中国国家领导的高度重视。在此会议上，狄百瑞发表了"儒家的公众异议传统"② 的主题演讲。10 月 8 日下午，时任中共中央总书记江泽民在北京饭店会见了参加会议的部分来宾和海峡两岸的代表，狄百瑞参与此次会见。1991 年，《为己之学》《儒家的困境》得到出版。1992 年 12 月 19 日至 21 日，由台北市"中央图书馆"、鹅湖月刊社及东方人文学术研究基金会主办，第二届当代新儒学国际学术会议召开。狄百瑞在会议上发表了《黄宗羲〈明夷待访录〉之现代意义》专题演讲，后结集在《传统儒学的现代诠释》中公开发表。1993 年出版《明夷待访录英译本》，1997 年出版《儒教与人权》，1998 年出版《亚洲价值与人权：儒家社群主义的视角（1998）》，2004 年出版《高尚和文明：亚洲的领导能力和共同的利益》。这些都是狄百瑞学派在推动儒学影响力扩大方面所开展的努力。

同时，狄百瑞还推动亚洲经典成为全球核心课程。2002 年到 2010 年，狄百瑞着手在哥伦比亚大学创造新的"顶尖"全球核心课程，通过八个暑期教师讲习班，超过 90 多名教师和学者进行了集中研讨，催生了"高尚和文明"与"自然和人性"两门课程的开设。此外，他组织了主题为"新兴世界的经典"的国际性会议。该会议成为第一个全球核心课程的国际会议，吸引了整个亚洲和北美高校的积极参与。通过学术活动、政治交流等多种形式，狄百瑞为全球儒学研究取得新进展作出了显著贡献，在推动儒学国际化的过程中发挥

① 山东省情资料库，见 http：//www. sdsqw. cn/bin/mse. exe？seachword = &K = a&A = 71&rec = 830&run = 13。

② Reprinted from the American Scholar, Volume 64, Number 2, Spring, 1995.

着举足轻重的作用。

二、狄百瑞学派的新儒家思想体系与研究路径

在狄百瑞自身治学、积极组织与主导的一系列学术活动过程中，狄百瑞系统地重构了新儒家思想体系，从中国固有文化价值中总结出了中国的自由传统、人格主义传统、社群主义传统、教育思想等，成功将中国价值元素带入世界思想研究体系中。

1982年年初，狄百瑞应邀在香港中文大学"钱宾四先生文化学术讲座"作了"中国的自由传统"的演讲报告。在论及新儒学"学以为己"时，狄百瑞以"自然""自任""自得"三个理学的流行学术语为例指出，理学核心的关怀在于活出真正的自己，"为己之学"的要求是使得人生所有的知识都与自家的性命有了连接①，其强调自得、相互激励等价值的教育思想，以及明代知识分子自任于天下的责任感，认为黄宗羲正代表了这种自由主义特质的新综合。狄百瑞指出新儒学之此精神即为中国之"自由传统"。

1997年1月，狄百瑞在夏威夷大学和东西方研究中心举办的陈荣捷纪念讲座做了首次讲座。讲座后，狄百瑞整合自己有关儒家和人权的研究内容形成了《亚洲价值与人权：儒家社群主义的视角》一书，讨论了儒家群体主义的性质以及历史上不同形式的儒家的群体主义。他指出："儒家个体主义"的概念，称之为"人格主义"，"人格主义把人格的价值与尊严不是表述为野蛮的、粗鲁的个体，而是在现成的文化传统、本己的社会共同体及其自然环境中塑造成型并达到充分的人格的自我。"在此基础上，狄百瑞重视中国传统社会中以自愿原则结合起来的乡约组织，把这种团体看作是儒家人权的表现。他以"社学"和"乡约"这种社群组织为例，说明儒家在加强社群生活、建设齐心协力的信约制度（fiduciary institutions）方面做出的各种努力。1997年，狄百瑞在新加坡"儒学与世界文明国际学术会议"上发表了《儒家思想与社群主义》一文，强调儒家思想中有社群主义的传统，但儒家提供给世界参考的是

---

① 蔡应坤：《儒学是疗救西方现代性疾病的一剂良药——狄百瑞"新儒家"思想论述》，《孔子研究》2022年第1期，第128页。

具有礼仪传统的群体主义，而不是强调法律制裁和权威的全体主义。

1998 年，狄百瑞发表《"思考全球和为了本土"及其中间地带》一文，后被收入 Mary Evelyn Tucker 和 John Berthrong 所编的《儒学与生态：天、地、人的相互关系》①。他指出："就传统而言，中国文化和儒家文化是关于大地上栖居着的人群的，他们在大地上繁衍生息并滋养着大地。正是从这样一个自然的、有机的过程中，儒家的自我修养导引出了它的所有类比和隐喻。"狄百瑞得出结论说：由于我们一起生活在一个比家庭和国家更为广大的世界里，要想在全球范围内彻底解决生态问题，家庭与国家（民族的和国际的）之间的基础结构的稳固非常重要。失去了家园，我们就无以立足，更遑论上层建筑了。狄百瑞对生态的重视由此可见。

1996 年 8 月 25 至 27 日，湖南长沙召开儒家教育理念与人类文明国际研讨会暨岳麓书院创建 1020 周年纪念会。狄百瑞进行了主题报告，他发言指出教育与经世是儒学对社会所负的最主要的责任，也是它对社会最大的贡献。同时，他也认为，现代教育太重视科技知识的传授，而忽略了人文教育及道德修养，教育变得专门而支离破碎。他十分欣赏中国古典的人文教育，充分肯定朱熹所提倡的讲学精神，以自由的心思，来开放地和朋友和道友们讨论问题。他相信，借着这种主动参与学习方式，可以教育出有责任感的公民。②

狄百瑞在《中国的自由传统》一书引言的后半部分，讲述了自己的研究方法："我想讨论这些潮流中具有代表性的若干新儒家的基本观念。因此，我采取的是观念史的方法，在风格上很接近钱宾四先生。我找出洋溢于宋明两代新儒家论著中的中心观念，间或提到这些观念流传于东亚的文化交流时日韩两国如何对待它们的情形。这些观念是整个新儒学（即黄宗羲所取广泛定义）必须时刻用之作为指涉者，不过这些观念本身则大体上出自新儒学思想的主流，及一般所说程朱学派或'正统'新儒家的思想。"③

正是对"新儒家思想"的定义和"观念史"的研究方法触发了儒学研究领域学者的广泛、持续的讨论与争鸣。台湾学者黄俊杰分析战后 20 世纪 50 年

---

① 出版人是 Center for the Study of World Religions，出版日期为：August 15，1998。

② 朱汉民：《儒家教育理念与人类文明国际研讨会会议纪要》，《国际儒学研究（第三辑）》1996 年 8 月 25 日，第 399-408 页。

③ 狄百瑞：《引言》，《中国的自由传统》，第 16 页。

代到 80 年代美国汉学界的儒家思想研究。他认为，60 年代中期后，美国汉学界对儒家思想的研究，逐渐从战后初期"外在的研究进路"，转移到注重思想内涵及概念的研究进路，这种转变与当时哥伦比亚大学教授狄百瑞的倡导有深刻关系①。

余英时的学生田浩（Hoyt C. Tillman）在其书《宋代思想史论》中，首先肯定了狄百瑞在儒学思想研究上的重要贡献。此外，田浩从这本书选录的论文中再次从史学进路的方向上对"狄百瑞学派"提出了质疑：当思想的环节完全取代了历史的环节时，思想史也就成了一幕抽离了现实关系的舞台剧，脸谱化的思想角色在人为的布景中演绎思想的"悲欢离合"②。在这里，真正实质性的东西是历史的，思想的环节只是底层的运动变化在表层的反映。只要思想不能被理解为真实的历史环节，我们就将始终在一种二分的景观下摇摆：要么将思想史看作全无中介的思想环节的嬗变和展开，要么将思想之外的因素视为一切思想事变的原因。日本关西大学教授吾妻重二在这本书中以"美国的宋代思想研究"为题目，也分析了狄百瑞在美国宋代思想研究中发挥的作用和其他学者的分歧。

三、狄百瑞的问题意识与理论取向

对狄百瑞而言，从历史文献中考察新儒家思想价值和意义仅仅是思想体系的一个静态组成部分。他所经历的从革命时代到市场时代的转换，使得他更能捕捉到一种思想体系的现实意义和精神能量。从革命到经济先后成为历史驱动力的更替中，狄百瑞感受到了一种全面的文化与意识形态的紧张关系。他观察到农业商业化、工业化对美国农场和农村造成极大破坏，破坏程度绝不亚于工业社会所带来的环境污染与社会瓦解对城市的打击。因此，他非常怀疑西方的模式是否可以作为中国长期发展的镜鉴。如果全盘西化不是办法，则中国除了逐渐引进科学与技术之外，只好在固有的地理与人口之限制下从自身传统中探

---

① 察应坤：《东亚崛起的文化资本——狄百瑞新儒家思想史"内在研究进路"辨析》，《孔子研究》2019 年第 5 期，第 79—80 页。

② 察应坤：《东亚崛起的文化资本——狄百瑞新儒家思想史"内在研究进路"辨析》，《孔子研究》2019 年第 5 期，第 80 页。

寻出一条生路。若是如此，则必须去了解中国的传统有什么限制，过去的历史如何向中国人挑战，以及中国求生存的奋斗经验有什么值得学习的地方①。

这是狄百瑞终生对于中国研究的问题意识。随着他对中国问题研究的深入，他发现这不仅仅是中国遇到的问题，而是世界文明发展的困难境遇。他愈来愈感到这些问题的迫切性。因为西方在穷尽资源之后，就不得不面临中国所遭遇到的资源有限的问题，而必须主要依赖人力资源来维持文明的生活方式，来解决人口密集等现实困境。如若西方无法提供出像中国一般的未来保障，那么，西方的未来或许和中国（或是亚洲）的过去情况较相似，而不能再像最近这几世纪来的那种无止境、无计划地扩展。

他深刻了解各传统的"理想"，却又透彻明白"现实"并不一定跟着理想走。进入21世纪后，他基于对世界局势的观察，联想到整个社会发展所面临的精神困境。在不能完全否定新的世界仍有待征服，新的学术领域仍有待开拓的情境下，世界也越来越遭遇到成长的局限以及经济扩张的阻碍。在这种情境下，狄百瑞坚信儒学中存在可以延续的有益之处，特别是宋明以来的新儒家思想中存在着先知、自由、人权、理性、社群等元素，这些新儒家一直传承着反抗专制的君子人格。狄百瑞坚信，用中国传统价值观的语言，可以表述出人文主义思想、自由主义精神，这一点是和西方相通的。面对当下东方世界和全球发展过程中所遇到的问题，这些元素是解决以上问题的不可或缺的组成部分。基于通识的东西方文明的对话必须与先进的研究并行不悖，两者互相增益，以期对话更深更远②。

正是他的这一核心思考，让他自身的思想史研究预设出了新儒家思想的政治、文化、经济和社会价值，这也导致了他的研究方法和内容的构建与其他思想史研究和其后流行的社会史研究思潮之间的紧张对立。东西方学者对他的评判，他对此深有体会，并形象地将这个感觉比喻为"流放"。在文化交融和协调的过程中，往往会发生扁平化和互相涂抹的情况，东、西方文化无法整合也时有发生。狄百瑞在其间常感慨："东方和西方都曾将我流放。"其实这种东

① 察应坤：《儒学是疗救西方现代性疾病的一剂良药——狄百瑞"新儒家"思想论述》，《孔子研究》2022年第1期，第127页。

② 察应坤：《东亚崛起的文化资本——狄百瑞新儒家思想史"内在研究进路"辨析》，《孔子研究》2019年第5期，第85页。

西方文化都存在的内在距离感，也正是狄百瑞保持学者的独立和冷静、产生自己的思考相互反应的必然结果。狄百瑞的理想是要建立各文明间开展相互沟通的一座桥梁，而他自己本身也成为那座连接东西文化的桥梁。在狄百瑞的引领下，新儒家不仅仅是一种思想潮流，更成为一种研究方法。这一方法倡导的开放、多元、包容的态度，已经成为理解中国文化何以能延续到今天并能够走向世界的重要路径①。成功将"新儒家思想"带入美国——当时的世界汉学中心，引领了中西有益的思想碰撞和交流的热潮。因为这些成就，狄百瑞亦接受了很多来自东西方的赞誉。以狄百瑞受到的两个分别来自东西方的至高荣誉即可说明。2014 年，狄百瑞在白宫接受美国总统奥巴马接见颁授奖章——美国国家人文奖章（National Humanities Medal）。这个奖章表彰狄百瑞对人文学术研究的杰出贡献：狄百瑞通过在所有文化共同的价值观和经验的基础上进行全球对话，帮助弥合分歧，建立信任。2016 年 9 月，狄百瑞被授予全球奖金额最高的学术奖——"唐奖"汉学奖，以表彰其为儒家思想的研究所作的贡献。

四、启发：建构人类命运共同体
需要文化主体意识的充分醒觉

狄百瑞与弟子钱新祖、合作者陈荣捷以及众多同仁长期开展对丁中国思想史的研究，采取了观念史的研究路径，侧重于对儒学文本的阐释和经典的重新整理，构建了以新儒学思想为主导的宋明思想史图景，使美国汉学研究从早期注重思想与现实的互动，转向对思想系统内部概念的分析。狄百瑞学派所运用的"新儒家思想"概念，本身就是对传统儒家学术话语的创造和更新，对"中国自由传统"的构建更是从思想史和哲学史的双重维度提炼出的一种新的话语文本，并引导产生了一种为现实社会所倡导的价值体系。通过成立国际学术组织，深入大学教育设立核心课程，在美国、欧洲、日本、韩国、新加坡、中国香港与台湾等地举办国际学术交流会议，推进中国传统源籍书本翻译和出版，成立东亚图书馆，培养儒学思想研究人才开拓研究新领域等方式，狄百瑞

---

① 蔡应坤：《东亚崛起的文化资本——狄百瑞新儒家思想史"内在研究进路"辨析》，《孔子研究》2019 年第 5 期，第 85 页。

把这种文本和价值体系进行传播、复制、再生产，将其逐渐外化为美国及世界学术研究的一种实践形态，将"中国自由传统"提升为具有世界历史的意义。如法炮制，在另外的著作中狄百瑞分别提出了儒家的先知传统和社群主义传统，从而将"新儒家思想"带入了"世界"学术这一广阔舞台。

对于此点，美国汉学家詹启华说："从20世纪60年代初期开始直至相当晚近，中国思想史在事实上已经成为新儒学的家庭作坊。"并且，这个事实还有一个信念支撑，该信念是，"总体上讲来，在过去的几百年内，中国思想及中国生活方式已经成为新儒学的产物……为了理解中国人的心灵，理解中国思想尤其是新儒学的整个历史发展是绝对必须的步骤"①。

狄百瑞对"新儒家思想"的研究，以中国的原典为取材内容，研究方法亦深受黄宗羲影响。他建构的以"中国自由传统"为代表的"新儒家思想研究"体系，无论是在20世纪晚期"惊世骇俗"还是放在现在"独具一格"，都依然散发着深邃的思想魅力。这一体系消解了美国汉学研究"西方中心论"中强调的中西文化范式的根本差异性和不可通约性，促进了中国自身对五四运动以来包括"文化大革命"对传统文化的压制在内的反思，创树了中西文化交融和整合的研究范例。

狄百瑞自称"美国土生儒者"，他的这一定位，强调了相互性是自我与他者关系的一个重要特征。他把自己和他者均视为主体和对象，并且是世界中平等的自由。他所致力构建的"中间通道"，以东西方"本体哲学"和时代的内在需要对中西传统做出"特定的解读"，从对方文化中汲取双方提升和推进文化需要的"新材料"，用来形成应对现代文明发展困境的新元素。对此"中间通道"或者桥梁最好的建筑材料就是文化观念。

人们总以为他们知道这个世界究竟是什么样子，于是他们会很惊奇地发现世界的"事实"原来是由同一文化成员共同分享的某些观念所建构。"文化观念"即指渗透在个人的世界观和行为中的那些抽象的、普遍的、和系统性的概念。它们的存在是替文化成员规定什么是"事实"，以及事实的本质是什么。

---

① 詹启华：《在倒塌的偶像与高贵的梦想之间：中国思想史领域的札记》，田浩编：《宋代思想史论》，杨立华等译，北京：社会科学文献出版社，2003年版，第67页。

从这一点来看，狄百瑞瑞采用的"观念史"的研究方法和路径无疑是合适的。

他的这种"平等相互"的认识可以从他对宗教的自身体验上得到实证。1948年狄百瑞正式加入天主教会。"但入会绝不表示我的宗教信仰就完全局限在天主教之内。"狄百瑞自己家的房子取名为"报德堂"①，他的这一名字"报德"所表示的是一种各种宗教伦理所共同具有的情操。在这一点上，他有自己独立的认识：

> 加入教会之后，我不觉得自己必须否定过去新教在我身上的影响，也不必和其他宗教伦理的优点保持心理上的距离。事实上，我深信有真正的宗教感的人（和宗教狂者绝然不同）可以进入别人的宗教和别人共享宗教的经验，甚至和不同信仰的人建立深厚的关系。我特别深刻地体会到儒家的宗教精神。除我之外大概那时只有唐君毅有同样的感受。

这种"平等相互"的认识观念也体现在他对学生运动所引发的学校危机的处理上。20世纪60年代末，世界处在动荡不安的洪流之中。1968年，学生运动自法国开始席卷欧洲，美国深陷"越战"泥潭，学生运动和反战游行此起彼伏，哥伦比亚大学在1968年春天也陷入了学生抗议活动的危机之中。面对此时情境，狄百瑞提出"通过理性和谈话，而不是基于政治热情的敌对团体的冲突"来解决问题，学校形势逐渐趋入稳定。后来有人对狄百瑞在此次学生运动处理的评价分析说，"狄培理的研究，有政治学的观点而没有政治性的目标和色彩。从政治上实现尊重人性尊严，就应参照希腊民主政治中由讨论、思辨到解放、学习的途径。在1968年代的哥伦比亚大学学生暴动中，狄培理也是以此种信念实现与学生的沟通谅解的"②。处理学生危机，是狄百瑞一贯信念的体现。

狄百瑞对一个大学的治学理念也是如此。他主张对话式的研讨代表自由的

---

① 狄百瑞房子的取名受到二宫尊德的影响，二宫尊德在江户时代创报德教，吸收了儒教、佛教及神道的教义而成。

② Sinology of William. Theodore de Bary：A Bridge-Builder Who Became Himself the Bridge from Dr. Rachel E. Chung, http：//club. kdnet. net/dispbbs. asp? id=12333500&boardid=1。

学院之精髓。一个大学绝不可以和一个特定的、学术的、政治的，或是社会性的主张认同，否则学校将成为他人摆布的对象。大学应该鼓励学者选择他们想探求的学科、研究方向、知识的课题、社会问题，并且保护他们研究的自由。而且所有的讨论应该在公开而文明的情况下进行。所谓的"文明"是说讨论者彼此互相尊重，诉诸理性，遵守"文明"的行为原则。

观念塑造价值，价值是行为的驱动力。集中观念讨论的系统化的文本并非仅仅是社会与思想过程的反映，而是这类过程借以发生的场所。狄百瑞所构建的"中国自由传统"是中国儒学传统和西方自由传统的一个典范性的对话。而这个对话能够得以发生，有赖于狄百瑞构建的"中间通道"，这个通道连接的双方都是平等互为主体的。这在20世纪晚期的情势下，是狄百瑞完成的自我理想的想象性建构。但是这种想象性的建构恰恰是文化交流所致力的方向。阿伦特说，做哲学研究或许可能很深入，但并不自动导致思想者在世界上的道德参与，必须要有能让人采取有思想的行动的桥梁。狄百瑞没有止步于他文本的建构，"中国的自由传统"在世界意义上的传播和再生产，他自己就成为那座东西方文化的桥梁。他建构的"新儒家思想"的体系、"观念史"的研究路径、传播融入"世界"意义的情怀及这三者背后蕴涵的狄百瑞"平等相互"的主体意识，体现了深怀人类道德责任感的文明发展进程在平衡东方与西方、平衡传统与现代寻找理性之路的积极尝试。"如同生命有机体需要新陈代谢一样，文明也需要通过交流互鉴实现新陈代谢、不断发展。"① 成功的文化交流、文明交融有赖于"平等相互"主体的对话者的出现。"对话就是平等主体之间以彼此完善为目的的观念互融行为。"② 欧文·亚隆曾说："要完全与另一个人发生关联，人必须先跟自己发生关联。如果我们不能拥抱我们自身的孤独，我们只是利用他人作为对抗孤立的一面挡箭牌而已。只有当人可以活的像一只老鹰——不需要任何观众——才可能爱慕地转向另一个人，只有在那个时候，一个人才能够去关心另一个存在的增长。"③

不管出于什么样的形势下，保持心理的平衡和判断的独立，既有自内向外

① 王学典：《共同书写文明交流互鉴新篇章》，《人民日报》2019年6月13日，第13版。
② 崔莹：《访书记》，成都：四川人民出版社，2022年版，第5页。
③ 欧文·D. 亚隆：《当尼采哭泣》，侯维之译，北京：中央编译出版社，2003年版，第326页。

的视角，又有自外向内的关照，达到文化上主体意识的充分醒觉，文化交流才能彼此解构和相互竞争，文化发展才能彼此解读和互相补充，才能成为一个人类共在的共同建构者。狄百瑞的这一研究历程为中国如何走向世界中心提供了一个深层次的思考参照。

《当代儒学》编辑部致谢

郭　萍*

非常感谢各位师友的精彩发言！我深受启发和鼓舞，同时也感慨良多。

十年前，《当代儒学》辑刊伴随着21世纪的儒学复兴而创办；十年间，《当代儒学》通过对改革开放以来，尤其是21世纪以来的儒学研究成果的刊发和评介，已然成为当代儒学发展的见证者和推动者。

但与此同时，我们也深切感受到儒学与现代文明之间的关系不仅依然紧张，而且"儒家"这一标签的"能指化"倾向与"儒学"这套话语的"工具化"趋势也越发明显。

然而，正因为如此，《当代儒学》更要坚守自始就确立的办刊宗旨，即着眼于儒家的"活的思想"，推进当代儒学的思想原创、理论建构，推出当代儒学的重要学派、代表人物。旨在回应当今时代的呼唤、解决当今社会的问题。这是因为，我们意识到：儒家、儒学要避免被时代抛弃的命运，就必须融入现代文明价值；为此，儒学自身必须进行现代转型。

所谓"儒学现代转型"决不仅仅是抒发现代生活的情怀或表达现代价值的诉求；而是必须要以"活的思想"有效地回应时代问题。这既需要从形而下的"人伦物理"层面对现代社会的公共问题做出切实中肯的分析和富有实效的解答，也需要从形而上的"纯哲学"层面更新思想视域和思维范式。这是当代儒家学者的时代使命，也是《当代儒学》辑刊的自觉担当。

为此，《当代儒学》辑刊将会一如既往地、竭力配合学界同仁，共同致力于儒学现代转型的研究，以推动当代儒学面向未来的发展；同时也希望同道师

* 作者简介：郭萍，《当代儒学》执行主编。

友继续给予支持和鼓励。

最后，我谨代表《当代儒学》编辑部，再次向各位与会的师友表示由衷的感谢！

当代儒学

思想探索

唐君毅《礼记》研究平议[*]

张海龙^{**}

【摘要】唐君毅的《礼记》研究略于训诂考据，详于义理阐发。一方面他将《礼记》置于晚周至秦汉这一阶段之中国哲学思想的发展脉络中加以考察，确证了《礼记》为七十子后学所述作的说法，揭橥了《礼记》融摄他家入儒，综贯的发挥儒家思想的重要特点；另一方面唐君毅以"情志"来概括《礼记》的思想旨趣，并以此为通孔，对《礼运》《乐记》《大学》《中庸》等思想进行了哲学性的阐发。唐君毅《礼记》研究的诸多论断基本上能够成立，但也并非圆融之论，特别是他在部分篇目的理解上，超离了《礼记》文本整体的语义系统，甚至存在一定的误读现象，从而使其立论略显牵强。

【关键词】综贯；情志；义理训诂交相明

唐君毅（1909—1978）对《礼记》的研究主要见诸其哲学史，他在《中国哲学原论》之《原道篇》和《原性篇》中从哲学史的视野出发重点选取《礼运》《乐记》《大学》《中庸》四篇为论述对象，从而对《礼记》文本的整体特点、思想主旨及所选篇目义理之关键点予以论断和哲学性的诠释，新意迭出，颇有创见，但同时，也存在着一定的问题。

---

  * 本文系四川社会科学研究规划基地重大项目"唐君毅伦理思想研究"（21EZD044）阶段性成果。

  ** 作者简介：张海龙，哲学博士，西北师范大学哲学学院讲师。

一、《礼记》为先秦儒学思想的综贯发挥之作

《礼记》四十九篇（也称为《小戴礼记》）是一部儒家礼学文献的选编，由西汉著名经学家后苍的弟子戴圣于汉宣帝甘露三年（前51年）至汉成帝阳朔四年（前21年）三十年中自《记》百三十一等五种及《曾子》（今佚）、《子思》（今佚）等其他儒家文献中选辑编纂而成。从其内容来看，主要是对《仪礼》残存十七篇及已散佚若干篇古礼的进一步解释、讨论和发挥。关于《礼记》各篇的述作者及成篇时间，向来争议比较大，总体来说有两种观点：一是《礼记》各篇是先秦时期的作品，如东汉班固、郑玄、南朝梁沈约、唐代陆德明、清人丁晏、今人沈从文等；一是认为《礼记》中部分篇目系非先秦时期的作品，如东汉卢植认为，《王制》为汉文帝时的博士所作，今人钱玄认为《月令》和《王制》为秦汉人所作，当代著名学者彭林认为，《月令》非先秦作品，龚建平认为，《大学》《礼运》《乐记》都是汉人所作，《礼记》中的诸多篇目都有浓厚的秦汉特色①。在此问题上，与以上学者或从文献考据，或从社会思想发展的角度切入不同，唐先生着眼于儒家思想自身重视"承先启后"的性格特点，认为《礼记》整体上符合晚周不同学术思想融合的大趋势，述作者当为七十子后学，它是对孔子思想的承继，其述作时间当为晚周（孟、荀之后）至秦汉之际。至于《礼记》中各篇义理哪些是出自孔子，哪些出自孔门弟子或七十子后学，很难考订，实际也无此必要。他说："盖儒家之学，本重承先启后。观礼记之文，就其根本义而观，说其皆孔子所传。原未尝不可。而孔子之言，弟子承之，其更有发挥者，一一皆归于孔子之所言，亦未尝不可。"②据今人王锷先生的研究，《礼记》为七十子后学所述作的说法是可信的，《礼记》各篇的述作时间大概是在春秋末期至战国末期，《礼记》四十九篇在传抄流布中发生了字句传抄错讹、旁批误入正文等现象③。据此来看，唐先生对《礼记》成书问题的推断，其结论基本上是能站得住脚的，当然，

---

① 王锷：《〈礼记〉成书考》，北京：中华书局，2007年版，第9—13页。

② 唐君毅：《中国哲学原论·原道篇》上册，北京：中国社会科学出版社，2006年版，第354页。

③ 王锷：《〈礼记〉成书考》，北京：中华书局，2007年版，第19页。

从文献考证的角度来看确有粗疏之虞，当然唐先生也并未措意于此。

总之，依唐先生之见，《礼记》是一部"综贯的发挥儒家思想"之作①，其综贯发挥主要体现在《礼记》以儒家思想为宗来融摄先秦道、法、墨等家的思想入儒。基于这一基本判断，唐先生进而对《乐记》《礼运》等篇目在一些学术史上有争议的问题，进行了较为自洽的解决，从而又回护和确证这一立场。

《乐记》为《礼记》第十九篇，因其主要探讨乐的产生、乐与礼的关系及礼乐的功用等，故名《乐记》。据王锷先生的研究，《乐记》的作者是七十子弟子的公孙尼子，其成书于战国前期②，在《乐记》成书问题上尚有一个至今未臻一致的争议，即《乐记》与《荀子·乐论》（以下简称《乐论》）是后者袭取前者还是前者袭取后者。郭沫若、沈文倬、李学勤、王锷诸先生认为是《乐论》袭取《乐记》；而任继愈、张岱年等先生认为是《乐记》袭取《乐论》③。唐先生也认为是《乐记》袭取《乐论》。需要指出的是，唐先生得出这一论断并非基于详细的文献考据，而是基于二者在关于礼乐起源问题的论述中所表现出的思想之完备程度不同而做出的判断。荀子认为乐是圣人所制定，用之来变化、文饰人的性情，感动其善心。而《乐记·乐本篇》曰："凡音之起，由人心生也。人心之动，物使之然也……乐者，音之所由生也，其本在人心之感于物也。"（《礼记·乐记》，以下凡引《礼记》，只注具体篇名）唐先生指出，《乐记》直以人心为乐之本，以人之性情为乐之源的思想，较荀子以先王制礼作乐为乐之始、又谈礼乐具有化性起伪之用来说，更为通透和完备，其思想可涵盖《乐论》。再则，《乐记》从天地之道来论礼乐之道，以天地万

---

① 唐君毅：《中国哲学原论·原道篇》上册，北京：中国社会科学出版社，2006年版，第354页。

② 关于《乐记》的述作时间与作者问题争议颇大，主要有四种观点：一、《乐记》的作者为七十子之弟子公孙尼子，其成书于战国初期，执持此说者有南朝梁沈约、唐代张守节、当代学者郭沫若、沈文倬、钱玄诸先生；二、《乐记》的作者为汉河间献王及其门下的儒生，成书于西汉武帝时期，执持此说者有宋代黄震、当代学者任铭善、蔡仲德诸先生；三、《汉书·艺文志》以《乐记》为孔子以后至西汉中期以前的作品；四、当代学者丘琼荪先生认为《乐记》为汉武帝时期的公孙尼子所作。王锷先生在综合前人研究成果的基础上提出《乐记》的作者是七十子弟子的公孙尼子，其成书于战国前期（参阅王锷：《〈礼记〉成书考》，北京：中华书局，2007年版，第96—99页）。

③ 参阅王锷：《〈礼记〉成书考》，北京：中华书局，2007年版，第100页。

物鬼神之道皆是人间礼乐之道的表现，即"大乐与天地同和，大礼与天地同节"（《乐记》），这一点较荀子论乐之义涵更为彰明，因此，依唐先生之意，《乐记》成书晚于荀子《乐论》，其思想更具综合性，所以，若从学术思想发展的角度来看，《乐记》中与《乐论》相同的文字应该是前者袭取后者。唐先生此说具有一定的道理，但也非圆融之论，当代学者王齐洲在最近的研究中指出，《乐记》和《乐论》都是荀子后学所记荀子论乐之语，前者重在阐述儒家的乐学理论，后者重在批评墨子的非乐思想。《乐记》与《乐论》同源异流，不存在谁袭取谁的问题①。

《礼运》为《礼记》第九篇，因全篇以子游问孔子答的形式探讨了礼的起源、发展、演变及其运用诸问题，故名"礼运"。近代著名思想家康有为在吸收《礼运》中的"大同""小康"思想的基础上著《大同书》，鼓吹"三世说"的社会改良思想，《礼运》才渐为人们所看重。关于《礼运》的作者及成书年代，历来说法不一，充满争议②。除此之外，关于《礼运》的儒家归宗问题，自宋代以来一度也备受质疑，如宋人李清臣认为，《礼运》虽有夫子之言，然其冠篇言大道与三代之治，其语尤杂而不伦。黄震认为，篇首匠意，微似老子③。朱熹也认为，《礼运》不是圣人书④。元代陈澔也认为，《礼运》中杂有邹衍学派的思想，今人杨天宇、王梦鸥亦持类似观点⑤。在唐先生看来，这一问题的症结就在于《礼运·大同篇》（以下简称《大同篇》），人们怀疑《礼运》非儒，概括地说，原因不外乎两点：一是《大同篇》中杂入了道、墨诸家的"大同""大道"等语言名相，从而难免将非儒家的思想带入了《大同篇》中。二是就文字表面来看，《大同篇》所描绘的大同社会"天下为公"

---

① 王齐洲：《〈礼记·乐记〉作者及其与〈荀子·乐论〉之关系》，《中山大学学报》（社会科学版）2019 年第 5 期。

② 关于《礼运》的述作者，代表性的说法有：一、《礼运》为子游门人所记（如陈澔）；二、《礼运》子游自记后人有所增补（任铭善）；三、《礼运》为儒家之流一位不知名的作者所作，成书时间最早是战国末年或汉初（周予同）；四、《礼运》成书于西汉；五、《礼运》成书于秦汉时期。王锷先生在详辨前人诸说的基础上提出：《礼运》是经多人多次记录而成，主体部分应该是子游记录的，大概写成于战国初期。在流传的过程中。大约于战国晚期掺入了阴阳五行家之言，经后人整理而成目前我们看到的样子（参阅王锷：《〈礼记〉成书考》，北京：中华书局，2007 年版，第 240-241 页）。

③ 转引自王锷：《〈礼记〉成书考》，北京：中华书局，2007 年版，第 241 页。

④ （宋）黎靖德编：《朱子语类》（六），北京：中华书局，1986 年版，第 2240 页。

⑤ 杨朝明：《〈礼运〉成篇与学派属性等问题》，《中国文化研究》2005 年第 1 期。

"选贤与能""老有所终，壮有所用"的理想画面与禹、汤、文、武、成王、周公所处的小康社会明显形成一高下优劣之比照，此与禹等儒家的圣王之英明形象有所暌违，这也正是朱熹等认为它"不是圣人书"的原因之一。对此，唐先生首先指出，"大同""大道"等名词是当时社会比较流行的用语，其不为儒家所专用，除儒家之外，墨、道等诸家也讲"大同""大道"①。同时，唐先生也不讳谈《大同篇》中的以"私"为不善的观念，确与孔孟所说之"私"有所不同，孔孟所说的"私"指个人生活，并无不善或不好的意思，如《论语·为政第二》："子曰：吾与回言终日，不违如愚，退而省其私，亦足以发。回也不愚。"视"私"为不善、不好，这是道、墨、法诸家的用法，也是当时所通行的用法，但不能因此而断定《礼运》非儒，其仅仅能够说明《礼运》是晚出的作品。就思想旨趣上来看《礼运》的思想是孔孟思想的应有之义，能为孔孟思想所涵摄②，是孔孟思想在新的时代背景下融摄他家思想来综贯的发挥，其根本立场仍为儒家。其次，《大同篇》中之"大同"与"小康"的描写不会影响儒家的圣王形象（后文详述）。

　　《中庸》为《礼记》第三十一篇，关于它的作者及成篇时间，《史记·孔子世家》说，"子思作《中庸》"，是战国前期的作品。在宋代以前子思作《中庸》之说很少有人质疑③，自宋代开始，人们对此说开始质疑，最早对此提出异议的是北宋欧阳修，他认为《中庸》中所说的"自诚明""不勉而得"等皆不合孔子所说的"下学上达"之旨，与其有矛盾之处④，在欧阳修之后，

---

　　① 唐君毅：《中国哲学原论·原道篇》上册，北京：中国社会科学出版社，2006 年版，第 355 页。

　　② 唐君毅：《中国哲学原论·原道篇》上册，北京：中国社会科学出版社，2006 年版，第 375 页。

　　③ 如东汉郑玄《三礼目录》云："名'中庸'者，以其记中和之为用也。庸，用也，孔子之孙子思伋作之，以昭明圣祖之德。"［（汉）郑玄注，（唐）孔颖达疏：《礼记正义》，龚抗云整理，王文锦审定，北京大学出版社 2000 年版，第 1422 页。南朝梁沈约认为，《中庸》出自《子思子》。（唐）魏徵等：《隋书》第 2 册，中华书局 1973 年版，第 288 页］。唐代陆德明亦指出，《中庸》为孔子之孙孔伋所作［（唐）陆德明：《经典释文》卷一，上海古籍出版社 1985 年版，第 817 页］。此外，李翱在《复性书》中亦云："子思作《中庸》四十七篇，传于孟轲……遭秦灭书，《中庸》之不焚者，一篇存焉"［（唐）李翱：《复性书》，《李文公集》（卷二），四库全书本］。

　　④ （宋）欧阳修：《欧阳修全集》卷四十八，北京：中国书店出版社，1986 年版，第 675-676 页。

如南宋叶适、清人崔述等否认《中庸》为子思所作①。今人劳思光等也断言《中庸》非子思所作②。虽然如此，仍有一部分学者坚持郑玄之说，如北宋的二程、南宋的朱熹持守儒家的道统学说，深信《中庸》为子思所作，而且是儒家道统中非常重要的环节③。虽为现代新儒家，但唐先生对《中庸》的看法，并没有像朱熹等严守《中庸》为子思所作之说且过分强调它的道统性，而是以现代学者的眼光来看待《中庸》，依唐先生之意，《中庸》中除明引孔子曾子之言外，其余皆为七十子后学中宗孟子之学者所作。《中庸》所阐发的问题明显有回应庄子、荀子之意味，特别是首章明显是对庄子、荀子等对孟子心善性善之疑难的回应和进一步解释，以重申孟子性善之旨。因此，他推断《中庸》当述作于庄荀之后，即战国中期以后。此外，唐先生指出，尽管《中庸》首章中杂入许多老、庄常用之言辞，如"天地位""万物育""中"等，但这些都无关大体，反而说明了《中庸》是以儒家思想为本来融摄老、庄道家思想的综合气质。

二、《礼记》重言"情志"

在对《礼记》思想的理解和把握上，唐先生采取的是一种"即哲学史以

---

① 叶适直言《中庸》非子思所作，而属后人伪造之作，他说："孔子尝言'中庸之德民鲜能'，而子思作《中庸》；若以《中庸》为孔子遗言，是颜（回）、闵（子骞）犹无是告，而独闭其家，非是；若子思所自作，则高者极高，深者极深，宜非上世所作也。然则言孔子传曾子，曾子传子思，必有谬误。"[（宋）叶适：《习学记言序目》卷四十九，文鉴三，四库全书本] 清人崔述从三个方面否定了子思作《中庸》之说，其一是《中庸》探赜索隐之言语风格与孔孟平实切近之言语风格相去甚远。其二若《中庸》若为与曾子门人同时期的子思所记，那么为何其言繁晦，上不若《论语》之言简明，下又不如《孟子》之言曲而尽。其三在《中庸》"在下位"以下十六句亦见于《孟子》（略有差异），有人依此来说说这是由子思传给孟子的，"然孔子、子思之言多矣，孟子何以独述此语？孟子述孔子之言皆曰'孔子曰'，又不当掠之为己语也……由是观之，《中庸》必非子思所作"（张心澂：《伪书通考》，北京：商务印书馆，1939年版，第448—449页）。

② 劳思光：《新编中国哲学史》第二卷，桂林：广西师范大学出版社，2005年版，第45页。

③ 此外，如当代学者李学勤先生根据大量出土文献资料，对《中庸》中的"今车同轨，书同文"这一在历史上作为《中庸》非子思所作的重要证据重新进行解释，他认为"今"应该训为"若"，并举出古代许多这样的用法，进而确证郑玄之说的可靠性。王锷先生在前人研究的基础上，断定《中庸》应该是战国前期子思的作品。参阅王锷：《〈礼记〉成书考》，北京：中华书局，2007年版，第77—79页。

言哲学"的方式，他指出，就思想旨趣上来说，《礼记》重言"情志"，即人之自然情感和心志，它"直接相应于人之仁义之善性"①。最能体现《礼记》这一思想特点的是《礼记》中谈及礼乐起源的文字。《礼记》将礼乐起源的最终根源诉诸人情，认为礼乐皆是人之情志的流露与表现，如《问丧篇》中将种种丧礼仪节"一一溯之于人情之自然"②，如"成圹而归，不能入于处室。居于倚庐……服勤三年，思慕之心，孝子之志也，人情之实也"（《问丧》）。《祭义篇》谈及孝子祭祀前、祭祀中、祭祀后的不同神态"亦纯自孝子之情之不容已者上说"③。又如，《孔子闲居》："志之所至，诗亦至焉，诗之所至，礼亦至焉，礼之所至，乐亦至焉，哀乐相生。"《檀弓》："子路曰：吾闻诸夫子，'丧礼，与其哀不足而礼有余也，不若礼不足而哀有余也；祭礼，与其敬不足而礼有余也，不若礼不足而敬有余也'。"其中的"哀"与"敬"皆是人之自然性情。《乐记》："乐，乐其所自生，礼，反其所自始；乐章德，礼报情。"直从人之报本返始之情上说礼乐。此外，《礼记》中仪节之文除指导和节制人的行为之外，更加重视通过礼义来涵养人的情志，培养人的内在德性——一种超越性的道德宗教精神，这种精神可以是人对人，人对天地社稷、人对鬼神等，即《礼运》所说的礼"必本于天，殽于地，列于鬼神，达于丧、祭、射、御、冠、昏、朝、聘"。唐先生指出，在《礼记》中所说的丧、祭诸礼中，以祭礼为重，《礼记》重祭礼虽有祈祷之意，但其主旨在于陶养人的报本返始的道德宗教精神。冠、婚、乡、射、朝、聘之礼都是人伦的表现，其中也蕴含着一种报本返始的精神。《礼记》这种重视礼义对人之性情的涵养特点，实际上也透显出了《礼记》对人本身的尊重，这种尊重不是孤悬于人之上的抽象空洞的教条，而是体现在人日常生活之中，浸润在人的整个生命过程里，与生命融为一体，总之，《礼记》的一个主要精神就是让人的生命从开始到结束，始终环绕在人的礼让尊敬的精神之中，从而使其生命被润泽，"同时于礼之仪节中见有天地人与其德在此表现；于是在极平常之礼之仪节之中，即见有至高明

---

① 唐君毅：《中国哲学原论·原性篇》，北京：中国社会科学出版社，2005 年版，第 53-54 页。
② 唐君毅：《中国哲学原论·原性篇》，北京：中国社会科学出版社，2005 年版，第 54 页。
③ 唐君毅：《中国哲学原论·原性篇》，北京：中国社会科学出版社，2005 年版，第 54 页

至广大之义存乎其中"①。正是在对《礼记》重言"情志"的思想旨趣理解把握的基础上，唐先生进而以此为通孔对《礼记》中的《礼运》《大学》《中庸》等进行了创造性的阐发。

众所周知，《礼运》篇首言及孔子"大同"与"小康"社会的具体情形，其文云："孔子曰：大道之行也，与三代之英，丘未之逮也，而有志焉。大道之行也，天下为公。选贤与能……使老有所终，壮有所用……是谓大同。今大道既隐，天下为家……故谋用是作，而兵由此起。禹、汤、文、武、成王、周公……此六君子者，未有不谨于礼者也。以著其义，以考其信，著有过，刑仁讲让，示民有常。如有不由此者，在执者去，众以为殃，是谓小康。"（《礼运》）如此一来，"大同"与"小康"成相对待之势，似乎会影响儒家的圣王形象。对此，唐先生指出，此段文字的语义重点在于"大道之行，丘未逮也，而有志焉"中的"志"，而非大同理想的具体内容。他说，若孔子仅仅只是对此大同理想的描述，而不言此内容存在于人的志愿中，则此一切理想实际上与幻想无异，也不能激发人们将此理想付诸行动，"故此大同篇之文之重点，唯当在此中之孔子之自言其此'志在天下为公，使天下大同'之'志'"②。尽管"大同之志"不能直下实现，但可以由小康开始，逐步得以实现。小康与大同不能截然分为两段而成两相对照之势，大同是实行小康的根据，行小康之事亦须有"大同之志"，因此，《礼运》篇的重心实际上就是一个"志"。基于对"大同之志"的这一理解，唐先生进一步将"今大道既隐"一句解释为"此天下为公之大同之世，既不存在于今，只为吾人之志之所及而隐于当今天下者，亦即只隐存此志愿之中者"③。"大道既隐"并不是说大道已隐没不实行了，而是说大道隐存于人的"大同之志"中，只要有此志在，最终将会实现。当然，人们并不是逃避当前的社会现实，无所作为，坐等大同实现，"而以礼

<hr />

① 唐君毅：《中国哲学原论·原道篇》上册，北京：中国社会科学出版社，2006年版，第386页。

② 唐君毅：《中国哲学原论·原道篇》上册，北京：中国社会科学出版社，2006年版，第375页。

③ 唐君毅：《中国哲学原论·原道篇》上册，北京：中国社会科学出版社，2006年版，第376页。

义化之，此即以此礼义之行，为吾人之'志在大同'之志所贯彻表现之处"①。《礼运》除言"大同""小康"外，有很大篇幅都是在说"礼义"问题，原因亦在此，因为"大同之志"并非空悬于人所处之时代之外，而是要人常怀此志，立足于当下的社会现实，重建社会的礼义秩序。需要指出的是，"丘未之逮也，而有志焉"中的"志"，其基本的含义本为"记载""记录""志书"之义②，唐先生将其释为"志向"，若从严格的训诂立场来说，此处显然属于严重的误读，唐先生作为学养深厚的哲学史大家，这一点他不会不知，因此，他对"志"的这一解读，已不是一般意义上的研究，而是一种哲学创作了。

《大学》为《礼记》第四十二篇，因其以"大学之道"开篇，故名"大学"，依据郑玄、孔颖达的解释，所谓的"大学"即为"博学"之义。朱熹将《大学》从《礼记》中抽取出与《中庸》《论语》《孟子》编在一起，形成"四书"，并以"三纲领"和"八条目"来概括《大学》的主要思想和内容。唐先生在尊崇朱说的基础上，进一步指出《大学》在根本思路上承接了孟子，他说："观大学之首言明明德，亦见其先承认人有一内在之明德。学者之工夫，唯在自明其内在之明德，以表现于其接人之态度行为中……大学之承认人有此内在之明德……此显然是近于孟子之承认人有其内在之心性之善之说。"③同时，唐先生亦承认《大学》受荀子思想的影响，"然其根本思路，则仍是上承孟子之学，而在吾人内在的心性之善上立根者"④。关于《大学》的思想主旨，唐先生指出，《大学》在于表达儒家的"内圣外王"思想。"内圣外王"

---

① 唐君毅：《中国哲学原论·原道篇》上册，北京：中国社会科学出版社，2006 年版，第 376 页。

② 《礼记正义》曰："云'志，谓识古文'者，'志'是记识之名，'古文'是古代之文籍，故《周礼》云：'掌四方之志。'《春秋》云：'其善志。'皆志记之书也。"［（汉）郑玄注，（唐）孔颖达疏：《礼记正义》，龚抗云整理，王文锦审定，北京：北京大学出版社，2000 年版，第 658 页］今人杨天宇先生也释"志"为"记载"之义（杨天宇：《礼记译注》，上海：上海古籍出版社，2016 年版，第 333 页）。另外，杨朝明先生也指出，"丘未之逮也，而有志焉"中的"志"，在《孔子家语》"礼运篇"中作"记"。不论是"记"还是"志"，都有"记录""记载""志书"之义（杨朝明，宋立林：《孔子家语通释》"前言"，济南：齐鲁书社，2013 年版，第 2 页）。

③ 唐君毅：《中国哲学原论·原道篇》上册，北京：中国社会科学出版社，2006 年版，第 357 页。

④ 唐君毅：《中国哲学原论·原道篇》上册，北京：中国社会科学出版社，2006 年版，第 358 页。

就语源学的意义上来说，最早出自《庄子·天下篇》①，但就其所反映的思想意涵来说，实际上是古代共同的文化理想②。《大学》中虽未明确使用"内圣外王"的表述，但唐先生认为，"三纲领"和"八条目"中明显地透显出儒家内圣外王的思想，他说："大学之一文，吾人可谓之为宗述儒家之内圣外王之道，而以始终本末之概念贯之者。"③ 在"八条目"中，从思想关联上来看，在前者与其后者之间是一种始终相涵，相成相生的关系，也就是说，格、致、诚、正、修、齐、治、平八事在前者必归向于在后者，同时它生起后一事，以在后者为末，而在后者以成就在前者，以前者为其本。而相对于"明德"，则"八条目"皆为末，因为"八条目"可以涵摄于"三纲领"之内，进一步而言，格、致、诚、正、修、齐、治、平之历程，实际上就是一"明明德于天下"的过程，换句话说，"八条目"所言之八事实际上就是人人本具之"明德"具体实现的形式和历程。在唐先生看来，"明明德于天下"也可以视为"从事大学者之开始点上之一心愿或心志"④，而整个"内圣外王"之道涵摄于此心志之内，亦可说是对此心志的落实与展开。

在对《中庸》思想的理解与把握上，唐先生认为，《中庸》思想的关键是开篇前三句"天命之谓性；率性之谓道；修道之谓教"。而理解此三句的关键又在于如何理解"天命之谓性"。对此，郑玄、孔颖达、朱熹等都曾做过解释，如郑玄将"天命"解释成"天所命生人者也"，引《孝经说》"生之质命人所禀受度也"来解释"性"⑤。这一解释，显然是有尊天抑人的色彩，其强调天外在于人，对人有主宰性。孔颖达曰："天命之谓性者，天本无体，亦无言语之命，但人感自然而生，有贤愚吉凶，若天之付命遣使之然，故云'天

① "天下之治方术者多矣，皆以其有为不可加矣……天下大乱，贤圣不明，道德不一……是故内圣外王之道，暗而不明，郁而不发，天下之人各为其所欲焉以自为方。"（陈鼓应注译《庄子今注今译》，商务印书馆，2007年版，第983—984页）

② 韦政通：《中国哲学辞典》，长春：吉林出版集团有限责任公司，2009年版，第156页。

③ 唐君毅：《中国哲学原论·原道篇》上册，北京：中国社会科学出版社，2006年版，第356页。

④ 唐君毅：《中国哲学原论·原道篇》上册，北京：中国社会科学出版社，2006年版，第360页

⑤ （汉）郑玄注，（唐）孔颖达疏：《礼记正义》，龚抗云整理，王文锦审定，北京：北京大学出版社，2000年版，第1422页。

命'。"而"性"则是指自然而然之好恶、仁义礼智信之本性①。孔颖达虽然没有像郑玄那样有明显的尊天抑人的色彩，但仍以天为外在于人的存在。朱熹曰："命，犹令也。性，即理也。天以阴阳五行化生万物，气以成形，而理亦赋焉，犹命令也。于是人物之生，因各得其所赋之理，以为健顺五常之德，所谓性也。"② 在朱熹看来，所谓"天命之谓性"就是形而上之天（理）下命令于人，以天（理）赋予人，使人之成为人。朱熹的这一思路在本质上与郑玄、孔颖达是一致的，即视天（理）为外在于人的客观存在。唐先生认为，郑玄、孔颖达、朱熹等诸贤的理解，实际上都未能得其精髓，且有隔阂支离之虞，甚至有悖于孔孟心性之学的传统③。那么，到底该如何理解"天命之谓性"？此中关键之关键是对"性"的理解。依据"性"字的字形结构，唐先生指出，"心之生"是"性"最基本的含义，由此基本含义出发，他对"天命之谓性"进行了创造性的诠释，他说，"心之生"既可以表现为心对身体和行为的主宰，亦可表现为对心本身的一种自求超越的要求，即"自命"，"当此自命为一依普遍之道德理想而有之自命时……亦可见得此自命之有一无穷之原泉……即天命，而此自命，即为此天命所贯注。此自命为我心之生之表现，即我之性之表现，而其中有天命贯注；则吾人可同时由吾人之性以见此天命之表现"④。所以，在唐先生看来，天（理）下贯于人性的前提是人心本身对天（理）能有所体证，而人心是有这种自觉活动之能力的。从这个意义上来说，所谓的"天命之谓性"在根本上就是由于人心本身具有感知体证一普遍的道德理想（天理）的能力，在此能力的牵引下，自觉地对此道德理想加以实践，并将其内化为人的一切道德实践活动的根据，如此一来，人的一切道德实践活动实为人自己给自己下命令，即自命。顺此思路，则"率性之谓道"之"率"义为

---

① （汉）郑玄注，（唐）孔颖达疏：《礼记正义》，龚抗云整理，王文锦审定，北京：北京大学出版社，2000 年版，第 1423 页。

② （宋）朱熹：《四书章句集注》，《中庸章句》，北京：中华书局，1983 年版，第 17 页。

③ 唐君毅：《中国哲学原论·原道篇》上册，北京：中国社会科学出版社，2006 年版，第 362 页。

④ 唐君毅：《中国哲学原论·原道篇》上册，北京：中国社会科学出版社，2006 年版，第 363 页。

"自率"①，"修道之谓教"之"修"亦为"自修"，此"自修"不离"自命""自率"，即"自修"是在"自命""自率"之历程中次第进行，而"自命""自率""自修"又皆统摄于"诚"，唐先生认为，"诚"为《中庸》之中心观念，"诚"横通成己（内）与成物（外）之事，纵通"天命与人性"，足以概括《中庸》之教②，而在唐先生那里，"诚"也是立于人的善性上的一种自然之情，所以它也是统摄于"情志"之下的。

需要指出的是，在唐先生看来，《礼记》所揭示的"情志"与《孟子》的"恻隐辞让之情"、《易传》的"性情之情"或"旁通之情"是一致的。《礼记》不避谈情的这一特点与汉代以后人们逐渐视情为不善，从而不正面谈情的思想倾向明显不同，唐先生的这一看法值得重视，但同时也应该指出，在对《礼记》具体篇目的理解上，唐先生的处理方式尚有一定商榷之处，甚至失误。如在对《大学》的理解上，唐先生所言的《大学》实际上已是"四书"语义系统中的《大学》了，而此两者的意趣是有所不同的，正如劳思光先生所言，《礼记》中的《大学》基本的意趣是指贵族之学，《大学》所包含之理论及所代表之思想立场，与宋明诸儒所说有所不同。作为《礼记》中的《大学》，一是主要阐明了"政治生活受德性决定"的主张，其纲领在于"知所先后"，而非朱熹等所说的"明德""亲民""止于至善"。二是《礼记》中的《大学》虽然涉及政治生活及政治秩序，但并未将其视为独立的主题来进行讨论。因此，不能像宋明诸儒将其作为儒家实际政治伦理著作来看，其真正的重点并非是由格物开始，逐步实现治国、平天下的政治理想，而是个人的德性修养及德性自我的实现③。依此来看，唐先生对《礼记·大学》的理解显然已远远偏离于《礼记》的语义系统本身了，他对《中庸》的理解与把握亦存在类似的情况，如他遵从朱熹《四书章句集注》中的《大学》《论语》《孟子》《中庸》的顺序，并指出就义理联系上来说，《中庸》实为前三者的会归和综结。此外，就《中庸》与《大学》之间的义理联系来看，他指出《中庸》之

---

① 唐君毅：《中国哲学原论·原道篇》上册，北京：中国社会科学出版社，2006年版，第363页。
② 唐君毅：《中国哲学原论·原性篇》，北京：中国社会科学出版社，2005年版，第44页。
③ 劳思光：《新编中国哲学史》第二卷，桂林：广西师范大学出版社，2005版，第35-43页。

义理实可统摄《大学》，即王阳明所说的《大学》之义为《中庸》首章①。此显然已是一种心学视野下的理解。

三、结语

总之，就唐先生《礼记》研究的整体情况来看，虽然他并未采取严格而详尽的考证与论述，但整体上仍然能得出相对客观和较有说服力的结论。这其中除了唐先生自身的学养外，一个重要原因恐怕就是"义理训诂交相明"的哲学史方法的灵活运用。"义理训诂交相明"是唐先生重要的哲学史方法，它是唐先生于现代哲学的背景下，在融会传统汉学与宋学基础上提出的，是对清儒所言"训诂明而后义理明"的方法的补充与纠偏②。它包含两个层面的意思：一是训诂明而后义理明；二是义理明而后训诂明。正是这种方法的运用，一方面，使得唐先生在对《礼记》的成书问题的探讨中没有墨守成规，胶固于具体篇目的烦琐考据和已有的结论，而是以"义理明"再反观"训诂"，为一些《礼记》的"悬案"如《乐记》的述作时间及其荀子《乐论》的关系、《中庸》的述作时间等最终解决提供一种可供参考的思路。另一方面，亦使《礼记》的思想主旨得以清晰地呈现出来，而不因《礼记》缺乏形式的系统而忽略其内在的系统及其思想主旨。同时，也正是这一方法的运用使得一些由于黏附于已有训诂而使得义理表述方面难以自圆其说的尴尬和困惑得以善解，而且客观上也有助于因时代因缘变化所造成经典智慧与现代人生命之间的疏离和隔膜得以消融，从而使经典真正地活转起来。当然，如前文所言，在一些具体问题的处理上尚存在一定的可商榷之处，甚至是失误。

---

① 陈荣捷：《王阳明传习录详注集评》，台北：学生书局，1983年版，第78页。
② 唐君毅：《中国哲学原论·导论篇》自序，北京：中国社会科学出版社，2005年版，第1页。

一种"感"的描述哲学

——《周易》"感"思想发微

【摘要】在传统超越论哲学的概念机制下展开的解释进路，使那些需要通过原本感通而呈现的重要观念失去了其本真把握方式，为此，需要悬置超越论信念，建立一种指示性的描述哲学进路。就此而言，分析哲学和现象学这两大现代哲学的主流道路均体现了描述性的哲学特征。中国哲学感通论自始就具有这一特征，以《周易》之"感"为例，源始性的感不是对象化的认知活动，而是对世界意蕴和生活境遇的原本指示，在感中得到把握的是作为世界呈现基础的气和世界呈现境域的情，以及从身到居最后到体的感受过程及其整体意蕴；感通之通一方面强调对意蕴整体的居有，另一方面强调返回世界的生活要求。在这种整全的描述哲学进路中，感通论和现象学、分析哲学的不同之处在于：前者是反身性的，亦即返回到"做"中保留感受整体；后者是反思性的，描述指向的是一个逻辑严密的理论体系。感通思想的意义正在于，解开理论的遮蔽，重新发现生活本身。

【关键词】感；《周易》；描述的哲学；超越论；现象学

　　传统超越论哲学进路使那些需要通过原本感通而呈现的重要观念失去了其本真把握方式，作为现代哲学两大主流的分析哲学与现象学共同选择了一种旨

---

　　* 作者简介：曲相儒，中山大学哲学系研究生；杨虎，哲学博士，兰州大学哲学社会学院副教授。

在原本描述世界而回避传统超越论的道路①。而所有描述的基本出发点都不得不落在生命之"感"上，它是把握世界最基本的出发点，这体现在每一种文化与思想中。而其区别则在于诸文化系统间不同的描述方式和显示机制，中国哲学的这一特殊表达即为感通。由此，本文通过对《周易》"感"思想的诠释，及其与现象学、分析哲学描述方式的对比，阐明感通论的原本描述性征。

一、传统超越论的困境与"感"的描述哲学进路

我们首当围绕着如下几个观念前提做出理论分析的准备工作：一、超越论作为一种至关重要的理论却具有深刻的内在矛盾，在准备好对超越论问题的合理讨论之前，对之应保持沉默；二、有用的理论、超越论与描述的理论之间的界限需要严格确定而不僭越；三、中国哲学本身对于超越论问题具有较强的免疫性，这种免疫性来自于感通论描述的特质；四、中国哲学应该走描述的道路，而将独断的超越论内容悬置起来。

（一）传统超越论的困境

海德格尔将传统"超越"分为两种：神学和认识的超越。前者指"对有

---

① "Transzendenz"是中世纪的主要哲学概念之一，意为超出于世界之外而在事物之上，"transzendenz"的英文形容词可写作"transcendental"，写作"transcendent"，并无明显差异。而后来康德对于"transcendental"和"transcendent"进行了区分："transcendental"所表示的是那些先于经验而使得经验得以可能的；而"transcendent"所表示的是超出于经验的，所以一般我们将"transcendental"翻译为先验的，而将"transcendent"译为超验的，或超越论的［王庆节：《超越、超越论与海德格尔的〈存在与时间〉》，《同济大学学报》（社会科学版）2014年第1期］。后来胡塞尔继承了康德的这种区分，其超越概念包含以下两层含义：一、对"非实项内容的超越"；二、对实项因素的超越。对于前者，胡塞尔希望通过悬置不论消除其影响；后者就是胡塞尔所尝试描述的先验还原过程。而斯特劳森从分析哲学的角度也表达了这种区分。斯特劳森将形而上学分为修正和描述的。在《个体》一书的导言中，斯特劳森首先对修正形而上学选择了敬而远之的态度。在斯特劳森那里，修正的形而上学实际上包含了超越论。而描述的形而上学所追求的——"展现概念框架的某些一般的和结构性的特征"（［英］斯特劳森著，江怡译：《个体——论一种描述的形而上学》，北京：中国人民大学出版社，2004年，第7页）这一目的——正与先验的概念有所呼应［Derek A. McDougall. "'Descriptive' and 'Revisionary' Metaphysics". *Philosophy and Phenomenological Research*, vol. 34, issue 2（1973）: 209-223］。据此，笔者得出文中这一结论。

条件的存在者之超出的意义上的逾越"①，它是有限物最后的根据与基础，因此神学的超越是一种奠基的超越论；而后者指从主体到客体的超越关系。

奠基的超越论在形态上构造了一种双层结构②。其困难在于超越层对被超越层的超出具有一种独断性。超越层如同空中楼阁般，无法找到世界内的证据去证明。而如果想要规避这种独断性则会陷入逻辑谬误：超越者不能被包含在被超越者中、存在不能成为一个存在者，否则会造成"想要证明的东西同实际证明的东西以及用来证明的东西的混淆"③ 的循环论证。

对认识的超越，在现象学的一边，胡塞尔选择悬置这一问题，即把非意识过程及其相关的一切超越之物都加上括号而放在一边不置可否④。海德格尔则完全反转了传统超越论问题：世界并不因为超越论才能被奠基，而是只有在世界之中，超越论才有可能被讨论⑤。在分析哲学的一边，维特根斯坦认为，"凡是不可说的东西，必须对之沉默"⑥。可说之物的限度不可超出，超出之物只能显示而不可言说，这是一个逻辑的限度⑦。戴维森对于认识的超越论的回答更加直接："经验知识没有认识论基础，也不需要认识论基础。"⑧ 认识论作

① ［德］海德格尔著，赵卫国译：《从莱布尼茨出发的逻辑学的形而上学始基》，西安：西北大学出版社，2015 年版，第 228 页。

② R. Audi. *The Cambridge Dictionary of Philosophy*. New York：Cambridge University Press，1999，p925.

③ ［德］海德格尔著，陈嘉映、王庆节译：《存在与时间》（中文修订第二版），北京：三联书店，2006 年版，第 283 页。

④ E. Husserl（tr.，rendered into English by Ted E. Klein and William E. Pohl）. *Ideas Pertaining to a Pure Phenomenology and to a Phenomenological Philosophy：Third Book：Phenomenology and the Foundations of Science*，The Hague：Martinus Nijhoff Publishers，1980，p65.

⑤ "'超越的问题'不能被归结为主体如何越出自己达到某个客体的问题……我们得问：从存在论上说，是什么使存在者在世界中与我们相遇、并被对象化为这样的相遇者得以可能？"［德］海德格尔著，陈嘉映、王庆节译：《存在与时间》（中文修订第二版），北京：三联书店，2006 年版，第 366 页。

⑥ ［德］维特根斯坦著，陈启伟译：《逻辑哲学论》，参见涂纪亮编：《维特根斯坦全集》第一卷，石家庄：河北教育出版社，2003 年版，第 263 页。

⑦ 逻辑形式就是维特根斯坦给出的限度之一："命题……无法表述……逻辑形式。为了能够表述逻辑形式，我们必须能够和命题一起……置身于世界之外。"（［德］维特根斯坦著，陈启伟译：《逻辑哲学论》，第 211 页）但是置身于世界之外，这对于身处世界之内的我们在逻辑上就是不可能的。

⑧ D. Davidson. "The Myth of the Subjective". *On Subjective，Intersubjective，Objective*. Oxford：Clarendon Press，2001，p46.

为一种超越论是无解的："这种对抗是无意义的，因为我们当然无法走出自己的身体，去找出是什么导致了我们所知道的内在发生的事情。"①

此外，超越论还存在一个现实的困难，即与有用性的冲突②。一种理论可以同时具有有用性、超越论和描述这三种目的，但是需要清晰的划界。其中超越论面临的困境是：超越论无法为有用性提供它希望的那种支持而共存。以中国古代完整的气论为例，它包含了物质性这一超越论问题并且成为中国古代医学的重要支撑之一。但如果以当代撬动有用性的杠杆——科学的描述体系来看，这就混淆了有效性和超越论的划界。因此，在近代科学的语境下，我们需对这些观点持保留态度。

（二）"感"的描述进路之可能

由于超越论的遥不可及，描述成为近代以来哲学的要务。而这一转向却原本内在于中国哲学之中。中国哲学本身对于超越论问题具有较强的免疫性，这种免疫性来自于感通论描述的特质。

牟宗三先生将中国哲学天道的特质概括为内在超越③。这种在传统超越论看来矛盾的表达成立之根据就在于其描述性。内在超越说没有提供一种超出世界的层阶性。天道至高，却并未超出世界，而内在于日常所感。以《周易》为例，其中天道有四种理解：一，天气、日月星辰之变化："仰则观象于天。"④ 二，阴阳二气："是以立天之道曰阴曰阳。"⑤ 三，生之可能："有天地，然后万物生焉。"⑥ 四，最高法则："是以明于天之道而察于民之故。"⑦ 这四种理解都在世界之内通过特定的"感"达成，是一种在世界之内现象性

---

① D. Davidson. "A Coherence Theory of Truth and Knowledge". *On Subjective*, *Intersubjective*, *Objective*. Oxford：Clarendon Press，2001，p144.

② 这一观点实际上来源于虚构主义。在虚构主义的视角下，理论存在的必要性并不来源于它是真的，而是它对于我们的实践或生活是有用的。

③ 牟宗三：《中国哲学的特质》，台北：台湾学生书局，1974 年版，第 30—31 页。

④ （魏）王弼、（晋）韩康伯注（楼宇烈校释）：《周易注校释》，北京：中华书局，2012 年版，第 247 页。

⑤ （魏）王弼、（晋）韩康伯注（楼宇烈校释）：《周易注校释》，第 259 页。

⑥ （魏）王弼、（晋）韩康伯注（楼宇烈校释）：《周易注校释》，第 262 页。

⑦ （魏）王弼、（晋）韩康伯注（楼宇烈校释）：《周易注校释》，第 243 页。当然，有一种可疑的表达："天之所助者，顺也。"在中国原始思想中确有这一超越维度，但在哲学之中，这一维度褪去了它的超越论色彩。"天之所助者"是"顺"，天并不主动帮助任何人，而是顺应天道者。这种天道在世界之内，是需要自己去感受、体悟的。

的描述而并不需要超出于世界。这种超越与其说是超越——用康德的话来说，不如说是崇高；用中国哲学的方式来说，不如说是敬。

由天道的不同理解，也可以反观出"感"之不同。近代以来对"感"这一概念的阐释主要有三条进路：概念化的感、超越论的感和呈现性的感。

首先是概念化的感。杜维明先生以"感"解释儒家的"学"："儒家的人学也可以说是体验之学。所谓的'体验'，也就是活生生的有血有肉的人，所感受的具体经验。"① 基于此，杜维明先生立足于儒家身体观提出了包含"德性之知"的体知理论。"德性之知"指向了一种先验知识②，这从理论上就将内在知识与具身知识区分开来。那么，体知所感的内容包括了一种不能在具体经验中直接把握到的内在知识，因此成为一种概念的感。牟宗三先生的感通理论同样如此，其出发点在于现象界与本体界二分的"两层存有论"，而本体界的存有论通过"智的直觉"把握到心体和性体。这里，牟宗三先生的感通就是"智的直觉"，感通的对象是心体和性体这样非经验性的存在："此体之本质……以感通为性，以润物为用。"③

其次是超越论的感。感的超越性体现在两方面上：一，对超越之气的感。二，对超越本体的感。杨儒宾将中国古代的身体观表述为："形—气—心一体三相的有机体。"④ 气是身体的一部分，进而具备了感的功能。而从此一身体观出发就衍生出一种统一精神与物质的气论。根据杨儒宾先生的研究，传统中国哲学认为气对身体有着一种实在的塑造作用，这种作用体现为"精气"和"德之气"。在前文我们表明这种观点将超越论与有效性混淆在了一起，因此应该被悬置起来。而超越本体之感的代表则是蔡祥元先生的感通本体论，此"感"即是对超越本体的感：感是"存在意义上的潜在与显现的关系"⑤，而本体是通，指太极本体和象背后的道⑥。感的对象在这里是太极和道两个本体。

---

① 杜维明：《从身、心、灵、神四层次看儒家人学》，选自氏著《杜维明文集》（第五卷），武汉：武汉出版社，2002 年版，第 331 页。
② 杜维明：《论儒家的体知》，选自氏著《杜维明文集》（第五卷），武汉：武汉出版社，2002 年版，第 352 页。
③ 牟宗三：《心体与性体》，上海：上海古籍出版社，1999 年版，第 228 页。
④ 杨儒宾：《儒家身体观》，台北："中研院"中国文哲研究所筹备处，1999 年版，第 10 页。
⑤ 蔡祥元：《感通本体引论——兼与李泽厚、陈来等先生商榷》，《文史哲》2018 年第 5 期。
⑥ 蔡祥元：《感通成象与中国古代哲学的认识论根基——兼论中西哲理差异的根源》，《孔子研究》2020 第 5 期。

两个本体之一的"道"避开了超越论，因为隐于象中的道能够"察乎天地"，而在世界内通达。但是太极却不能。在论证的过程中，蔡祥元先生对太极的处理有一个从周敦颐向程颢的转移，认为"明道这里'以心知天'的思想，与周敦颐援太极以立人极的思路是一贯的"①。但是天和太极的内涵却是不同的。这里涉及一个表达的区别：为什么主张气论的学者一般首言太虚。相比于太极，太虚是可感的、在世界之中的。太虚的表述是基于气的特点：气视而不见却在呼吸之中、天地之间，充塞满盈。这和超出世界的太极不同。而程颢"天人关系"的论述也是世界内的、是一种可感的描述。蔡祥元先生希望通过"太极"与"天"的类比论证建立起"太极"与"感"的通达关系，但是这一类比论证从描述的角度却并不成立。因此，蔡祥元先生的感通本体论存在两个逻辑缺陷：一，未经论证地引入了太极这个带有超越论色彩的本体；二，不合法地建立起"太极"与"感"的通达关系。

最后是呈现性的"感"，这种观点从对感的内容以及其展开方式出发对世界进行呈现性的描述。其中包括了李泽厚先生的乐感："乐感文化以情为体，是强调人的感性生命、生活、生存。"② 蒙培元先生的实感："'真情'必须是有'实感'的真情，'实感'必须是有'真情'的实感。"③ 还有黄玉顺先生的生活感悟："生活显示为生活感悟——显示为生活情感、生活领悟。"④ 以上学者的观点都可以看作对于感之内容的展开。此外张祥龙先生的"亲亲"、孝慈观念也是一种对生命所感内容的描述："但在人类经验中，只有亲亲处于生命的顶端和末尾（另一种顶端），从婴儿呱呱坠地到老人安宁离去，直到世代之间的孝感联系，大多是饱满的、自发的、热思（思于经验正在进行之中）的。"⑤ 对于感的展开方式，近代以来最具特点的是唐君毅先生的解释方案，唐君毅先生"感"之基础是生活实践："吾之为哲学，亦初唯依吾之生命所真

① 蔡祥元：《感通本体引论——兼与李泽厚、陈来等先生商榷》，《文史哲》2018 年第 5 期。
② 李泽厚：《实用理性与乐感文化》，北京：生活·读书·新知三联书店，2005 年版，第 79 页。
③ 蒙培元：《人是情感的存在——儒家哲学再阐释》，《社会科学战线》2003 年第 2 期。
④ 黄玉顺：《论生活儒学与海德格尔思想——答张志伟教授》，《四川大学学报（哲学社会科学版）》2005 第 4 期。
⑤ 张祥龙：《现象学如何进行儒学研究？——论双方方法论的亲和性》，《浙江学刊》2020 年第 6 期。

实感到之问题。"① 而其感通理论是在心境关系中展开的，在此一理论中认识论、知识论和科学知识之所以成立都在于这种心境关系："吾人之知之，非如科学常识中之求和，乃向前把握对象，亦不如知识论之向后反溯，以探求人知识如何构成之历程。吾人之知之，乃向上而超越一般只是以体会之。"② 我们曾将这种超越与海德格尔的"在—世界—之中"的结构作了对比，这对本文是具有启发性的③。

综合来看，概念性的感面临着一个理论问题，即在语法上，概念并不是"感"这一谓词的对象。用奥斯汀的话来说，这并不是一种好的汉语④。而超越论的感处在"与有用性混淆的现实问题"和"不合法的逻辑缺陷"的双重困境中。因此，笔者认为，中国哲学中的超越论是可悬置的，而且是应当悬置的。在此基础上，本文立足于呈现性的感这一进路展开对《周易》文本的诠释。

二、《周易》"感"的三个向度及其整体意蕴

接下来，我们以《周易》"感"思想为例，阐明这种描述哲学进路的性征。此一进路可概括为以下三个步骤：一，对诸对象与生活现象的直观感受以及对于诸事物间关系的巡视；二，诸感受方式的对象从具体某一对象向存在者整体、世界整体的迁移；三，对于使得诸现象显现的场域的关注。在这里需要对第三点进行一些解释。现象学很关注场域这一概念，其所构建的场域使得现象得以显现。这可以看作其对于康德"先验概念使得经验概念成立"这一观点的继承。但是和康德先验知识通过反思得到不同，对场域之把握来自于身体⑤，因此现象学对于场域的理解仍然是感受性的。

---

① 唐君毅：《生命存在与心灵境界》，北京：中国社会科学出版社，2006年版，第668-669页。
② 唐君毅：《文化意识与道德理性》，北京：中国社会科学出版社，2006年版，第211页。
③ 杨虎：《论唐君毅哲学中的"感通"与"心灵"》，《理论月刊》2015年第7期。
④ 奥斯汀在反驳斯特劳森对语言真理的论证时，最重要的一个论据就是斯特劳森所使用的日常语言材料并不是好的英语（a good English）[J. L. Austin. "Truth". *Aristotelian Society Supplementary*, vol. 24, issue 1（1950）：209-223]。
⑤ ［法］梅洛-庞蒂著，姜志辉译：《知觉现象学》，北京：商务印书馆，2012年版，第140页。

（一）身之感

从对生活现象的直观感受出发，《周易》首先提供出了一系列的身体图像，从下至上依次有：趾（《噬嗑》《夬》《艮》）、拇（《咸》《解》）、腓（《咸》《艮》）、股（《咸》）、臀（《夬》《姤》）、限（《艮》）、肤（《噬嗑》《夬》《姤》）、脢（《咸》）、辅（《咸》）、颊（《咸》）、頄（《夬》）、舌（《咸》）、颐（《噬嗑》《颐》）、鼻（《噬嗑》）、耳（《噬嗑》）、面（《革》）共十六个部位。这些身体图像有着很强的遭遇性，这种遭遇性直接体现在故事性上。在《周易》的身体故事中，身体总是遭遇到这样或那样的不幸且多与刑戮相关，如噬嗑卦、剥卦等。这突出了其身体图像与身体故事的核心，即君子怀刑[①]。在这些不幸当中，就有了"作易者其有忧患乎？"[②]的呼唤。由此忧患之情，先贤君子得以定向其生活。此一定向体现在正法和安身两个方面上。

《蒙》初六曰："发蒙，利用刑人。"象辞解释道："'利用刑人'，以正法也。"[③] 刑之忧患为正法，而正法是为人和。身体在整个政通人和中起着一个指导性的作用：对于身体刑罚的强调是为政之法、是为政的起点；而为政的目的、终点是富且寿的身体之安："政之急者，莫大乎使民富且寿也。"[④] 在这种从身体出发并回到身体的巡视中，此一线索可以得见：身刑——为政以德、以礼——民富且寿——仁政。齐之以刑，民免却无耻；道之以德，齐之以礼，民有耻且格。有此一羞耻之心，始有义[⑤]；而为政富民，使民富而能好礼[⑥]、仁

[①] "君子怀刑"一语有两种解释，一来自于皇侃："人君若安于刑辟，则民下怀利惠也。"[程树德撰，程俊英、蒋见元校《论语集释》（上），北京：中华书局，1990年版] 这里"君子怀刑"与"小人怀惠"是递进关系，如果人君好施刑戮，那么民众就会趋利避害。另一种解释认为："怀刑，谓畏法。怀惠，谓贪利。"[程树德撰，程俊英、蒋见元校《论语集释》（上），第290页] 这里"君子怀刑"与"小人怀惠"是并列关系，君子以法度为处事标准，而小人以利益为处事标准。笔者偏向于第二种解释，也因此用"君子怀刑"作为《周易》身体故事的核心。

[②] （魏）王弼、（晋）韩康伯注（楼宇烈校释）：《周易注校释》，第252页。

[③] （魏）王弼、（晋）韩康伯注（楼宇烈校释）：《周易注校释》，第22页。

[④] 王国轩、王秀梅编：《孔子家语》，北京：中华书局，2011年版，第164页。

[⑤] 正如孟子所说："羞恶之心，义之端也。"参见（清）焦循撰，沈文倬校：《孟子正义》，北京：中华书局，1987年版，第232页。

[⑥] 程树德撰，程俊英、蒋见元校《论语集释》（上），第63页。

以财发身①，最终回到修身之上，则是仁政的大成。由此在身刑正法之中就串联起仁、义、礼之端。正如戴震所说："有是身，故有声色臭味之欲；有是身，而有君臣、父子、夫妇、昆弟、朋友之伦具。"②

《系辞》中说，"利用安身，以崇德也"③"君子安其身而后动"④，都在强调身安。《周易》身体遭遇性的安身之思是在远害之危的情境下发生的。《系辞》中有："是故其辞危。危者使平，易者使倾……惧以终始，其要无咎。"⑤危在《周易》中有多重表达，它可以是卦词中的"凶""悔""吝"等词，也可以是《震》初九："《象》曰：'震来虩虩'，恐致福也。"⑥《震》初九"言面临巨雷，畏恐则得福也"⑦，此处巨雷当为危难之喻，而"福"则指《震卦象辞》所说的："洊雷，震。君子以恐惧修省。"⑧ 以危恐修省其身则是慎，身危则慎的观点在《周易》中频频出现。《坤》六四："《象》曰：括囊无咎，慎不害也。"《履》九四："履虎尾，愬愬，终吉。""'愬愬'，恐惧也。'履虎尾'比喻人触犯强暴之底人，踏上危险之境地。然而能恐惧警惕，严加防备，终归于吉。"⑨

可以说身体遭遇性的境遇和时机是危恐，而遭遇性的决断则是慎。与慎相关的还有诚、信和敬。慎为诚之外形，《大学》言："此谓诚于中，形于外，故君子必慎其独也。"⑩ 而诚、信实为一体，"中孚，信发于中，中心至诚之信"⑪。除此之外，敬也是和慎相关的决断，需九三象辞言："自我致寇，敬慎不败也。"二程将敬解释为主一无适⑫：专一而别无用心那么物与事便能就其所是的那样开显出来，这和诚、信的含义是一致的，所以《论语》讲"敬事

---

① （宋）朱熹：《四书章句集注》，杭州：浙江古籍出版社，2014年版，第12页。
② （清）戴震：《孟子字义疏证》，北京：中华书局，2008年版，第41页。
③ （魏）王弼、（晋）韩康伯注（楼宇烈校释）：《周易注校释》，第249页。
④ （魏）王弼、（晋）韩康伯注（楼宇烈校释）：《周易注校释》，第250页。
⑤ （魏）王弼、（晋）韩康伯注（楼宇烈校释）：《周易注校释》，第256页。
⑥ （魏）王弼、（晋）韩康伯注（楼宇烈校释）：《周易注校释》，第190页。
⑦ 高亨：《周易大传今注》，济南：齐鲁书社，1979年版，第421页。
⑧ （魏）王弼、（晋）韩康伯注（楼宇烈校释）：《周易注校释》，第190页。
⑨ （魏）王弼、（晋）韩康伯注（楼宇烈校释）：《周易注校释》，第140页。
⑩ （宋）朱熹：《四书章句集注》，第8页。
⑪ 金景芳：《周易讲座》，长春：吉林大学出版社，1987年版，第35页。
⑫ （宋）杨时：《二程粹言》，上海：商务印书馆，1936年版，第5页。

而信"①。敬、诚与信相通无二。在危难来临之际，人之决断便是，以慎自处，居诚持敬，以信立身。在安身之中，此一巡视可以得见：身危—慎—信、诚、敬。

在这两个维度中，正法所感向外，安身所感向内。仁、义、礼、信、诚、慎、敬在这一内一外中具得以揭示，并构成了中国哲学身体巡视的完整线索。与此一线索协同展开的还有随着"感"之对象向存在者整体、世界整体的迁移而呈现出的"身—居—体"的身之感维度。居和体较之于身的维度乃是从切身滑移向了世界之远。居是体的预备环节。居在哲学上有一种不动之动的意味，"子曰：'君子居其室，出其言善，则千里之外应之，况其迩者乎……'"②；《节卦》初九："不出户庭，无咎。""象曰：'不出户庭'，知通塞也。"③ 君子居而不动却得天下之应，就在于"君子以居贤德善俗"④。"居德"是一种很形象的表述。《逍遥游》中有"乘天地之正，而御六气之辩，以游无穷者，彼且恶乎待哉"⑤。乘天地之正、御六气之辩与驾车乘马是不一样的。与车马相比，天地之正和六气之辩就是只可感而不可见的，也正如此始能成就其无待。"居德"所描述的也正是这一无待而远、而无穷的状态。在这里，居就有了一种从切身身体向周围弥漫、溢出向远方的意味，这种意味在"体"中达到完满。

"体"首先延续了居的向度。乾文言中有"君子，体仁"⑥，《坤·文言》有"君子黄中通理，正位居体，美在其中而畅于四肢，发于事业，美之至也"⑦。待到"阴阳合德，而刚柔有体。以体天地之撰，以通神明之德"⑧ 之时则是真正属于"体"的向度了。天地有体，万物有体，而君子修养就是将自己的身体及其所感扩散向天地四方、延伸进万物，进而成为一种大体而和天地万物同体。如果从此一感的维度来理解，中国哲学用"体"来表达本体和

① 程树德撰，程俊英、蒋见元校：《论语集释》（上），第25页。
② （魏）王弼、（晋）韩康伯注（楼宇烈校释）：《周易注校释》，第239页。
③ （魏）王弼、（晋）韩康伯注（楼宇烈校释）：《周易注校释》，第216页。
④ （魏）王弼、（晋）韩康伯注（楼宇烈校释）：《周易注校释》，第196页。
⑤ （清）郭庆藩撰，王孝鱼点校：《庄子集释》，北京：中华书局，2013年版，第18页。
⑥ （魏）王弼、（晋）韩康伯注（楼宇烈校释）：《周易注校释》，第3页。
⑦ （魏）王弼、（晋）韩康伯注（楼宇烈校释）：《周易注校释》，第14页。
⑧ （魏）王弼、（晋）韩康伯注（楼宇烈校释）：《周易注校释》，第251页。

形体的哲学之意①则是一种相当直接的表达，"正位居体，美在其中而畅于四肢"故而能"浑然与物同体"②。不过，这里的延伸看似是感受能力的发展，而实则是一种返回。居和体的感受延伸之可能在于我们本就在世界之中，而世界整体性地联结在一起。这种整体性首先并直接地被"感"把握到。在我们原本的体验、感受中，世界本就已经被整体地提供给我们。而我们的身意向性地体会着世界，拆解着这种整体性。身的维度在具体事物的联系中发现多元的感受内容，而居和体的维度则在世界的整体性中展开一种更加源始的"感"，这种"感"依赖于中国哲学气的隐喻。

（二）气之感

《咸卦》的《象辞》对"气"与"感"有这样的阐释："咸，感也。柔上而刚下，二气感应以相与。"此处"感应"一词意蕴丰富。他首先表现出气的多感官性，其为风，可以闻；其聚散，可以观；其吞吐，可以感。其次，不仅可以闻其声，也可以听天籁之妙；不仅可以观其形，也可以见其神（如炯炯有神一词）；而且呼吸之间更有气韵之生动。前者感之由身，后者感之由心，"感"一词包含了多种感受方式。正是由于这种多感官性，气能够成为中国哲学对整体性的隐喻。那么接下来我们将以"物（身）—心—气"的线索展开对气之感的阐释。

首先是物（身）—气关系，系辞中"精气为物"一句就是讲物—气关系的。杨儒宾先生提供了这样一种解释："意识所以和身体一源……而在这两者中居间起作用的乃是气。"③ 这里气被定义为一种既具有身体要素又具有精神要素的中间状态。杜维明先生相似地认为："'气'原本被解释为与血液和呼吸相关的精神生理上的力量。"④ 这表现了一种超越论的解释方式。从描述的角度来看，物—气关系包含两个方面：空间性和时间性。而这里所说的空间性和时间性不是理论属性，而是一种感受状态。

空间性意指气之通且大——万事万物皆有气且气无处不在，"通天下一气

① 李晓春：《张载哲学与中国古代思维方式研究》，上海：中华书局，2012年版，第32页。
② （宋）程颢、程颐：《二程遗书》，上海：上海古籍出版社，2000年版，第66页。
③ 杨儒宾：《儒家身体观》，台北："中研院"中国文哲研究所筹备处，1999年版，第49页。
④ 杜维明著，刘诺亚译：《存有的连续性：中国人的自然观》，《世界哲学》2004年第1期。

尔"①。气的通且大表现在"神"这个概念中。张载《正蒙·神化篇》中说："气有阴阳……合一不测曰神。"② 系辞中说："唯神也，故不疾而速，不行而至。"③ 在世界中，什么东西能够不疾而速？前文引《庄子》说道"乘天地之正，而御六气之辩，以游无穷"④，这里同样如此。"游无穷"正是"不疾而速"，这都说明了气的通且大。而这种"神"需要通过感来表现。《正蒙·诚明篇》中说："〔物所〕不能无感者谓性。"⑤《正蒙·干称篇》有言："感者性之神。"⑥《杂卦》中说："咸，速也。"⑦（按咸卦象辞，咸即感）"相感者不行而至。"⑧ 这就构成了一个完整的解释链：物皆有性、有感，感为性之神，而气合一也为神；神不疾而速，感不行而至。那么感气相应可谓"存神然后妙应物之感"⑨。

民俗讲节气，节气一词就是时间性维度的体现。《豫卦·象辞》讲："天地以顺动，故日月不过，而四时不忒。"⑩ 时乃天地之动，而天地之动即为气动，"气有汉垠，清阳者薄靡而为天，重浊者凝滞而为地"⑪。所以《丰卦·象辞》讲："天地盈虚，与时消息。"⑫ 消息者即是气。气之动为时，反过来时也象征气之动。气动有规律、节奏，于是《节卦·象辞》说："天地节而四时成。"⑬ 这一观点构成了后来汉易的卦气说的哲学基础："卦气之说……考其法，以《坎》《离》《震》《兑》四正卦为四时方伯之卦。余六十卦，分布十二月，主六日七分。又以自《复》至《坤》十二卦为消息。"⑭

《周易》中未言及心—气，这一点到了孟子才被系统地提了出来。孟子从

---

① （清）郭庆藩撰，王孝鱼点校：《庄子集释》，第 647 页。
② （宋）张载：《张载集》，北京：中华书局，1987 年版，第 16 页。
③ （魏）王弼、（晋）韩康伯注（楼宇烈校释）：《周易注校释》，第 242 页。
④ （清）郭庆藩撰，王孝鱼点校：《庄子集释》，第 18 页。
⑤ （宋）张载：《张载集》，第 22 页。
⑥ （宋）张载：《张载集》，第 63 页。
⑦ （魏）王弼、（晋）韩康伯注（楼宇烈校释）：《周易注校释》，第 267 页。
⑧ （清）李道平撰：《周易集解纂疏》，北京：中华书局，1994 年版，第 731 页。
⑨ （宋）张载：《张载集》，第 18 页。
⑩ （魏）王弼、（晋）韩康伯注（楼宇烈校释）：《周易注校释》，第 65 页。
⑪ （汉）刘安，陈广忠译注：《淮南子译注》，上海：上海古籍出版社，2017 年版，第 78 页。
⑫ （魏）王弼、（晋）韩康伯注（楼宇烈校释）：《周易注校释》，第 202 页。
⑬ （魏）王弼、（晋）韩康伯注（楼宇烈校释）：《周易注校释》，第 216 页。
⑭ （清）李道平撰：《周易集解纂疏》，第 8-9 页。

三个角度分析了心气关系。一是浩然之气，"必有事而勿正心"则气配义与道而不馁；二是偶然得之的义袭之心，取气不得；三是行不得于心，则浩然之气势颓。心气一体，存心即是养气。但需要注意的是：这种一体是物质性的一体还是感受性的一体。在传统中国哲学中，包含了这样一种看法："万物之精，此则为生。下生五谷，上为列星。"① 这里的"精"所说的是精气。杨儒宾先生认为这种看法"从思辨的向度给万物的存在一个形上的保证……独断的提出某种形上理论，又有什么用呢?"② 这里"独断"一词就包含了对物质性和感受性混杂问题的批评。物质性是属于有效性和超越论范畴的，而感受性是属于描述范畴的，两者不能混淆。在这里，笔者认为心气一体感受性的描述可以保留而物质性的一面应该悬置。那么接下来，就需要做出心气关系的感受性解释，这种解释就是去实际的"感"—"感"。

首先是呼吸，一吐一吸之间很容易发现气的流行。然后是风，如：感受春日的清风。《论语》中有一章这样描述：

> 子曰："何伤乎? 亦各言其志也!"
> 曰："莫春者，春服既成，冠者五六人，童子六七人，浴乎沂，风乎舞雩，咏而归。"
> 夫子喟然叹曰："吾与点也。"③

这里的"风乎舞雩，咏而归"只写了吹吹风，唱唱歌，只字未言乐，却将春游之乐描绘得淋漓尽致。舞雩台之乐实际上是一种自然的体现，你很难问为什么有时候一阵清风吹过，心情居然自得起来，这是一个感受现象。但是对于这种不经意现象的体察却可以作为体察万物之情的引子，宋儒以"鸢飞鱼跃"一语蔽之。"鸢飞鱼跃"之体察与先秦儒家舞雩台之乐一脉相承。程颢说："'鸢飞戾天，鱼跃于渊，言其上下察也'……与'必有事而勿正心'意

---

① （唐）房玄龄注，（明）刘绩补注，刘晓艺校点：《管子》，上海：上海古籍出版社，2015年版，第326页。
② 杨儒宾：《儒家身体观》，第59页。
③ 程树德撰，程俊英，蒋见元校：《论语集释》（上），第929、935页。

同，活泼泼地。会得时，活泼泼地；不会得时，只是弄精神。"① 这里又回到了孟子："鸢飞鱼跃"就是孟子养气所必需的"必有事而勿正心"。朱熹对程颢的话这样解释："盖通天下只是一个天机活物，流行发用，无间容息。……即夫日用之间，浑然全体，如川流之不息，天运之不穷耳。此所以体用、精粗、动静、本末洞然无一毫之间，而鸢飞鱼跃，触处朗然也。"② 明道所说的"上下察"中的"察"和朱熹所说的"触处朗然"的"触"都是"感"。中国哲学强调"感"，要时时刻刻用心去"感"。且要活泼的去感，要得时的去感，不能只一味玩弄精神。

感求一个通，而天地之间何物最通？莫过于流水与气。中国哲学常用"流"一词，如系辞有"为道也屡迁，变动不居，周流六虚，上下无常"③；孟子言"德之流行，速于置邮而传命"④。所以中国哲学为什么选择气作为一个主题，也许不单单因为"气无处不在的普遍性"，更在于气"通与不息"的特点。这不是物质性，而是感受性的。如此可以将气作为一个隐喻。气并不是单指一个东西——空气、元素气，或是带有精神性的抽象气。它也可以是一个用来描述"通和不息"的隐喻词汇。保罗·利科很强调隐喻对于解释学的重要性："感知、思考、发现相似性，这不但在诗人那里，而且在哲学家那里都是将诗歌与本体论结合起来的隐喻天才的表现。"⑤ 此一"气"的重点不是指空气，而是对于气的感受。但是感受是难以描绘的，如果我们想要描绘感受将它托之于词，那么这个词就不能在"指称"的范围内理解。我可以指着一个杯子说杯子，却无法指着我的感受说感受。唯通过隐喻，气的哲学意味始与日常体验融为一体。而这隐喻的喻旨就是世界的整体性与复杂性，它是我们感受内容呈现的基础，这一点将在后文详述。

（三）情之感

现代汉语中常说"感情"，这揭示了一种原初的向度。《周易》中对于

---

① （宋）程颢、程颐：《二程集》，北京：中华书局，1981 年版，第 59 页。

② （宋）朱熹：《朱熹集》（第三册），成都：四川教育出版社，1996 年版，第 1373 页。

③ （魏）王弼、（晋）韩康伯注（楼宇烈校释）：《周易注校释》，第 254 页。

④ （清）焦循，沈文倬校：《孟子正义》，第 185 页。

⑤ ［法］保罗·利科著，汪堂家译：《活的隐喻》，上海：上海译文出版社，2004 年版，第 33 页。

"情"有一套饶有意味的表达：

《咸·象传》：观其所感，而天地万物之情可见矣。①
《恒·象传》：观其所恒，而天地万物之情可见矣。②
《萃·象传》：观其所聚，而天地万物之情可见矣。③

　　天地万物皆有情，感、恒、聚构成了情的显现方式。而"感、恒、聚"的显现就直接地体现为在情中身与气的统一："先秦儒家基于性情一本的工夫论，离不开身体向度。因为性体现为情，情是气，它的每一步运行都要体现在身体上。"④ 感的两条进路在情当中汇合。前文舞雩台之乐就是这一统一的完整显现，儒家修养并不是无聊的，而是有情且乐在其中的。君子之磋磨尽在一吐一吸、一举一动之间。孟子讲养气，即为吐息之修炼。当然这一修炼并不是只呼吸，而是在呼吸之间体会到气之通且大。而一举一动，孟子讲："恻隐之心，仁也；羞恶之心，义也；恭敬之心，礼也；是非之心，智也。"⑤ 仁义礼智分别对应着的都是情感。孟子讲："今人乍见孺子将入于井，皆有怵惕恻隐之心。"⑥ 就是由恻隐恐惧之情而仁义之心动，这是一种情感的油然而生。中医讲"皮死麻木不仁，肉死针刺不痛"，孟子讲"无恻隐之心，非人也"，是同一个道理。用针刺肉居然不痛，这对于常人是不可思议的。那么小儿落井、父母丧亡居然不悲，这也同样不可思议。仁义之情的感生就和疼痛的感生一样是即时的，这并不是理论，而是现实中发生的感受事件。
　　感通论的道路由此分为两条：一，在身危之中的感；二，面向世界的感。在身危之中的感，开始于对于身体受伤之痛与情境危险之惧的感受。由身体之伤痛而有对法之尊重的决断，进而带来仁、义、礼之端的觉醒；由情境之危险而有以慎自处的决断，进而有以诚敬立身、以信待人的修身之道。于是能有中

---

① （魏）王弼、（晋）韩康伯注（楼宇烈校释）：《周易注校释》，第118页。
② （魏）王弼、（晋）韩康伯注（楼宇烈校释）：《周易注校释》，第121页。
③ （魏）王弼、（晋）韩康伯注（楼宇烈校释）：《周易注校释》，第168页。
④ 赵法生：《存在、性情与工夫——生活儒学之性情理论的贡献与局限》，《社会科学家》2018年第1期。
⑤ （清）焦循，沈文倬校：《孟子正义》，第234页。
⑥ （清）焦循，沈文倬校：《孟子正义》，第233页。

孚卦中"鸣鹤在阴，其子和之"的境遇。但这是中国哲学的下策。乾卦《文言》说："知进而不知退，知存而不知亡，知得而不知丧……知进退存亡而不失其正者，其唯圣人乎。"① 在身危险之中的感是知亡而不知存，是不通的，唯有通进退、存亡、得失，然后圣人。而这一境界在面向世界的感中达成，在面向世界的感中，身感、气感和情感通一无二。就如"风乎舞雩"，清风吹拂而其乐自得就是气感与情感通；又如"鸢飞鱼跃"则有"鯈鱼出游从容，是鱼之乐也"② 的逍遥之感，其中就有身感与情感相通。当然，有问："子非鱼，安知鱼之乐？"③ 这样就将问题引向了理论。在分析哲学中，他心在理论上至少不完全可知。但感是一个实践问题。欧阳修在《醉翁亭记》中写："人知从太守游而乐，而不知太守之乐其乐也。"④ 欧阳修看见民众安居乐业而乐之，这是自然而然的情感。《姤卦》九四："包无鱼，起凶。《象》曰：'无鱼之凶'，远民也。"⑤ 感强调的是亲民、近物与触之油然而生的情。感通论的感并不是西方哲学的感，无须取得他人的私人感觉，而是心中自得。这是自然产生的，就像孔子所说的："四时行焉，百物生焉，天何言哉！"⑥ 西方传统哲学将逻辑引入而将感知经验格式化，他们并不相信感觉，因为感觉是可错的。而感通论相信感受，这是两种不同的信念和哲学取向。在之前，人们往往重视逻辑的基础性而忽视感受的基础性，但"此在实际上可以、应该而且必须凭借知识和意志成为情绪的主人……不过不可由此就误入歧途，从而在存在论上否定情绪是此在的源始存在方式"⑦。和认识现象一样，感受现象同样是源始的被给予的、是基础的，也应该得到重视。

三、感通论与现象学的比较与融通

前文指出，感的其中一条进路是：在危之中有所决断，这和海德格尔关于

---

① （魏）王弼、（晋）韩康伯注（楼宇烈校释）：《周易注校释》，第 6 页。
② （清）郭庆藩撰，王孝鱼点校：《庄子集释》，第 538–539 页。
③ （清）郭庆藩撰，王孝鱼点校：《庄子集释》，第 539 页。
④ （宋）欧阳修：《欧阳修选集》，上海：上海古籍出版社，1986 年版，第 358 页。
⑤ （魏）王弼、（晋）韩康伯注（楼宇烈校释）：《周易注校释》，第 165–166 页。
⑥ 程树德撰，程俊英、蒋见元校：《论语集释》（上），第 1405 页.
⑦ ［德］海德格尔著，陈嘉映、王庆节译：《存在与时间》（中文修订第二版），第 196 页。

在畏之中有所决断有相似性。在《存在与时间》中，现身和领会分别构成了海德格尔的两条线索。现身面对的是实际性，是被抛而存在着的生存论境遇；领会面对的是可能性，是能在。现身指我们天生可以而且必须面对种种情绪、事件这一情况；领会指向空间和时间的展开状态，指"存在者之全体必须事先已经被给予"的空间结构以及出位的时间结构。

以领会为出发点的线索是对世界现象的描述，在这里，世界现象一词指世界是如何向我们呈现出来的；而以现身情态为出发点的线索则是海德格尔的世界规划——人应该这样存在。以此为出发点和感通论对比，可以发现以气—感和情—感为出发点的线索是感通论的世界描述，而以身—感为出发点的线索则是感通论的世界规划。

在这两个环节的衔接中，由于海德格尔领会的基础是将来："在一种生存可能性中有所筹划地领会自己，这事的基础是将来。"① 所以，时间性概念成为其世界描述之核心，而海德格尔在世界规划中进一步将这一观点发展为历史性。和此一理论性的时间观点观念相比，则展现出感通论实践性的时间观念。感通论以"当下性"衔接起其世界之描述与世界之规划。

（一）感气、感物与领会

海德格尔的领会概念是在胡塞尔意向性理论的基础上发展而来的。海德格尔的意向性结构如此展开："属于知觉之意向性的不仅有意向和所意向，而且还有对所意向中所意指者之存在方式的领悟。"② 这里的重点在"存在方式的领悟"上。在意向性中意向对象得到揭示的特定方式就是存在者的存在方式，这以此在对于现成性的先行领会为前提。这种先行领会就是海德格尔所说的"超越"——"意向性是超越性的认识上的根据"③ ——这对于海德格尔而言是前提性的。海德格尔如此改造胡塞尔的意向性理论并希望通过这种改造能够达成传统本体论与认识论的统一，"认识是通达实在事物的一种派生途径。实在事物本质上只有作为世内存在者才能通达"④。与海德格尔将领会作为前提

---

① ［德］海德格尔著，陈嘉映、王庆节译：《存在与时间》（中文修订第二版），第458页。
② ［德］海德格尔，丁耘译：《现象学之基本问题》，上海：上海译文出版社，2008年版，第87页。
③ ［德］海德格尔著，丁耘译：《现象学之基本问题》，第79—80页。
④ ［德］海德格尔著，陈嘉映、王庆节译：《存在与时间》（中文修订第二版），第282页.

不同，感通论对世界的领会来自于感。感的方式一为感气，二为感物。

气作为中国哲学对于通的表达，是感物的基础，"通天地、亘古今，无非一气而已"①，"阴阳二气充满太虚、此外更无他物，亦无间隙，天之象，地之形，皆其所范围也"②。不论是古往今来的时间，还是天地之间的空间以及空间之中的万物，都统于气中。以领会为通和以气为通，一个是在认识之内，一个是生存体验。感气之通即感受气之大，气之大一则充塞天地，二则吹贯古今。李白《把酒问月》中有言"今人不见古时月，今月曾经照古人"，这和气是一致的，我们也可以说：今气曾经拂古人。气之通比领会之通更加直接地能够让人感受到。而且领会之通始终面临一个问题就是如何通及他人，这是认识论内的固有问题，海德格尔的"共在"也没有完全解决这个问题，所以列维纳斯会用"超越"和"元伦理"来反驳海德格尔。但是在气的"今气曾经拂古人"中却天然的没有这个问题，我感受到的风，你也能够感受到。那么气能更好地达成海德格尔统一本体论和认识论的计划。因为不论以什么理论、什么词汇为方法，我们要描绘的是人的存在体验。谁能够更好地去描述存在体验，自然就是更好的方法。

接下来是感物，中国感物的重点并不在对物的性质展开研究，这是科学的描述。也因此，中国哲学"感"重视的不是康德那般"感觉"成立的先天结构。这是关于感受机制的，中国哲学感物关注的是感受内容的融贯、是一种解释学的描述——感物一定要在生活情境中达成："在说话时，谈话者不仅出现在另一个人面前，而且出现在那个情境中……正是在对于这种氛围的关系中话语才是有意义的，回到实在最终就是回到这样一种实在，可以指出它是在说话者的周围……"③海德格尔把这种"周围"描述为巡视和顾视，而巡视的一体性在《存在与时间》中是通过"用来"这一关系来达成的。对于感通论，这种"周围"一体性的达成是通过感物之情。现代中文中讲"情境"，境中不能无情。在情中，人才能真正地感到物。实际生活中的感并不是纯对象化的，而

---

① （明）罗钦顺：《困知记》，北京：中华书局，1990年版，第4页。

② （明）王夫之：《张子正蒙注》，《船山全书》（第12册），长沙：岳麓书社，1996年版，第26页。

③ ［法］保罗·利科著，陶远华、袁耀东、冯俊等译：《解释学与人文科学》，石家庄：河北人民出版社，1987年版，第151页。

是总带有感情的。朱熹讲格物要"就切身处理会"①，"子渊说：格物，先从身上格去。如仁义礼智，发而为恻隐、羞恶、辞逊、是非，须从身上体察"②。朱熹举了例子："格物者，格其孝，当考论语中许多论孝……须真见得决定是如此。为子岂不知是要孝？……然须当真见得子决定是合当孝……决定如此做，始得。"③《论语》中不讲孝的伦理规范，而讲三年居丧的"心安"，朱熹讲"真见得"并"决定如此做"，都是在讲格物是一种情境化的感动与体察，讲的是人与世界的相遇。这种情境化是一种对生活世界的描述，生活世界的展开就是在情境化当中展开的。看见父母，并不是只看见了两个对象，而是在形体之外还有爱等等复杂的感情。感所带来的生活意义本就在生活中，感的哲学只是描述出来。

（二）现身情态与时间性：感（危）与畏

现身的实际性通过"畏"的状态与未来的时间维度发生关系。"畏之所畏者就是在世本身"④，通过对存在者整体和死亡——这个"最本己……不可逾越的可能性"⑤ ——的揭示，可以见得畏是面向可能性的。由此，畏开放出时间的未来向度，"畏一道揭示出一种本真能在的可能性，这种可能性在必得借重演而作为将来的能在回到被抛的此"⑥。通过此一论证，海德格尔首先确立了"畏"这一状态在存在论上的地位，其次也为其将世界描述的时间性在世界规划中阐释为历史性提供了理论依据。

在现身情态上，海德格尔强调畏，这遭到了列维纳斯的批评。和海德格尔依托于畏不同，列维纳斯将"幸福、快乐和享受"作为其基础："去生活就是去享受生命。对生活绝望有意义仅仅因为生活原初就是快乐的。"⑦

而感通论对现身情态的态度是：危、畏、安、乐皆收，且要通。感通论是诸情相通、百感交集的，对于每一种情的体察都很重要。但如果一定要有一个

---

① （宋）黎靖德编：《朱子语类》（第 1 册），长沙：岳麓书社，1997 年版，第 113 页。
② （宋）黎靖德编：《朱子语类》（第 1 册），第 254 页。
③ （宋）黎靖德编：《朱子语类》（第 1 册），第 254 页。
④ ［德］海德格尔著，陈嘉映、王庆节译：《存在与时间》（中文修订第二版），第 261 页。
⑤ ［德］海德格尔著，陈嘉映、王庆节译：《存在与时间》（中文修订第二版），第 347 页。
⑥ ［德］海德格尔著，陈嘉映、王庆节译：《存在与时间》（中文修订第二版），第 468 页。
⑦ E. Levinas (tr., rendered into English by A. Lingis). *Totality and Infinity：An Essay on Exteriority*. The Hague：Martinus Nijhoff Publishers, 1979, p115.

现身情态的话，则应该是勇："孔子游于匡，宋人围之数币，而弦歌不辍……知穷之有命，知通之有时，临大难而不惧者，圣人之勇也。"① 在这个勇中，有大危大难的不惧，有知命知时的大乐，也有至诚至敬的大畏②。在这里生活世界才是统一的。胡塞尔埋怨科学思维"将科学的理念还原为纯粹事实的科学……而丧失其对生活的意义"③，但是他自己过于理论化的解读方式同样遭到了列维纳斯的批评。列维纳斯不仅批判了胡塞尔，海德格尔的"存在论"也同样被指责为脱离生活④。相反，中国哲学没有选择成体系的大部头哲学的计划，也没有选择用一个概念或几个概念概括所有的世界现象的策略。而是就事论事，因为事总是不同的。这就是感通论的呈现样态，一种切己、切身的世界描述。

就时间性问题而言，海德格尔现身情态所规划的回到"最本己的自身能在"是历史性的："对与他的被抛境况相对的罪责的主动应答。通过这样一种主动应答一个人就可以安身立命于他的生命的历史性根底中。"⑤ 这种历史性来源于一个民族开端性的敞开世界的方式。海德格尔所说的开端是一个民族为什么以它这样的哲学来面对世界，而当代西方哲学的任务就是克服后来时代对于开端性事件的扁平化⑥。

感通论和海德格尔由畏回归到历史性、回归到民族的开端这一进路不同，它强调开端就在当下之感中。感的当下性之关节在于世界的当下化和时机化：感即时被给予，情即时而生，气即时而动。这是属于实践维度的东西。《周易》象辞中常有"某之时义大矣哉""某之时用大矣哉"，《周易》各卦有"时"，而"时"后常跟随"义"和"用"就是在强调对于卦之理解的当下

① （清）郭庆藩撰，王孝鱼点校：《庄子集释》，第 529 页。

② 朱子曰："诚只是一个实，敬只是一个畏。"〔（宋）黎靖德编《朱子语类》（第 1 册），第 93 页〕

③ ［德］胡塞尔，王炳文译：《欧洲科学的危机与超越论的现象学》，北京：商务印书馆，2001 年版，第 15 页。

④ 列维纳斯批评："此在从来不会感到饿了。"（E. Levinas. *Totality and infinity：An essay on exteriority.* p134）

⑤ ［美］皮埃特·霍夫曼：《死亡·时间·历史：〈存在与时间〉的第二篇》，载《剑桥海德格尔研究指南》（第二版），北京：北京师范大学出版社，2018 年版，第 263 页。

⑥ ［德］海德格尔著，孙周兴译：《对亚里士多德的现象学阐释》，载《形式显示现象学：海德格尔早期弗莱堡文选》，上海：同济大学出版社，2004 年版，第 93 页。

化。那么，由于对时间性问题的取向不同，两种哲学所做出的决断也就不同。感通论强调慎和诚的决断是对当下情境的强调，而非历史能在。孟子言："知而慎行，君子不立危墙之下，焉可等闲视之。"① 在"不立危墙"的情境中，知和慎都被开解出来。在这里是知，也是诚。能够时时感物以诚，才能做到真知并且还要同时做到慎行。感通论的开端被即时地保留在诚的感和慎的行中，它时时被感、时时被践行。所以感通论讲反身，而外国哲学讲反思。二者最基础的依托是不同的。

四、结语

通在词义上有两个重要的含义：一、"全面""周遍"；二、"明通、晓达、得理"②。前者蕴含了一种整体性，而后者意味着一种实践性的指引。感也从这两方面契合于通。首先，从通所表达的整体性来看，感就是通，感本身就蕴含着此一复杂性和整体性；其次，从通所揭示的实践指引来看，通还展示了对这种复杂性和整体性的把握，通"晓达、得理"之法即是"学"和"行"，而此一实践的最终目的将回到"得感"之中。

之所以采取"通"这种实践性的指引，是因为"感"之内容的复杂整体性不能够完全为语言所道出——感受和语言之间存在一条鸿沟。一旦用语言描述某种感觉，这种感觉就被扁平化了。这一点是分析哲学家和解释学家们的共识。保罗·利科将这一问题表达为间距化。利科对于间距化有四种表达，其中一种和指称相关，"我们将看到本文不是没有指称的；阅读的任务，作为解释将会准确地实现指称"③，而"在说话时，谈话者不仅出现在另一个人面前，而且出现在那个情境中，即话语的环节和氛围中。正是在对于这种氛围的关系中，话语才是完全有意义的……含义消失在指称中，而指称消失在显示的行为中"④。解释是显示的行为，所以利科的指称概念并不是传统的指称论，而是解释行为的一个环节。解释的目的即让读者处于情境中，如《师卦》："《象》

---

① （清）焦循撰，沈文倬校：《孟子正义》，第880页。
② 张江：《"通""达"辨》，《哲学研究》2021年第11期。
③ ［法］保罗·利科，陶远华、袁耀东、冯俊等译：《解释学与人文科学》，第152页。
④ ［法］保罗·利科，陶远华、袁耀东、冯俊等译：《解释学与人文科学》，第151页。

曰：地中有水，师。君子以容民畜众。"去感受大地蓄水就能感到君子之畜众，"处于情境"中就是为了有感。蒯因说"我们关于外在世界的陈述不是个别的，而是作为一个整体来面对感觉经验的法庭的"①。蒯因不同意还原论的结构因而提出了整体论。知识只有作为一个整体与经验对应时，它才具有意义："在使用上给一个符号下定义的观点比起洛克和休谟所主张的那种不可能做到的逐个语词地追溯感觉起源的经验论，是一个进步……即使以陈述为单位，我们也已经把我们的格子划的太细。具有经验意义的是整个科学。"② 在这里，蒯因用语言整体对应感觉整体。但是，这种对应也不是严丝合缝的，"在顽强不屈的经验面前，整体内的任何陈述都可以被修正"③。在这种也许永远不会停止的修正中，那些原本的东西会变得越来越模糊。因此，我们选择放弃对语言的纯"指称"式理解，而进一步接受"指示"式理解，即跟着语言去做。在"做"而不仅仅在语言中保留感觉整体，这种感觉整体就是我们最完整和最本真的生活体验。

也因为这种感觉整体是最本真，所以它不会是错误的、不会被修改。那么，作为此一标准式的本真的感具体是什么样的？蒙培元先生将这样的感描述为实感④，而实感来自于学和行。与经典对谈即是学⑤，是一种得感的方式。朱熹说："切己，则圣贤之言不为虚说。"⑥ 这就是学与行的结合。在感的内容上我们无法直接还原，我无法把我的感觉直接给你。因此也就无法提出内容上的标准。所以《周易》《论语》《孟子》等经典的写作方式基本上都是以实例为主，在实例中就有方法的要求，跟随先贤一举一动自然有了所感。

总结来看，我们在这一节开头提到了不同解释之间是否有高下。从我们的标准来看，可以确认在那些基础的概念中有先天与后天的合一、有实感，但是建立在这些基础概念之上演绎起来的体系却未必。海德格尔说："今日处境的

① ［美］威拉德·蒯因，江天骥、宋文淦、张家龙等译：《从逻辑的观点看》，上海：上海译文出版社，1987 年版，第 39 页。

② ［美］威拉德·蒯因，江天骥、宋文淦、张家龙等译：《从逻辑的观点看》，第 40 页。

③ 陈波：《蒯因的整体主义知识观》，《社会科学战线》1994 年第 6 期。

④ 蒙培元：《人是情感的存在——儒家哲学再阐释》，《社会科学战线》2003 年第 2 期。

⑤ 黄玉顺先生就将"学"视为儒家经典解释学之开端（参见黄玉顺：《孔子经典诠释学思想发微》，《社会科学研究》2023 年第 1 期）。

⑥ （宋）黎靖德编：《朱子语类》（第一册），第 160 页。

哲学非本真的活动于希腊的概念机制之中，而且就活动于一种经受了一系列形形色色的阐释工作的概念机制之中。基本概念已经丧失了他们原始的表达功能。"① 在《周易》漫长的解释历史中，那些基础概念所保有的实感通过林林总总的解释却变得越发远人。而这些形形色色的概念体系为文本所提供的解释，在逻辑上都是说得通的。但是在这样一种"通"中，"感"就不通了，那么依赖于这些实感的基础概念也都丧失其把握方式而变得非本真。感通论的"通"一方面强调的是对感之内容的复杂性和整体性之通，另一方面则在"通"和"达"的关系中，强调我们要靠近世界、靠近物和人，如此才能有感。感通是一种状态，它一方面是感气之大，一方面是感物体情不遗，这无法还原到语言的描述上来，而只能督促着我们在生活之中认真体会。

---

① ［德］海德格尔著，孙周兴译：《对亚里士多德的现象学阐释》，参见孙周兴编译：《形式显示现象学：海德格尔早期弗莱堡文选》，上海：同济大学出版社，2004年版，第93页。

当代政治哲学视域下孔子仁礼思想探析

——兼论个体自由实现的最大化路径

陈世明 *

【摘要】孔子以礼施教，以礼正名，以仁释礼，释礼归仁，塑造儒家仁体礼用的价值设定。"克己复礼为仁"是实现个体内在普遍道德自由的路径，使学礼具备内在道德依据，把仁之善与礼之制相结合，开启了儒家内部"何为正义制度"的思考。基于善优先于正当的内在逻辑，孔子追求个体道德的完满，以实质正义优先于程序正义，其长处在于对民众与共同体高度负责，弊端在于极易侵犯私人领域，甚至走向全权主义。自由主义者强调正当优先于善，认为自由首先是政治自由，充分肯定个体的自主意愿，其优长是肯定个人外在自由选择权，但也带来道德冷漠，忽视政治共同体与民族国家发展的连续性。基于孔子与自由主义者，两者互为基础互相批判，取长补短，才能更大限度地实现个体的真正自由，即政治外在自由选择权最大化与内在道德自我实现最大化的统一。

【关键词】孔子；政治哲学；自由主义；仁礼；忠恕

近代以降，西学东渐，随着晚清帝国加速衰落，传统文化体系逐渐解体，儒家文化也受到强烈冲击。儒学作为中国传统文化的主流和意识形态，在今日依然深刻影响着国人的思想观念，但我们也应充分认识儒学的历史局限性。我

---

* 作者简介：陈世明，武汉大学哲学学院中国哲学硕士研究生，研究方向：儒家政治哲学、易学。

们今天处在一个多元化的转型时代，古今中外的各种新旧理念相互交织与博弈，人们的思想视野大为开阔，极大地解放了人们的观念。当前中国具有极强约束力的传统礼法制度体系完全崩溃，但还未完全建立起一套新的、强有力的社会秩序与信仰体系。

然而，传统文化中依然存在很多优秀的精神理念值得传承与弘扬，尤其是儒家文化中的仁政、德治、礼治等理念对当今中国的现代化依然具有很强的现实意义。尤其面对西方现代政治思潮对中国古典政治哲学所形成的严峻挑战，应立足当代社会现实，充分挖掘中国传统政治资源来反思现代性之弊病，以现代性批判传统统治思维模式，以求更好地推进中国的现代化进程。白彤东教授在儒家如何应对近现代西方主流政治思想，尤其是自由、法治、民主与人权时，总结并归纳了四种主要观点，并划分了四个阵营。第一个阵营认为儒家或东亚价值是现代化和实现自由民主的羁绊，这些价值被理解成权威主义、精英主义与人治。第二个阵营的人，比如牟宗三，认为所有的近现代和自由民主的价值都可以从儒家思想中导出。这个想法听起来很自信，但这个阵营实际上分享了第一个阵营的"西方价值是最好"的观点，而从东方价值中也能得出西方价值的解释经常是很勉强的。第三个阵营是包括诸如文化怪人辜鸿铭在内的"基本教义派"的阵营。他们断言中国传统价值都要比西方价值优越。第四个阵营承认东、西价值的不同，但试图阐释东、西方价值的利弊，并提出一个比现实里的东、西方制度更好的制度方案①。

因此，本文基于第四阵营的思路，拟从作为公共价值层面之礼、"克己复礼为仁"中个体道德与秩序建构、仁道与自由主义等三个方面重新审视孔子仁礼思想在当代社会中的适应性，以期揭示原始儒家的核心理念所遭遇的现代性困境，从而探寻传统儒家思想与自由、民主、法治、人权相结合的可能性路径。有不当之处，敬请方家指正。

一、作为公共价值层面之礼

礼最早诞生于上古三代自然崇拜、鬼神崇拜与祖先崇拜的背景之中，逐渐

---

① 白彤东：《旧邦新命：古今中西参照下的古典儒家政治哲学》，北京：北京大学出版社，2017年版，第13-14页。

从宗教之礼转向人文之礼，脱胎于巫文化的三代之礼具备宗教、伦理、政治三合一的特征①。西周文化又是三代文化漫长演进的产物，经历了巫觋文化、祭祀文化而发展为礼乐文化，从原始宗教到自然宗教，又发展为伦理宗教，形成了孔子和早期儒家思想产生的深厚根基②。由此可知礼自儒家思想产生之际就带有政治性、神圣性与宗教性。

周公总结夏、商之礼而制礼作乐，将人的日常生活与政治活动各种礼仪制度纳入周礼体系规范之中，对周礼体系的形成功莫大焉。孔子也深受上古三代礼制之影响，对三代之礼传承与因革损益有着深刻感知与体认，尤其对周礼有着极强的价值认同。如其所言：

> 子张曰："十世可知也?"子曰："殷因于夏礼，所损益，可知也；周因于殷礼，所损益，可知也。其或继周者，虽百世，可知也。"（《论语·为政》）
>
> 子曰："夏礼吾能言之，杞不足征也；殷礼吾能言之，宋不足征也。文献不足故也，足则吾能征之矣。"（《论语·八佾》）
>
> 子曰："周监于二代，郁郁乎文哉！吾从周。"（《论语·八佾》）

在孔子看来，夏、商、周皆有其特定礼制，但礼制又有其因革损益、与时俱进的特点，加上文献不足，孔子也难以完整论说古代各种礼仪制度。实际上，礼的内涵非常丰富，礼对整个社会的规范作用很强，前人多有论述。如王国维在《殷周制度论》中指出：

> 由是制度，乃生典礼，则"经礼三百、曲礼三千"是也。凡制度、典礼所及者，除宗法、丧服数大端外，上自天子、诸侯，下至大夫、士止，民无与焉，所谓"礼不下庶人"是也。若然，则周之政治但为天子、诸侯、卿、大夫、士设，而不为民设乎？曰：非也。凡有天子、诸侯、卿、大夫、士者，以为民也。有制度、典礼以治，天子、诸侯、卿、大

---

① 李泽厚：《由巫到礼 释礼归仁》，北京：生活·读书·新知三联书店，2015年版，第52页。
② 陈来：《古代宗教与伦理：儒家思想的根源》，北京：北京大学出版社，2017年版，第19页。

夫、士，使有恩以相洽，有义以相分，而国家之基定，争夺之祸泯焉。民之所求者，莫先于此矣。且古之所谓国家者，非徒政治之枢机，亦道德之枢机也。使天子、诸侯、卿、大夫、士各奉其制度、典礼，以亲亲、尊尊、贤贤，明男女之别于上，而民风化于下，此之谓治。①

西周以来所谓"礼"，本来是一无所不包的文化体系，其中两大重要的部分，一为制度，一为礼仪。礼在制度方面的规定是确定国家政治关系的制度体系结构，礼仪则规定着贵族生活与交往关系的形式⑥。由此，足见礼之内涵深邃而广泛，礼之作用与影响无所不及，涵盖整个社会的方方面面。

西周初年推行分封制，形成中央以天子为天下共主、地方以诸侯为一方霸主的政治权力格局，从而形成天子、诸侯、卿大夫、士的政治等级秩序。从西周中后期以来，王室衰微，礼崩乐坏，象征从中央到地方的等级秩序的礼制也逐渐被打破。《论语》记载：

孔子曰："天下有道，则礼乐征伐自天子出；天下无道，则礼乐征伐自诸侯出。自诸侯出，盖十世希不失矣；自大夫出，五世希不失矣；陪臣执国命，三世希不失矣。天下有道，则政不在大夫；天下有道，则庶人不议。"（《论语·季氏》）

子曰："管仲之器小哉！"或曰："管仲俭乎？"曰："管氏有三归，官事不摄，焉得俭？"然则管仲知乎？曰："邦君树塞门，管氏亦树塞门；邦君为两君之好，有反坫，管氏亦有反坫。管氏而知礼，孰不知礼？"（《论语·八佾》）

孔子谓季氏，八佾舞于庭，是可忍也，孰不可忍也？（《论语·八佾》）

孔子曰："禄之去公室，五世矣；政逮于大夫，四世矣；故夫三桓之子孙，微矣。"（《论语·季氏》）

春秋时期，从"礼乐征伐自天子出"至"礼乐征伐自诸侯出"，各国诸侯

---

① 王国维：《殷周制度论》，北京：中华书局，1961年版，第475页。

不仅是各自封国实际最高当权者，地方诸侯国政治权力开始凌驾于天子之上。诸侯国内的政治秩序也逐渐受到挑战。孔子表明作为宰相的管仲不知礼，原因在于管仲"树塞门"，已僭越诸侯礼制。因为按照古礼，天子可设屏在路门外，诸侯可设屏门内，管仲作为卿大夫只能挂帘，而他也设屏，所以说管仲有违礼制。此外，孔子还批判三桓专政，架空鲁国国君；八佾舞于庭，政在大夫，阳货以"陪臣执国命"，"庶人议政"，皆僭越礼制。由此看来，在孔子的礼制设想中，孔子不仅对最高权力胡作非为加以批判，同样对最高权力被侵犯、以下犯上式的权力僭越也不能容忍。

当然，西周礼制本质上来说就是一种反映政治权力等级秩序和政治格局秩序的产物，它规定不同政治权力主体处于不同位置而具有不同的政治责任、权利和义务。同时，必须承认的是孔子所推崇的一整套周代仪礼和制度体系有其历史局限性，也应同情理解之。孔子对重建稳定政治秩序的政治理想不仅诉诸礼学思想之中，而且也充分体现在孔子阐述的正名学说之上。

> 子路曰："卫君待子为政，子将奚先？"子曰："必也正名乎！"子路曰："有是哉，子之迂也！奚其正？"子曰："野哉由也！君子于其所不知，盖阙如也。名不正，则言不顺；言不顺，则事不成；事不成，则礼乐不兴；礼乐不兴，则刑罚不中；刑罚不中，则民无所措手足。"（《论语·子路》）
>
> 齐景公问政于孔子。孔子对曰："君君，臣臣，父父，子子。"公曰："善哉！信如君不君，臣不臣，父不父，子不子，虽有粟，吾得而食诸？"（《论语·颜渊》）
>
> 子曰："不在其位，不谋其政。"曾子曰："君子思不出其位。"（《论语·宪问》）

孔子尤其注重正名思想在一个社会与国家正常运转过程中所发挥的效用。它为不同的政治主体和阶层提供基本权责和义务参考，何所为，何所不为，因而有所为，有所不为。否则礼乐不兴，刑罚不中，民无所措手足，社会将陷入无序与混乱，礼崩乐坏，国家衰亡。

齐景公向孔子询问治国之道。孔子回答君臣父子各司其职、各尽其能，不可僭越、不可乱位。这要求为政者不仅要有德，而且对其权责要有相对明确的边界意识。虽说孔子没有当代如此明晰的权利、权责观念，但在其时已是一种很开明的政治意识，具有重要的政治启蒙意义。正名思想也是孔子以礼来规范政治权力的一种重要体现。从现代政治权力制衡来看，正名思想与权责统一、注重程序正当性与规范性有相通之处，要求行使公权力者应当积极理性作为，但政治上不作为、妄为皆是重要的失职行为。当然，在位者更不能滥用公权力，以权谋私。这是孔子对当政者"在其位，谋其政"职责的一种界定、规范与督促，君、臣、父、子等不同主体各循其礼，各安其分。

然而，礼的社会作用远不止此，礼既为一整套由上而下的政教礼仪，又为现实政治中最直接的统治规范手段。《论语》载：

> 定公问："君使臣，臣事君，如之何？"孔子对曰："君使臣以礼，臣事君以忠。"（《论语·八佾》）
> 子曰："上好礼，则民莫敢不敬。"（《论语·子路》）
> 子曰："上好礼，则民易使也。"（《论语·宪问》）
> 子曰："居上不宽，为礼不敬，临丧不哀，吾何以观之哉？"（《论语·八佾》）
> 有子曰："礼之用，和为贵。先王之道斯为美，小大由之。有所不行，知和而和，不以礼节之，亦不可行也。"（《论语·学而》）
> 子曰："能以礼让为国乎？何有？不能以礼让为国，如礼何？"（《论语·里仁》）

首先，从人类文明的演进来看，圣人制礼教人，使人知礼、懂礼与守礼。这不仅使人明白"人之所以异于禽兽者几希"，让人真正意识到人与禽兽分离之区别在于人之良知可贵，而且以行礼而付诸实践，所以人之行为能有所止损，是人从野蛮走向文明的重要标志。其次，礼可以规范个体在现实生活中具体的行为举止。礼者，履也。若居于上位者明礼、守礼与行礼，则百姓敬礼而从礼，以此推行礼仪教化，发挥礼所具有定上下、别亲疏、序长幼、促和谐的政治功能。最后，由上而下确定不同政治主体的具体政治权责与义务，从而规范和指导君臣、父子、夫妇、兄弟、朋友等政治伦理关系。由此可见，礼所发挥的这种社会功效对古今社会缓和家庭矛盾、维护社会和谐稳定、保持国家长治久安具有很强的启示意义。因此，以上所论皆体现了作为公共性层面的制度之礼对行使各级政治权力的正当性以及人们的日常礼仪进行批判与规范。

改革开放以来，国民经济高速发展，人民生活水平显著提高，但部分国民素质并没有随之提高，出现低俗婚闹、铺张浪费、高铁占座等乱象。针对这类问题，王学典教授曾建议编定并颁行一部适用于不同领域与群体、接续传统并适应现代文明要求的《国民通礼》，对待人接物、婚丧嫁娶、岁时节日等日常礼仪进行明确规范与界定，重建"礼仪之邦"，建构以仁义礼智信为内核、以温良恭俭让为外在表现的礼仪社会。倘若在当代社会中用公共礼仪教化民众，与当代法律法规的约束力形成互补之势，有利于整饬当前社会上出现的一些道德滑坡、行为失范的乱象，规范民众日常生活，理顺社会秩序，提升中国整体形象。

这一建议无疑具有重大的现实意义，而且作为礼仪之邦的中国具有很好的历史传承和丰富的思想资源。礼在古代虽然在一定程度上发挥着法的作用，但礼毕竟不是法，很多时候人们守礼大多依靠内在价值认同与对道德理想的追求。礼若想真正发挥作为社会公共秩序的规范作用，从理论上就需要公共层面之礼获得人们内在的价值认同。在当代多元主义的社会中，自由主义的中立观认为国家不应该在不同优良生活观之间就其内在价值进行排序①。这就是自由主义对儒家具有公共性质之礼的最大挑战。与之相反，若从社群主义的观点来看，公共性质之礼在多元主义社会中也必不可少。出于中国自身的发展状况以及中国以建构和谐秩序为政治特色的历史传统，强调公共之礼对人们的共同利益作用显然有其必要性。共同利益总是按照个人的偏好模式和个人的善观念来进行调整。孔子所继承和发展的以礼为群体规范的传统儒家的价值认同与当代公共哲学想通，也与社群主义者对共同利益的看法相符合。

在社群主义的社会里，共同利益被想象成一种关于优良生活的实质观念，并由它来界定共同体的"生活方式"。这种共同利益不取决于人们的偏好模式，相反，它为评价那些偏好提供了一个标准。同时，社群主义的国家能够并

---

① ［加］威尔·金里卡：《当代政治哲学》，刘莘译，上海：上海译文出版社，2015年版，第436页。

且鼓励人们采纳与共同体生活方式相吻合的那些善观念，而阻碍与之相冲突的善观念。因此，社群主义的国家是一种完善论国家，因为它需要对不同生活方式的价值进行公共排序①。从此看来，作为公共层面之礼不仅需要协调不同善的价值排序，从而与人们的美好生活紧密相连，而且关系到人们的普遍共同利益，具有很强的政治正当性基础。由此，作为共同规范的礼不得不处理和面对与善的内在关系。

这种处理方式可以取法于孔子对礼的推陈出新，他为我们在新时代重新"制礼作乐"提供了良好的典范。孔子仁体礼用的核心精神，展现为对个体生命价值意义的终极关怀，蕴含着以人为本的精神理念，依然是我们当下和未来编订《国民通礼》乃至重塑新时代精神文明的重要指导原则，此原则贯穿于孔子以仁释礼与释礼归仁的价值关怀之中。

二、"克己复礼为仁"中个体道德与社会秩序建构

在孔子看来，难道礼只是用于祭祀的玉器和丝帛的一种表面形式吗？显然不是。

> 子曰："礼云礼云，玉帛云乎哉？乐云乐云，钟鼓云乎哉？"《论语·阳货》
> 子曰："人而不仁，如礼何？人而不仁，如乐何？"（《论语·八佾》）

孔子以仁释礼，释礼归仁，在继承周礼中融入了仁的价值关怀，赋予了古礼新的生命意义。这是孔子对仁礼关系之哲学意义的灵魂式追问。孔子引仁入礼，使儒家安顿心灵具有宗教与道德二重性，且道德性不断加强，宗教性不断减弱，使原本具有宗教性之礼更加理性化、规范化与道德化，孔子仁礼思想对后世儒家的心性儒学传统与政治儒学传统皆有重构的原创意义。当然，孔子除了言礼之外，仁亦是孔子政治思想的核心范畴。《论语》云：

---

① ［加］威尔·金里卡：《当代政治哲学》，刘莘译，上海：上海译文出版社，2015年版，第282页。

颜渊问仁。子曰："克己复礼为仁。一日克己复礼，天下归仁焉。为仁由己，而由人乎哉？"颜渊曰："请问其目。"子曰："非礼勿视，非礼勿听，非礼勿言，非礼勿动。"（《论语·颜渊》）

仁与礼作为孔子政治思想中最为核心的两个概念，孔子的政治哲学思想主要建立在以仁礼一体的基本框架之上，背后蕴含着孔子以仁为体、以礼为用的价值设定，旨在实现仁礼合一，天下归仁。下面将从个体道德追求、社会与国家秩序建构、政治制度价值设计三个方面来论述"克己复礼为仁"的政治哲学意蕴。

从个体道德追求的层面来说，儒家认为"克己复礼"是内在道德自我实现最大化的较好选择。"为仁由己，而由人乎哉"，仁德具有普遍可欲性，每一个道德主体自身都是追求和实现仁德的主宰者，有充分能力且有价值更有必要去追求"克己复礼"。具体而言，不同政治主体自身视、听、言、动凡皆合其礼。在此意义上说，礼作为全体社会成员共同遵守的风俗习惯、社会礼仪和价值观念。这表明"个体只有通过社会所公认的道德，才能成为人"。进一步来说，"礼引导着人们通过教育而使他们获得某些共同的东西。这些东西成为他们的第二天性，因此人们在感知礼的普遍性时，并不把它作为外在的强制，而是作为自身所固有的本质而存在着。礼的各种形式使每个人从中获得确定、安全以及自由"①。由此，从个人道德自由而言，儒家所追求的内在的道德自由对于人的自我净化、防止人精神堕落与走向罪恶提供充足的精神养料，使人获得高级的道德自由，在物质极大丰富的今天很有意义，值得引起我们足够的重视和反思。

从制度价值设计来看，"克己复礼"的思维模式已经开启思考儒家内部"制度正义"的先例。周道浸坏，王道衰微，孔子早已意识到西周以来的宗法礼制不适应时代发展，必须予以改造。由此，孔子以仁释礼，释礼归仁，仁为礼提供内在的道德依据，礼为仁提供外在制度保障，使礼不仅是道德之礼，更是不断发展的政治制度之礼。孔子以仁作为新礼制的根本指导精神，以仁爱赋

① ［德］卡尔·雅斯贝尔斯：《大哲学家》，李雪涛译，北京：社会科学文献出版社，2005年版，第120页。

予旧礼制以新价值，把原本他律的、腐朽的旧礼制改造为自律的、具有主动追求意义的新礼制。"克己"是基础，而"复礼"才是目的，如果没有制度化的礼的保障，那么无论是"克己"还是"爱人"都只能流于空洞的形式，停驻于主观冥想的世界而无法具体真实地落实于人间世界①。进一步来说，孔子在克己复礼的指导下创造仁礼合一的新礼制，开始对何为更正义的制度已经有所思考。仁即仁德、仁道，作为孔子政治思想的核心概念，其背后的价值是善，具备一定程度上道德正义的性质。礼作为社会规范与国家制度的代名词，也具备一定程度上技术化、程序化的制度正义性质。罗尔斯指出："正义是社会制度的首要德性，正像真理是思想体系的首要德性一样。"② 孔子把仁与礼相结合，作为孔子政治哲学最重要的创造，在两千多年前把制度和仁（善或道德正义）等价值开始初步结合，创造仁礼结合的新制度，在理论上开启了儒家内部"何为更正义制度"的思考，在中国古典政治哲学中无疑具有很强的政治启蒙性和典范性。孔子"克己复礼"之礼本身在一定程度上的规范性与程序性、公共性，对儒家的道德政治化也有相当的纠偏作用，与当代的公共礼俗也可相通。同样不能忽视以孔子为代表的儒家高扬个体道德对传统制度缺陷也有一定的补救作用。

就个体与社会和谐秩序建构而言，孔子言"克己复礼为仁。一日克己复礼，天下归仁"，"克己复礼为仁"，何以可能？李明辉先生指出，孔子既不主张"个人主义"，也不会赞成西方近代的"个人主义"，他一方面确立人格的独立性，另一方面又强调个人与社会的联系性。换言之，个人一方面内在于社会之中，另一方面又超越于社会之上③。在孔子看来，为了共建"老者安之，朋友信之，少者怀之"的和谐社会秩序，必然需要每个个体在一定程度上的自我约束、克制自己过度的私欲，以充分尊重他人的基本生存权利，这即是孔子之仁道的最基本的现实关怀。黄玉顺表明所谓"礼"，包括社会规范、制度及其仪式表现，其实并非古代才有的东西，也非中国特有的东西，而是人类社会的普遍现象。这是因为，任何一个社会群体，都不可能没有规范与制度。这

① 郑臣：《道德与政治的分与合——〈论语〉的思想启示》，《孔子研究》2009 年第 3 期。
② ［美］约翰·罗尔斯：《正义论》，何怀宏、何包钢、廖申白译，北京：中国社会科学出版社，2009 年版，第 3 页。
③ 李明辉：《儒家视野下的政治思想》，北京：北京大学出版社，2005 年版，第 156 页。

就是礼的普遍性与永恒性①。孔子进而立足于社会与国家秩序建构，如果全天下之人皆以礼而行，都自觉进行一定程度上的自我约束、自我克制来追求仁德、践行仁道，即所有人一切行为都符合仁德与礼法制度，就可以形成天下归仁之局面。从此来看，通过"克己复礼为仁"的儒家教化有其凝聚社会价值共识的一面，从而使人们处于一种稳定和谐的社会秩序之中。

孔子主张"为政以德"，"道之以德，齐之以礼"，皆以道德来指导政治，以道德奠定政治正当性的基础。正因为孔子最早奠定了中国文化历史的根本性原则，即以道德作为政治制度和社会秩序正当性的最后依据。孔子之前，政治制度正当性的根据并不那么确定②。孔子之后，传统政治制度和社会秩序的建构深受道德之影响。

由上所论，"克己复礼为仁"不仅是孔子和儒家所追求仁德的现实路径，也是当代自由主义所欠缺之处，某种程度上也可视为儒家回应自由主义挑战的独特方式。仁道为孔子道德思想中的核心价值原则，作为政治评判的重要标准，更有必要进一步讨论其在自由主义政治理论与实践中所能发挥的作用及其局限性。

三、仁道与自由主义

仁最基本的伦理内容及其实践表现为忠恕之道与克己复礼，但其核心精神是爱人，肯定人之所以为人的内在本质。从《论语》一书来看，孔子谈仁多达上百次，其言"仁者爱人""泛爱众而亲仁""夫仁者，己欲立而立人，己欲达而达人""克己复礼为仁"等诸多论述。孔子言仁不仅是一种爱人、关心他人的良善品质，而且是一种立己立人、推己及人的内在道德动力，更是为政者治理国家的重要原则。

孔子以仁爱为政治伦理出发点，认为仁爱、仁道理所应当成为执政者必须具备的政治品德。诚如萧公权所说，就修养而言，仁为私人道德。就实践而言，仁又为社会伦理与政治原则。孔子言仁，实已冶道德、人伦、政治于一

---

① 黄玉顺：《中国正义论视域下的儒家礼教重建》，《中州学刊》，2021 年第 12 期。
② 金观涛、刘青峰：《中国思想史十讲》，北京：法律出版社，2015 年版，第 6 页。

炉，致人、己、家、国于一贯①。由此可见孔子仁学忠恕之道推己及人的内在理路，即己所不欲，勿施于人，立己立人，博施众济。中国自古以来形成的以天、天命、天道作为政治统治正当性终极来源，统治者宣称授命于天，至孔子主张为政以德，以德治国，以道德作为考察政治正当性的价值标准。在儒家内部，最高统治者集道德、人伦、政治于一身，修齐治平不仅是一种道德实践，更是政治活动的一部分。由此，孔子的"己欲立而立人，己欲达而达人"，成为传统儒家仁学推扩的基本原则。

一方面，孔子与后世儒家着眼于如何自处安身、如何与人和谐相处与秩序建构，致力于达到社会和谐、天下大同的政治理想，对古今中国乃至世界的政治文明都有极大的启发意义。杜维明指出，在儒家传统中，对权力的运用有个基本预设，是从"己欲立而立人，己欲达而达人"发展出来的，就是有权势的人、有影响力的人、能够掌握和运用各种不同资源的人，应当更有责任心、更"以天下为己任"，不是说领导者有权让老百姓循规蹈矩，而是说老百姓是日常生活不可分割的参与者，有权向领导者要求他的最基本的安全、最基本的生活和他自我发展的条件②。另一方面，道德与政治与人类之自由、平等与幸福息息相关，将两者混为一体，不加区分，可能使道德与政治难以具有充分的独立性，从而为政治诡辩与政治压迫提供依据。比如从传统政治哲学发展史来看，将政治问题伦理道德化，最为典型的代表是古代家天下的传统；而将道德政治化最有代表性的例子莫过于戴震批判官方意识形态化的以理杀人。在这种传统模式的支配和影响之下，往往容易造成政治道德化和道德政治化。政治道德化，以道德话语代替政治话语，就会出现只重视政治人的道德培养而忽视政治制度的安排；道德政治化，以政治权力强行道德要求，就可能产生道德专制、道德裂变，强行的道德也许根本就不是道德③。这就涉及在道德上是否有自主能力的问题，进一步延伸为自由与人权问题。

随着政治思想的不断进步，近代西方人民主权的政治逻辑发展表明，个人权利是政治权力合法性的基础，个人利益和意志有其天然的正当性，个别的利

① 萧公权：《中国政治思想史》，北京：商务印书馆，2011 年版，第 67 页。
② 哈佛燕京学社、三联书店主编：《儒家与自由主义》，北京：生活·读书·新知三联书店，2001 年版，第 75 页。
③ 周少来：《人性、政治与制度》，北京：中国社会科学出版社，2004 年版，第 90 页。

益及其追求不仅是政治机器运转的动力，而且是社会进步的力量源泉。在社会层面个人有其市民生活的空间并受法律保护，政治权力不得随意介入；在政治层面个人权利和意志则通过法制化程序来表达，从而形成社会层面的自由与政治层面的间接民主制，形成政治内部有分权制衡、政党制衡，外有市民社会制衡的政治架构①。在西方自由主义的谱系中，政治权力的正当性源自个体权利，个体政治权利神圣不可侵犯。大致有两种对自由的主流看法。一种看法着眼于如何给个人留下一个自由的私人空间，认为"自由乃外在干预之解除"。另一种看法强调的是个人在谋划自己生活时的自主性，认为"自由乃自己成为自己的主人"②。伯林将前者称为"消极自由"，后者称为"积极自由"。"消极自由"即没有人干涉或没有群体干涉我的活动而言，我是自由的。在这个意义上，政治自由简单地说，就是一个人能够不被别人阻碍地行动的领域。如果别人阻止我做我本来能够做的事，那么我就是不自由的③。"积极自由"中"自由"这个词的"积极"含义源于个体成为他自己的主人的愿望。我希望我的生活与决定取决于我自己，而不是取决于随便哪种外在的强制力。我希望成为我自己的而不是成为他人的意志活动的工具。我希望成为一个主体，而不是一个客体；希望被理性、有意识的目的推动，而不是被外在的、影响我的原因推动④。西方自由主义充分肯定个人尊严、自由、价值与权利，无疑对中西传统理念具有颠覆的意义，但对今天许多现实问题似乎也束手无策，比如克隆人、生态环境、核武器、跨国犯罪、恐怖主义、贫富差距、贩毒等等。西方自由主义基本上缺少应对这些问题的丰富思想资源⑤。

自由主义思潮作为西方近现代政治哲学的主流意识形态，近百年来深刻影响着中国的政治、伦理与社会生活的方方面面，这两种理念的冲突在今天似乎更为凸显。在此背景之下，被称为普遍法则的忠恕之道也会遭遇一定的理论和现实实践上的困境。如黄玉顺教授所言："现代'自由'观念无疑是人类现代文明的核心价值观之一，因此，儒家在遭遇现代性之际，无法回避现代'自

① 周少来：《人性、政治与制度》，第89页。
② 唐文明：《与命与仁：原始儒家的伦理精神与现代性问题》，保定：河北大学出版社，2002年版，第279页。
③ ［英］以赛亚·伯林：《自由论》，胡传胜译，南京：译林出版社，2011年版，第170页。
④ ［英］以赛亚·伯林：《自由论》，第179–180页。
⑤ 谢军：《儒家"仁"与人权的互动》，北京：中国政法大学出版社，2012年版，第3页。

由'问题。可以说，对于儒家来说，能否与现代'自由'观念相融通，乃是一个关乎生死存亡的问题。"①因此，有必要在同情理解孔子忠恕之道的基础之上，重新审视忠恕之道与当代自由主义的异同之处，以求更好地理解历史与现实，更真实地面对原始儒家文化与现代性问题，以此寻求传统儒家文化转变的可能性。

从个人与国家层面来看，推行忠恕之道与当代自由主义理念存在着一定的价值冲突。传统政治与现代政治有质的差别，其根本差别在于人权，即个体人是否享有政治自由与独立的政治权利②。从忠道来看，主要体现在以下两点。其一，从个体正当权利来看，儒家主张仁爱，推己及人，乐善好施，积极主动关心他人，具有很强的现实意义。同时也应注意到这种未经他人同意之善，往往可能造成个体与个体之间某种紧张与冲突，即导致彼此没有明确的边界意识，双方极易冒犯对方的私人领域。其二，从国家层面来看，政府积极有为，关注民生，施行仁政，在生产力落后的春秋末期，利于缓和矛盾，保持社会稳定，在今天乃至未来依然具有重大现实意义。尤其是当代国家或政府帮助、救济社会弱势群体，应为政府职责的一部分。正如罗尔斯为了实现社会公平正义所提出的两个平等原则。如果第一个无法得到绝对满足，那么不平等的分配也要满足两个限制条件，一个是公平的机会平等，一个要满足差异原则，保护最弱势群体③。鉴于社会和经济的不平等，差别原则就最大限度的施利于社会最不利成员，具有实质正义的性质与意义。从这个意义上说，罗尔斯的差别原则与孔子立己立人的忠道具有相同的价值关怀，从而也是自由主义与儒家的相通之处。

但是，国家或政府的过度"积极自由"的流弊在于可能导致过度干预私人领域，极有可能导致全权主义（totalitarianism），这又是自由主义者所诟病之处。在国家问题上，"自由主义有两个挥不去的梦魇：权力无限的政府与无政府状态"④。此言在自由主义者看来，国家有其必要性，但要保护个人自由

---

① 黄玉顺：《代序：评"自由儒学"的创构——读郭萍〈自由儒学的先声〉》，见郭萍：《自由儒学的先声——张君劢自由观研究》，济南：齐鲁书社，2017年版，"序言"第1页。
② 郭齐勇：《中国哲学史十讲》，上海：复旦大学出版社，2020年版，第101页。
③ ［美］约翰·罗尔斯：《正义论》，第77页。
④ 李强：《自由主义》，北京：中国社会科学出版社，1998年版，第224页。

就要限制国家权力。这也是传统儒家在实现其当代转型过程中所面临的一个关键问题，这一问题在今天科技日新月异、统治技术飞速发展的今天体现得尤为重要。因此，从传统忠道的逻辑来说，为政者不仅是政治权力执行者，而且是某种程度上的规则和标准的制定者。这也是儒家应充分借鉴"消极自由"之处。

这种现象背后反映的本质问题在于是正当权利优先，抑或是善优先？若按照孔子的忠道推扩逻辑，显然是善优先于正当权利，个体成为一个立己立人的君子最为重要，而基于个体权利的程序正义似乎不在考虑之首位。当然，今天依然可以在程序正义的规范之下践行孔子的立己立人的忠道理念，既充分尊重个体的自由权利，又能适当发挥儒家仁民爱物、博施众济之优长，使传统儒家立己立人的政治思维模式向更高级的形态转化与发展，这就要求为政者具有融贯古今中外的政治洞见、极其高超的政治智慧与天下为公的远大政治抱负与政治追求。否则，将难以超越传统固有的、单一的政治思维模式的制约与影响。若从当代民主政治的基本内涵来看，天赋人权，个体权利具有天然的正当性，显然是正当权利优先于善的政治原则更利于保障个体的自由权利，也更符合当代民主政治运行的基本逻辑。

如果当代社会片面强调正当权利优先，排斥德性塑造、价值判断及责任伦理，这将会导致价值空虚，从而为狭隘的、不宽容的道德说教敞开大门①。在这种强调正当权利优先于善的观念指导之下，法律或正当权利代替了道德的优先地位，程序正义优先于实质正义，自然能很好地保护人们的各种基本权益，这非常值得肯定。但某种程度上说，法无禁止皆可为或者在只强调权利的社会中，可能会导致官员道德沦丧与政治腐败，降低政府威信，增强政治不稳定性。所以一个良好的社会肯定需要道德或者公共的善，因而更凸显儒家强调道德之必要性。由此，传统儒家对人的道德心性教化作用与肯定现实人生的价值意义依然不容忽视，对执政者意义似乎更为重要。但如何平衡权利与善，达到两者的辩证统一，既充分尊重个人的正当权利，使儒学之善处于何种位置并恰如其分地发挥传统儒学安身立命、博施众济之优长，依然是一个颇有讨论价值

①　[美]迈克尔·桑德尔：《民主的不满——美国在寻求一种公共哲学》，曾纪茂译，南京：江苏人民出版社，2008年版，第27页。

的问题，也是当今政治哲学中自由主义与社群主义的争论焦点所在。

与忠道相比，恕道为更普遍、更底线的政治伦理原则。从一定程度上说，恕道的积极影响在于更尊重人的自由选择，强调人的独立空间，这与伯林所谓的"消极自由"更为接近。"消极自由"在充分尊重个体自由的同时，其消极影响却在于对美好社会、私人道德问题采取充分放任的态度，依此而行容易造成个人道德上的无底线、无原则。倘若遵循"己所不欲，勿施于人"的原则，己不欲为恶，他人为恶，彼此皆不干涉，似有违孔子立恕道之初衷。那么，恕道走向不道德就使这一行为大大削弱了其作为黄金法则的普遍性。充分尊重个体自由权的前提是自由权利本身具有充分的正当性依据，但需要指出极端的个人主义者追求绝对的个人自由权利又会导致走向极端。试想人人为了获得个体的绝对自由，只有个体权利，而没有共同利益，不仅对基本的个人自由难以保障，而且不利于国家的产生、政治共同体的和谐发展。

即使我们全部接受自由主义提出的最低的理念，它还是不够的，它一定要建构在更宽广的人文基础上，如果没有这个基础，对于人生的意义、价值的传播都会出大问题。严峻的问题是我们怎样才能在现代社会中把价值、道德理念代代相传，不只是为了生存，也为人类的进一步发展①。自由主义者基于维护个体权利而拒斥儒家推己及人（共同体公共政策），其思想流弊在于导致道德主体自身麻木不仁，人与人之间可能出现普遍的道德冷漠现象，比如对于老人跌倒视而不见，"孺子入井"置之不理。如果只关注个体自身利益而忽视民族国家的文化传承、公共意志与族群的发展与延续，可能对个体利益伤害更大，甚至面临外来入侵时导致国家民族的覆灭。由此，这种单纯基于个人权利基础上获得更多自主选择且较少干涉的政治自由，对保证个人基本权益而言存在其正当性。儒家主张的自由首先是道德自由，真正的自由并不能通过确保更多的选择权来获得，而是通过克服较低层次的欲望，自觉（也是有意）将共同体规范内在化而获得。如孔子言："七十而从心所欲，不逾矩。"② 这体现了孔子将道德自由自然地服从于政治公共标准，从而谋求道德自由与政治自由。这种基于道德自由的政治自由与自由主义相异，孔子是"不逾矩"，即认同社会基

---

① 哈佛燕京学社、三联书店主编：《儒家与自由主义》，第78页。
② 梁涛主编：《美德与权利——跨文化视域下的美德与人权》，北京：中国社会科学出版社，2016年版，第257页。

本的公共意志，服从社会基本规范，所以这种道德自由不为自由主义所有特有，但其个体的政治外在自由选择权也将被大大压缩。道德如果不是自由的，那就不是真正的道德。如康德所说，道德的前提是有"自由意志"，道德应该是自律、自己选择的。如果没有自由，只是强迫性的必须遵守纪律、服从法令，那就不是真正的道德。儒家道德是讲自觉自律的，"为仁由己"包含了道德的自由意志，否则就不是真正的道德。这是讲道德自由，从这里并不能推出来政治上的自由。沿着"生活儒学"的理路，郭萍建构了这样一个具有三级观念架构的"自由儒学"体系：本源自由—良知自由—政治自由；也就是自由的本源—形上自由—形下自由，这无疑是儒家政治哲学的独树一帜的现代性建构，具有重要意义①。笔者以为在当代转型时期的中国，提出这种"自由儒学"的建构，从道德自由走向政治自由，这一点很关键，也很重要，因为只有给予个体政治自由，才有传统儒家政治哲学的现代转化可言，才能与现代性自由、民主、人权接轨，很有价值，值得引起我们的深思和重视！

有鉴于此，完全的自由既包括选择权的最大化，又包括自我实现的最大化，这很有见地。一个自由主义者需要克己与品格的修养，一位儒者则需要在行为与选择上具有有效的选择权，并对之做出保护②。若执其一端，势必导向自以为是的偏颇之见。综合儒家和自由主义之特长，笔者以为真正的自由是内在自由与外在自由最大化的统一。无论是儒家注重培养"人人皆可为尧舜"的普遍内在道德自由，还是自由主义强调保持更多选择权、减少干涉的外在政治自由，两者可以互相补充、互为基础，以弥补双方思想的缺陷，以求获得政治自由与道德自由的最大化，现实道德与权利更完美的和谐，这或许是未来较好解决正当权利与善的思路之一。

结　语

综上所述，礼之内涵极为丰富，礼之影响与作用极为深远，具有伦理、宗教和政治合一的多重特质。孔子批判继承三代礼制，因革损益，创造新的礼仪

---

① 刘星：《"自由儒学"：当代儒学理论的一种新创展——读郭萍〈自由儒学的先声——张君劢自由观研究〉》，《当代儒学》第 14 辑，成都：四川人民出版社，2018 年版，第 160-161 页。

② 梁涛主编：《美德与权利——跨文化视域下的美德与人权》，第 261 页。

制度，旨在稳定社会秩序。礼不仅作为具体的礼仪规范，而且作为一种礼法制度的价值体系，利于规范个体的社会行为，提高个人的道德修养，对今天促进社会和谐与维护社会秩序具有借鉴意义。

孔子以仁释礼、释礼归仁背后蕴含着修己安人的价值诉求。孔子主张"克己复礼为仁"的思维模式，对个体道德修养、政治制度价值设计、社会与国家秩序建构皆有启示意义，为先秦儒家政治哲学的重大转向。孔子仁礼之学互为基础，彼此融合，进而表现为道德哲学和政治哲学内在的一体融贯性。

孔子之仁道与当代自由主义既有相通的地方，又有相悖之处。按照孔子的忠道逻辑，善优先于正当的内在逻辑，孔子所追求的自由是道德自由，追求个体道德的完满，以道德理想至上，实质正义优先于程序正义，其长处在于对民众与共同体高度负责，弊端在于极易侵犯私人领域，甚至走向全权主义。自由主义者认为自由首先是政治自由，强调正当优先于善，充分肯定人的自主意愿，其长处是强调个人外在自由选择权较多，但也带来个体与个体之间的道德冷漠，疏忽政治共同体与民族国家存有连续的发展。

由此看来，立足当下社会现实，以孔子仁道和自由主义理念对比为例，对于一个现代化的国家而言，不仅需要当代自由、权利、人权等基本政治理念，更需要原始儒家负责、同情式实质正义的价值关怀，两者互相批判，彼此兼容，取长补短，才能更大程度地实现和保障社会公平与正义，从而实现个体内在自由与外在政治自由的最大化，从而最大限度地保证个体充分享受真正的自由。

家国冲突·经权相济·边界意识

——论儒家对道德两难的化解

韩知霖[*]

【摘要】道德两难在儒家那里典型表现为家国冲突。面临家国冲突，儒家通过对经权相济的一般性方法论的具体运用，赋予"家"原则以优先性甚至至上性，从而化解了道德两难。此方案的实质与诉求是在一个国家秩序濒临崩溃的封建农业社会中，从对家庭秩序的疏治引导入手，由源及流、循序渐进地建立与巩固一种以家庭和睦为先在要义的良性国家秩序。因此，此方案在儒家那里不是重家轻国，而是某种意义上的"曲线救国"。在对此方案乃至中国诸般人文景观进行评价时，应当遵循一种建立在历史主义基础上的边界意识。总体来说，就儒家对道德两难的化解进行深入发掘与正本清源，将为应对道德两难这一人类共同困境贡献中国方案，同时为中国特色伦理学的建构以及文化与历史自信的深化提供助益。

【关键词】道德两难；家国冲突；经权相济；边界意识

道德两难是一种日常生活中颇为常见的道德现象，相关讨论从古至今未曾中止。关于道德两难的化解，不仅西方伦理学贡献了若干策略，以孔子与孟子为代表的中国儒家思想同样展现了不容忽视的实践智慧。对此，学界展开过一定规模的探索与争鸣，甚至形成了一桩关于"亲亲相隐"及其隐含的道德两

---

* 作者简介：韩知霖，武汉大学哲学学院中国哲学硕士研究生，研究方向：中国哲学与伦理学。

难的公案。这场公案诞生于当代中国人民族意识的外拓与内寻、前瞻与回溯等多股浪潮交织并行、分化对峙的新世纪洪流中，发轫于刘清平先生的《美德还是腐败？——析〈孟子〉中有关舜的两个案例》① 一文。这篇文章不啻一声划入中国文化界与思想界的惊雷，引发了郭齐勇先生等国内知名学者在国内各大知名学术平台上的深度辩难与反复商榷②。此后，儒家对道德两难的化解便激起了学界持续的研究热情，至今仍然具有一定厘定空间，可谓一个常谈常新的议题。本文拟聚焦于儒家对道德两难的化解，依次尝试回答如下几个问题：儒家主要面临何种道德两难？儒家如何化解道德两难？如何评价儒家对道德两难的化解？这些问题，都是在这场学术公案以及相关研究中浮现出的至关重要的问题；然而，它们在今天仍然没有形成一致定论从而有待进一步探讨。对这些问题进行深入发掘与正本清源，将可能为道德两难这一人类共同困境的超越贡献中国方案，同时为中国特色伦理学的建构以及文化与历史自信的深化提供助益。

一、家国冲突：儒家面临的道德两难

一般来说，道德两难发生于如此的过程：在社会生活中，每个道德主体都扮演着不同的伦理角色，面临着不同的伦理实体，于是，不同的伦理角色与伦理实体赋予该道德主体以不同的道德原则；然而，吊诡的是，不同的道德原则在同一个行为语境中发生了冲突。值得注意的是，道德原则就其本身来说在很大程度上是未必存在冲突的，存在冲突的仅仅是不同的道德原则所规定的行为。因此，道德两难的实质正在于，两种道德原则在同一个行为语境中虽然都对道德主体具有约束力，但是无法同时被遵守。也就是说，面临道德两难的人们只能选择性地遵守一种道德原则；相应地，另一种道德原则就必然被违背。这一点正如杨志华先生的剖析："形象地说，当我认为我应当做 A，并且也应

---

① 刘清平：《美德还是腐败？——析〈孟子〉中有关舜的两个案例》，《哲学研究》2002 年第 2 期。

② 相关论争可参见郭齐勇主编：《儒家伦理争鸣集——以"亲亲互隐"为中心》，武汉：湖北教育出版社，2004 年版。

该做 B，而事实上我又不能同时做两者时，那么，这时我就陷入道德冲突之中。"[1] 人们之所以会面临道德两难，从而陷入某种"既善又不善"的窘境与悖谬中，在很大程度上是由于社会生活的复杂性与伦理角色的多样性。在五光十色、瞬息万变的社会大舞台上，人们总是置身于纷繁的伦理角色中；由此，人们往往在不同道德原则的约束下面临截然不同的选择，甚至步入进退迟遭的境地。这一点在《荀子》等先秦文献中就可见端倪："礼乐则修，分义则明，举错则时，爱利则形。"（《荀子·强国》）此处的核心概念应当在于"分义"，杨倞对此的注释是："分，谓上下有分。义，谓各得其宜。"由此看来，所谓"分义"，就是遵守名分，为所当为。然而，值得注意的是，"分"在社会上不是唯一的；即使对于同一个体来说，"分"也可能是多元的。因此，"分"所规定的"义"亦不是唯一的。当不同的"分"所规定的"义"南辕北辙的时候，道德两难就发生了。

道德两难在《论语》与《孟子》等儒家经典尤其是先秦儒家经典中均能够找到明确的记载。比如，《论语》中有这样一则材料："叶公语孔子曰：'吾党有直躬者，其父攘羊，而子证之。'孔子曰：'吾党之直者异于是：父为子隐，子为父隐。——直在其中矣。'"（《论语·子路》）所谓"直"，就是正直、正当或者正义，它们都属于行为正当性的范畴；所谓"证"，就是告发、举证；所谓"隐"，则是隐瞒、袒护。整则材料介绍了楚国长官叶公子高与孔子就"儿子是否应当举报偷羊的父亲"这一问题所存在的分歧。叶公子高认为，父亲既然犯了罪，儿子就应当主动去告发与举证。孔子则深不以为然，在他看来，父亲与儿子应当一致对外掩盖彼此的过错。如此一来，虽然他们都没有刻意追求行为正当性，但是行为正当性已经天然地寄寓在父子相护的行为中了。这一点或可以被称为"不直而直"的辩证法，正如朱熹对此提供的疏释："父子相隐，天理人情之至也。故不求为直，而直在其中。"[2] 再如，《孟子》中也有一则不容忽视的材料："桃应问曰：'舜为天子，皋陶为士，瞽瞍杀人，则如之何？'孟子曰：'执之而已矣。''然则舜不禁与？'曰：'夫舜恶得而禁

---

① 杨志华：《黑尔克服道德冲突的道德论证法及其局限性——一个基于环境伦理的考察》，《湖南师范大学社会科学学报》2019 年第 6 期。

② （宋）朱熹撰：《四书章句集注》，北京：中华书局，1983 年版，第 146 页。

之？夫有所受之也。''然则舜如之何？'曰：'舜视弃天下犹弃敝蹝也。窃负而逃，遵海滨而处，终身䜣然，乐而忘天下。'"（《孟子·尽心上》）这则材料也颇有值得品鉴的况味。在这则材料中，孟子的弟子桃应向孟子抛出了一个更加富有戏剧性与挑战性的情境——舜的父亲瞽瞍杀人犯罪，执法者皋陶得知了这一点；面临此情境，身为一国之君的舜应当何去何从？对此，孟子为舜提供了一种虚构性的处理方式：像扔掉破鞋一样丢弃天下，私自偷偷地背着父亲出逃，依海而居，终身逍遥，欣然忘记天下。在此过程中，舜虽然自始至终都没有阻止皋陶逮捕他的父亲，但是仍然发挥了自身的主观能动性，尽力避免了这种情况的发生。

无独有偶，《孟子》中还有一则关于舜的材料，可以在很大程度上视为对"舜窃负而逃"的延续与补充："万章曰：'舜流共工于幽州，放驩兜于崇山，杀三苗于三危，殛鲧于羽山，四罪而天下咸服，诛不仁也。象至不仁，封之有庳。有庳之人奚罪焉？仁人固如是乎——在他人则诛之，在弟则封之？'曰：'仁人之于弟也，不藏怒焉，不宿怨焉，亲爱之而已矣。亲之，欲其贵也；爱之，欲其富也。封之有庳，富贵之也。身为天子，弟为匹夫，可谓亲爱之乎？'"（《孟子·万章上》）在这则材料中，舜虽然通常对不仁之人严惩不贷，但是对自己"至不仁"的弟弟象网开一面，甚至为其提供了封地，只是"象不得有为于其国，天子使吏治其国，而纳其贡税焉"（《孟子·万章上》）。对此，孟子的倾向显然是赞同与称道。

由《论语》与《孟子》中的这几则材料所体现出的内在一致性来看，道德两难在儒家那里典型表现为家国冲突。无论"亲亲相隐"的案例，还是"舜窃负而逃"的案例，其核心涉事者都面临明显的家国冲突。具体来说，面对犯罪的父亲，儿子所扮演的不同伦理角色使其受到不同道德原则的约束，而不同的道德原则又促使其面临不同的选择。一方面，作为父亲的儿子，涉事者应当遵守孝悌原则或者"家"原则，也就是要爱护父亲，对父亲尽孝心，包庇其犯罪行为，帮助其开脱。另一方面，作为国家礼制体系中的子民乃至君王，涉事者则应当遵守礼制原则或者"国"原则，也就是要诚实守法，秉公执法，举报父亲，逮捕父亲，甚至大义灭亲。于是，究竟遵守"家"原则还是"国"原则，到底选择包庇父亲还是逮捕父亲，成为一个严峻无比的问题。这在于，无论遵守哪一种道德原则，都必然意味着对另一种道德原则的违背；

不是舍家为国，就是舍国为家，无论哪一种选择都要付出道德代价——这就是所谓的家国冲突。而儒家所揭示出的这种家国冲突，在一定程度上甚至构成了中华民族几千年来反复面临的道德两难的一个原型与缩影；它可能具体表现为忠孝冲突、仁义冲突、公私冲突与内外冲突等多副面孔与多种形式。另外，值得注意的是，由于相较来说，"国家礼制体系中的公民"这一伦理角色在社会上具有更大程度上的普遍性、一般性与均衡性；也就是说，"父亲的儿子"这一伦理角色具有更大程度上的特殊性、具体性与差异性；所以在一定程度上，"国"原则对人们具有更加广泛的约束力。并且，在伦理实体的意义上，国家也显然比父亲要宽泛得多。因此，家国冲突在某种意义上也可以被解释为特殊性道德原则与普遍性道德原则的冲突，是对特殊性道德原则与普遍性道德原则的冲突的一种反映。

二、经权相济：儒家对道德两难的化解方案

面临家国冲突的道德两难，儒家的化解方案在直观层面上表现为舍国为家。比如，在"亲亲相隐"的案例中，孔子几乎是毫不犹豫地对儿子袒护父亲的行为表示了明确的支持与赞许，也就是标榜了父慈子孝的"家"原则，同时在一定程度上默许了此情形对诚实守法的"国"原则的违背。再如，在"舜窃负而逃"的案例中，孟子的处理方式也十分耐人寻味。他其实并没有直截了当地否定"国"原则的有效性，也就是没有让舜动用君王的强权比如豁免权直接对皋陶的执法行为横加干预。对此，朱熹的笺注是："皋陶之法，有所传受，非所敢私，虽天子之命亦不得而废之也。"[1] 于是，孟子采取了一种机智巧妙、圆滑又不失勇气的处理方式——让舜舍弃君王的尊位，从而在一定程度上推卸或者削减该伦理角色对其施加的道德重担。如此一来，家国冲突似乎在潜移默化间被规避甚至消解了。然而，事实并非如此。应当指明，舜即使不再是一位君王，也仍然是一位国家礼制体系中的子民或者某种意义上的"公民"；作为其朝代的"公民"，同时作为瞽瞍的儿子，舜其实从未也从不可能真正置身于家国冲突之外。而他"窃负而逃"——此举无疑与"亲亲相隐"

---

① （宋）朱熹撰：《四书章句集注》，北京：中华书局，1983年版，第359页。

具有本质上的一致性。由此看来，"家"原则在孟子心目中同样具有更加沉实的分量。综观孔子与孟子这两位一代大儒对家国冲突的处理与态度，可以作出初步的归纳：儒家在面临家国冲突时，往往会倾向于赋予"家"原则以优先性甚至至上性。

表面上看，儒家对家国冲突的处理方式似乎无他，正是舍国为家。然而，如果真的仅仅将舍国为家视为儒家对道德两难的化解方案的全部内容，就在一定程度上低估了儒家的伦理学潜质与蕴含，或者对其进行了简单化与扁平化的处理。从长远层面与宏观层面来看，这对于以儒家为代表的中华传统文化的评价与发掘也未必有益。事实上，舍国为家也许仅仅是一个表层现象；在此现象的水下，应当还潜藏着一种深层的、立体的实践智慧可供提炼却未被充分提炼，这种实践智慧就是"经权相济"的一般性方法论。关于"经"与"权"的含义与关联，可以参见《论语》："子曰：'可与共学，未可与适道；可与适道，未可与立；可与立，未可与权。'"（《论语·子罕》）所谓"适道"，就是通道、达道或者得道；所谓"立"，就是持道、守道；无论"适道"还是"立"，都属于经的范畴，也就是对普遍性道德原则的遵守；所谓"权"，则是权衡、变通或者调适。至于经与权的关联，由"可……未可……"句式所隐含的转折性来看，应当在一定程度上是一种对立关系。这一点正如《春秋公羊传》的界定："权者何？权者反于经，然后有善者也。权之所设，舍死亡无所设。行权有道，自贬损以行权，不害人以行权。"①（《春秋公羊传·桓公十一年》）由此看来，经是常道，权在很大程度上是对经的反拨与背离。尽管如此，由于"有善者"，所以权又具有无可否认的价值；尤其是在面临特殊性道德原则与普遍性道德原则的冲突也就是面临道德两难的时候，权便更加显得不可或缺。在此基础上，可以作出大致的概括：所谓经权相济，就是以经为本，以权为辅；以经正权，以权补经；守经而用权，实现经与权的辩证统一，从而为伦常秩序的维系提供保障，为道德两难的化解奠定基础。

关于经权相济的具体运用，可以从《孟子》中的又一则经典材料那里探知蛛丝马迹："淳于髡曰：'男女授受不亲，礼与？'孟子曰：'礼也。'曰：'嫂溺，则援之以手乎？'曰：'嫂溺不援，是豺狼也。男女授受不亲，礼也；

---

① 黄铭、曾亦译注：《春秋公羊传》，北京：中华书局，2016年版，第105页。

嫂溺，援之以手者，权也。'"（《孟子·离娄上》）在这则材料中，面对淳于髡狡黠的诘问，孟子在某种意义上秉承了儒家对家国冲突一以贯之的处理方式——舍国为家。同时，他在无形中透露了更加丰富的处理细节。通过这些细节不难获悉，儒家虽然以经为本，也就是强调对普遍性道德原则比如对"国"原则的遵守，但是在普遍性道德原则与特殊性道德原则比如与"家"原则发生冲突的情况下，儒家未必恪守教条，而是善于变通，辅经以权，以权补经。事实上，究竟如何守经，这在一定程度上是不言而喻的，问题的关键在于如何行权也就是何以"行权有道"。关于权的行使，孟子提供了至少三点提示。首先，面临道德两难的道德主体应当预判不同选择的实质与后果。比如，在孟子看来，"嫂溺，援之以手"的实质是对特殊性道德原则的遵守与对普遍性道德原则的违背，其后果是凌越了礼法而挽救了亲人，由此，道德主体将仍然不失为胸怀恻隐之心的君子。反之，"嫂溺不援"的实质则是对普遍性道德原则的遵守与对特殊性道德原则的违背，其后果是迎合了礼法而丧失了亲人，由此，道德主体将与禽兽无异。其次，道德主体应当斟酌比较不同后果的优劣轻重与损益得失，从而为不同的选择确立一个合乎道德理性的价值序列。比如，在孟子看来，"嫂溺，援之以手"的后果，显然比"嫂溺不援"的后果更加优越，也就是具有更大程度上的总体效益。最后，道德主体应当根据此价值序列作出一个最佳选择，该选择虽然可能是对普遍性道德原则的违背，但是由于预期能够带来较大价值增量，所以未尝不具有行为正当性。以上三点，大致就是权的基本步骤①。

由此看来，在经权相济的运用中，权不是任意的，而是存在至少三点基本前提。第一，道德主体必须面临难以规避的道德两难，而不能与道德两难无涉或者面临虚假的道德两难。第二，道德主体必须预见善的后果，而不能预见恶的后果或者对后果毫无判断。第三，道德主体必须心存善的目的，而不能怀有恶的企图。在这些前提中，前两点是根据权的基本步骤所作出的简单推断，第三点则是根据经的基本精神所作出的适当补充——它们都值得被反复推敲与申明。在很大程度上，儒家对道德两难的化解方案正是经权相济，通过对经权相

---

① 关于权的步骤，可参见沈宝钢：《解决道德冲突：孔孟的方案》，《哲学动态》2022 年第 9 期。

济的一般性方法论的具体运用，儒家为家国冲突找到了一种有其历史合理性的处理方式——舍国为家。而由经权相济的基本前提来看，舍国为家在儒家那里显然不能被视为一个偏狭利己的草率决定，而应当被视为一个在迫不得已的情况下通过智慧与善意作出的勇敢抉择。

三、边界意识：儒家化解方案的评价准则

在明确了儒家对道德两难的化解方案之后，关于它的评价便成为一个无法回避的重要问题。这主要有两点原因。第一，对儒家化解方案的评价在一定程度上牵涉到以儒家为代表的中华传统文化在人们意识中的存在样态与未来走向。第二，儒家的化解方案本就不仅是一个事实问题，而且是一个价值问题；确切地说，是事实与价值的统一。因此，人文研究如果只面向事实问题而无视价值问题，也就丧失了应有的人文关怀。何况在学界的那场著名公案中，人们对后者似乎抱以更大的兴趣。也就是说，真正的分歧未必是关于儒家化解方案的认知问题，而是关于它的评价问题。因此，在恰如其分的评价准则的指引下，对儒家的化解方案进行恰如其分的评价，这一点是理所应当的。

毋庸置疑，儒家对道德两难的化解方案有其历史合理性。只要对孔子与孟子所处的历史语境有所了解，就自然会承认这一点。关于孔子与孟子所处的历史语境，有两点需要澄清的基本事实。第一，孔子与孟子生活于先秦，先秦社会是典型的封建农业社会，封建农业社会的国家机器是建立于大量零散的家庭基础上的。只要承认此事实，就不难得出一种合乎当时实际的认识——有家才有国，无家则无国，对家庭秩序的疏治引导是建立良性国家秩序的重要渠道与前提。第二，先秦社会总体来说处于诸侯割据与军阀混战的动荡局面中，整体国家秩序受到严重冲击以至于濒临崩溃，这一点从混乱的家庭秩序中就有所体现。如果说孔子所生活的春秋尚有礼法的微弱残余，那么孟子所生活的战国就是彻底的礼崩乐坏。对此，《孟子》中多有记述，比如"狗彘食人食而不知检，涂有饿莩而不知发"（《孟子·梁惠王上》），"世衰道微，邪说暴行有作，臣弑其君者有之，子弑其父者有之"（《孟子·滕文公下》），"争地以战，杀人盈野；争城以战，杀人盈城"（《孟子·离娄上》），等等。由如此的历史语境来看，面临家国冲突的道德两难，儒家通过经权相济选择了舍国为家。这一

点与《诗经》中的"刑于寡妻，至于兄弟，以御于家邦"（《诗经·大雅·思齐》①）以及《孟子》中的"老吾老，以及人之老；幼吾幼，以及人之幼。天下可运于掌"（《孟子·梁惠王上》）等表述所体现出的推己及人精神明显是相吻合的。进一步说，儒家的这一宏观构想与总体路线，在历史上也无疑取得了一定成效，在一定程度上使中国两千多年的封建历史得以在一套相对同一的、没有显著中断的治世体系中平稳运行②，并且逐渐积累起了源远流长并且有别于西方的家文化。退一步说，假如采取另一种处理方式——舍家为国，那么可以想见，父子相互告发、亲人彼此残害将可能成为一种普遍现象，由此，良性国家秩序的建立更如同天方夜谭——这显然为儒家所不愿。因此，一言以蔽之，舍国为家，在儒家那里不是重私轻公、重家轻国，而是一种富有弹性与韧性的迂回策略，在某种意义上可谓"曲线救国"。

由此看来，儒家对道德两难的化解方案有其根植与适用的历史语境。也就是说，它既是其来有自的，又是行之有效的。甚至直到今天，其所内蕴的智慧也就是作为一般性方法论的经权相济——对于人们的道德实践也仍然不乏借鉴价值。既然如此，儒家对道德两难的化解方案就有其历史合理性，就应当得到尊重、承认与肯定，至少应当是无可厚非的，而不应当被严厉地斥责为"腐败的温床"③。诚然，从现代人的视角来看，舍国为家已经未必恰当，这在很大程度上是因为现代性浪潮已经使孔子与孟子所生活过的这片土地"换了人间"，将普遍的个人观念与平等的法律主体观念镌刻在每个人的心中。然而，在以现代的目光打量历史的时候则应当格外慎重与警惕，对每一个轻易敲定的判断不无怀疑，有时不妨保持适度的缄默。在一定程度上，我们也许不应当在对自身毫无省思并且在对历史毫无理解的情况下以现代的尺度机械地衡量中国古代先哲与中国传统文化，把今天才逐渐形成的、仍然处于发展与变化中的并且仍然有待检验的价值准绳作为先验的、普遍的与绝对的标准，反过来强加于历史，对历史横加指责。否则，就未免有些傲慢、苛刻与居高临下，就在很大

---

① 程俊英、蒋见元：《诗经注析》（下），北京：中华书局，1991年版，第773页。

② 郭齐勇主编：《儒家伦理争鸣集——以"亲亲互隐"为中心》，武汉：湖北教育出版社，2004年版，第65页。

③ 郭齐勇主编：《儒家伦理争鸣集——以"亲亲互隐"为中心》，武汉：湖北教育出版社，2004年版，第895页。

程度上违背了解释学的同情原则，就会发生语境上的错位、断裂与偏离，就会发起游离于语境之外的无效指控。进一步说，我们也许更不应当对现代问题进行一种似是而非的"上溯"与"追责"，让历史现象为现代问题"背锅"。这主要有两点原因。第一，如此的做法在一定程度上是一厢情愿而缺乏现实根据的。即使儒家对道德两难的化解方案可以被暂定为与"腐败"挂钩，其"腐败"对于今天的腐败又能有多少实际影响？今天的腐败者都是因为饱读儒家经典而走上了犯罪道路吗？第二，如此的做法可能具有一定程度上的危险性，比如可能"推卸今人的责任"①，掩饰问题的真正根源。事实上，与其将今天的腐败归咎于儒家，毋宁从现代社会的权力失衡与结构性失调中正面地寻求问题的真正症结与有效对策②。这一点在孟德斯鸠、卢梭与阿克顿等政治哲学家与历史学家那里已经有非常周密的论述，比如阿克顿就道过一句令我们耳熟能详的智慧隽语："权力导致腐败，绝对的权力导致绝对的腐败。"③

因此，如果对儒家化解方案的评价存在某种准则，那么该准则应当是一种建立在历史主义基础上的"边界意识"。事实上，在一定程度上，边界意识不仅是对儒家化解方案的评价准则，而且可以被推而广之，成为对包括中国传统文化与中国现代文明在内的中国诸般人文景观的一般性评价准则。所谓边界，就是存在者与存在者之间的界限；所谓边界意识，则是一种对存在者与存在者之间的界限的自知、自省与自觉。具体来说，边界意识要求人们在评价中国人文景观时尽量做到"让传统的归传统，让现代的归现代"。一方面，应当将对中国传统文化的评价严格地限定在传统视阈内。这意味着，应当尝试理解中国传统文化的根据与来源，对中国传统文化自觉抱有较大程度上的"温情与敬意"，正如钱穆先生的告诫："所谓对其本国以往历史略有所知者，尤必附随一种对其本国以往历史之温情与敬意。"④ 同时，应当意识到，至少不否认中国传统文化的历史性，明确其中的部分内容未必能够被直接"搬"到现代，也就是在一定程度上可能已经完成了其历史使命。另一方面，应当将对中国现

---

① 郭齐勇主编：《儒家伦理争鸣集——以"亲亲互隐"为中心》，武汉：湖北教育出版社，2004 年版，第 19 页。

② 郭齐勇主编：《儒家伦理争鸣集——以"亲亲互隐"为中心》，武汉：湖北教育出版社，2004 年版，第 556-557 页。

③ ［英］阿克顿：《自由与权力》，侯建等译，北京：商务印书馆，2001 年版，第 342 页。

④ 钱穆：《国史大纲》，北京：商务印书馆，1994 年版，扉页。

代文明的评价尽可能维持在现代语境中。这意味着，应当在现代的时间、空间与社会条件中直面事情本身，积极探索中国现代文明的实质与出路。同时，可以适度从中国传统文化中发掘仍然不乏参照价值的可再生资源，对其进行辩证的"扬弃"，努力助其完成"创造性转化"与"创新性发展"。这一点正如习近平总书记的号召："要坚持古为今用、以古鉴今，坚持有鉴别的对待、有扬弃的继承，而不能搞厚古薄今、以古非今，努力实现传统文化的创造性转化、创新性发展，使之与现实文化相融相通，共同服务以文化人的时代任务。"① 在一定程度上，唯有如此，我们才能以诚笃的目光正视我们的历史与现代，以坦荡的胸怀走向宏阔的未来。

结　语

综上所述，道德两难在儒家那里典型表现为家国冲突。面临家国冲突，儒家通过对经权相济的一般性方法论的具体运用，赋予"家"原则以优先性甚至至上性，从而化解了道德两难。此方案的实质与诉求是在一个国家秩序濒临崩溃的封建农业社会中，从对家庭秩序的疏治引导入手，由源及流、循序渐进地建立与巩固一种以家庭和睦为先在要义的良性国家秩序。因此，此方案在儒家那里不是重家轻国，而是一种迂回策略，在某种意义上是"曲线救国"。在对此方案乃至中国诸般人文景观进行评价时，应当遵循一种建立在历史主义基础上的边界意识：一是将对中国传统文化的评价严格地限定在传统视阈内，二是将对中国现代文明的评价尽可能维持在现代语境中。总体来说，就儒家对道德两难的化解进行深入发掘与正本清源，将为道德两难这一人类共同困境的超越贡献中国方案，同时为中国特色伦理学的建构以及文化与历史自信的深化提供助益。

最后，应当指明，虽然儒家对道德两难的化解方案曾经一度引发争议，但是对美好生活的追求与向往是儒家以及儒家的赞扬者与批评者们所共享的实践逻辑。因此，该逻辑在很大程度上构成了将三方沟通与凝聚起来的核心纽带。

---

① 习近平：《在纪念孔子诞辰 2565 周年国际学术研讨会暨国际儒学联合会第五届会员大会开幕会上的讲话》，《人民日报》2014 年 9 月 25 日第 2 版。

具体来说，不仅儒家对道德两难的化解方案是以美好生活的创造为终极旨归的，儒家的赞扬者抑或批评者们也都是在各自心目中的美好生活图景下展开对儒家的赞扬或者批评的。在此意义上，我们不妨在一种更加宽和、更加积极、更加强调建构性的理论氛围中推进对儒家伦理的探讨。这种氛围要求我们在对儒家伦理的合理评价的基础上进一步将思想推向地平线；在这种氛围的规定与提示下，儒家伦理对于人们的美好生活究竟还可以创造何种价值、产生何种影响，以及具体应当如何助其完成"创造性转化"与"创新性发展"，使其与当代文化以及现代社会发生可喜可观的同频共振——便成为下一步亟待解决的问题。

论孔子"无为而治"的政治思想及启示[*]

秦 晓^{**}

【摘要】"无为而治"是《论语》中孔子对舜的评价，也是孔子政治思想的体现。历史上对孔子"无为而治"思想有两种诠释路径，汉唐学者肯定舜"任贤使能"的政治才能，以朱熹为代表的宋明学者阐发舜"修己敬德"的道德品质，均从不同角度阐明了孔子的这一政治思想。根据《尚书》《论语》和《孟子》对舜的记载，表明孔子将"无为而治"的评价用于舜的历史依据，舜的政治思想及实践既符合孔子"为政以德"的仁爱理念，也凸显孔子对圣人仁智双全的期许和"克己复礼"的现实关怀。孔子"无为而治"的政治思想，具有政治道德化的特点，肯定道德化的政治行为能够为建构良好的社会秩序提供价值引领。在社会治理方面注重行为者的才干和能力，强调统筹协调和分工合作的实操方法能够高效处理社会问题。注重以德治国和依法治国的有效结合，对孔子"无为而治"的政治思想进行创造性转化，确属当今政治哲学理论和实践亟须探索的时代课题。

【关键词】孔子；无为而治；舜；政治思想；德才兼备；启示

孔子作为儒家学派的创始人和中国传统文化的代表，其思想和智慧不断被

---

* 基金项目：国家社会科学基金项目"先秦儒家政治哲学研究"（项目编号：15XZX006）、陕西省教育厅哲学社会科学重点研究基地项目"先秦儒家政治角色与政治行为研究"（项目编号：15JZ075）。

** 作者简介：秦晓，西北大学中国思想文化研究所博士研究生，研究方向：先秦思想史。

后人阐发和诠释，对孔子"无为而治"的政治思想，学界也在不断研究和讨论①。本文结合学界研究成果，从孔子"无为而治"思想的内容、目的和启示三方面对其进行分析。从内容来说，历史上对孔子"无为而治"思想有两种诠释路径，汉唐学者肯定舜"任贤使能"的政治才能，以朱熹为代表的宋明学者阐发舜"修己敬德"的道德品质，均从不同角度阐明孔子的这一政治思想的内容。从目的来说，根据《尚书》《论语》和《孟子》对舜的记载，表明孔子将"无为而治者"的评价用于舜的历史依据，舜的政治思想及实践既符合孔子"为政以德"的仁爱理念，也凸显孔子对圣人仁智双全的期许和"克己复礼"的现实关怀。从启示来说，孔子"无为而治"的政治思想，具有政治道德化的特点，肯定道德化的政治行为能够为建构良好的社会秩序提供价值引领。在社会治理方面注重行为者的才干和能力，强调统筹协调和分工合作的实操方法能够高效处理社会问题。在当今时代的语境下，充分发掘孔子德治思想的内涵，注重以德治国和依法治国的有效结合，对孔子"无为而治"的政治思想进行创造性转化，确属当今政治哲学理论和实践亟须探索的时代课题。

一、孔子"无为而治"思想的内容

就目前所见文献来看，"无为而治"首先出现于《论语·卫灵公》："子曰：'无为而治者，其舜也与？夫何为哉？恭己正南面而已矣。'"② 此章主要表达孔子对舜治理方式的高度评价，认为舜能够通过"无为而治"达到天下太平。杨伯峻翻译为："自己从容安静而使天下太平的人大概只有舜吧？他干了什么呢？庄严端正地坐朝廷罢了。"③ 从字面意思来说此翻译较为恰当，但要深入分析则必须综合考量前贤今哲的观点。学者们最大的分歧在于对"无

① 学界对孔子"无为而治"思想的研究，可参阅高连福：《孔子"无为而治"政治思想及其国家治理价值》，《山东大学学报》（哲学社会科学版），2016年第4期。王海成：《儒家"无为而治"思想的理论特质和当代意义》，《学术交流》，2016年第3期。刘全志：《孔子眼中的舜"无为而治"新论》，《中国哲学史》，2013年第1期。唐少莲：《"无为而治"何以可能——儒家的治道理想及其合理性论证》，《广西师范大学学报》（哲学社会科学版），2012年8月第4期。王志东：《孔子的政治理想与无为而治》，《湖南大学学报》（社会科学版），2006年第2期。
② （清）刘宝楠撰：《论语正义》，高流水点校，北京：中华书局，1990年版，第615页。
③ 杨伯峻：《论语译注》，北京：中华书局，2017年版，第229-230页。

为而治"四字的解读，主要有两种代表观点：一种是以汉唐学者为代表，将"无为而治"解释为"任官得其人"。另一种是以宋儒朱熹为代表，以"德盛而民化"① 诠释"无为而治"。

汉唐学者将"无为而治"看作舜凭借任贤使能而达到的一种治理效果，侧重于对舜为政能力的赞扬，这种观点在《论语》中有相应的话语印证。"舜有臣五人而天下治"（《论语·泰伯》）说明舜通过选用贤能达到天下治理的目的。子夏说："舜有天下，选于众，举皋陶，不仁者远矣。"（《论语·颜渊》）子夏从舜选贤与能的角度也分析了舜达到"无为而治"的原因，之后的《大戴礼记·主言》记载"昔者舜左禹而右皋陶，不下席而天下治"②，在汉唐期间这种解释得到普遍认同。例如董仲舒在《贤良对策》中说："舜知不可辟，乃即天子之位，以禹为相，因尧之辅佐，继其统业，是以垂拱无为而天下治。"③ 董仲舒明显侧重于对舜选用贤能方式的肯定。王充在《论衡·自然》中说："舜、禹承安继治，任贤使能，恭己无为而天下治。"④《三国志·楼玄传》引孔子言并说："所任得其人，故优游而自逸也。"⑤ 何晏《论语集解》也把"无为而治"的原因解释为"言任官得其人"⑥。以上诸家都强调舜通过任用贤能的方式达到"无为而治"的良好治理效果，这成为诠释孔子"无为而治"的第一种代表观点。

另一种对"无为而治"的诠释兴起于宋代，如《论语注疏》中邢昺说："夫舜何必有为哉，但恭敬己身，正南面向明而已。"⑦ 此处强调"无为而治"的关键在于"恭敬己身"，从而将诠释路径转向自身德性的修养和完善。这一解释在朱熹《四书章句集注》中得以发扬和引申："无为而治者，圣人德盛而

① （宋）朱熹：《四书章句集注》，北京：中华书局，2016 年版，第 163 页。
② 王聘珍撰，王文锦点校：《大戴礼记解诂》，北京：中华书局，1983 年版，第 3 页。
③ （东汉）班固：《汉书》，北京：中华书局，1962 年版，第 2508-2509 页。
④ 黄晖：《论衡校释》，北京：中华书局，2017 年版，第 911-912 页。
⑤ （晋）陈寿撰，陈乃乾校点：《三国志》，北京：中华书局，1959 年版，第 1455 页。
⑥ 引自程树德撰，程俊英、蒋见元点校：《论语集释》，北京：中华书局，1990 年版，第 1063 页。
⑦ （魏）何晏注，（宋）邢昺疏：《论语注疏》，北京：北京大学出版社，1999 年版，第 208 页。

民自化，不待其有所作为也。"① 朱熹强调圣人的德性修养，注重"敬德之荣"②，虽然在注解中朱熹也看到了"得人以任众职"的一面，但他将诠释的重点引向道德修养，密切关注圣人道德品行的示范作用，由此二人将"恭己"解读为修己敬德，认为舜通过修养德性达到治理的目的。朱熹等人的这种看法尽管没有遵从汉唐诸儒的理解，但在《论语》中也能找到相应的证据。以孔子为代表的儒家对道德修养高度重视，将其看作统治者治理天下的内在根基，"为政以德，譬如北辰，居其所而众星共之。"（《论语·为政》）强调为政者要用道德仁爱来修养自身和治理国家。"修己以敬""修己以安人"（《论语·宪问》）通过自身道德提升达到以德执政的目的。为政者自身修养的高超能够作为社会榜样和模范，对民众有示范和引导作用，所以《论语》中说："上好礼，则民莫敢不敬；上好义，则民莫敢不服；上好信，则民莫敢不用情。"（《论语·子路》）为政者通过道德修养引导民众形成良好的道德品行，以此达到治理的目的。由此可见朱熹等人的诠释并非没有文献和思想方面的依据，朱熹之所以将"无为而治"解释为"德盛而民自化"正是着眼于圣人道德教化的应然效果，侧重于圣人德性修养的核心地位，强调道德在政治中的重要作用，这也合于朱熹本人对《论语》的阐释。在注解《为政》篇"为政以德"时朱熹说"为政以德，则无为而天下归之"③，其将道德作为"无为而治"的手段和阶梯，凸显以德为主的政治理念。

以上梳理两种对孔子"无为而治"的诠释观点目的在于通过历史上动态的解释过程彰显孔子思想本身的丰富性。对于"无为而治"的解读，以汉唐学者为代表的观点认为是"任贤使能"的为政方式，而以朱熹为代表的学者则倾向于德性修养的应然效果。一个侧重于为政措施和风格的描述，另一个侧重于道德自律的良好治理状态，可以说均体现了孔子"无为而治"思想的内涵。现代有学者已将这两种观点综合，例如孙钦善在《论语新注》中说："一是'为政以德'，孔子继承先贤的思想，强调为政必须以修身为本……另一层

---

① （宋）朱熹：《四书章句集注》，第 163 页。

② 可参阅乐爱国：《朱熹解〈论语〉"无为而治"》，《中州学刊》，2019 年第 3 期，第 100—106 页。

③ （宋）朱熹：《四书章句集注》，第 53 页。

意思是善于举贤，群臣分职。"① 纵观《论语》全书，孔子对历史人物的评价具有史实支撑和儒家的价值立场，孔子将"无为而治者"用于舜身上，有其自身的现实目的和历史依据。

二、孔子"无为而治"思想的目的

"无为而治"虽首见于《论语》，但其思想蕴含着丰富的社会和历史因素。就社会现实来说，孔子生活在"礼坏乐崩"的春秋末期，对于社会局势的巨大变化有着深刻的洞察和反思。春秋末期表现为"礼乐征伐自诸侯出"（《论语·季氏》）的无道政治局势，面对周代礼乐文化即将解体的残破局面，孔子高呼："周监于二代，郁郁乎文哉！吾从周。"（《论语·八佾》）孔子极力主张继续保持延续周代繁盛的礼乐文化精神，以礼为核心价值将个人与社会的发展联系起来。面对季氏僭越礼制的做法，孔子毫不客气地抨击，"八佾舞于庭，是可忍也，孰不可忍也？"（《论语·八佾》）"不学礼，无以立"（《论语·季氏》）在孔子心中"礼"② 代表着政治伦理和社会伦理的核心价值，也关乎着治国与修身的统一，破坏"礼制"意味着稳定和谐价值体系的动荡。由此，孔子对礼进行了重新阐释，将"仁"作为一种唤醒因子注入文化传统中，以期通过仁道重新激活礼制的生命力，达到"修己以安百姓"（《论语·宪问》）的治世局面。

据《孟子·滕文公下》记载孔子曾经编订过《春秋》，"世衰道微，邪说暴行有作，臣弑其君者有之，子弑其父者有之。孔子惧，作《春秋》"③。孔子对周代命运和前途怀有强烈的忧患意识，在现实社会中他难以见到遵循周礼的良好行为，更多的是对周礼的无视和破坏，对于当时的为政者，孔子未称许为圣人，而是说"圣人，吾不得而见之矣"（《论语·述而》）。由此，孔子将目光投入到历史深处去寻找伟大人物的光辉。在《论语》一书中孔子盛赞尧、

---

① 孙钦善：《论语新注》，北京：中华书局，2018年版，第348页。钱穆在《论语新解》中也比较模糊地表达了类似的意思，"任官得人，己不亲劳于事。恭以自守，南面莅朝，群贤分职，己只仰成"。引自钱穆：《论语新解》，北京：读书·生活·新知三联书店，2011年版，第372页。

② 《论语·乡党》篇对孔子行礼有详细的描述。

③ 杨伯峻：《孟子译注》，北京，中华书局，2012年版，第164-165页。

舜、禹、周公等人，"子曰："巍巍乎！舜禹之有天下也而不与焉。'""子曰：'大哉尧之为君也！巍巍乎！唯天为大，唯尧则之。荡荡乎！民无能名焉。巍巍乎其有成功也，焕乎其有文章！'"（《论语·泰伯》）这两章对尧舜禹的赞扬溢于言表。孔子说："甚矣吾衰也！久矣吾不复梦见周公！"（《论语·述而》）周公是鲁国的始祖，也是周代盛世文化的代表，周公是孔子敬仰的圣人之一，孔子把梦见周公作为社会有希望的征兆，说明周公在孔子心目中的崇高地位，反映了他向往周代礼乐社会的政治理想，但"久矣吾不复梦见周公"正表明孔子所处时代衰微的特征。孔子的主张得不到实行，更加增强了他对以往圣人的"思慕"，舜作为其中之一，孔子特许为"无为而治者"，有其自身的历史渊源。

从历史上来说，舜作为传说时期的人物得到后代的推崇由来已久。作为上古时期杰出的统治者，其事迹被不断发掘和引申。《尚书·尧典》对舜的领导才能有较为详细的描述，"三载考绩，三考黜陟幽明，庶绩咸熙"[①]，舜对于臣下的为政能力和效果有明确的考核要求，并且形成了相当的规范程序。从《尧典》中舜发布命令的内容来看，他对社会治理和臣下的分职都有清楚的认识，而且依据每人的才干任命不同的职务，做到分工明确、知人善任，例如舜肯定禹治理洪水的功绩，"俞，咨，禹！女平水土，惟时懋哉！"（《尚书·尧典》）禹通过疏导的方式平息洪水取得成功，舜予以高度评价。舜任命皋陶作为狱官，"女作士，五刑有服，五服三就；五流有宅，五宅三居。"（《尚书·尧典》）制定刑法，赏善罚恶，除暴安良，稳定社会秩序。这些都说明舜对于臣下能力有清醒的认识和判断。汉唐时期对孔子"无为而治"思想的解读和《尚书·尧典》中的论述颇为一致，"任贤使能"正是舜为政的突出特点。此外，《尚书》也体现了舜高尚的道德品质，其中记载了舜的家庭情况，说舜的家庭成员表现为"父顽，母嚚，象傲"（《尚书·尧典》）舜生活在一个极为糟糕的家庭中，但在恶劣的生存环境中舜锻炼了自己的品德，展现出高尚的道德情操，舜通过孝的品德和行为使得全家和睦安定，淳厚善良。而且舜主张通过道德教化来引导民众，形成"直而温，宽而栗，刚而无虐，简而无傲"（《尚书·舜典》）的良好品质，这都说明舜对道德品行的自律要求和

① 杨筠如：《尚书覈诂》，西安：陕西人民出版社，1959 年版，第 29 页。

实践。

　　孟子对舜高尚的道德品行也有细致的刻画，在孟子心中舜是道德理想主义的化身，孟子通过"窃负而逃"和"封之有庳"两件事情对舜赞誉不已，二者都体现舜道德品行的内在自足性。"窃负而逃"树立了舜可以为父亲而"弃天下犹弃敝屣"（《孟子·尽心上》）的仁孝形象，相对于天下的权力地位来说道德的完善是第一位的。"封之有庳"则表明舜处理政治和伦理问题灵活权变的特点，舜将有庳封给自己顽劣的弟弟而没有杀害他，充分说明舜对于血缘亲情的在乎，但有鉴于象恶劣的品行，舜要求象"不得有为于其国，天子使吏治其国而纳其贡税焉"（《孟子·万章上》），这无疑是权衡政治和道德的结果。纵观舜的行为都是以道德修养的崇高自觉来要求自己，无怪乎孟子要高度赞扬舜的道德自律："舜之居深山之中，与木石居，与鹿豕游，其所以异于深山之野人者几希；及其闻一善言，见一善行，若决江河，沛然莫之能御也。"（《孟子·尽心上》）舜对于善言善行的追求是主动自发的，这种对道德品质孜孜不倦的追求，正是道德理想主义的充分写照。以上事例说明舜能够通过道德自觉引导民众，实现社会治理的良好局面，并且这种道德修养出自自我意志的选择，并非外在强制的结果。这种自发性的道德精神由内而外，由家庭到社会，由个人到群体，通过道德心理和行为的"递推"，形成"以德治国"的价值理念。舜"以德执政"的实践和智慧，合于朱熹等人将"无为而治"解读为"修己敬德"的主张。

　　通过以上分析可知孔子"无为而治"思想来源于对现实的关怀和对历史的追溯，其中将"无为而治者"用在舜身上有历史事迹的支持和印证。通过对《尚书》《论语》和《孟子》等文献的梳理可知舜体现出儒家追求仁智双全的圣人形象，舜的事迹展示了儒家对圣人"德才兼备"的期许，也符合孔子"克己复礼"的政治追求和仁德的政治理念。孔子"无为而治"不是空泛的言论而有丰富的历史意味：一方面舜在执政能力上体现出"任贤使能"的智谋和才干，另一方面在道德修养上展示出"道德自律"的修养和品质。

三、孔子"无为而治"思想的启示

　　孔子对舜的评价集中在"任贤使能"和"为政以德"两方面，从选贤任能和道德修养肯定舜作为"无为而治者"的崇高，其主要目标是为了孔子心中良好政治秩序的"重建"。在回答何为良好的政治秩序这个问题上，孔子将目光投向伟大的历史人物，主张"人能弘道"（《论语·卫灵公》）体现儒家重视人的优良传统，期望通过圣人德才兼备的突出领导能力带领社会走向繁盛。在对周政日渐崩溃的惆怅中，孔子探寻出上古圣人和周代礼乐文化的精神内核，从人的作用出发高扬道德政治的示范功效，通过推举仁智双全的舜展示儒家对政治理想人物的期许和对理想政治局面的"重塑"。孔子高度赞扬道德治国，但却并非没有看到在通往以德治国的路途中还需要充分重视人的为政能力和智慧。在对良好政治秩序的规划中孔子不断从传说和历史人物身上探寻政治经验和教训，在儒家仁德理念的指导下，仁智双全、德才兼备是孔子对政治行为者的最佳期待。

孔子一方面特别重视政治人物的德性修养，强调"其身正，不令而行；其身不正，虽令不从"（《论语·子路》）。为政者的道德水平具有重要的示范作用，这种"身正"本于"为己"①的道德自发性的精神，通过知行的配合将一己之仁德推广至他人和社会，这无疑是对周礼精神的"唤醒"。另一方面，孔子也认为领导人物须在政治能力方面出类拔萃，特别是在选贤任能和知人善任上要做到明察秋毫。例如孔子询问子游作为武城宰选举人才的情况，子游说："有澹台灭明者，行不由径，非公事，未尝至于偃之室也。"（《论语·雍也》）澹台灭明秉公守正，子游正是通过"行不由径"等小事察觉此人品行端正，说明为政者知人的重要性。另外，孔子有见于舜"恭己正南面"的政治智慧，高度肯定舜通过选拔人才任职恰当的岗位，实现人尽其才的政治清明景象。综合来看，孔子既推许政治人物的道德品行，又看重其为政能力，从道德修养和政治素质两大方面对舜"无为而治"进行了阐释。孔子之所以特许舜的"无为而治"，主要着眼于舜道德品质的崇高和对臣下"任贤使能"的考察，这两方面在舜身上得到圆满的展现。孔子"无为而治"的思想对于现代政治治理有重要的参考价值。

首先，从政治哲学角度来说，孔子以道德为准则的政治理念能够为现代政

---

① 《论语·宪问》说："古之学者为己，今之学者为人。"钱穆解释此章说："孔子所谓为己，殆指德行之科言。为人，指言语、政事、文学之科言。孔子非不主张学以为人，惟必有为己之本，乃可以达于为人之效。"引自钱穆：《论语新解》，第348页。

治提供价值上的思考。现代政治哲学关心政治应当如何的问题，将现实政治问题上升到价值层面理解。韩水法说："政治哲学……研究作为它们根据的观念，或者说价值；就此而论，道德哲学与政治哲学有着某种共同的基础。"① 探寻政治的价值和规范是政治哲学的应有之意。诺齐克说："道德哲学为政治提供基础和界限。人们相互之间可以做什么、不可以做什么的约束，也限制着人们通过一种国家机器可以做的事情，或者为建立这样一种机器可以做的事情。"② 道德为政治提供边界意识和约束，为人类的行为编织道义的"围栏"。达尔也说："政治哲学的特殊贡献就在于它曾特别关注价值、规范和标准的信念。"③ 可以看出人们对道德与政治的关系问题自古及今思索良多，道德与政治的关联颇深，政治哲学必须关注道德价值带来的诉求和信念，明确政治的理想和边界，突出道德在现代政治中的应然作用。

孔子从价值层面论述"为政以德"的核心地位，将"无为而治"作为实现道德理想的方式之一，通过对舜道德品行的描述，弘扬"德治主义"的传统，这是一种道德化政治的主张。道德既是个人自觉之事，也是社会应当遵循的规范，孔子认为从个人到社会皆有一以贯之的价值理念即"德"，儒家之德强调个人品行修养和道德境界提升，是现实层面的关怀，这与道家特别是老子主张的"德"④ 有所不同。孔子通过继承周代"德礼体系"的内在价值对为政者作出道德品质的要求，"君子怀德，小人怀土"（《论语·里仁》），"君子之德风，小人之德草"（《论语·颜渊》）从价值层面对君子、小人作以区分，这种区分直指社会正义的价值诉求，通过对道义的推崇，强调"义利之辨"⑤ 的必要性，这也是孔子推崇舜"无为而治"的目的所在，这种对道义的弘扬能够为现代社会追求公正、正义提供启示。例如罗尔斯论述政治的首要价值在

---

① 韩水法：《什么是政治哲学》，《中共中央党校学报》，2009 年 2 月第 1 期。

② ［美］罗伯特·诺齐克：《无政府、国家与乌托邦》，何怀宏等译，北京：中国社会科学出版社，1991 年版，第 13 页。

③ ［美］罗伯特·A.达尔：《现代政治分析》，王沪宁、陈峰译，上海：上海译文出版社，1987 年版，第 170 页。

④ 道家之"德"来源于对道的体认，道赋予万物以"德"，而且在《老子》中"德"的地位很高，"尊道贵德"是老子对"德"的理解。由此可见，道家并非将德仅限于人的道德品行领域，而是将目光扩展到万物层面，在一定程度上来说，道家的"德"相当于儒家的"性"。

⑤ 《论语·里仁》说："君子喻于义，小人喻于利。"孔子对君子和小人做了根本区分，从价值追求来说二者是截然不同的。

于社会正义，在其《正义论》中说："正义是社会制度的首要价值，正像真理是思想体系的首要价值一样。"[①] 在孔子那里将个体之德扩展延伸，形成由个人到社会的道德同心圆，彰显由德达义的良好社会秩序。虽然个人道德不一定会塑造良好的社会秩序，但道德自觉是良好社会内部的必然价值追求。从这点来说，孔子通过"无为而治"带来的道德价值思考，不仅对于政治人物本身有参考意义，也对社会成员有内在德性的引导作用。

其次，从社会治理的操作层面来讲，孔子"无为而治"思想强调"任贤使能"和德才兼备也有实操价值。现代社会治理的复杂性和多元化对每个治理部门提出艰巨的挑战。政治、经济、医疗、教育、科技、社会诸方面需要有条不紊，在井然有序的诸环节中稍有差池，严重者会导致大范围的波动和影响。这就要求现代社会一方面在选拔任用人才方面要知人善任，合适的人放到恰当的岗位，做好社会分工，形成较为完备的人才储备和应用程序。另一方面则需为社会培养建设人才，根据个人禀赋开展合适的教育，做好进入社会的预备工作，这也是"任贤使能"的职责所在。孔子明确主张因材施教，在《论语·为政》"子游问孝""子夏问孝"中孔子根据学生不同的特点进行指导。朱熹《四书章句集注》引程颐的话说："子游能养而或失于敬，子夏能直义而或少温润之色。各因其材之高下，与其所失而告之，故不同也。"[②] 这种教育策略为社会人才选拔提供育人基础，能够更好地配合社会各项工作的开展，合力达到良好的治理效果。"无为而治"在实操层面上注重社会成员管理实践能力的培养和锻炼，既考验管理者对于社会人才的公正选拔和任用，也关注行为者在具体岗位上的创造和发展，在"人尽其才"理念的指导下，高度重视教育的适应性和个性化问题。从社会治理的效果来看，孔子"无为而治"思想有利于社会整体的稳定发展。

以上从政治哲学和社会治理两方面略论孔子"无为而治"思想对当今社会发展的启示。可以看出，孔子"无为而治"的理念不仅是传统中国的政治智慧，也可以将其智慧应用于现代政治管理上，以丰富当代政治思想的内涵和维度，在"视域融合"（Horizontverschmelzung）中探寻更多的可能性和现代意

---

① ［美］约翰·罗尔斯：《正义论》，何怀宏等译，北京：中国社会科学出版社，1988年版，第1页。

② （宋）朱熹：《四书章句集注》，第56页。

义，充分理解孔子"无为而治"思想的丰富性和启示性。

四、余论

综上所论，本文通过分析孔子"无为而治"思想的内容入手，综合探究其思想的历史和社会因素，通过解读《尚书》《论语》和《孟子》中舜的形象说明孔子将"无为而治者"的评价用于舜的历史依据和现实目的。本文认为孔子"无为而治"的政治思想一方面阐发舜"修己敬德"的高尚道德品质，另一方面展现其"任贤使能"的政治才能，这既符合孔子"为政以德"的政治理念，也凸显其对圣人仁智双全的价值期许。孔子这一思想在政治哲学和社会治理诸方面具有广阔的诠释空间，在政治哲学方面强调道德自发性的政治行为能够为建构良好的社会秩序提供价值的引领；在社会治理方面注重统筹协调和分工合作的实操方法能够高效处理社会问题，并在个人禀赋开发和创新上能够做到"因材施教"和人尽其才。可以说，孔子"无为而治"思想是一座丰富的精神宝库，通过返本开新的智慧启示，能够为当今乃至未来人类的发展"指点迷津"。

孔子"无为而治"思想凸显人作为政治行为者的作用和价值，这种政治智慧是中国"人能弘道"思想的体现，强调政治行为者的自觉性和责任感，也是现代社会政治治理应该着重践行的理念。顾立雅说："与那种由强制手段所支配的社会恰恰相反，在一个由（有限度的）自由行动者组成的协作社会中，个人是至高无上的。社会不过是组成它的个人的总和，然而，如果其中的重要部分是缺乏道德的，这个社会就是很危险的。这样，孔子就以个人为开端，强调了自省、道德修养和教育的必要性。"① 在社会治理中，孔子强调由个人的道德修养出发扩展为社会整体的礼仪规范，期望为政者能够严以自律，达到"天下为公"的理想状态。孔子对季康子说："政者，正也。子帅以正，孰敢不正？"（《论语·颜渊》）孔子认为一个没有道德的领导者从根本上来说就是恶劣的，为政者须从正己开始。孔子提倡学贵为己，努力追求个人道德境

---

① ［美］顾立雅：《孔子与中国之道》（修订版），高专诚译，郑州：大象出版社，2014 年版，第 133 页。

界之完善，所以说"苟志于仁矣，无恶也"（《论语·里仁》），社会个体需要形成自觉的道德意识并努力践行，道德的内在性是任何社会不可缺少的价值存在，是人向善的内在基础。

从政治哲学的角度看，孔子"无为而治"的思想是一种主张"贤能政治"① 的学说，彰显了对人道德及能力的肯定和弘扬。圣人具有最高和最完备的能力，不仅制礼作乐，而且是社会伦理规范的表率，因而圣人也具有崇高的使命感和责任感。在孔子心中只有圣人才能成为天下之王，而圣人又是道德完善全美的象征，是天下是非的标准，孔子所主张的尚贤使能已经超越了单一的以人为任的"人治"政治，而是要在历史的变迁中寻求稳定的治理理念和措施，将儒家德治的内涵渗透到现实政治生活之中。以舜为代表的"圣王"也已超越了对某一个历史现实人物的效法，而是综合前代统治者优良的道德品质和践行能力，是对历史经验的高度总结。孔子主张效法舜的"无为而治"，透露出其在寻求儒家王道政治一惯性的基础上，结合现实环境进行理念整合的创新之途，在儒家德治主义的延续性中体现出"经""权"辩证关系的深邃思考。

当然，在对孔子"无为而治"的政治思想的诠释中，需要将孔子所提倡的道德进行合理分疏，明确公德和私德的不同领域，注意道德和政治内在的张力和限度，将依法治国和以德治国进行有效的结合。李泽厚说："孔学极重道德，如前所说，它将政治、伦理、宗教三者交融混合在道德之中……如何从孔学教义中注意这一问题，并进而区分开宗教性私德和社会学公德，使之双水分流，各得其所，从而相反相成，范导建构，似为今日转化性创造一大课题。"② 注重公私之分和古今之变，将孔子的道德化政治的主张进行创造性转化，确属当今政治哲学理论和实践亟须探索的时代课题。

---

① 关于儒家"贤能政治"的研究，可参阅干春松：《荀子与儒家贤能政治传统的转变》，收入氏著《制度儒学》（增订本），北京：中央编译出版社，2017年版，第36-63页。

② 李泽厚：《论语今读》，北京，中华书局，2015年版，第17页。

慧开《无门关》的生活儒学解读

王 硕*

【摘要】《无门关》具有一定史料性质，但按"史料"的标准评判，该作品价值不高，甚至编排混乱，也许正因为如此，国内学界对《无门关》研究较少；《无门关》具有一定的文学价值，但又不能按一般的文学标准评判；虽然禅宗崇尚不拘一格，但，即使把《无门关》放在其所属的禅宗文化内来看，它也仍然是种"另类的存在"。《无门关》的智慧为一般人所不解，是因为《无门关》的中心思想没有在健全且清晰的观念层级上充分展开，此处，如果引入当代"生活儒学"的视域架构，则有助于对《无门关》的理解，尤其是以"生活儒学"对《无门关》最核心的思想"无"进行观念层级分析，具有基础存在论的意义（而且比海德格尔的基础存在论更深刻），在此基础上进一步分析《无门关》的"心""佛"观念，特别是"诗"的观念，就能逐步展露出《无门关》在清奇古怪的外表下真正想表达的精神。

【关键词】禅宗无门关；黄玉顺"生活儒学"；基础存在论；诗；情

一、《无门关》的成书因缘、体例分析、作者简介

黄龙慧开（1183—1260），后人或称"无门慧开"，南宋临济宗僧人，俗

---

* 作者简介：王硕，长清区委党校中级讲师，山东大学易学与中国古代哲学研究中心中国哲学博士生。

姓梁，杭州人，嗣法于月林师观，在月林师观的指导下，苦参"无"字六年，一日闻斋鼓声而豁然悟道，后主持过多方名刹，晚年被宋理宗召入选德殿说法，并赐号"佛眼禅师"；其思想被其日本弟子——良兴国寺的开山祖师觉心（1207—1298）带回日本弘扬①，并因此产生了日本法灯派②。

慧开的代表作是《禅宗无门关》，简称《无门关》。此书由来如下：宋理宗绍定元年（1228年）夏，因有僧人向慧开请教禅理，慧开就在古人的公案集中摘出了一些片段，随机讲解……如是几番研讨之后，把相关内容抄录在一起，不知不觉即已成集，准备年底出版，恰好皇帝的生日就在次年正月初五，已经很近了，于是慧开干脆把这部新作呈给皇帝祝寿，他介绍说："绍定二年（1229）正月初五日，恭遇天基圣节（即宋理宗的生日），臣僧慧开预于（绍定）元年（1228）十二月初五日，印行拈提佛祖机缘四十八则，祝延今上皇帝圣躬万岁……"这"四十八则"是慧开的弟子弥衍宗绍编辑的。注意：这正是《无门关》与其他禅宗公案集的一个重大区别——其他的禅宗公案集，"作者"与"编者"这两个概念的所指没有什么本质区别，而《无门关》一书的"作者"和"编者"是明确进行不同工作的。其他的禅宗公案集，往往只是"汇编类文献"：只是记录历史上的禅师的生平主要事迹，包括其师承、参学方式、悟道机缘、传道过程、弥留之际等等，在这种创作方式（或者说只是"记录方式"）之下，"作者"就是"编者"，进一步说，这类文献多数只有"编者"而没有更高标准意义上的"作者"，因为编者做的是搜集材料、记录汇编的工作，而罕有"原创情节"，由于他们参考、采用的原始资料（尤其是文献类资料）基本上是一样的（因为禅宗历史上比较著名的人物与其主要事迹是既定的），所以许多公案集读起来大同小异，主要区别在于史料的丰富程度不同；然而《无门关》一书中，慧开的"个人发挥"比较多，他不满足于仅仅记录汇编，而是对每一则公案都做出自己的评价，甚至做评价的篇幅比纪实部分的篇幅还要长，例如《岩唤主人》《倩女离魂》《洞山三斤》《牛过窗棂》③等等；而弥衍宗绍的作用是将上述"四十八则"编辑成书进行流通，

---

① ［日］西村惠信讲解，（宋）慧开著，弥衍宗绍编：《〈无门关〉漫步》，李玉梅译，海口：海南出版社，2017年10月第1版，"致读者"第1页。
② 刘怡凡：《〈无门关〉佛性思想研究》，厦门大学2019年硕士学位论文，第10页。
③ 以上均为《无门关》一书中各个章节的名字。

因此说，慧开既是《无门关》的作者，又是《无门关》的编者，而弥衍宗绍仅仅是编者；而其他禅宗公案集往往只有编者。《无门关》中的公案，例如：

> 牛过窗棂
>
> 五祖曰："譬如水牯牛过窗棂，头角四蹄，都过了。因甚么尾巴过不得？"
>
> 无门曰：若向者里颠倒着得一只眼，下得一转语，可以上报四恩，下资三有。其或未然，更需照顾尾巴始得。
>
> 颂曰：
>
> 过去堕坑堑，回来却被坏。
>
> 者些尾巴子，真是甚奇怪。（《无门关》第三十八则）①

这段文字分为四部分：第一部分是标题《牛过窗棂》（《无门关》之中每一则的标题都是四个字来反映主题的）；第二部分是五祖问话；第三部分是"无门曰"那段，是慧开对上述公案的评价；第四部分是"颂曰"往下。第二、三、四部分，分别叫作"举古""拈古""颂古"。其中第三部分"拈古"又叫作"拈则""拈语""拈提"（慧开自述之中就把这些称为"拈提佛祖机缘四十八则"）。《无门关》共四十八则，每一则都是这种格式，其中，每一则的第四部分有的是通俗的打油诗，有的相对文雅一些，这一部分既有慧开原创的，也有他直接引用的古诗、偈语之类（如第二十四则，"颂曰"之下是云门文偃禅师的作品），四言、五言、七言都有，还有的颂是长短不一的句式，如《大力量人》前三句为七言，最后一句为四言。

可见，《无门关》的体例，仅第二部分是"事实判断"，第三、四部分都是"价值判断"。如果读过《五灯会元》《祖堂集》《宋高僧传》《比丘尼传》《居士传》等传记类公案集，我们再读《无门关》，就能明显感到差异：如这段故事中，主人公是历史上的禅师五祖，但直接讲他本人事情的居然只有一句话，反而是作者慧开评价的篇幅更长；而且，按常规思维，记叙某个古人的事

---

① ［日］西村惠信讲解，（宋）慧开著，弥衍宗绍编：《〈无门关〉漫步》，李玉梅译，海口：海南出版社，2017年10月第1版，第172页。

迹，如果全文只有一句话（如上文这个例子），那么这句话应该是交代这个古人的生卒年、籍贯、平生功绩、谥号。如，由于墨子的相关信息传世比较少，所以《史记》中对墨子的记录仅有二十四个字："盖墨翟，宋之大夫，善守御，为节用。或曰并孔子时，或曰在其后。"①既然这记叙极短，就要交代最重要的信息：姓名（墨翟）、国籍（宋）、职业（大夫）、特长与代表思想（善守御，为节用），哪怕生卒年不清楚，也要写一个大致的时代（或曰并孔子时，或曰在其后）。不仅古代的史书或禅师传记通常以这几项为必备，当代我们向别人介绍某人、填写简历或在电脑网络上搜索某人的时候，基本信息也是姓名、出生年月、籍贯、学历、职称、爱好特长……然而《牛过窗棂》连这些最基本的信息也几乎没有——有读者会认为，这则公案中起码讲清楚了故事的主人公是"五祖"，实则不然："五祖"一不是主人公的法号，二不是他出家前的俗家姓名，三不是去世后的谥号（即这则故事其实连主人公叫什么名号都没提及），最严重的问题是，第四，"五祖"这个称呼会引起误解，因为不同门派有各自的第五代祖师，即便在同一个大的传承谱系内部也有不同的"论辈分"的标准，所以历史上不止一个"五祖"，而其中最著名的"五祖"是弘忍，所以多数读者看到此处的"五祖"首先想到的是弘忍，但是这则公案中的"五祖"恰恰不是弘忍，而是法演——也就是说，整个这个公案讲完之后，读者可能连讲的是谁都不知道。对于这种问题，司马迁的解决方式就是把同一个称呼所指的不同的人全都列举出来，然后把他们每一个人所对应的史料分别归纳到所对应的不同的人那里，尽量让读者明白，例如他把历史上有可能是老子的几个人都记录进《老子韩非列传第三》，而且讲清楚了这几个人的区别②。但《牛过窗棂》之中，作者并未解释不同的"五祖"分别指的是谁。不仅《牛过窗棂》如此，而且《无门关》每一则公案大致都如此；虽然某些公案比《牛过窗棂》多透露了一些公案主人公的信息（如，法号、门派等），但《无门关》总体上不屑于讲这些。

正如上文所说，若文字极短，交代的肯定是作者认为最重要的信息，《无门关》的作者也必定认为祖师们流传下来的能启迪人智慧的禅语才是最重要

---

① （汉）司马迁著：《史记》，北京：中华书局，2006年6月第1版，第457页。
② （汉）司马迁著：《史记》，北京：中华书局，2006年6月第1版，第394页。

的，反之，执着于生卒年就违背了佛家"了生脱死"的精神，执着于籍贯则违背了佛家"跳出火宅"的精神，执着于谥号则违背了佛家"看破名利"的精神。《祖堂集》《五灯会元》《宋高僧传》之类的文献虽然也是佛家的，但在这方面比较坚持"佛法不离世间法""世出世间两相得便"的精神，尽量交代清楚每位禅师的时代、籍贯、俗家姓名、所在寺庙、谥号等等，《无门关》则打破了这种约定俗成的规则。

二、《无门关》的几大特征与研究价值

（一）《无门关》的特征（与其他禅宗公案集比较）

《无门关》与其他禅宗公案集相比，最显著的特征就是不以史料记叙为主，反以作者"评唱"为主。上文已讲，此不赘述。

第二，由上一章的体例可见，《无门关》中每则公案有四字标题，但《无门关》中各章标题与其他禅宗公案集中的标题大异，后者每一章节的标题即以所记录的主人公的称呼来命名，例如《五灯会元》中的标题包括《白云守端禅师》[①]、《保宁仁勇禅师》[②] 等；《宋高僧传》中的标题包括《唐京兆慈恩寺义福传》[③]、《大宋庐山圆通院缘德传》[④] 等；《祖堂集》中的标题包括《慧能和尚》[⑤]、《芙蓉和尚》[⑥]、《白马和尚》[⑦] 等；而《无门关》四十八则之中仅仅《大通智胜》《大力量人》是这种取名方式，从语言学上说，上述这些标题普遍是定语修饰主语，或单独一个名词作主语（如"大通智胜"其实是经中记载的一位佛的名号），而《无门关》中很多标题是完整的"主谓宾"结构，例如《香严上树》《世尊拈花》《赵州洗钵》《奚仲造车》《德山托钵》《南泉斩猫》等，这些标题之中虽然也提到了故事的主人公，但普遍不是正式的称呼，例如"赵州""德山""南泉"都是用地名来指代高僧，相比之下，《五

---

① （宋）普济撰：《五灯会元》，北京：中华书局，1984 年 10 月第 1 版，第 1232 页。
② （宋）普济撰：《五灯会元》，北京：中华书局，1984 年 10 月第 1 版，第 1236 页。
③ （宋）赞宁撰：《宋高僧传》，北京：中华书局，1987 年 8 月第 1 版，第 197 页。
④ （宋）赞宁撰：《宋高僧传》，北京：中华书局，1987 年 8 月第 1 版，第 316 页。
⑤ （南唐）静、筠二禅师撰：《祖堂集》，北京：中华书局，2007 年 10 月第 1 版，第 124 页。
⑥ （南唐）静、筠二禅师撰：《祖堂集》，北京：中华书局，2007 年 10 月第 1 版，第 766 页。
⑦ （南唐）静、筠二禅师撰：《祖堂集》，北京：中华书局，2007 年 10 月第 1 版，第 780 页。

灯会元》《宋高僧传》《祖堂集》这类文献的章节标题上，对主人公的称呼更正式、更完整，例如上例《大宋庐山圆通院缘德传》，把朝代、地区、寺院名称、法号全提到了，信息非常完整。《无门关》之中甚至还有大量的标题对于主人公完全不提及，如《平常是道》《不思善恶》《离却语言》《他是阿谁》《不是心佛》《即心即佛》等。如果把其他禅宗公案集中的那种"传记式"的标题套用到《无门关》中的章节来理解，就会摸不着头脑，例如《无门关》之中有一则标题为《倩女离魂》，难道这一则公案的主人公是"倩女"？当然不是。"倩女离魂"只是这一则公案中高僧为了启发弟子们思考而引用的故事。同理，《牛过窗棂》的主人公也不是牛。

取题目的区别导致了另一个区别：其他禅宗公案集往往是按"传记式"的写作，把同一个人的事迹全都记在同一篇章之中，虽然其他篇章之中也许也会出现这个人物，但不是作为主人公出现，例如禅宗六祖慧能的生平事迹就记录在他自己的那一章节，而在讲他的弟子的章节中虽然也会提及他，但仅仅是"提及"；反之，《无门关》之中，每则独立故事各成一章，所以，如果某位历史上的禅师生平有许多故事，《无门关》之中就会在不同章节反复出现同一个主人公，例如《无门关》第一则《赵州狗子》、第七则《赵州洗钵》、第十一则《州勘庵主》、第三十一则《赵州勘婆》、第三十七则《庭前柏树》，主人公都是赵州和尚；第二十七则《不是心佛》、第三十四则《智不是道》，主人公是南泉和尚；第十四则《南泉斩猫》、第十九则《平常是道》，主人公是南泉、赵州师徒二人……

《无门关》与其他禅宗公案类文献的第四个区别是：其他禅宗公案的章节顺序是按历史上时间先后来编排的，通常都是从释迦牟尼甚至比他更早的"过去佛"开始写，然后按照师徒关系一代一代地"捋下来"，从印度本土佛教发展写到佛教入华，从达摩到二祖、三祖……一直到沩仰宗、临济宗、曹洞宗等五宗并立。而《无门关》之中各章节不是按历史顺序写的，而是把唐宋时期中国禅宗的公案与南北朝时期达摩来华时的公案、轴心时代释迦牟尼在世时的公案穿插起来写的。

由上述第三、第四个区别导致了第五个区别：《无门关》之中几乎看不出人物关系，而其他禅宗公案集更注重人物关系梳理，例如把同一师承的几位禅师编写在一起，并且注明这是这一门派的第几代，就像《史记》之中的《本纪》《世家》。《五灯会元》之中就有"卷十九·临济宗·南岳下十一世·石霜圆禅师法嗣"这一类的标注①。其他禅宗公案虽然不像《五灯会元》那样标注得这么详细，但也比《无门关》更有"谱系"感。《无门关》大概是故意要让读者理不清人物关系，不仅书中没有人物关系提示，甚至把同一门派乃至同一师承的人物的故事全都穿插起来，例如，第十六则、第二十一则是云门宗的公案，第二十五则是沩仰宗的公案，第三十九则又是云门宗的公案，第四十则、第四十四则又回到沩仰宗，第四十八则同时讲曹洞宗和云门宗；甚至把同一个人的事迹都拆开，例如，某一章节讲了赵州和尚，往后几个章节完全是讲别人，与赵州和尚无涉，讲完那几个人之后，又回过头来再讲赵州和尚……

第六，《无门关》中相邻公案的衔接不仅不是按人物亲疏远近来编排的（见上一条），而且，也不是按"相同话题"来编排的，例如，有关"心"与"佛"这个话题，分布在第二十七则《不是心佛》、第三十则《即心即佛》、第三十三则《非心非佛》、第三十四则《智不是道》，中间隔了几则略微远一些（至少文中没直接体现"心""佛"字样）话题的公案。不知作者这样安排是否有意为之。

第七，《无门关》中每一则的篇幅普遍比其他公案传记短。这是因为《无门关》不是按照"史书"的模式来写的，而是仅记录只言片语就可以独立成章。

综上所述，如果用史书来做比喻，其他的禅宗公案更像《史记》那种"纪传体通史"，但是多数公案没有"太史公曰"那一段，而《无门关》的体例可视作"太史公曰"那一段居然比史料篇幅更长；进一步说，《无门关》更像《国语》《战国策》的写作方式：以某段话或某个矛盾点为核心而不是以人物为核心来编排章节。甚至《无门关》也不及《国语》《战国策》条理清晰，《国语》分为《周语》《鲁语》《晋语》等部分，《战国策》分为《秦策》《赵策》《齐策》等部分，能明显看出是按国别梳理汇编的；而《无门关》的章节排布无法按门派、人物、历史年代、共同话题等任何明显的标准来理解。开句玩笑说：和其他禅宗公案集或史书相比，《无门关》最大的特点就是"乱"——也许正因为如此，所以才以"无门"命名此书。

---

① （宋）普济撰：《五灯会元》，北京：中华书局，1984 年 10 月第 1 版，第 1229 页。

之所以出现上述现象，在一定程度上是因为该作品最早源自"现场教学"，是慧开根据别人的提问而做出的随口讲解的记录（见前文），所以自然而然地全书也就缺乏系统逻辑性。但这个原因并非绝对原因，试想：虽然此书源自随机摘录、口头教学，但事后，慧开及其弟子有足够的时间精力来整理这些内容，更何况该作品后来是作为给皇帝祝寿的礼物呈报给朝廷的，更需要严谨。如果慧开及其弟子愿意，完全可以也完全应该把该作品整理得更有系统逻辑性，至少应该把相同话题的公案编写在一起，但他们没有这样做（上述第六条特征）。其根本原因应该是佛家（尤其禅宗）"破执"的精神的作用，所以慧开及参与此书出版的弟子，没有执着于这些，也不希望读者执着于这些。

（二）《无门关》的研究价值与研究现状

从"研究禅宗公案"这个角度来说：相对于其他禅宗公案文献，《无门关》最大的价值就是充分体现了作者本人的思想，因为此书的重心在作者的评唱，而其他公案集重心在人物传记（详见前文，此不赘述）。

第二，《无门关》书中，慧开提出了一些颠覆性的观点，例如他认为马祖禅师与大梅禅师的对话会误导别人（"引多少人，错认定盘星"[①] ）；另一则公案中，慧开提出乾峰和尚与云门文偃都没有找到开悟之路……[②]而这些历史上的高僧大德，基本上都是只受后人赞誉的，后人多数不敢对他们做负面评判。

第三，《无门关》的作者编者虽然是临济宗的和尚，但此书选取的案例不局限在临济宗，而是涉及法眼、曹洞等宗，涉及云门宗尤多，视域比较开阔。

第四，《无门关》凸显了"无"的精神，不论是此书的标题还是书中的第一则公案，乃至于慧开本人于月林师观处的参学，均与"无"的精神密切相关；而且"无""空"等观念蕴含着丰富的东方智慧，是佛教入华时中印文化交流的一个关键焦点，也是当今较为前沿的哲学问题——基础存在论问题——的重要观念……也是本文要重点探讨的问题，下文会专门列一章阐述。

第五，《无门关》及其作者慧开在当时乃至历史上都有一定的影响力。慧开本人生前也主持过多所寺院，晚年被皇帝召入选德殿说法、祈雨，敕赐金襕

---

① ［日］西村惠信讲解，（宋）慧开著，弥衍宗绍编：《〈无门关〉漫步》，李玉梅译，海口：海南出版社，2017年10月第1版，第138页。

② ［日］西村惠信讲解，（宋）慧开著，弥衍宗绍编：《〈无门关〉漫步》，李玉梅译，海口：海南出版社，2017年10月第1版，第215-216页。

法衣与"佛眼禅师"的称号；就连他的日本弟子，在日本也具有国师的地位（法灯国师），而且此人把《无门关》也带回了日本，对日本佛教乃至于整个日本历史文化都产生了一定的影响，到江户时代，日本流布的有确定收藏者的《无门关》注释笔记（抄物）就有三十多种，并且《无门关》至今仍然是日本临济宗的三种基本教材①之一……此书还在欧美国家有所传播。慧开修行过的地区黄龙洞，至今也是名胜，许多人因仰慕慧开禅师而来参访黄龙洞。

第六，最根本的是：就《无门关》作为一部书而言，其"本职工作"做得很好，书自身很精彩，《无门关》是慧开向皇帝进献的，其文采、理论水平可见一斑，此书尤为凸显的亮点是那些轻松、简洁、幽默，甚至调皮的文句，使一代又一代的读者折服于它的另类魅力。

第七，国内学术界对此书的研究相对较少，研究《无门关》在一定程度上可以填补我国学术界相对薄弱的区域。

那么，为何这部具有一定研究价值的著作在我国无论历史上还是在当代的研究热度远不及它在日本的热度呢？我国研究此书较少，原因大概有这几方面：首先，若以"史料"的标准衡量此书，此书是十分失败的（见前文）；其次，若不以"史料"来视之，而是以是否有助于修行者实现禅宗式的顿悟为标准来看待此书，那么《金刚经》《坛经》都有类似作用，六祖本人就是学《金刚经》而顿悟的；进一步说，如果说读《无门关》可以引人破执，那么，完全可以反过来说读此书本身也是一种"文字执"……至于日本，当时作为"化外之地"，本身书籍文献就少，《无门关》哪怕有上述种种缺陷，那也是从天朝上邦传过来的高僧的教化，所以日本自古形成了重视《无门关》的传统。

三、黄玉顺"生活儒学"与《无门关》旨趣的会通性

近几十年来，学术界与民间文化界陆陆续续有许多人都提过"哲学/儒学要回归生活"，但本文说的"生活儒学"不是泛指的，而是特指黄玉顺教授提出的以"生活存在"为"大本大源"的观念层级架构。

不仅这几十年国内有"哲学/儒学要回归生活"的提法，而且，自从西方

---

① 另外两种是《临济录》和《碧岩录》。

出现"哲学终结了"的危机之后，西方文化界也就有了"让哲学回归生活"的思考，其实，自从人类思想中出现了"形而上—形而下"的架构，或者叫作"体—用"架构、"道—器"架构、"彼岸世界—世俗世界"的架构，人们就总是试图把这二者重新统一，包括古代就有"道在蝼蚁、道在屎溺""心、佛、众生了无分别"的说法，只是近现代这种打破"形而上—形而下"二元对立的意图更加明显了，如马克思、恩格斯把本体从形而上世界拉回物质生活，尤其是生产方式；再如尼采宣称"上帝死了"……黄玉顺教授"生活儒学"的提出，也体现了这种时代精神①。

按黄玉顺教授自己的说法，中国哲学/儒学，自清末民初就有了"生活论转向"与"情感论转向"，梁漱溟是先驱②，并且这一趋势被黄玉顺的师公冯友兰、导师蒙培元继承③，"生活"与"情感"这一类观念在传统的二元对立的哲学架构下是属于形而下器用层级的，如今却具有了一定的本源地位，然而，黄玉顺认为这种"生活论转向"与"情感论转向"仍不究竟，例如，黄玉顺梳理了梁漱溟意欲、生活、情感、文化等观念的关系，发现梁漱溟对此有些模糊，梁漱溟有时说"只是生活，初无宇宙"④，似乎以"生活"作为一切的本源，而有时似乎又以"意欲"为奠基源头，当然，如果站在梁漱溟的立场上进行辩护，可以说"生活"与"意欲"是统一的；但黄玉顺认为"意欲"具有先验主体的性质，而如果你从"本源"的层级上来理解"生活"，那么"生活"一定是前主体性的⑤。因此二者是不能够真正统一的。进一步说，大本大源只能是"生活"而不能是"意欲"。

黄玉顺的"生活"已经不仅仅是传统"形而上—形而下"二元对立下的

---

① 这也是笔者认为以黄氏"生活儒学"解读《无门关》具有合法性的理由之一，因为"生活儒学"与禅宗根本追求的大方向上具有一定的一致性：都希望解构传统形而上者的神圣性，超越形而上者对本源视域的遮蔽（破法执）；打破形上形下二元对立。

② 黄玉顺：《当代儒学"生活论转向"的先声——梁漱溟的"生活"观念》，《儒家思想与当代生活——"生活儒学"论集》，北京：光明日报出版社，2009年9月第1版，第149页。

③ 黄玉顺：《存在·情感·境界——对蒙培元思想的解读》，《儒家思想与当代生活——"生活儒学"论集》，北京：光明日报出版社，2009年9月第1版，第165页、169页。

④ 梁漱溟：《东西文化及其哲学》，北京：商务印书馆，1997年版，第56页。

⑤ 黄玉顺：《梁漱溟文化思想的哲学基础的现象学考察——重读〈东西文化及其哲学〉》，《面向生活本身的儒学——黄玉顺"生活儒学"自选集》，成都：四川大学出版社，2006年9月第1版，第337-353页。

形而下的一方了——虽然"生活"这个词听上去的感觉还是形而下的，并且近现代以来包括马克思、穆勒、杜威、李泽厚等哲学家都有些把形而上者拉回形而下世界的志愿或把形而下者赋予形而上者的地位的意图，但黄玉顺的"生活"其实是在形而上者、形而下者之外的第三方，这个第三方作为一切的本源，给出了形而上者与形而下者。而且这个"第三方"的说法其实是笔者为了便于读者理解而使用的"方便说辞"，严格来说，"生活"不是"第三方"，因为"第三方"的说法容易使人误解为"生活""形而上者""形而下者"三者是并列关系，其实后两者不仅由"生活"给出，而且永远在"生活"之中，也就是说其实并没有"三方"而只有"生活"这"一方"；进一步说，这"一方"也不存在，因为"某一方"这种表述是用于存在者的，实际上黄玉顺讲的"生活"是"无"，"无"就不可能是任何一方。

换言之，若粗浅地、略有误差地理解黄玉顺说的"生活"，可以理解为他构建了"生活"来统一形而上者、形而下者；但更精确的理解是，这不仅是"统一"而且是"解构"。

黄玉顺这一思路受到了海德格尔的启发——海德格尔也正是前文说的意图打破传统哲学范式时代的人物——海德格尔认为，传统西方哲学虽有"存在"的说法，但多数时候只在讲"存在者"，传统西哲的"存在论"不够究竟，未探及基础层面，未深刻体悟到"无"，所以海德格尔提出了以"无"作为最基础观念的"基础存在论"。

黄玉顺与海德格尔都认为传统西哲遮蔽了"存在（无）"与"本真语言（诗）"，例如，虽然黑格尔也提到过"无"①，并且在黑格尔整个思想体系中，"无"在逻辑上是最初步的概念之一，他在《哲学全书》的第一部《小逻辑》的第一篇《存在论》的第一章《质》的第一节《存在》就讲到了"无"，但是，"最初步的"可以按两个相反方向来解读，既可以解读为"最基础的"，也可以解读为"最低级的"，前者强调正面意义，后者强调负面意义，海德格尔、黄玉顺倾向于按前者来解读"无"，黑格尔倾向于按后者来解读"无"，黑格尔讲"无"只是配合"有"来讲"变易"②乃至"定在"③，他讲"定

---

① ［德］黑格尔著：《小逻辑》，贺麟译，北京：商务印书馆，2003 年版，第 192-200 页。
② ［德］黑格尔著：《小逻辑》，贺麟译，北京：商务印书馆，2003 年版，第 197-200 页。
③ ［德］黑格尔著：《小逻辑》，贺麟译，北京：商务印书馆，2003 年版，第 200 页。

在"也只不过是配合"存在"来讲"自为存在",由"存在→定在→自为存在"把"质"讲完,再由"自为存在"进入"量"的讨论,再由"质"与"量"的统一来讲"度",至此,"质→量→度"完成存在论内部的辩证,再从存在论过渡到本质论,然后存在论与本质论辩证过渡到概念论,概念论内辩证展开的三个阶段最终是理念,理念内部辩证展开的三个阶段最终是绝对理念,至此黑格尔的逻辑学构建完成,再辩证地过渡到自然科学,自然科学与逻辑学再辩证统一为精神哲学,精神哲学最终的阶段是绝对精神……这是一个层层递进、螺旋上升的体系,因此在这个体系中最早出场的"有"和"无"在这个体系中是地位最低的——就像宴席中最早上桌的菜往往只是开胃菜,后期上桌的才是正餐——这是因为黑格尔理解的"有"和"无"是"空疏的抽象概念"①,无法指谓形而下现实世界中的具体事物(即你在现实世界中拿不出一个"无"来),而黑格尔的思路是通过概念化地运作,由特殊到普遍,由形下到形上,由各个概念进行理论构建,最终达到终极形而上者。这不仅是黑格尔的思路,也是西哲传统上的主流思路,在这种思路之下,"无"被遮蔽是必然的,错把"存在者"当作"存在"也是必然的。同理,黑格尔对"语言"的理解也与东方的思想家(传统儒释道思想家以及现当代的蒙培元、黄玉顺等等)以及西方现当代思想家(如海德格尔、维特根斯坦等等)不同。黑格尔对语言的重视仅限于"语言……是思想的产物……具有普遍性……只能表示共同的意谓……凡不可言说的,如情绪、感觉之类,并不是最优良最真实之物……"②,也就是说,他看重的是概念化的语言,尤其是下定义,而不是诗,他对于无法进行准确概念化的事物以及不精确的诗化语言是忽视、蔑视的态度,而老子说"大音希声",孔子重视诗与音乐,推崇"天何言哉?四时行焉,百物生焉……"的境界,维特根斯坦对于不可言说之物是敬畏的,海德格尔重视荷尔德林的诗,蒙培元提出"情感儒学",黄玉顺注重情感、音乐、诗……这都与黑格尔的语言、情感的价值立场相反,与上述"无"的立场一样,黑格尔对于语言、情感的看法并非是他个人的见解,而是西方传统上的主流,包括中世纪的"实在论"与"唯名论"之争,都和西方传统语言观念有

---

① [德]黑格尔著:《小逻辑》,贺麟译,北京:商务印书馆,2003年版,第193–194页。
② [德]黑格尔著:《小逻辑》,贺麟译,北京:商务印书馆,2003年版,第71页。

关。然而"无言"也可诉说，可表达一种诗境的直观体悟，例如，某个午后，你睡足午觉醒来，精神正好，此时恰好你没有什么心事，推门出去，蓝天白云，阳光和煦，正好一阵微风迎面而来，你感到非常舒畅……此时不需要额外加上什么语言，这种情境中，你已经感受到了生活的美好，这就足够了，此时如果进行"主体性"的分析——例如，分析为什么我在这种阳光下微风中会感到舒适？阳光与微风这二者在我的感觉中各占百分之几？风力多少级？气温多少度？——这反而会把意境破坏了。如果一定要用语言来描述这种情境，那么应该用诗或诗化的语言，而非下定义的概念。

同理，黄玉顺也是用诗意的方式来解释"存在"的，海德格尔思想中非常重要的 sein，ontologie，existenzialismus 这三个词在德文中看不出词形上有什么关联，但译为中文正好是"存在""存在论""存在主义"① 这三个关联密切的词，这启发黄玉顺意识到中文的"存在"一词的重要性，他从文字训诂的角度分析了何为"存在"："存"与"在"的左上角都是"才"的变形，"才"原本为草木发芽之形象，引申为"初"，"存"是"才"+"子"，即为"人之初"；"在"是"才"+"土"，即为"大地之初"②；而且"存"这个字兼有"保持"与"感情"的含义，例如"存储""持存""温存""海内存知己"，于是"存在"则是"我与大地、草木共在，我感受着万物与我的本初生命力带给我的美好感觉"的情境，这可以体悟而难以下定义，若用语言来表达，适宜用诗这种模糊化的语言。但刚刚对"存在"的解释还是一种横截面式的，是场景的直接照面，还没有流动起来，而黄玉顺解释"生活"就流动了起来，"生"为草木发芽（与"才"接近），"活"为流水的情境，二者在儒学中都有根源，可以追溯到"生生之谓易"以及易学的时空观念。由此又联系到海德格尔对时间的重视，但黄玉顺比海德格尔多走了一步：虽然二人皆重视"诗""时间""人的生存"，但在海德格尔那里，这几项并未真正统一起来，时间是此在（dasein）在世的方式，但不是生存本身，诗又是单独讲的，而黄玉顺把这几项圆融统一了：他认为"生活即是存在"③，也即囊括了海德

① ［德］海德格尔著：《存在与时间》，陈嘉映、王庆节译，熊伟校，陈嘉映修订，北京：三联书店，1987 年第 1 版，第 495-501 页。
② 黄玉顺：《生活儒学讲录》，合肥：安徽人民出版社，2012 年 4 月第 1 版，第 24-26 页。
③ 黄玉顺：《生活儒学讲录》，合肥：安徽人民出版社，2012 年 4 月第 1 版，第 23 页。

格尔说的"人的在世""人的生存",而且"生活"的"活"本就有"时间性","生活"与"存在"本就是诗意的,是生机盎然、充满情趣的孔颜之乐。

前文说过,黄玉顺认为梁漱溟、冯友兰、蒙培元不仅代表了近现当代中国哲学界的"生活论转向",也代表了"情感论转向",而"存在"的"存"恰好与情感有关,由此,黄玉顺把其导师蒙培元的"情感儒学"拓展成了"情→性→情"的性情论三级架构,匹配"生活存在→形而上存在者→形而下存在者"的存在论三级架构,前一个"情"在前主体性本源层级,后一个"情"为后主体性,亦即平日里一般人理解的"情"。黄玉顺又把境界论也安置于此观念层级系统。如下表①:

\	存在		形而下存在者(万物)		形而上存在者(神性的→理性的)		存在	/
			形而下学	←	形而上学	←	源始观念	奠基关系
生成关系	生活感悟	→	形而下者	→	形而上者			
教化	诗教(情教)	→	书教礼教春秋教	→	易教(神教→理教)	→	乐教(情教)	
信仰				初阶	中阶	→	高阶	
境界	自发	→	自为			→	自如	

上述内容不仅是黄氏"生活儒学"的形成及其基本架构,而且也反映了"生活儒学"与《无门关》的精神的一致之处。第一,二者最根本的观念都是"无","生活儒学"视域下"存在"是"无",具有"大本大源"的地位,《无门关》不仅题目点明了"无",书中第一则公案中作者也说明本书的主题就是"无";第二,"生活儒学"重视情境,重视诗,而《无门关》四十八则公案每一则都以"颂古"诗结尾,甚至某些"颂古"的篇幅比"举古"部分还要长,而且诗是一种"本真语言"(海德格尔),其精神恰恰与《无门关》乃至整个禅宗是一致的;第三,"生活儒学"与《无门关》在超越形而上者这方面一致,"生活儒学"认为,即便某存在者具有形而上的地位,它也只是存

---

① 黄玉顺:《儒教问题研究》,北京:人民出版社,2012年8月第1版,第98页。

在者，而不具有本源地位，形而上存在者会遮蔽存在视域，《无门关》乃至于整个佛家都有"破法执"的精神；第四，《无门关》之中一些公案用黄玉顺的"观念层级架构"来解析会更加清晰——广义上的第四条贯穿于前三条之中："无""诗""情""形而上者"皆可置入"观念层级架构"来分析；而且，除了"无""诗""情"等观念之外，《无门关》中其他重要观念（如"佛""心""智"）也可以置入"观念层级架构"来分析。

有读者会质疑：以某个 21 世纪的儒学思想（而且还是受过西方哲学启发的儒学思想）来解读《无门关》，是否跨越太大？笔者的理由是：若因此而设定限制，那么历史上整个佛教传入中国的过程都会受影响，例如天台宗、唯识宗特别重视的"止观""静虑"，就是直接用儒家《大学》前半部分的几个关键词来翻译的，而且禅宗对于彼岸世界的解构，也与注重现世生活的儒家的启发有关（当然，更主要的是内部原因：佛家从根源上就具备极强的解构精神，如"三法印"），黄氏"生活儒学"这方面比古代儒家更甚，古代儒家虽然不像其他教派那么关注彼岸世界，但还保留着祭祀活动，而按黄氏"生活儒学"的思路，一切形而上者、彼岸世界全都是要被解构的，只有彻底地解构，乃至于达到"无"才体悟到了本源层级。这与禅宗颇有共鸣，禅宗即宗教而非宗教、即哲学而非哲学，虽然有人认为整个佛家文化都具备这一特征，但是不同宗派仍有区别，例如净土宗、密宗、律宗的宗教性就比较强，三论宗则比较有"纯哲学"的感觉，而无论宗教还是哲学，在禅宗这里都是要解构的，禅宗在人类思想文化史上是一种另类的存在，而《无门关》则是另类中的另类：禅宗虽然提倡解构，但一般禅宗公案集还是会注明禅师的生活年代、俗家姓氏、籍贯、谥号，而《无门关》连这些都抛弃了，甚至作者评唱部分比古人传记部分篇幅更长，甚至全书公案的编排把时间顺序都打乱了……如此另类的文献，须得用另类的治学方法，所以，用黄玉顺"生活儒学"来解读《无门关》既符合《无门关》自身的精神乃至于整个佛家的精神，又符合"生活儒学"的精神，还符合后现代的哲学大趋势。反之，如果因为"生活儒学"是 21 世纪中西比较过程中产生的儒学，就不敢用它来解读《无门关》，那么，这种执着名相、犹豫不决的态度，放到禅宗公案的情境中，就可能会被一顿棒喝。

四、"生活儒学"视域下《无门关》的"无"

(一)《无门关》文本中的"无"

《无门关》这个题目可以从三层理解:

第一层:"无门"一词本身也是人的名号,指本书的作者黄龙慧开禅师(书中"拈古"部分就直接以"无门曰"开始慧开禅师的评论),在这个意义上"无门关"可以理解为:"无门"这个人,他给读者设立的"关"。

第二层:按一般字面意义,"无门"就是"没有门",那么,连门都没有,这个"关"又怎能通过呢?以此表示禅宗高深,下乘根器者无门可入。

但这种理解中暗藏了一个转机:什么是"门"?门应该是先有了一个障碍物(比如一堵墙、一座山),然后在障碍物上打了一个洞口,这就是门;但是,为何要预设一个障碍物呢?这其实就是先设定了"身是菩提树,心如明镜台"(北宗神秀),所以下一步就只能"时时勤拂拭,勿使染尘埃",因而执着于修行的"门"了,所以,如果遇到"无门"的说法也就不知所措了——但是,这种预设本身是否就错了呢?现在我们跳出这种思维,不预设这种障碍物①,自然也就不需要我们去刻意地开通一个"门",连障碍物都没有那也就必然"无门"了,这种情况虽无门而处处是门。反之,若先预设障碍物再打通门,那么,如果门小了,仍难以通过,而本无障碍才是彻底通畅,也就是佛家说的"究竟解脱",并且,这种更通畅的情况反而比在障碍物上打通门更省事,因此,先前费心费力想在障碍物上打洞的意图和行动都没意义,所以佛家也有说法是:证果后就会发现,之前的修行其实也是一种"幻"②,所以根本不需要"时时勤拂拭"(神秀)。其实从哲学与物理学的角度看也是这个道理:任何事物都有可能被解构,毁灭,任何物体遇到比它密度、硬度更大的物体,

---

① 《圆觉经》也说"此无明者,非有实体",见《佛教十三经》,北京:中华书局,2010 年 11 月第 1 版,第 45 页。

② 此类说法在不同宗派发挥不同,例如《圆觉经》虽然认为俗世为幻,"依幻说觉,亦名为幻。若说有觉,尤未离幻",修行也是"以幻修幻",见《佛教十三经》,北京:中华书局,2010 年 11 月第 1 版,第 46 页,但此经并未因此否定修行,尤其后面几章,非常详细地列举渐修的法门。而禅宗某些情况下对该问题的态度就比较极端,至少在表达上,有时是完全否定修行的意义的。

在一定的加速度的作用下，都有可能被贯穿——所以理论上不存在不能打开门的障碍物，因此，绝对的"无门"只能是"无碍"。①

上述第二层理解已经体现出一定哲理了，但更深入的是第三层理解："无"本身就是门。

《无门关》全书贯穿着这一精神，如，全书第一则公案就提到：

赵州狗子

赵州和尚因僧问："狗子还有佛性也无？"州云："无！"

无门曰：参禅须透祖师关，妙悟要穷心路绝……且道，如何是祖师关？只是一个"无"字，乃宗门一关也。遂目之曰《禅宗无门关》。透得过者，非但亲见赵州，便可与历代祖师把手共行……

……通身起个疑团，参个"无"字，昼夜提撕，莫作"虚无"会，莫作"有无"会……于生死岸头得大自在……尽平生气力举个"无"字……

颂曰：

狗子佛性，全提正令。

才涉有无，丧身失命。（《无门关》第一则）②

这段文字解释了这部书题目的来由（遂目之曰《禅宗无门关》）——整部书就是参"无"，因为作者认为"无"是整个禅宗的重大问题（只是一个"无"字，乃宗门一关也），一旦参透了这个问题，不仅自身就达到了这则公案中主人公赵州和尚的境界，而且也达到了历代祖师的境界（非但亲见赵州，便可与历代祖师把手共行），虽然相对于佛家其他宗派，禅宗对于生死、彼岸世界的问题强调较少，但此处提到：一旦你参透了"无"，那就"于生死案头得大自在"。

然而，这则公案其实有一个严重的可质疑之处：故事中，某僧人问赵州和

---

① 其实可以把这一思路中的"门"换成"窗"，然后按这一思路来理解前文的《牛过窗棂》。

② ［日］西村惠信讲解，（宋）慧开著，弥衍宗绍编：《〈无门关〉漫步》，李玉梅译，海口：海南出版社，2017年10月第1版，第4页。

尚：狗有没有佛性？赵州和尚的答案却是"无"——严谨来说，这其实讲错了，因为该问题在佛家语境下是有"标准答案"的：《华严经》认为，心、佛、众生，了无差别；《法华经》认为，一切众生皆有佛性，皆可成佛；《涅槃经》认为，一切众生即是佛……也就是说，至少按"文本依据"和"字面意义"来说，赵州和尚答错了。

那么就产生了这样一个问题：赵州和尚为什么这样回答呢？难道他真的不知道标准答案吗？

《无门关》第四则①也提到了"无"，问："西天胡子，因甚无须？"此处"胡子"有两种理解：第一，"胡"指"胡人"，"子"为尊称（如"孔子"的"子"），"西天胡子"即为西域胡人；第二，"胡子"即当代日常口语中的"胡子"，此处相当于用"胡子"代指西域留胡子的人。这两种理解路径不同，但最终所指对象有重叠，因为西域胡人之中有不少就是留胡子的，而且，本文讲的"西天胡子"大概率指的是达摩（《无门关》第四十一则就用"老胡"称呼达摩②）。但奇怪的是，相传达摩是留胡子的，为何此处又说他"无须"呢？纵使此处"西天胡子"指的不是达摩，上面这句话也照样说不通：若按上述第一种理解，则可以反问，西域胡人多数是留胡须的，岂能说"无须"？若按上述第二种理解，则更明显是自相矛盾——胡须为什么没有须——这种提问方式本身就是违反常识的。

然而这种违反常识的说法，正是禅宗的"优良传统"，六祖慧能的"菩提本无树，明镜亦非台"也是这种表达——"胡须为什么没有须"不正是继承了"菩提树没有树"的范式吗？

《心经》也多次提到"无"："无眼耳鼻舌身意，无色声香味触法……"但为什么要说众生没有眼睛、耳朵、鼻子这些呢？为什么要说客观世界没有颜色、声音等等呢？

因为这一切可以理解为"不执着"。试想：那个僧人问赵州和尚狗是否有佛性的问题，那么他必定是已经知道了有"佛性"这个话题，并且知道历史

---

① ［日］西村惠信讲解，（宋）慧开著，弥衍宗绍编：《〈无门关〉漫步》，李玉梅译，海口：海南出版社，2017年10月第1版，第18页。

② ［日］西村惠信讲解，（宋）慧开著，弥衍宗绍编：《〈无门关〉漫步》，李玉梅译，海口：海南出版社，2017年10月第1版，第185页。

上对此话题的探讨（至少略微涉猎过），那么问题就来了：有关"佛性"这个话题最基础的知识点就是作为"标准答案"的"一切众生皆有佛性"，所以他怎么可能不知道呢？既然他知道，那么他为什么还要问赵州和尚呢？事情梳理到这里，也就很清楚了：这个僧人极有可能已经知道"一切众生皆有佛性"，但他要么对此信心不坚定，要么想考考赵州和尚，要么他不会举一反三，不懂得把"一切众生皆有佛性"这条公式套在狗身上……无论是哪一种，都是一种执着，所以赵州和尚干脆说"无"，斩断他的执着。更具体说，也许赵州和尚在听到"狗子还有佛性也无"这个问题的时候会想到：这个问题难道不是有标准答案吗？何必问我呢？既然你对此信心不坚定，我干脆把你推向标准答案的反方向，省得你纠结摇摆①；既然你对标准答案犹疑不定，我干脆给你一个明显错误的答案，以此引起你更大的疑惑与震惊，在大疑中反思，由大疑而大悟；若你是想考校我，我偏不按常规思维接招，不与你玩这文字游戏；若你是因为不会举一反三而问我，我给你一个明显与标准答案不一致的答案，也会触发你的问题意识，让你自己思考而找到答案。

把"无"理解为"不执着"在佛家是有先例的，《心经》说"心无挂碍"②；《金刚经》也说："灭度无量、无数、无边众生，实无众生得灭度者，何以故？须菩提，若菩萨有我相、人相、众生相、寿者相，即非菩萨。"③ 也就是说，"无"指的是不要执着于"相"，而非"没有"。

（二）由观念层级的不清晰而引发的佛家哲学在"无""空""有"方面的问题

通常情况下，把《赵州狗子》《胡子无须》、六祖"菩提本无树"与《心经》中的"无"解释到这一步基本上就解释完毕了，然而，这是不究竟的，这尚未触及"无"本身的观念层级，所以会引出这样几个问题：

问题一：佛家更多的时候是讲"空"而非"无"，那么"空"和"无"是什么关系？

---

① 这种"心理战"在一些文艺作品中常见，如：甲爱乙，甲也知道乙爱自己，但也知道乙一直不能下决心和甲走在一起（具体原因情况很多，在不同文艺作品中设定的原因不同），甲为了刺激乙，故意假装要与别人结婚（这就如同此处说的"推向标准答案的反方向"），此事一刺激之下，乙反而清醒地意识到自己对甲爱得多深了，于是不再纠结了，下定决心与甲走到一起了。

② 《佛教十三经》，北京：中华书局，2010年11月第1版，第3页。

③ 《佛教十三经》，北京：中华书局，2010年11月第1版，第7页。

问题二：《心经》中的"无"若仅仅按"不执着"来解释，那么，《心经》中另外几处就不通顺了，如"色即是空，空即是色"这句已经表达出打破二者之间的分别了，表达出"不执着"了，所以后面那几句"诸法空相……空中无色"①就显得莫名其妙了，甚至可以说"空即是色"与"空中无色"矛盾，如果"空即是色"表达了解构空色二元对立，破除对"空"的法执，那么"空中无色"不就又退步了吗？

问题三：上文以《金刚经》为佐证来说明"无"可以解释为"不执着"，《金刚经》本身也多次出现对于存在与非存在、概念与非概念之间的辩证统一的讨论，例如，经中常出现这样一个句式：某某事物，即非某某事物，是名某某事物。这种思想，在《中论》得到了更加条理化的表达："因缘所生法，我说即是空，亦为是假名，亦是中道义。"②把空、假、中三种存在状态统一了起来，而这一切的原因在于万事万物都是"因缘所生法"，即，由各种条件因素构成的，所以没有自性，并非绝对的永恒的存在，所以说是"空"，但"空"也是一种名相，是假的，同时无自性的万物又显现出一种相对的暂时的"假有"的状态，人们根据这种假有状态形成对事物的概念，甚至执着于名相，认外物为实有，佛家一方面批判这种思路，一方面又想避免虚无主义，所以在"自性本空"与"名相假有"之间取"中"。由此就产生了一个与本文相关的问题：既然"中"具有更高的哲学地位，那么比《中论》出现晚的《无门关》讲"无"，是否是一种退步呢？

问题四：不仅《中论》有这种以"缘起"作为根据，展开"空—假—中"的思维架构，《不真空论》也有这种思路架构，有人把《不真空论》的中心思想总结为"非有非无"，还有人总结为"亦有亦无"，这两种解释哪一种正确呢？

问题五：《不真空论》还引出一个问题，那就是对这部作品标题的理解与断句，此事历来有争议③，一说，《"不真：空"论》，即，由于事物"不真"，

---

① 《佛教十三经》，北京：中华书局，2010年11月第1版，第3页。
② 有不同翻译，例如首句亦有翻译为"众因缘生法"。
③ 当代中国大陆学者在整理汇编《肇论》的历代注疏时，也列举了这些争议，见《肇论校释》，北京：中华书局，2010年7月第1版，《绪论》第16-17页。但当代学者对本段列举的第二种说法的理解有偏差，例如汤用彤居然把第二种说法理解为"实在论"，而当代《肇论集解》的编者又是支持汤用彤的。

不是真实存在的，所以说这是"空"的（这种思路同样继承了《中论》，《中论》之中"假"与"有"是绑定在一起的，而"假"就是"不真"，因此，既然"不真"，所以事物的"有"是假的，进而也就能推理出来事物是"空"的）；第二种说法是《不"真空"论》，即，不是真的"空"，此"空"不真。前者以唐代元康《肇论疏》为代表，后者以宋代净源《肇论集解令模钞》为代表。那么这两种对于《不真空论》的标题的断句哪种更准确呢？①

（上述问题二三四五有一个共同点，那就是在其表述中同时出现了"空"和"无"这两个概念，进一步说，上述问题二三四五中都包含了一个"子问题"，即"空"和"无"是不是一回事？也就是上述"问题一"。）

问题六：天台宗认为三论宗讲的"中"是"但中"（"但"在古代汉语中有"仅仅"的意思，"但中"即仅仅讲到了"中"，而在"空""假"之外）；而认为自己讲的是"不但中"（即"中"与"空""假"圆满融通为一），比"但中"境界更高，天台宗此说是否正确？

其实不仅佛家哲学内部可以产生上述质疑，儒道两家或多或少地也牵涉这方面（只是不像佛家这么频繁地出现对"空""无""有""假""中"的探讨），例如王弼就从《老子》中提炼出了"贵无"。于是又引出了新的问题：

问题七：有一版《老子》讲："天下万物生于有，有生于无。"另一版《老子》讲："天下万物生于有，生于亡。"② 这两种说法哪种正确？即便都正确，哪种说法的境界更高？

问题八：宋明儒家一方面"出入佛老，返诸六经"，一方面又"斥佛老"，例如朱熹批判佛老为"异端虚无寂灭之教，其高过于大学而无实"③，那么，朱熹对佛老的理解是否正确？

这类问题还有很多，但由于本文的核心问题是佛家（尤其禅宗）对"无"

---

① 当代学界对该问题关注极少，因为某一篇论文的标题的断句这种问题极其"细节化"，但，此例中的断句绝非仅仅是语文问题，而是反映出了对"空"的理解，进一步说，是在哪一层级上理解"空"这一观念。虽学界对于该问题有所忽略，但该问题是一个千年公案（按前注《肇论集解·绪论》载：自唐宋起就有争议），且至今都没有得到妥善解决（例如汤用彤的曲解，见前注），原因正是缺乏"观念层级"意识。

② 刘笑敢：《老子古今五种对勘与析评引论》，北京：中国社会科学出版社，2006 年第 1版，第 445 页。

③ （宋）朱熹编：《四书章句集注》，北京：中华书局，2011 年第 1 版，第 3 页。

的理解，所以，儒道方面仅各举一例，不再展开了，仅以此证明"无"引出的困惑在儒释道三家是普遍存在的。

而这些问题之所以会产生，根本原因正是没有清晰的观念层级。

（三）"生活儒学"对于解答上述问题的贡献①

在以"生活儒学"的视域分析"无""有""空""中"等观念之前，有两个前置性问题需要讲清楚。

第一个前置性问题是：本文多次提到的"观念层级"是什么？

本文语境下"观念层级"是特指的当代中国黄玉顺教授提出的"生活儒学"视域系统。虽然黄玉顺的"观念"这一说法受到了现象学的启发，但在西方现象学那里，尚未发展成"生活儒学"这么健全完备的观念层级架构系统。"观念"引起学界普遍注意，源自于胡塞尔创立的现象学，胡塞尔的代表作《现象学的观念》《纯粹现象学和现象学哲学的观念》的中文译本的书名上就有"观念"，但胡塞尔的"观念"：（1）没有像"生活儒学"这种（形成）系统性的架构。（2）侧重于认识论，想在康德认识论某些成果的启发下突破康德原有的体系，而在存在论、生存论方面薄弱，胡塞尔晚年提出的"生活世界"倒是向存在论、生存论的方向靠近了一些，而黄玉顺"生活儒学"一开始就是基于存在论的。相比胡塞尔来说，海德格尔与黄玉顺更近，但仍有区别：（1）虽然后人发现海德格尔后期把形而上学的基本机制规定为"存在—神—逻辑学"②，这近似"生活儒学"的"生活存在—形而上存在者—形而下存在者"的"三级架构"，但，"存在—神—逻辑学"是后人从海德格尔思想中总结的，海德格尔自己没有明显地有意识地构建"存在—神—逻辑学"这么一个体系，反之，他后期的思想有些"反体系"，十分松散；有读者读到此处会质疑：本节多次提到"体系""系统性""完备性"这一类的词，并认为胡塞尔与海德格尔的观念架构的系统性均不及"生活儒学"，那么，"系统性"达到什么程度才算是"完备"的"体系"呢？笔者的答复是，像"生活儒学"

---

① 这一小节的思路是，以黄氏"观念层级架构"厘清中国传统的"无""空""有""中"等观念，可参考王硕：《论"纯阳终极形而上存在者"的设定——生活儒学三级架构视域下佛教的阴阳问题与境界问题》，《中国文化论衡》2016 年第 2 期，北京：社会科学文献出版社，2017 年 1 月第 1 版，第57-85页。《当代儒学》（第 11 辑），桂林：广西师范大学出版社，2017 年 8 月第 1 版，第277-303页。

② ［德］海德格尔：《林中路》，孙周兴译，上海：译文出版社，2014 年版，"译者序"第 6 页。

那样明确地把存在论与性情论融合成"三级架构",并且这三级之间既构建了奠基关系,又构建了生成关系,而且教化位阶、信仰位阶、境界位阶都填充进了这个视域架构①,那么这"系统性"就比较强了,或者说这就已经是一个"体系"了。(2)海德格尔的"存在"与"存在者"之间是"显现"的关系,而黄玉顺强调的是"生活存在"与"存在者"之间是"生"的关系,海氏的"存在"主要表达的是"在场状态",由于"在场",所以"此在"能够直观"存在者"的"存在",这是"横面"式的,而"生"是"纵向"的;因此,虽然有学者认为佛家之"缘起性空"近似海德格尔的"存在",但由刚刚的分析论证可见黄氏"生活儒学"的层级架构比海德格尔的思路更适合用于分析佛家的"空""有""无":一则,佛家"缘起能生万法"同样关注了黄玉顺重视而海德格尔有所忽略的"生";二则,佛家的"缘起性空"是通过分析万事万物皆由因缘和合,得出结论"万法无自性",即"万法皆空",也就是说,佛家是通过解构"存在者"而推导出"缘起性空",而海德格尔不是通过解构"存在者"而推导出"存在",黄玉顺"生活儒学"之中,虽然从"存在者"进行的解构不像"缘起性空"这么明显,但也能看出有从"存在者"到"存在"的指向②,包括"生活儒学"的教化位阶、信仰位阶、境界位阶也体现了从"存在者"到"存在"的指向,而海德格尔那里,这种"指向"极弱。相对于"生活儒学",胡塞尔和海德格尔的思想共同的薄弱环节甚至缺失之处,一是"生",二是"性情论"(虽然他们的一些思想与"生"或"性情论"的具体内容有重合,但没有对"生"与"性情论"的完整地把握),三是较为系统性的观念层级架构。而笔者也恰是由这几方面切入,用"生活儒学"来分析《无门关》的核心观念。

第二个前置性问题是:"观念层级"能否适用于佛家哲学?

这一问题,在上一章结尾,笔者反驳某些人质疑"生活儒学"能否用来分析《无门关》时已经有所阐述,但当时并未专门讲"观念层级",而本节重点是"观念层级",所以此处要补充一下。其中最关键的道理是:其实佛家自身就有建构观念层级的精神,只是没使用"观念层级"这四个字来表达,所

---

① 详见前文表格。

② 当然,这种"指向"完整的是先从"存在"指向"存在者",之后才是从"存在者"指向"存在",即"存在者"源于"存在"又归于"存在"。

以，用"生活儒学"的"观念层级"来梳理佛家的观念，只是让佛家原本就呼之欲出的观念层级架构浮出水面。

例如，《涅槃经》偈语："诸行无常，是生灭法，生灭灭已，寂灭为乐。"这段话关键在第三句，第三句出现了两个"灭"，其中第一个"灭"与"生"构成了一对"生灭"的关系，后面那个"灭"则是把前面的"生灭"都给"灭"了，也就是说，这个"灭"已经超越了"生灭"这个层次了，再往后的"寂灭"也是这个更高层次上的。整个这四句，大致意思是：各种流转迁变的存在者/有为法，都不是"真常"的，都是生生灭灭的状态，只有用更高的"灭"来消灭掉"生灭"的二元对立的相对状态，才能够达到绝对的"寂灭"这种无上大乐。而"生灭"观念不正是与"有无"观念有不可分割的联系吗？

进一步说，"有无"观念本身在古代佛家文献中也有类似的表达：《肇论·不真空论》提到"虽无而非无，无者不绝虚；虽有而非有，有者非真有"。这很明显是把"有"与"无"各自都分成不同层次来理解的。

有读者仍会质疑：虽然上述这两例确实能够证明古代佛家就有了基础存在论相关观念的层级区分意识，但，若更细致地划分来看，上述"生灭"那一例出自《大般涅槃经》，此经是天台宗重视而禅宗较少研究的；上述"有无"这一例出自《不真空论》，是三论宗的；而本文主要阐述的《无门关》是禅宗文献，是否也具有上述特征呢？笔者答复是：首先，虽有天台、三论、禅宗之分，但其分歧在细节而非在根本，其根本思想必是一致的，否则就不是佛家了；其次，《无门关》之中本就有观念层级的表达，但很多读者未曾注意——现在我们回到《无门关》第一篇《赵州狗子》来看，一般读者读公案首先关注的是"事实陈述"部分，在本篇之中也就是赵州和尚说狗子无佛性的那部分，往下的篇幅是《无门关》作者无门慧开的评述，这一部分比较长，应该是《无门关》一书中最长的文段之一，在这一大段文字的中间部分有两句容易被忽略过去的话："莫作虚无会，莫作有无会。"

也就是说，理解《无门关》的"无"，就要跳出人们日常粗浅理解的"虚无"，要跳出二元对立的"有无"。《无门关》的"无"跳出"虚无"，正如前例《不真空论》的"虽无而非无"；《无门关》的"无"跳出"有无"，正如前例《大般涅槃经》"生灭灭已"那一句中，后一个"灭"消灭掉了前面的"生灭"。

《赵州狗子》结尾的"颂"也说:"才涉有无,丧身失命。"之所以把话说得这么重,是因为参学禅宗公案时,一旦落入"有无"二元对立的"存在者"层级上的思维,就不可能悟道了,甚至连这则公案表达的基本精神也不可能明白了,因此丧失法身慧命。

所以笔者强调:佛家自古就有"观念层级"的意识,只不过未曾用"观念层级"这种表述,这个表述只是被当代"生活儒学"体系使用了而已。因而,对"生活儒学"的"观念层级"用来厘清佛家之名相的合法性的质疑,至此被释疑了。

解决掉了这个思想包袱,剩下的工作便水到渠成了。上一小节的第一个问题是"空"和"无"关系,首先需要确认一下什么是"空":按《大智度论》所说,佛家主要有三种"空",一是小乘有部"分破空";二是经部与后来唯识宗的"观空";三是大乘中观学派的"缘起性空"。前两者在中国哲学史上影响相对小一些(小乘佛教在中国传播不广,唯识宗虽曾红极一时,但玄奘、窥基之后渐渐没落,直到民国才又出现了钻研唯识宗的热潮),且与本文关系不大,而"缘起性空"其实是贯穿在上一小节那八个问题之中的深层的思想主线(不仅《中论》直接讲了"缘起性空",而且《不真空论》承接了《中论》的精神,同时《金刚经》《心经》也是属于"般若部"的)。"缘起性空"的基本含义是:万事万物都是各种内部因素、外部条件(内因外缘)在一定时空条件下遇到一起(因缘际会),相互结合而形成的(因缘假合),所以说万事万物都是没有自性的,也就是"空"的。从这个思路来看,此处的"空"与"生活儒学"讲的"无"一样是解构主体性的,而"空"和"有"是相对的,若把"空"对应到"生活存在",则"有"对应着"存在者",即一个个具体事物。

但"空"与"有"统一于"缘起":"缘起性空"的另一面就是"缘起假有",即由"缘起"而生成各种具体事物,这也与"生活儒学"理论中"生活存在生出/给出存在者"一致,若从这一点来看,"有"亦可对应"生活存在"。

也就是说,"有"可做两层理解:浅层是具体事物的"有",深层则为超越具体事物而给出万事万物之"根本大有"。前者对应"生活儒学"中的"存在者",后者对应"生活儒学"中的"生活存在"。

那么"空"能否也这样理解呢？刚刚论证过，"空"对应"生活儒学"中的"生活存在"。现在须补充一下：其实"空"也可以对应"存在者"，"存在者"层级上的"空"也就是某个具体事物"无"了。

由此可见"无"也可以做两层观念划分，一是黄玉顺说的"生活存在是无"，二是某具体"存在者"没有了。

"缘起"则始终在"生活存在"的地位上。（1）既可以说"空"与"有"都是"缘起"给出的，"给出"强调的是"缘起"比"空""有"更本源，"缘起"为"生活存在"，而"空""有"是"存在者"层面上的。（2）也可以说"空"与"有"统一于"缘起"，"统一"则是强调平等无二，"空""有"互为正反面，皆是"缘起"，皆为"生活存在"。

由刚刚厘清的"空""有""缘起"的观念层级，就可以推理出：佛家哲学的"中"观念其实有四种理解：

（1）"空"与"有"都在"存在者"层级，此时"中"即跳出这种二元对立的世间法（正如前文讲的"生灭灭已"的后一个"灭"，消灭了世间生灭法），跳出之后则在"生活存在"的层级上。

（2）"空"为"生活存在"之"无"，而"有"是"具体存在者"之"有"，此时"中"强调的是既不要执着于世间法，也不要执着于"空"这一名相而形成"法执"，就像黄玉顺强调不要把他展开的"生活存在"视域当作一个新构建的形而上主体。

（3）"空"为"具体存在者"的不存在，而"有"是"生活存在"这种"本源之有"，此时的"中"强调的是，哪怕某个具体事物没有了，各种条件因素也会在一定时机下形成新的事物，所谓"因缘际会"，"缘起生万法"；用黄玉顺的话说，即"生活存在给出存在者"。

（4）"空"与"有"都在"生活存在"层级，此时"中"相当于"空"与"有"的统一，注意：此处之所以说"统一"是因为此时"空"与"有"已经不是"反义词"了（同理，多数时候"存在"是"有"的同义词，而黄玉顺说"生活存在是无"，这也相当于把常规状态下的反义词之间画等号了），平时人们把"空"与"有"当作反义词，是因为人们从"存在者"视域来看，某个具体事物的"空"或"有"肯定不能同时存在，但，若把视域放到更广阔的"生活存在"层级，体会事物的"刹那生，刹那灭"，而这一切都是"缘起",那么就会理解为何"缘起"既可以讲成"缘起性空",又可以讲成"缘起假有",此时取的"中"本身就有"缘起"的味道。

现在重新看上一小节天台宗、三论宗"但中""不但中"之争,就清晰多了:区分"但中"与"不但中"确实是有道理的,按刚刚这四种理解,"中"确实可以分为"但中"与"不但中";但天台宗这一观点仍有缺陷,上述(1)(2)是"但中",(3)(4)是"不但中",(3)在佛家不常用。天台宗是把三论宗当作了(1)(2),把自己当作了(4),但三论宗未必没有(4)的意思,天台宗未必没受(2)的影响。纵使天台宗确凿无疑为(4),而三论宗为(1),那么,天台、三论的"中"本身也都在"生活存在"层级,而没有高下之分。所以,上一节的"问题六"可以确定的是,区分"但中"与"不但中"是有道理的,但若因此就认为天台宗的"中"观念高于三论宗,那就需要分情况讨论了。

根据"空"的观念层级,也就能够答复上一节的"问题五"了。(1)《"不真:空"论》的"空"是"生活存在"观念层级视域上的,笔者的依据是,此处的"空"是由"存在者"的"不真"推导出来的,有"解构主体性"的精神,且之所以说"不真"是因为事物由"缘起"给出,所以对其"自性"的解构,也就是还原回"缘起",也就是还原回"生活存在"。(2)《不"真空"论》的"空"则是"存在者"观念层级视域上的,笔者的依据是,把"真空"理解为日常生活中人们理解的"空","不真空"就要理解为:本文说的"空"不是具体存在者的"没有",而是在缘生缘灭的过程中与"有"相互转换的,"空"与"有"统一于"缘"——这样,从言辞上到逻辑上就都解释通了,而且与《中论》的精神一致了,说明《不真空论》的思路并没背离般若中观的传统。前文提到,此处"《不真空论》标题断句"这个细节性的问题,学界有所忽视,至今仍未理顺,尤其是对于第(2)种理解,争议颇大,例如,学者汤用彤读了宋代净源的《肇论集解令模钞》后批判道:"不真空……谓不真即空(注意,这正是前文笔者归纳的第1种理解),非谓此空不真而主张实在论也。"[①]他所批判的"此空不真"的思路正是上述

① (东晋)僧肇著,张春波校释:《肇论校释》,北京:中华书局,2010年7月第1版,"绪论"第16页。

（2），但由上文（2）可见，"此空不真"的理解并未导致汤用彤说的"实在论"，反而依旧是"缘起中观"。汤用彤之所以会产生这一观点，原因一是《肇论集解令模钞》中有一句"真心本有，不从缘生也"①。这确实是"实在论"的，明显不符合僧肇的总体思路，对于这句话，笔者也支持汤用彤对净源的批判；但"此空不真"的观点本身并不一定导致"实在论"，而汤用彤由"此空不真"就解读为"实在论"，是因为他没有层次清晰的观念架构，他按三论宗的相关文本进行常规理解，所谓"性空假有"，"有"对应的是"假"，"空"只能对应"真"，所以，当他看到净源把"真空"否定了，就感觉净源背离了般若中观的思路；按"生活儒学"的视域来看，汤用彤这是仅仅把"空"理解于"生活存在"层级的，所以，当他见到"空"被否定后，就认为"生活存在"被否定了，所以他把净源理解成了执着于"存在者"的"实有论"②；虽然他对于"此空不真"的"空"的理解是"生活存在"层级的，但他的整体思维方式又是"存在者"层级的③：如前文所述，"存在者层级"上"空"与"有"是反义词，"生活存在"中"空"与"有"相融通，汤用彤在这"反义词"的思路下，看到净源对"真空"否定，于是从"反义"的角度理解为净源是"实在论"；如果像前文笔者做的第（2）种理解，即把"真空"理解为一般人日常口语中的"真的空"，也就是某个具体存在者没有了，那么，用"不"字来否定"真空"就能讲通了，此时对"真空"否定，则是推导出"缘起"（生活存在），最终达到"空"与"有"相融通。

上述（2）之成立，还有另一个很有说服力的依据，那就是僧肇《不真空论》原文有一句"虽无而非无，无者不绝虚；虽有而非有，有者非真有"，白话表达即我说的这个"无"不是你们平时理解的那个"无"，我说的这个"有"也不是真的"有"。这个句式中，把"有无"换成"空"就可见"不

---

① （东晋）僧肇著，张春波校释：《肇论校释》，北京：中华书局，2010 年 7 月第 1 版，"绪论"第 17 页。

② 如前文说佛家虽然没使用"观念层级"这种表述，但也是有观念层级的；此处汤用彤亦然，虽然他在世时，学术界尚未有"观念层级"说法的提出，但，试想：正常人怎么可能没有观念呢？而同一观念在不同场合下怎么可能永远是同一种理解呢？所以，即便没有黄玉顺"观念层级"说法的问世，人们在潜意识里也都有"观念层级"。只是汤用彤此处观念层级混乱了。

③ 此处，他反过来思考就对了：把"此空不真"的"空"放到"存在者"层级上理解，但整体思路要跳出"存在者"层级上二元对立的思路。

'真空'"或"此'空'不'真'"这种理解是能讲通的。净源的观点是有道理的。但其"真心本有，不从缘生也"这句话误导了汤用彤。

分析完毕这几个最难也最根本的问题，剩下的问题顺理成章地也就有答案了。"问题四"之中，把《不真空论》的主旨总结为"非有非无"或"亦有亦无"其实都是正确的，前者的"有""无"是"存在者"层级的，"非有非无"即超越这种二元对立；后者的"有""无"是"生活存在"层级的，"亦有亦无"即展现这种融通。《不真空论》中那句著名的"虽无而非无，无者不绝虚；虽有而非有，有者非真有"提到的"有""无""虚"也可分为不同观念层级来理解：这句话中凡是否定词（"非""不"）后面的即是"存在者"层级的；其余的是"生活存在"层级的。

"问题三"问道：既然《中论》提出"中"是超越"有无"的，那么比《中论》出现晚的《无门关》以"无"为精髓，是否是一种退步呢？若仅仅停留在这个问题本身来看，似乎确实是退步，但本节梳理完观念层级之后，读者就会发现，"无"也不止一种，如从《赵州狗子》里讲的"莫作虚无会，莫作有无会……才涉有无，丧身失命"可见，《无门关》的"无"已经超越了"存在者"层级的"有无"二元对立，已经具备了与"中"同样的哲学高度，并非退步。

"问题二"中"空即是色"与"空中无色"也不矛盾："空即是色"强调的是"存在显现为存在者"，"生活存在生成存在者"；"空中无色"强调的是"存在对存在者的超越"。而且"诸法空相，不生不灭，不垢不净，不增不减"就很明显和《中论》的讲法不一样："不生不灭，不垢不净，不增不减"与《中论》的"八不"之说精神一致，只不过改成了"六不"，但"八不"是对应"中"的，"六不"是对应"空"的，"中"本身又是为了诠遮"空"而提出的，难道《心经》与《中论》其中一方错了吗？若不使用"观念层级"，这个问题就不容易回答了，使用"观念层级"来看，"中"与"空"可有关系，本段说的"中"诠遮"空"只是其中之一，而在前文（4）之中，"中"与"空"是圆融平等的，按（4）的语境理解，《心经》以"空"对应"六不"与《中论》以"中"对应"八不"可同时成立。

现在回到"问题一"①，简单来说："空"和"无"各自都有在黄玉顺说的"生活存在"层级上的意义，也各自都有在"存在者"层级上的意义——即"空"与"无"若比较哲学地位的高低，则互有胜败②——注意，此处是针对"空"这一观念整体来说的，包括了上文没展开论证的"分破空"与"观空"。"分破空"侧重于针对"存在者"，但未必推导不出"生活存在"，"观空"有争议，有人认为唯识宗仅观外境为空，却以内识非无——当然，这要看如何诠释了，该话题与本文主题略远，不再展开了。

分析完有关佛家存在论观念的问题一至六，下面看一下儒道两家于此有涉的内容。"问题七"提出：两版《老子》有文句不同，传世版为："天下万物生于有，有生于无。"另一版为："天下万物生于有，生于亡。"③ 孰是孰非？此事若不引入"观念层级"，纵使引经据典，也极容易发展成"各说各话"的局面，最终，该问题不会有一个理性的解释。但通过"生活儒学"启发下的"有""无"的层级架构可见：

（1）"生活存在"层级上的"有"与"生活存在"层级上的"无"是融通的，所以"天下万物生于有，生于亡（无）"是解释得通的，用"生活儒学"的观念来对应：此句中"天下万物"是"存在者"，而"有""无"皆为"生活存在"。

（2）另外，"存在者"层级的"有"是被"生活存在"层级的"无"给出，而且，"天下万物生于有，有生于无"这句话中的"有"是从"天下万物"中抽象出来的，所以这个"有"只能是形而上者——它既非"万物"，亦非"无"，且"生于无"；用"生活儒学"的观念来对应：此句中"天下万物"是"形而下存在者"，"有"是"形而上存在者"，"无"是"生活存在"。

上述（1）（2）用"生活儒学"来表示各层级的关系，则：

---

① 之所以最后才答复"问题一"，是因为：按提问的习惯，最先提出的是最简洁、最具普遍性的问题；但按答复的逻辑则是反过来，这种问题往往需要把其他问题都答复之后才能总结出来。

② 若不引入"观念层级"，这种"互有胜败"是说不清楚的，因为"互有胜败"本就有"和稀泥"的感觉，所以会让读者对这两个哲学观念的地位关系更糊涂；但，引入"观念层级"之后，这个问题就清晰多了：同一个哲学观念是可以划分到不同层次上的，由于层次的分明，人们可以更加精确地把握观念。

③ 刘笑敢：《老子古今五种对勘与析评引论》，北京：中国社会科学出版社，2006年第1版，第445页。

（1）"天下万物生于有，生于亡（无）"解为：生活存在→存在者。

（2）"天下万物生于有，有生于无"解为：生活存在→形而上存在者→形而下存在者。

厘清"空""有""无""假""中"的视域层级，那么"问题八"之中朱熹对佛老明显的误解，他批判的"虚无寂灭"恰恰也是佛家反对的"顽空断灭"，且朱熹的批判仅在"存在者"层级上有效，而在"生活存在"层级上"虚无寂灭"反而与"本源之有"融通①。

由于本文主题并非研究宋明理学与《老子》，所以仅举这两例，不再赘述。问题七、八是用以说明："观念层级"的缺失，引起的对"无""有"等观念的疑惑是非常普遍的，不仅《无门关》《中论》《心经》的研究中出现了这种疑惑，对《老子》与宋明理学的研究中也会出现这种疑惑——由此可见"观念层级"广泛适用于传统哲学的必要性、迫切性。

五、"生活儒学"视域下《无门关》的"心""佛"

（一）"寻找第三视域"的意识

由上一章可见，佛家（此处主要指三论宗、天台宗、禅宗这几派）有一种"寻找第三视域"的意识贯穿整个思想发展过程：我们观察包括佛家在内的整个中外哲学史就会发现，哲学上经常会出现甲乙双方的二元对立——甲乙可以是"阴阳"，可以是"理气"，可以是"道器"，可以是"能所"，可以是"主观与客观"……总之是"双方"，而如何处理这双方的关系，则是古今各家哲学在阐述自己理论的时候最重要也最难的问题之一。佛家提出"空"或"无"，其实就相当于找了在甲乙之外的第三个视域，来观察甲乙，统合甲乙。之所以选择"空"或"无"作为第三视域，是因为：甲与乙无论是上述概念的哪一组（"阴阳"或"理气"等），既然已经形成了二元对立的局面，那么

---

① 笔者另一文《〈程氏易传〉"感应"思想研究》对此提出了更深的批判：宋明诸儒用"理"或"气"来强调"实"，以此表示自己的立场就是与"佛老"唱反调，其实他们的"理""气"更玄虚，因为这是构建的形而上概念，玩弄文字游戏的成分极大，而佛老的"虚""无""空"等观念，反而更容易通过日常生活的经验推理出来。见《当代儒学》（第18辑），成都：四川人民出版社，2020年10月第1版，第119-166页。

共同的哲学话语中，就都已经默认前设了甲乙双方都是"有"的，此时，如果再找一个同样是"有"的第三方来观察甲乙，统合甲乙，那么虽然其理论构建也可能成功，但是长远来看一定会遗留其他矛盾，因为以"有者"统合"有者"，仍在"有"的层面上打转，所以，真正解决问题的是跳出这个思维层面，讲"无"。然而，也会有人把"无"进行"对象化"理解，佛家批判这是"空执"，此时"空""无"这些"名相"成为人们悟道历程中新的障碍，"存在"层级的观念在人们的思想中堕落为"存在者"层级的观念了；之前对立的甲乙，此时共同作为"有者"而"联合起来"，一起对抗"无"，形成新的二元对立。于是佛家又提出"中"，用"中"对之前的"空"（或"无"）"有"双方进行新的统合，这一统合过程中同样会出现上述问题，即"中"变成了新的"对象化"的"名相"，成了新的"法执"，脱离"空"（或"无"）"有"之外。于是佛家又强调：之前的"中"是"但中"，而现在讲"不但中"……

由上可见，这是一个不断地寻找第三视域来解决之前的"二元对立"的过程，之所以需要不断地找新的第三视域，是因为每次找到第三视域之后，之前处于二元对立的双方就会融合成新的一方，共同与这个刚找到的视域对抗，形成新一轮的二元对立，于是，哲学家为了解决新问题，就又要去找新的第三视域。

而且这个问题是古今中外哲学界普遍存在的，绝非仅仅是佛家的。例如，中国哲学界千百年来的一个热点问题是"阴阳"问题，程朱理学则指出：阴阳问题不过是气学问题，有关二者孰先孰后，孰上孰下，争论再多也跳不出形而下者的范围，程朱提出"理"作为超越阴阳二元的形而上者，然而，由此又产生了"理—气"这种新的二元对立；再如，"心统性情"解决了"性—情"的对立，却凸显了"心"与外物的二元对立。西方哲学这方面更甚，自从柏拉图提出"理念"之后，西方历史上的哲人们挖空心思来解释"理念"与世俗世界之间的关系，这种"缝合"的工作在黑格尔那里达到了最高峰，众所周知，黑格尔作品常以"三"划分章节：总分三大部，每部分三章，每章分三节……其内在思路就是上文笔者说的"不断地找新的第三视域"来统合之前的二元对立，但他建立的庞大体系最终没有统摄成功：他的逻辑学中有存在论与本质论的二元对立，于是他用理念来统摄，但做完这步工作之后，又形成了逻辑学与自然界的二元对立，于是他又用精神哲学来统摄，就当他以为他用绝对精神终于把一切二元都统摄之后，费尔巴哈、马克思指出：黑格尔的"精神"仍然偏于唯心，而与物质世界对立……

相比别的哲学派系，佛家在寻找第三视域统摄二元对立这方面做的恰恰是最成功的，虽然有些观念也没阐述清楚（见上一章），但佛家领悟到了"空""无""中"这些观念，黑格尔虽然也讲过"无"，但没领会到"无"的精髓（见第三章），他只是在"存在者"观念上讲"无"；宋明理学对于"虚无寂灭"这类观念则完全排斥①；佛家之外的其他中国古代哲学虽然也经常提到"中"，但主要是方法论上的，而非存在论上的。

而即便是这方面相对成功的佛家，也需要不断寻找新的第三视域来解决新的二元对立（见本章首段），更不必说这方面并不发达的宋明理学或西方哲学。究其原因，正是缺乏清晰的观念层级架构。从上一章以观念层级来分析"空""有""无""中"等观念就会发现：哲学史上很多争议其实是"误会"，即读者与作者之间，或正在论战的不同哲学派系之间，他们讲的同一个词其实不是同一个层级上的含义；有了清晰的观念层级架构之后，就不必不断地寻找新的第三视域了，因为上一次找到的第三视域就足以阐述清楚了，足以统摄之前的二元对立了，即只要第三视域是在更根本的层级上，那么第三视域只须找一次就够了，例如：针对"存在者"与"存在者"之间的争议，那么，用"生活存在"层级上的"性空"就可以同时解构之前那两个"存在者"了，之前的二元对立也就解决了；再如，针对"具体存在者"的"有""无"之争，就可以用"生活存在"层级上的"中"或"本源之有"或"本源之无"来统摄之——而这一切的前提，必须先把每个观念的多层含义解释清楚。

所以，"生活儒学"在寻找第三视域这方面做的是很成功的，而且其观念层级架构从长远来看对于哲学史上的观念厘清、学案辨析具有很大的启发。且前文向读者首次介绍"生活儒学"时说："生活儒学"的体系架构可粗浅理解为以"生活存在"为第三方，统摄了"形而上存在者"与"形而下存在者"，但这只是"粗浅理解"——首先，其实没有"三方"而只有"一方"，"形而上存在者"与"形而下存在者"由"生活存在"给出，被解构时也在"生活

---

① （宋）朱熹编：《四书章句集注》，北京：中华书局，2011年第1版，第3页。

存在"中被解构，永远不会"脱离生活"；其次，其实连"一方"都没有，因为"一方"是用来表述"存在者"的，反之，把"一方""第三方"这类表述改为"某一视域""第三视域"就符合"生活儒学"的风格了。"视域"不是"存在者"——既不是"东西"也不是传统哲学中的形而上者，而是看问题的视角、眼界领域、理解观念的深度、领悟生活的境界。可以说"第三视域"的表述能包括"第三方"的表述——"视域"中形成"存在者"的状态就可以说是某"一方"，即"第三方"只是"第三视域"的特殊状态。

（二）"生活儒学"视域下对《无门关》"心""佛"观念的阐释

《无门关》一书中其实也有上一小节说的哲学界普遍存在的"超越二元对立"的意图，例如：

（1）《无门关》第一则《赵州狗子》建议读者参悟"无"并说在参悟"无"的过程中"莫作虚无会，莫作有无会……才涉有无，丧身失命"①。这就是要超越"有无"的二元对立，找一个新的"无"，但是，由于没有明确的观念层级以及在不同层级上分别对"无"详细讲解，所以这个"无"最终还是阐述不充分。

（2）《无门关》第四则《胡子无须》讲道："参须实参，悟须实悟。者个胡子，直须亲见一回使得。说亲见，早成两个。"② 如前文所说，此处"胡子"大概率指的是达摩，而达摩是中国禅宗的祖师，那么，这句话讲的在"实参""实悟"中见到达摩则是以这位中国禅宗的祖师作为禅宗所悟道的人格化的体现；纵使此处"胡子"不是指达摩，而是日常口语中的"胡子"，或指代"留胡须者"，或指"胡人"，那也是在"实参""实悟"过程中需要"亲见"的，也仍然可以理解为此处"胡子"是象征悟道的境界——但是，《无门关》的作者提醒：由于把"胡子"作为"亲见"的客体了，所以，即便"说亲见"，也"早成两个"了。

（3）《无门关》第十九则《平常是道》引用了南泉和尚的话："平常心是

---

① ［日］西村惠信讲解，（宋）慧开著，弥衍宗绍编：《〈无门关〉漫步》，李玉梅译，海口：海南出版社，2017年10月第1版，第4页。

② ［日］西村惠信讲解，（宋）慧开著，弥衍宗绍编：《〈无门关〉漫步》，李玉梅译，海口：海南出版社，2017年10月第1版，第18页。

道……道不属知，不属不知……"① 这是在"知"与"不知"的二元对立之外以"平常心"作为第三视域。

（4）《无门关》第二十三则《不思善恶》引用了六祖慧能的话："不思善，不思恶，正与么时，哪个是明上座本来面目？"（"明上座"是一个人，此句引于六祖与"明上座"之间的对话）此例中，善恶是既定的二元对立，"不思善，不思恶"就是六祖找到的"第三视域"，在此视域中方可悟到"本来面目"。这则公案结尾，无门慧开评价说"本来面目，没处藏"——确实"没处藏"②。

（5）《无门关》第二十九则《非风非幡》再次引用了六祖慧能的典故：一阵风吹动幡，两名僧人讨论此事，一个说这是幡动，另一个说这是风动，六祖慧能听到后，对他们说，不是风动，不是幡动，是你们的心动了③。这也是针对"风动"与"幡动"的二元对立，以第三视域"心"超越之。但，若按"生活儒学"的视域来看，本例中的"心"与本小节例（3）中的"平常心"都不及《赵州狗子》那一例中的"无"，因为"心"的说法可能把修行者导向黄玉顺"三级架构"中的"形而上存在者"；反之，"无"才是"生活存在"，悟到这一层才可能获得彻底的解脱。

（6）《无门关》第三十五则《倩女离魂》公案中，禅师引用了"倩女离魂"的故事，然后问弟子们：离开"倩女"肉体而外出活动的魂，与卧床不起的"倩女"，哪个才是真的呢？④ 产生这一问题的原因是先肯定了这两个主体，反之，如果不承认这两个主体，也就不存在"哪个是真的"这种问题——可见，禅师问这个问题，其实是启发弟子们解构主体性。现在，若对这问题本身进行回答，可以答：这两个都是假的，因为一切"存在者"都是"缘起假有"的。

---

① ［日］西村惠信讲解，（宋）慧开著，弥衍宗绍编：《〈无门关〉漫步》，李玉梅译，海口：海南出版社，2017年10月第1版，第88页。
② ［日］西村惠信讲解，（宋）慧开著，弥衍宗绍编：《〈无门关〉漫步》，李玉梅译，海口：海南出版社，2017年10月第1版，第106-107页。
③ ［日］西村惠信讲解，（宋）慧开著，弥衍宗绍编：《〈无门关〉漫步》，李玉梅译，海口：海南出版社，2017年10月第1版，第133-134页。
④ ［日］西村惠信讲解，（宋）慧开著，弥衍宗绍编：《〈无门关〉漫步》，李玉梅译，海口：海南出版社，2017年10月第1版，第159页。

由上述六例可见，《无门关》有超越二元对立、寻找第三视域的意图，但是最终没有建立起系统性的视域架构。上一章提到：由于缺乏系统性的观念层级视域架构，所以人们对于"无""空""有"等观念产生了一系列的疑惑甚至曲解；同理，《无门关》中多次出现的"佛""心"等观念也因此呈现出了"自相矛盾"。

《无门关》第二十七则《不是心佛》中，有僧人问南泉和尚："还有不与人说的佛法吗？"南泉说："有。"那和尚又问："如何是不与人说的佛法？"南泉说："不是心，不是佛，不是物。"①

《无门关》第三十则《即心即佛》中，大梅问："如何是佛？"马祖答："即心即佛。"②

《无门关》第三十三则《非心非佛》中，有僧问："如何是佛？"马祖答："非心非佛。"③

《无门关》第三十四则《智不是道》中，南泉和尚说："心不是佛，智不是道。"④

这四例，对于"心""佛"的说法，可以分为三组：

第一组是否定双方："不是心，不是佛"，"非心非佛。"

第二组是肯定双方："即心即佛。"

第三组是肯定一方，否定另一方："心不是佛。"

严格来说，这些说法之间是矛盾的，尤其是，马祖同一个人竟有"即心即佛"与"非心非佛"这两种明显相反的观点。若按一般解释，会说这是祖师们广开方便法门，在不同机缘下接引众生的方便说辞……这种解释本身是有道理的，但是很容易变成一种泛化、庸俗化的解释：凡是前人书中自相矛盾、前后不一致之处，只要找不到别的理由解释，就一概称之为"不同机缘下的

① ［日］西村惠信讲解，（宋）慧开著，弥衍宗绍编：《〈无门关〉漫步》，李玉梅译，海口：海南出版社，2017 年 10 月第 1 版，第 124 页。

② ［日］西村惠信讲解，（宋）慧开著，弥衍宗绍编：《〈无门关〉漫步》，李玉梅译，海口：海南出版社，2017 年 10 月第 1 版，第 138 页。

③ ［日］西村惠信讲解，（宋）慧开著，弥衍宗绍编：《〈无门关〉漫步》，李玉梅译，海口：海南出版社，2017 年 10 月第 1 版，第 151 页。

④ ［日］西村惠信讲解，（宋）慧开著，弥衍宗绍编：《〈无门关〉漫步》，李玉梅译，海口：海南出版社，2017 年 10 月第 1 版，第 155 页。

方便说辞"。若这种"不求甚解"的风气传播开来,必将生成反智主义。所以,应当解释清楚"非心非佛""即心即佛"这些看似矛盾的说法,分别在哪种情况下成立。这就再次需要引入"观念层级"。

"生活儒学"展现了"生活存在—形而上存在者—形而下存在者"的"三级视域"(上一章主要用的是"生活存在—存在者"的两级分析就把"无"的问题阐述清楚了,而本章涉及"形而上—形而下"的区别,故而更需要把三级架构全展开)。"佛"为形而上者,这是可以肯定的;"心"则可分情况讨论:既可以由"万法唯心造""一心通十界"的说法而把"心"当作形而上本体,也可以把"心"看作凡夫俗子的"主观"方面,尤其是世俗欲望之"心",这就是形而下者了。有了这些不同层次上的观念分析之后,再重新看《无门关》之中有关"心""佛"的说法,就清楚了。

第一组,"不是心,不是佛,不是物"与"非心非佛"这两句的道理在于:这些都未触及本原层级的"生活存在",从"生活存在"的角度看,这些都是应当被解构的"存在者",哪怕是"佛"这样的"形而上存在者"也仍然在"存在者"的层面,执着于此,会形成"法执",成为修行的障碍。

第二组,"即心即佛"的道理在于:"心"本就可以上通道体,甚至可以说,"心"自身本具本体地位,所谓"万法唯心造","心、佛、众生了无分别"。

第三组,"心不是佛,智不是道"的道理在于:这是强调"形而上存在者"与"形而下存在者"之间的区别,"心"中有欲望、情绪,所以主体被困在庸俗的红尘中,世人纵有聪明睿智,也不过是世俗小智,并非彻悟大道。

至此,在"三级架构"中,《无门关》的"心""佛""智"得到了清晰阐述。

六、"生活儒学"视域下《无门关》的"诗"

本文第四章分析"无",而在《无门关》与生活儒学乃至海德格尔现象学那里,都有一种值得单独讨论的"无"的情况:无言。

本文第五章分析"第三视域",而在《无门关》与生活儒学乃至海德格尔现象学那里,都有一种最特殊的"第三视域":介于"有言"和"无言"之间的"无言之言"。

本章则集中研究这种"无言之言"，也就是"诗"。

按"生活儒学"的理解，"诗"是一种非概念的语言——这并不是说诗中就没有概念，而是说，虽然诗中也会出现概念，但那不是诗想要表达的，诗想要表达的是意境，意境是不能通过机械化对象化掌握的，而只能用前主体性的方式领悟，例如《无门关》中有"眼流星，机掣电。杀人刀，活人剑"①。这里出现的"刀""剑"之类的字都是概念，而且在现实中有实指。但是，若概念化理解就会陷入迷惑："刀"与"剑"都是兵器，为何评价"刀"是"杀人"的，而"剑"是"活人"的呢？因为"刀""剑"的概念就不是这首诗想表达的意思。概念必然是对象化的，哪怕是形而上的概念，有神圣意义的概念（"天理""上帝"等），也是对象化的，甚至机械化的（"法执"，乃至于"以理杀人"），这些只会破坏诗意——所以《无门关》本身也说"滞句者迷"②。

"无言"的精神在《无门关》中有直接表述，例如第二十七则《不是心佛》中写道："叮咛损君德，无言真有功。"③ 书中还有对于对象化事物的解构，例如第四十则中，百丈禅师拿出净瓶问大众：不把这个唤作净瓶，唤作甚么？④ 这种对于对象的解构，有时还体现出前文说的"寻找第三视域"的精神，例如第四十三则，首山和尚拈竹篦子问众人："若唤作竹篦则触，不唤作竹篦则背。汝诸人，且道，唤作甚么？"⑤ 之所以在"语言表达"这个领域也需要"寻找第三视域"，正是因为有时候真理经由人类有限的语言表达之后就丧失了一些精华，甚至在一定程度上被歪曲了，但是，不用这种有限的语言就更难表达真理，刚刚提及的这种歪曲了的真理至少也保留了一部分精髓，也能

① ［日］西村惠信讲解，（宋）慧开著，弥衍宗绍编：《〈无门关〉漫步》，李玉梅译，海口：海南出版社，2017 年 10 月第 1 版，第 51 页。

② ［日］西村惠信讲解，（宋）慧开著，弥衍宗绍编：《〈无门关〉漫步》，李玉梅译，海口：海南出版社，2017 年 10 月第 1 版，第 167 页。

③ ［日］西村惠信讲解，（宋）慧开著，弥衍宗绍编：《〈无门关〉漫步》，李玉梅译，海口：海南出版社，2017 年 10 月第 1 版，第 124 页。

④ ［日］西村惠信讲解，（宋）慧开著，弥衍宗绍编：《〈无门关〉漫步》，李玉梅译，海口：海南出版社，2017 年 10 月第 1 版，第 180 页。

⑤ ［日］西村惠信讲解，（宋）慧开著，弥衍宗绍编：《〈无门关〉漫步》，李玉梅译，海口：海南出版社，2017 年 10 月第 1 版，第 194 页。

教化启发一部分人，但如果因为语言的有限性而禁止用语言传道，那么刚刚说的这部分原本能被教化启发的人也就错过悟道的机会了。所以，布道、论法之类的事情一直处在"言"与"无言"的两难之间。如《无门关》第二十五则说："离四句，绝百非"下文又问："是说法不说法？开口即失，闭口又丧。不开不闭，十万八千。"① 同理，第三十六则说："路逢达道人，不将语默对……"② 为了应对这种两难境地，禅僧们采用了一种新的交流方法：以动作代替狭义语言。狭义的语言即通过人口发出声音来说话，广义的语言则是凡可传达信息者皆为"语言"，包括动作。有时，动作能传达出狭义的语言传达不出的信息，例如，上文"净瓶"那一例中，结局是，有的弟子说了自己的答案，老师没有认可，一名弟子直接把老师的净瓶踢倒就走了，老师说这个弟子悟道了。此例可理解为：踢倒，传达出的精神是：既然连"净瓶"这个"身份"都不让这个对象拥有了，那么，还继续讨论它可以被"唤作甚么"也就没有意义了，索性踢倒，而且此处用的动作并非手推倒，而是用脚踢倒，这更加体现出豁达（甚至是不屑），此刻，做这个动作的人破除了对于"净瓶"这道题的执着，也破除了对于老师的权威的执着，破除了对于寺院礼数的执着……笔者这样用文字解释虽然也可以解释通，但究竟不及那一踢的动作本身的气势。《无门关》把这种以动作代替（狭义的）语言的表达方式追溯到了释迦牟尼，第三十二则记载，有外道问佛："不问有言，不问无言。"此人向释迦牟尼发问，他说他问的既不是用语言表达的，也不是用无言表达的；换言之，他希望释迦牟尼既不用语言答复他，也不用无言答复他——注意：这正是前文第二十五则"开口即失，闭口又丧"与第三十六则"路逢达道人，不将语默对"情境中的"两难困境"，那么这种违反常识逻辑③的问题，释迦牟尼是怎么回答的呢？——"世尊（释迦牟尼）据座。"④ 于是外道赞叹说："世尊大慈大悲，开我迷云，令我得入。"然后行礼而去。有些读者看到这里会很

---

① ［日］西村惠信讲解，（宋）慧开著，弥衍宗绍编：《〈无门关〉漫步》，李玉梅译，海口：海南出版社，2017 年 10 月第 1 版，第 116 页。

② ［日］西村惠信讲解，（宋）慧开著，弥衍宗绍编：《〈无门关〉漫步》，李玉梅译，海口：海南出版社，2017 年 10 月第 1 版，第 163 页。

③ 此"常识逻辑"是"存在者"层级上的思维。

④ ［日］西村惠信讲解，（宋）慧开著，弥衍宗绍编：《〈无门关〉漫步》，李玉梅译，海口：海南出版社，2017 年 10 月第 1 版，第 147 页。

奇怪：那个"外道"好像学到了很重要的东西一样，但释迦牟尼明明什么也没说呀——注意：如果仅仅是什么也没说，那就是"无言"了，而这个外道在一开始发问的时候就说了"不问有言，不问无言"，所以，如果释迦牟尼仅仅是什么也没说，那就不符合对方提问的条件了，可见，其实此处释迦牟尼有所言说，只是未使用常规的言说方式，许多人容易忽略"世尊据座"这句话，其实这就是此处的言说方式，"据座"作为一种身体姿态，也是可以传递信息的：外道来问道，世尊以"据座"展示之，也许是在说："道无须用那种概念化的语言下定义，而是，我此刻据坐在这里，就是道之本真显现，道即在事情本身之中，在生活领悟之中……"① 也就是佛家说的"如如"，或者说是一种"就这样"的状态："你来向我问道，好的，我坐在这里就可以了，就这样，如如而已，这就是道。"当然，经过笔者这种文字形式的解释，也许遗漏甚至曲解了世尊原本要传达的一些内容，但如果笔者不做这种解释，恐怕更多读者会疑惑"世尊据座"到底传达了什么——这再次体现了"有言"与"无言"的两难境地。

上述思想，在《无门关》第三则《俱胝竖指》有更深刻的体现。俱胝和尚无论别人问他什么，他都唯独竖起一根手指来表达——注意，这与上例"世尊据座"一样是用身体姿态这种"广义语言"来传道，其实此处我们也不妨猜测俱胝和尚这种肢体语言是什么意思：也许他用仅竖一指来表示万法归一，无论别人问他什么，其道理最本源处必是一致；或者他竖指向上代表正法真理至高无上；或者他以一指代表制心一处（这与佛家禅定功夫有关），等等——然而接下来出现了巨大的反转：俱胝和尚门下一名童子，多次见上述场景，于是自以为得道，一次遇外人问"俱胝和尚说什么佛法要义?"他便模仿俱胝和尚竖起了一个指头，俱胝和尚听说此事之后就把他叫来，问他何为佛法精要，就在小和尚再次竖指时②，俱胝和尚一下子砍断了这根手指，童子负痛

---

① 这几句用了一些现象学、生活儒学常用的词汇表达，阅读时请注意这些词汇恰好可以融入这个语境，也正说明了佛学、现象学、生活儒学的融通之处。

② 这一部分，具体细节在不同文献中略有出入，有的写为童子主动向俱胝和尚炫耀此事，虽细节有不同，但共同点是：童子自以为悟道，而俱胝和尚在断其指之前应该有把童子拉回"提问情境"的意思。

哭嚷而去，就在此时，俱胝突然叫住他，重新问他佛法精义是什么①，童子刚想习惯性地竖指，却突然想起这根手指刚刚被砍断了，于是顿悟了……在佛家一般语境下，对此公案会解释为：俱胝和尚不用狭义的语言文字传道，就是为了不让信众们以为佛法就在狭义的语言文字上，而那名童子见过几次竖指之后，误以为佛法就在指头上，就以为佛法不过如此，就自以为得道了，这就与那些读过经典或公案就自以为悟道、以为佛法不过如此的人一样了②，正如佛法"无关文字"（六祖慧能语），佛法也"不在指头上"（这是《无门关》作者自己对这则公案的点评），所以要断其指，把他从错误思路上拉回来，断指这一看似违背了佛家慈悲精神的行为其实才是体现了大慈悲，拯救了这个童子的慧命；若不断其指，他虽然保留了肢体健全，但可能从此就沦落为一个俗人——甚至还不如俗人：他朝这条错误的路走下去，也许会一辈子都处于无意识的自我欺骗中（明明没有悟道，却自以为悟道了），甚至不仅是自我欺骗，而且还以悟道自居而去欺骗别人……最终信众也被误导，佛门的名誉也受到破坏。所以俱胝和尚用断指这种严厉的方式及时阻止了他。

上述解释，已经可以使一部分读者对于原本不知所云的《俱胝竖指》蕴含的主题思想有所了解，但是，如果引入现象学、生活儒学的一些观念，尤其是语言方面的观念，会更加深刻地呈现《俱胝竖指》的奥义。现象学、生活儒学都崇尚"诗"，正如前文所说，"语言"可以分为广义上的、狭义上的，广义上的语言包括动作姿态，所以有些高僧对于"开口即失，闭口又丧"的两难境地，用踢倒净瓶、"据座"、"竖指"这些属于广义语言范围内的动作姿态来言说。同理，"诗"也分为广义上的、狭义上的，广义上的诗即一切非概念语言，而非仅仅符合诗词创作格式要求的语言，按这个标准来看，不仅随口编的不符合格律的"打油诗"是"诗"，而且上文踢倒净瓶、"据座"、"竖指"这些动作姿态也都是诗，整个《无门关》就是一部诗集③——按这一思路

---

① 另一版本写为：俱胝叫住正逃走的小和尚，并未问他问题，而是竖起了自己的指头，于是童子顿悟。

② 严谨来说，这些人只能被称作"文字执"或"指头执"，而不是"法执"，因为"法执"强调的是对"法"本身贪恋，而此处这些人是对"法"有误解。

③ 这是从广义上来说的。其实，即便从狭义上来说，《无门关》之中也有不少狭义上的"诗"。

来理解：俱胝和尚之所以不用（狭义的）语言文字来传道，是因为在一个教派形成之后，千百年来一代又一代的人照本宣科，经书中的概念基本上已经固化了，此时他再把有"明确标准答案"的一些问题（例如"佛家根本教义是什么？""为何要行善"）复述给信徒，已经没有多少意义了。而此时，"动作姿态"可以作为一种新的传道的形式，而这种形式尚未固化，是一种广义上的"诗"。"诗"中的精髓只能领悟，而不能通过"下定义"来理解，那个不明真相的小僧，模仿俱胝和尚竖指的动作，这一"模仿"标志着"竖指"沦落为一种可以复制的符号了，沦落为"固化概念"了，原本"动作姿态"作为一种广义的语言，是比狭义的语言更灵活的表达形式，而至此也变成僵化的形式了……俱胝和尚的"诗"被破坏了。

　　注意刚刚提到的几个词："固化""概念""定义""复述""复制""模仿"……这几个词其实都是强调"普遍主义"，张祥龙认为，以亚里士多德、黑格尔以及中世纪"共相"论为代表的传统西方哲学是崇尚普遍主义的，他们的总体思路是从具体中抽象出普遍，一层一层不断向上抽象概括，最终以一个最抽象、最普遍的事物作为终极真理。这种思路就必然重视"下定义"这种能够"放之四海皆准"的语言形式，并且，一层一层向上进行抽象概括的这种工作方式必然用到"概念"，而用不到"诗"。而且，只有某个概念或定义具有普遍意义，复制它、模仿它才是有意义的。反之，张祥龙认为现象学与东方哲学则既非"普遍主义"也非"特殊主义"，首先，现象学与东方哲学明显与西方传统哲学不同，甚至某些方面相反，不是传统西哲式的"普遍主义"，但另一方面，现象学与东方哲学也并不排斥"普遍"，例如东方人提出的"道"就是具有普遍性的，反之，如若完全排斥"普遍"，那么这个文化系统内就缺乏抽象思维了，所以现象学与东方哲学也承认普遍性，但多数情况下未把"普遍性"强化为一种刚性的（甚至机械化的）观点①。现象学与东方哲学的"时"观念就兼具有普遍性与特殊性，且侧重于特殊性，尤其是阴阳家、兵家、诗家看重的"时机"与"时境"，这与传统西哲那种具有抽象普遍性的作为一个整体的"时间"不同。

---

　　① 此处说的是"多数情况下"；也有例外，例如，程朱理学的"天理"有些刚性普遍主义的精神，否则也不会发展为"以理杀人"；老庄的"道"虽然也具有普遍性，但是柔性的。

严格来说，"诗"是无法翻译的①：即便该诗中每一个字都在另一种语言里找到了对应的字，整首诗的"意境"是无法翻译过来的，脱离了原语言环境乃至原民族文化，是很难有"共情"的。进一步说，即便在原语言环境乃至原民族文化之中，诗的精髓也无法复制，诗的精髓的表达依赖时间性②。我们现在读唐诗，虽然也能体会到其中的意味，但肯定不能同原本就生活在唐代的人相比；而且这种"时间性"与人的"经历"是密切联系的，例如，亲身经历过思乡情感的人与未经历过的人，同样读思乡主题的诗，感悟肯定不同。并且这种"时间性"有时体现为短暂的"时机"，例如人在失恋第一天、失恋一周后、失恋一月后、失恋一年后这几个不同时机读同一首失恋题材的诗，对诗的领会肯定不同。更进一步说，即使是与李白同样生活在唐代、同样文化水平、同样人生经历、同样醉酒状态下的一个人，读《将进酒》时领会到的情感意境也不可能百分百与李白一样——所以说"诗"其实是无法复制的，因为诗极其依赖"情境"（或"时境"）。与此相反，"概念""定义"这类，则可以超越"时机"，超越不同的民族文化而进行复制，这种现象在理工科领域最为典型，例如，对某种化学成分的描述，只要描述准确，那么，从唐代到当代都是成立的，对所有人而言，煤的成分就是煤的成分，这是普遍有效的，"水"对你而言不会因为你的人生经历与别人不同就不是"氢二氧一"了。所以，与诗的不可翻译性、不可复制性相反，只要对方语言中有可对应的字词，就可以精确翻译概念、定义（尤其是理工科的内容），因为其具有普遍性。宗教里也有上述两种状态：某个教派的根本教义在自己教内是具有普遍性的，通常情况下戒律也具有普遍性（个别时候允许变通），但如果把这些内容完全看作放之四海皆准的（尤其是某些教义、戒律本就有待商榷，是否合理尚不一定；或者是某些教义与别的教派不同，就认定别的教派应当被消灭），进行刚性贯彻，那么就会出现"圣战""以理杀人"与"黑暗的中世纪"；反之，宗教内也有一部分侧重于时机甚至是特殊性的内容，甚至是反权威、反"标准答案"的，这方面，在人类思想文化史上，尤以禅宗为最。

---

① 反之，"翻译"体现的是"普遍性""可复制性"。

② 此处"时间性"是用的海德格尔讲的"人的生存的时间性"，"时间性"不同于"时间"，前者更强调人生的意义、人对于人生的领悟具有时间之特性，或者说，可以从时间角度来看人生经历、人的情感；而后者是传统西方思维讲的一种"客观的"时间。

有了"时机"这一观点，回头再看《俱胝竖指》就会发现故事中俱胝和尚处处注意"时机"：例一，俱胝和尚在听说小僧模仿他竖指之后，把他叫来，问他什么是佛法精要，这其实是把他拉回问答机锋的情境时机中；例二，就在小和尚再次模仿竖指时，俱胝瞬间砍断了这根手指，这也是掌握时机；例三，小和尚负痛哭嚎而去，就在此时，俱胝和尚突然叫住他，重新问他佛法精义，童子刚想习惯性地竖指，却突然发现这根手指断了，于是顿悟……①在他剧痛哭嚎中突然重新问他佛法精义，就体现了对时机的把握，同理，小和尚最后的悟道也是时机性的，如果不是在小和尚剧痛欲逃时，如果不是在刚断指后习惯性地要竖指却突然发现了"无"的时候，那么这次悟道是不会发生的。由此可见，俱胝和尚确实是明师，对弟子的引导，每一个时机都掌握得非常精准。

不仅《俱胝竖指》这一则体现了"时"的精神，同在《无门关》的《不思善恶》这一则公案引用了六祖慧能说的："不思善，不思恶，正与么时，哪个是明上座本来面目？"上一章以此例说明禅宗在善恶二元对立之外寻找了第三视域，但很多读者在这一例中容易忽略了"正与么时"这几个字，而这几个字表达的正是体悟"本来面目"的"时机性"。除了《俱胝竖指》《不思善恶》这两例很明显体现时机性的公案之外，还有几例不明显的，如：有人问洞山和尚："如何是佛？"洞山说："麻三斤。"② 有人问赵州和尚："如何是祖师西来意？"赵州说："庭前柏树子。"③ 这正是本章前文说的对"概念性""定义性"的"标准答案"的颠覆④，后人还有一种更具有时机性的解释：洞山说"麻三斤"的时候，可能手头正在弄麻；赵州说"庭前柏树子"的时候，可能正好看到了庭前柏树子——也就是说，"麻三斤"与"庭前柏树子"都是当时直观的情境，即情境本身就是佛法（这像胡塞尔说的"回到事情本

---

① 这一部分，具体细节在不同文献中有出入。
② ［日］西村惠信讲解，（宋）慧开著，弥衍宗绍编：《〈无门关〉漫步》，李玉梅译，海口：海南出版社，2017年10月第1版，第84页。
③ ［日］西村惠信讲解，（宋）慧开著，弥衍宗绍编：《〈无门关〉漫步》，李玉梅译，海口：海南出版社，2017年10月第1版，第167页。这一公案末尾有一句"滞句者迷"，也体现了对概念性语言的解构。
④ 上一章，有关何为"心"何为"佛"的问题，也出现了三组截然不同的答案，也体现了对于"概念性标准答案"的解构。

身"）。

从上文的表述中还可见"时"与"情"的密切关系，上文语境中，"时境"一词多数时候换作"情境"也是通顺的。再如"当时直观的情境"与"情境时机"之类的表述其实可以缩写为"时境"……这种情时融通，在《无门关》第十九则《平常是道》的结尾处集中表现了出来："春有百花秋有月，夏有凉风冬有雪。若无闲事挂心头，便是人间好时节。"前两句描写的季节更替其实就是时境的变换，也可以叫情境的变换，第三句"若无闲事挂心头"则重点写"情"，最后的"便是人间好时节"则是把主观的由于"无闲事挂心头"而产生的美好心情之"情"赋予了客观的"人间"之"境"、"好时节"之"时"，最终达到了主客统一、情景交融，形成了一个根本的大"境"（即"生活存在"）。

黄玉顺"生活儒学"认为：儒家提到六经，习惯性地将"诗"排序在最前，正是因为诗表达的是本真的生活存在，是一切情感与思想的源头，所以这也就解释了为何热爱《诗》《书》的孔子"晚而喜《易》"，因为三者都贯穿了"时"与"情"，诗因情境而作，情因时境而发。《尚书》记史，本就有时间积淀，又有对上古圣王的赞美之情，《周易》则表现了更有哲理的时机观念与忧患意识……并且，"生活儒学"之中，"情"是分为两个层级的：形而下存在者层级之情与前主体性生活存在之情，而这也解答了佛家长久以来的一些问题：许多人解释不清为何提倡断除情欲的佛家又提倡慈悲，慈悲不也是一种情吗？而且有首诗也写道："只说出家堪悟道，谁知成佛更多情。"笔者亲身接触过民间许多佛教徒，发现这类问题已经成为令许多佛教徒极其困惑的问题，其中有些人为了达到"空"的境界，或为了"断除情欲"而刻意压抑自己，甚至在与别人沟通交往时也不近人情，但同时自己也怀疑自己这样做是否正确，自己也常为此而苦恼。还有一类佛教徒，很善良，乐于助人，但表示对于"断除情欲"接受不了，同时又疑惑：既然佛家说一切皆空，那么我们行善积德又有什么意义呢？造成这些困惑的根本原因是理论没有梳理清楚，具体来说是没有清晰的观念层级架构。有了观念层级架构之后就可以答复上述问题了：佛家其实是"无情之情"（对比："诗"是"无言之言"），佛家让信徒破除执着。注意：有执着，则必有执着的对象（存在者），所以由此推断：佛家让信徒断除的情欲是指向存在者的情，指向形而下存在者的情即为世俗的情欲，指向形而上存在者的情即为法执；反之，佛家提倡的慈悲精神是在"生活存在"层级上的无执着之情，所以"成佛更多情"这句诗也就解释得通了，而且之前许多佛教徒困惑的几个问题也就都有答案了："空""断除情欲"与"慈悲"是可以同时存在的，断除的是指向存在者的庸俗之情，且不是刻意压制的，即便你不去压制，它也会在生活中自行解构；善行当然应该继续做，只不过对其不要执着（注意：这一部分须结合前几章讲的"无"与"有"的层级来理解"无情"与"有情"的多层含义）。所以，禅宗之中许多高僧反而说话颠三倒四，无法用常理来理解①，《无门关》中则多用打油诗的形式来阐发禅理，因为他们所表达的都是生活存在层级上的无执着之情，佛家讲的"慈悲""忿怒""极乐"这一类听上去似乎有情绪起伏的词汇，都应该在这个视域层面上来理解。

由此可见：宋明理学批判佛家脱离世俗生活，其实是宋明理学没有充分了解佛家整体思想，只是片面地观察佛家的禁欲主义；更讽刺的是，宋明理学反倒借鉴了佛家的禁欲主义；宋明理学家们一面"斥佛老"，一面"出入佛老，返诸六经"，结果还没学到佛老的精髓，学成了四不像，对此，笔者另有文章批判②。

"生活儒学"认为，"诗"是对"在"本身的诉说，并且黄玉顺通过文字训诂证明汉语言"存在"二字本就有诗意（见本文第三章）。《无门关》中也有对"在"本身的表达，如第二十二则《迦叶刹竿》讲道：释迦牟尼去世后，其生前的弟子阿难问师兄迦叶：咱们的师父释迦牟尼除了传给你金襕袈裟之外，还传给你什么？迦叶喊了一声阿难。阿难应答了一声。于是迦叶说：把门前的刹竿放倒吧。③ "刹竿"是一种传达信息的用具（就如同我们当代街上的红绿灯），寺门口竖起刹竿是表示今天寺中安排了讲经说法的活动，过往行人看到门口刹竿竖起，就知道了今天寺中讲经说法，感兴趣的人就可能进去听

---

① 当然，禅宗发展到后来，有许多滥竽充数者，未悟谓悟，故意标新立异，甚至装疯卖傻，以此表示自己悟到了至高禅理，俗人所不能理解，借以欺世盗名。这一类人不属于本文说的情况，本文说的是真正开悟了的。

② 见《〈程氏易传〉"感应"思想研究》第三章，《当代儒学》（第18辑），成都：四川人民出版社，2020年10月第1版，第119-166页。

③ ［日］西村惠信讲解，（宋）慧开著，弥衍宗绍编：《〈无门关〉漫步》，李玉梅译，海口：海南出版社，2017年10月第1版，第102页。

课；放倒刹竿，则表示：今天该讲的都讲完了。此公案中，迦叶让阿难放倒刹竿，表示：你问我师父除了传金襕袈裟之外还传了我什么，这个问题我已经毫无保留地全告诉你了，再无别法可传。那么我们回过头来看一下迦叶给阿难传的什么呢？他仅仅是喊了阿难一声，阿难答应了一声。

这就是"在"。无论阿难打算如何选择法门、普度众生，前提是他"在"。而且，中外哲学发展了千百年，大家也渐渐达成共识：存在论的问题是哲学最根本的问题，如果某个哲学体系的存在论被推翻了，整个体系就坍塌了。佛家对存在论格外关注，佛家有种说法是：即便不是释迦牟尼佛亲口宣说，只要符合"三法印"就是佛法；反之，即便是释迦牟尼佛亲口宣说，只要未宣扬"三法印"的精神也不是了义佛法。而"三法印"的内容，按当代哲学标准来看，就是"基础存在论"。所以，在这则公案中，"在"的问题是与"金襕袈裟"相提并论的（金襕袈裟是掌门信物）。所以本文第四章用了较多篇幅分析"空""无""有"的观念层级，因为这是理解《无门关》乃至于整个佛家哲学以及理解全部哲学的基础。

阿难对于迦叶的应诺，还有一种"此在"的含义，因为迦叶的呼唤是对阿难这一个"个体"的，所以阿难的应诺是此时此地的这一个"在者"的"在"。而且迦叶对阿难的呼唤有"唤醒自我"的意义，即让你在"假我"（沉迷于世俗感官世界的"我"）中的"真我"（佛性）醒来。所以，当阿难问迦叶世尊除了传你金襕袈裟之外还传了什么？迦叶呼唤了阿难一声，这等于是说：世尊传的最重要的东西就在阿难你自身之中（这就像《坛经》中说六祖悟道之后说"何期自性，能生万法"）。

《无门关》之中"在"与"时机"有时是融合起来表达的，如第四十八则《乾峰一路》讲道：有僧问乾峰和尚：我听说十方三世一切诸佛都是由同一条路而涅槃，不知道这条路的入口在哪里？乾峰和尚拿起拄杖，在空中划了一下，说：在这里。他这随手一划，就有"当下即是"的意味，既有"时机性"，又有对于"存在"的领悟，且是不可复制的，只有在这个问答情境中有效，不能离开这个情境，因为他这随手一划不是"下定义"，如果把他这随手一划作为"涅槃之路在哪里"这个问题的标准答案，那就不成立了。

"生活儒学"架构中，最根本的"生活存在"是"无"，也是"前主体性的情"，诗正是对"前主体性的情"的言说，也就是说："诗"本身也是对

"无"的言说——所以，本文把"诗"称之为"无言之言"。《无门关》中的诗也经常体现出"无"的精神：第二十则《大力量人》写道："抬脚踏翻香水海，低头俯视四禅天。一个浑身无处着，请续一句。"① 前三句描写了一个顶天踏海的巨人的形象，② 第四句反而不再对他直接描述了，改为让读者自己续写第四句，即让读者自己去想这个巨人到底多么庞大，而读者自己展开想象，可能就会发挥得更加无限制，这比原诗直接写出第四句来描述巨人的高大效果更好——正如中国传统山水画中的"留白"，也是在空白处让观者自己展开想象，缺句反显巨人庞大，留白反显山高水长，把缺句补全、把留白画满，反而让这诗与画的气魄下降了。再如，《无门关》第三十三则《非心非佛》写道："路逢剑客须呈，不遇诗人莫献。逢人且说三分，未可全施一片。"③ 这首诗其实是"缺尾诗"，每一句结尾都省略了一个字，完整的应该是："路逢剑客须呈剑，不遇诗人莫献诗。逢人且说三分话，未可全施一片心。"但是，补上"剑""诗""话""心"这几个字之后，并没有提高这首诗的境界，甚至作用相反：把补上字之后的诗拿回去与原诗对比，反而觉得原诗已经讲得很明白了：读者一开始读"路逢剑客须呈"这句可能不知道是说什么，但读到第二句"不遇诗人莫献"，也就自然而然感觉"呈"的是"剑"，"献"的是"诗"，往下第三句、第四句也就顺理成章地明白了。也就是说：原诗的缺字，读者完全可以结合全诗语境而想到，所以补上那几个字虽然更便于下乘根器者理解，却破坏了整体意境。文艺作品需要虚实结合，"意境"尤其侧重于"虚"，而这首诗补上字之后就过"实"了。不仅诗如此，高明的文艺作品皆如此，很多影视剧也营造悬念，哪怕大结局之后，观众回味时还会品出"隐藏情节"，某些经典影视剧在播出二十多年后，仍有网友对其热烈讨论，甚至对其中一些情节有截然相反的理解。诗中的缺字、剧中的悬念、画中的留白，

---

① ［日］西村惠信讲解，（宋）慧开著，弥衍宗绍编：《〈无门关〉漫步》，李玉梅译，海口：海南出版社，2017年10月第1版，第93页。

② 此处"巨人"并非实指，而是比喻修行之伟大；须结合禅修语境来理解，诗中"四禅天"本就是禅修的境界，一说该诗中"抬脚"其实针对的是双盘坐禅而产生"内触妙乐"之后不愿意"抬脚"（即，把盘的腿放开，结束坐禅，不贪着禅定妙乐）。

③ ［日］西村惠信讲解，（宋）慧开著，弥衍宗绍编：《〈无门关〉漫步》，李玉梅译，海口：海南出版社，2017年10月第1版，第151页。

都是"无"的哲学原理在艺术领域的运用①，虽然相关的艺术家可能没听说过这一部分哲学原理，但是艺术家在不知不觉中已经运用了。这就像运动员根据自己的经验来比赛，运动时可能并没有专门依照生物学原理，但其运动肯定是符合生物学原理的，而教练、队医对于生物学知识了解得越多，那么制定的日常训练计划、日常饮食安排、日常作息规定，都会更科学。

《无门关》不仅表达了作者无门慧开本人的诗情，而且也记录了前辈禅僧的诗，如第二十四则《离却语言》中，有人问风穴和尚：语言与沉默，要么符合真如却脱离众生，要么发挥妙用却容易沉迷世间，如何通达妙道而两种错误都不犯呢？风穴和尚答："常忆江南三月里，鹧鸪啼处百花香。"——这就是用诗这种"无言之言"来"寻找第三视域"，跳出"两难境地"。这一则公案的结尾，慧开又引用了云门文偃和尚的诗："不露风骨句，未语先吩咐。进步口喃喃，知君大罔措。"进一步说，也不仅仅是这些禅宗僧人喜欢用诗来表达思想，而是整个佛家都重视诗——"偈语"就是一种广义上的"诗"，佛家各宗都会涉及。再进一步说，其实"诗"也不仅仅是佛家重视的，儒家"六经"之中就有《诗》，孔子日常与弟子对话也常引用《诗》，老庄的文风也是诗化的。更进一步说，"诗"也不仅仅是中国哲学重视的，海德格尔常引用荷尔德林的诗歌来讲解现象学，古希腊先哲也有用诗歌体裁传达自己思想的……也就是说，无论儒释道，还是现象学、古希腊哲学，其思考达到一定广度、深度之后，都会以诗的形式显现思想。

结　论

综上所述，《无门关》的诗具有较高研究价值，但不能按一般文学标准来评判，而要在"生活儒学"视域下，从"非概念语言""前主体性的情""时机性""境""存在""无（留白）"这几个思考点切入，展开理解。

按近现代以来的学科标准，《无门关》具有文、史、哲三重性质，但按现

---

① 为便于读者理解，此处提示：为何本文把分析"无"的观念层级那一章放在本章之前，并且用了大量篇幅详细阐述，因为，有关"无"的观念层级的分析，正是理解本文后半部分的基础。本章提及的"缺字""悬念"引人遐想，"留白"反而显得山高水长，这些都体现了前文说的"无"可以生"有"，此处"无"是"生活存在"层级上的，"有"是"存在者"层级上的。

代史学标准衡量，会感觉《无门关》是一部糟糕的史料：不仅编排混乱，而且作者评唱的篇幅居然比记事的篇幅还多。殊不知，这正是作者"破执"精神的体现。

但由于缺乏清晰且健全的观念层级架构，《无门关》中深邃的哲学思想没能够充分挖掘出来，进而其文学魅力也在一定程度上被遮蔽（因为很多读者虽然承认此书文风清新脱俗，俏皮幽默，却根本不知道表达的是什么），同时其史学方面的缺陷也没得到充分辩护，最终它成了一部哲学方面不知所云、文学价值没充分展开的失败的史料。

而把这一切翻转过来的是黄玉顺教授的"生活儒学"。黄教授创立"生活儒学"原本是为了解决中西比较视域下儒学的存在论、性情论、现代性等问题，却无意间与佛家"三法印""缘起性空"的根本思想有相互印证之处。所谓"他山之石，可以攻玉"，以"生活儒学"的"观念层级架构"作为这"蹊径"进入《无门关》，居然恰好"通关"了。

或许有人会质疑，以当代的儒学理论解释古代的佛学思想，是否能成立？笔者认为，如果用当代儒学理论解释古代的佛学理论不成立，那么《无门关》把佛法说成是"麻三斤""柏树子"恐怕更没有道理可言。注意：此处"道理"正是一种机械化的常识，是"存在者"层级上的思维，如果局限于这个观念层级，就无法领会禅机与中观，也不能理解现象学与生活儒学。而当我们用"生活儒学"的"观念层级架构"来解析《无门关》乃至佛家整体思想，以及中国传统哲学整体思想时，一个极具潜力的广阔视域就在不经意间显现了。

"生活艺术化"与"生活道德化"

——梁漱溟宗教观研究

王占彬[*]

【摘要】在梁漱溟看来，文化以宗教为中心，宗教对社会有"统摄凝聚"和"统摄驯服"的作用。儒家是以道德之理性代替宗教之信仰来进行社会教化。儒家礼乐借助艺术化的人生活动，对中国传统社会产生了伟大而深远的影响。礼乐艺术就是人们内在情感的外化和显现，是生命情感的自然流露。中国传统的礼乐制度本质上就是艺术教化生活，"道德代宗教"就是使生活秩序化，"美育代宗教"就是使生活艺术化，两种方式结合，最终达到情与理的统一，也就是真善美的统一。美育的生活是一种道德与宗教、理性与情感融会贯通的自由状态。在价值和境界上，"美育代宗教"要高于"道德代宗教"。

【关键词】道德；美育；宗教；梁漱溟

梁漱溟认为，宗教问题是东西文化的分水岭。宗教信仰有一种艺术的魔力，使人们摆脱生活中的恐惧与不安。儒家的礼乐艺术在历史上也发挥着宗教性的作用，对中国传统社会产生了伟大而深远的影响。儒家的道德伦理能启发理性，使个人通过自觉自律而获得超越性。因此，他提出"道德代宗教"，以使生活道德化、秩序化；又提出"美育代宗教"，以使生活艺术化。今后之时代将是"身为心用"的时代，人们的自觉性将随社会发展而大步提高。在当

---

* 作者简介：王占彬，山东大学儒学高等研究院中国哲学硕士研究生，研究方向：宋明理学、近现代儒学。

代社会，以道德、美育代替宗教，既能发展个体的自觉性又能起到社会教化的作用。虽然关于梁漱溟"道德代宗教"思想已讨论甚多，但近几年较少有文章讨论其"美育代宗教"观点。本文通过阐发梁漱溟的宗教观，梳理了两个"代宗教"观点各自的特点和价值，并认为"美育代宗教"在境界上要高于"道德代宗教"。

一、宗教之功能：安慰与超越

梁漱溟在《中国文化要义》之"道德代宗教"一章中分析了宗教的性质和功能。他认为，东方文化以儒教为主，此"教"乃教化之义；西方则以基督教为主，此"教"乃是真正意义上的宗教。东西方对宗教信仰问题的不同态度导致了两者文化之不同。人类文化的开端就是以宗教的形式展现，宗教是社会之思想、政治、学术源头。在人类文化中处于中心、主体地位的是人生态度和价值判断，而宗教便是此人生态度或价值判断的最本源、最根本的寄寓之所。民族的大一统依赖于宗教，因为宗教对社会群体有"统摄凝聚"和"统摄驯服"[1] 这两种功用。宗教使分散的人群组成一个有凝聚力、向心力的社会，保证了社会生活的稳定运行。梁漱溟指出，宗教的两种作用其实来自于同一个目的，即"趁其在惶怖疑惑及种种不安之幻想中，而建立一共同信仰目标"[2]。有了这个共同的信仰目标，"涣散的人群自能收拢凝聚"，人类社会就有了"宰制众人调驯蛮性的种种方法"[3]。故宗教是人们在恐惧、疑惑、不安之中建立的共同信仰和精神目标，可以主宰众人，调节和驯化人类的野蛮之性。宗教的特征和功能可以总结为：

（一）宗教必以对于人的情志方面之安慰勖勉为其事务；
（二）宗教必以对于人的知识方面之超外背反立其根据。[4]

---

① 梁漱溟：《中国文化要义》，上海：上海人民出版社，2011 年版，第 94 页。
② 梁漱溟：《中国文化要义》，第 94 页。
③ 梁漱溟：《中国文化要义》，第 94 页。
④ 梁漱溟：《中国文化要义》，第 94 页。

宗教的共同特征即是情志之安慰和超越之根据，它给人以精神寄托和终极关怀，使人摆脱种种惶怖、疑惑和不安。宗教是对人类理性知识的超越，在世俗、经验之外确立了根据。梁漱溟认为，古代的人对宗教的需求甚于后世，宗教之势故而大涨。而近代文明的出现导致了宗教的失势，科学进步、理性发展让人们不再像以往依赖宗教。在《东西文化及其哲学》中，梁漱溟说："宗教者，出世之谓也。方人类文化之萌，而宗教萌焉；方宗教之萌，而出世之倾向萌焉。人类之求生活倾向为正，为主，同时此出世倾向为反，为宾。一正一反，一主一宾，常相辅以维系生活而促进文化。"① 宗教就是出世的信仰，是让人类摆脱世间烦恼的社会共同信仰，可以让人超脱于俗世之功利境界，进入道德境甚至天地境界。人类一方面向前积极进取求奋斗之生活，满足种种欲求；一方面借助宗教信仰而寻求出世，摆脱各种俗世之烦恼、痛苦。人生有两种相反的倾向，一是倾向于"躯壳起念"，一是倾向于"超躯壳或反躯壳"②。这两种倾向一张一弛、一正一反，可相辅相成，维系生活的延续，促进文化的发展。宗教信仰让人类以有限、相对、有生有灭的躯壳寄托于无限、绝对、不生不灭的超躯壳或反躯壳境界，以"世俗"超越到"脱俗"，从"有对"超越到"无对"。

宗教产生的根源在于人内心的依赖感，此依赖感又产生出世理想。人之所以想脱离世俗，是因为想求得精神的寄托，灵魂的依靠。当人们对大自然的灾难无能为力，心生恐惧时，就会想象有超越之神的存在，或对人生问题产生困惑时，就想借助一种神秘的外力，通过信仰神来驱散心灵迷雾，安顿生命。人们想象着现实之外有无所不能的神，以此来满足心灵的需求，摆脱现实的恐惧和内心的迷茫。费尔巴哈说："人的依赖感，是宗教的基础"③，"对自然的依赖感诚然是宗教的根源，但是这种依赖性的消灭，从自然手中获得解放，则是宗教的目的……人的神性则是宗教的最终目的。"④ 梁漱溟也引用了费尔巴哈的思想，意在揭橥宗教的产生源于人类的依赖感，宗教的本质就是人自己的本质。宗教是人们崇拜超脱的外在力量，这种外力就是宗教中具有超越性的无所

---

① 梁漱溟：《东西文化及其哲学》，上海：上海人民出版社，2018 年版，第 116 页。
② 梁漱溟：《中国文化要义》，第 85 页。
③ ［德］费尔巴哈：《宗教的本质》，北京：商务印书馆，2021 年版，第 1 页。
④ ［德］费尔巴哈：《宗教的本质》，第 32 页。

不能的神力，但其根源其实是人自己。如梁漱溟说：

> 因为自己力量源自无边，而自己不能发现。宗教中所有对象之伟大、崇高、永恒、真实、美善、纯洁，原是人自己本具之德，而自己却相信不及。经这样一转弯，自己随即伟大，随即纯洁，于不自觉。其自我否定，每每就是另一方式并进一步之自我肯定。宗教最后则不经假借，彻达出世，依赖所依赖泯合无间，由解放自己而完成自己。[1]

以信仰宗教来获得生存的安全感是一种向外求、借外力的方法。宗教之神其实是人类自己设想出来的神秘力量，是人的主观想象的客观化，也就是说，人所借的外力是自己构想出来的，没有人力的主动创造就没有宗教。宗教之神的各种伟大品格，其实是人根据自己的德性而渲染出来的。因此，这种宗教之外力归根结底就是人类自己，完美的人格神其实是人类自己无穷无尽之力量的表现。人类最初对自己本来具备的美好德性浑然不知，自感卑微，于是在思想上"羽化而登仙"，构想出完美无缺的人格神。殊不知，此宗教对象之所有尽善尽美的品质都是人类自身已经具备的明德。人类在信仰自己造的神的过程中，转而将自己变成了神。通过对宗教的虔诚信仰，人类使自己不自觉地拥有了神的美好品质，通过崇拜神而变成神。人们从神那里看到了自己，使自己像神一样伟大纯洁，从而达到人神合一的境界。如王阳明诗云："个个人心有仲尼，自将闻见苦遮迷。"[2] 信仰神并成为神是一个先否定自身后又肯定自身的过程。人类最开始对自己本来固有之德不自知，经过虔诚信仰、努力修行、真切领悟后，进而变得像神一样伟大，具备神的一切品格。因为宗教对象的品质实际是人自己本来具有的德性，所以所谓"变成神"其实是对人自己的回归，是人类重新成为自己，此为自我之肯定。宗教信仰的最高境界就是"绝世独立"，完全自由自立，不需外力。自己将本具之德完全显现，彻底超越世俗，彻底解放，达到无所依赖而自得自乐的境界，就是回归真正的自我，成为完整的自我。宗教对象的所有美好品格其实是自己本来固有之德，是自己的神性本

---

① 梁漱溟：《中国文化要义》，第97页。
② （明）王守仁：《王阳明全集》，上海：上海古籍出版社，2015年版，第652页。

质，自己的力量原本无穷无尽。但这并不意味着依赖宗教外力是愚昧的。梁漱溟肯定了宗教的价值，认为宗教能给人一种间接方式解放自己，完成自己。信仰宗教的人并不是愚者、弱者，最高境界的理智是和信仰合二为一、相互融通的。宗教可以使人获得精神上的永生，这相当于康德所说的"灵魂不朽"。

二、启发理性之路：以道德代宗教

中国主流文化是从周孔教化中发展而来的，梁漱溟评价孔子是"宗教最有力的敌人"，因为孔子之儒学重在启发人类的理性，而非造宗教之神。梁氏的评价可谓别具一格。他认为孔子思想具有两面性：一是避免宗教迷信和独断论，二是启发理性。孔子的儒教"不语怪力乱神"（《论语·述而》），"敬鬼神而远之"（《论语·雍也》），不用让人假借外在的神秘力量，故而脱离了宗教迷信。梁漱溟高度评价儒家的这种理性精神，认为儒家给人一条反省自求以求超越的道路，使人不必借助迷信而只信赖自己的理性。此理性精神即是道德。道德是通过个体的自觉自律而产生的理性系统，而宗教是一种依托他者而建立的信仰系统。儒家就是强调这种个体自觉和理性反思的修行途径，因此，儒家之道德既发挥着宗教一般的作用，又代表着一条与宗教信仰之路不同的理性之路。

儒家是以理性之道德代替宗教之信仰，来完成社会教化的目的，如梁漱溟说："中国自有孔子以来，便受其影响，走上以道德代宗教之路。这恰恰与宗教之教人舍其自信而信他，弃其自力而靠他力者相反。"① 相对而言，儒家的道德之路更为进步。儒家在最初就意识到了人人本来具备伟大、崇高、永恒、真实、美善、纯洁的品德，不必先绕个弯子、舍近求远地假借外力，而是直接以自觉、自信、自律的方式开显自己源自无边的力量，这是教人以自我肯定的理性方式去解放自己。儒家之道德发挥着与宗教之信仰相似的作用，不同的是，儒家是通过理性来达到宗教所指向的目标。道德与宗教在社会教化中的方式与门径不同，但指向同一目标，发挥同等效用："宗教道德二者，对个人，

---

① 梁漱溟：《中国文化要义》，第 103 页。

都是要人向上迁善。""二者都能为人群形成好的风纪秩序。"① 中国之儒家传统走的是"道德代宗教"之路，跨过了宗教之他律的教化阶段，直接以理性和道德来凝聚人群、主宰人心。基于此观点，梁漱溟认为中国文化是早熟的文化："在人类文化历史上，道德比之宗教，远为后出。盖人类虽为理性的动物，而理性之在人，却必渐次以开发。在个体生命上，要随着年龄及身体发育成长而后显。在社会生命上，则须待社会经济文化之进步为其基础，乃得透达而开展。"② 一般情况下，道德的出现要晚于宗教，神性先于理性，人类理性的开发是一个循序渐进的过程，需要先假借外力也就是通过宗教信仰的方式，然后一步步走向成熟之理性。整个社会理性的开发，是基于社会经济文化的发展与进步，经济文化不成熟则整个社会群体很难趋于理性。然而，古代中国的儒家不必经过宗教之迷思，就跃进到道德和理性的阶段，这就是梁漱溟说的"理性早启"。儒家的道德以个体的自觉自律作为准则，甚至"径直以人生行为准则，交托给人们的感情要求"③，来完成社会的教化。但是，个体的自律自觉还不能完全代替宗教，如果没有外化的礼俗法制，社会就会分崩离析。因此，道德的养成还需要有外在的依傍，此依傍即是儒家之"礼"。梁漱溟认为，宗教中包含的礼俗法制是社会组成的依托，是整个文化的中心，但中国社会不依赖宗教而照样运行，这是因为两点：伦理名分和礼乐制度。如他说：

> 事实上，宗教在中国卒于被替代下来之故，大约由于二者：（一）安排伦理名分以组织社会；（二）设为礼乐揖让以涵养理性。二者合起来，遂无事乎宗教。此二者，在古时原可摄之于一"礼"字之内。在中国代替宗教者，实是周孔之"礼"。不过其归趣，则在使人走上道德之路，恰有别于宗教，因此我们说：中国以道德代宗教。④

孝悌伦理与礼乐制度的结合就是孔子的"宗教"，两者统摄于周孔之"礼"，中国社会的运行和群体的凝聚都依此儒家之"礼"来维系。此"礼"

---

① 梁漱溟：《中国文化要义》，第103页。
② 梁漱溟：《中国文化要义》，第104页。
③ 梁漱溟：《中国文化要义》，第105页。
④ 梁漱溟：《中国文化要义》，第106页。

在传统社会发挥着宗教戒律的作用，可以说是一种"礼的宗教"。礼仪的最终归宿就是开显人的内在德性，外在之礼即是对内在之仁的践行。这种道德之路就是理性之路，虽与宗教不同却发挥着与宗教无异的作用，故称之为"以道德代宗教"。

三、艺术教化生活：以美育代宗教

梁漱溟认为，单纯的理性还不能有效安顿人的情感，故又提出"美育代宗教"。美育即美感教育，指以礼乐之美教化社会。蔡元培曾在《新青年》中提出"美育代宗教"："美育应该绝对的自由，以调养人的情感。"梁氏认为，情感对人的思想起着支配性作用，宗教、信仰、艺术等在慰藉情感方面起着不可或缺的作用，即便是近代科学、知识、理性的发展，也不能让人们完全舍弃宗教信仰。宗教对人的身心发展有重要意义，给人一种精神上的清洗、解放和提升。信仰有一种艺术的魔力，可以将人的现实生活艺术化，使人获得超脱的感受，摆脱恐惧与不安。梁漱溟说："这种生活便是让人生活在礼乐中。礼乐是各大宗教群集生活所少不得的。宗教全藉此艺术化的人生活动而起着其伟大影响作用，超过语言文字。"[1] 宗教凝聚人心、主宰人群的外在表现形式就是礼仪、规制、戒律等，这些可统称为"礼乐"，它可以安顿人的情感，清洗人的心灵。宗教就可以让人们沉浸在礼乐之中，带来一种艺术化的生活，使人的情感获得极大的安慰和寄托。梁漱溟说："宗教在过去人类历史上是大有助于社会人生之慰安行进的，而种种艺术——礼乐——则是其起到作用的精华所在。今后很长时间宗教落于残存，而将别有礼乐兴起，以稳定新社会生活。"宗教之所以有助于社会人生，关键在于它发挥着艺术性的作用，也就是以礼乐来抚慰人的精神和心灵，稳定社会生活。因此，礼乐是宗教影响社会生活的精华所在。梁漱溟又高度赞美儒家的礼乐："从未有舍开宗教而用美术做到伟大成功如同一大宗教者，有之，就是周孔的礼乐。以后世界是要以礼乐换过法律的。"[2] 同宗教一样，儒家礼乐也起到了安顿情感、陶冶性情的作用，提供给

---

① 梁漱溟：《人心与人生》，上海：上海人民出版社，2011 年版，第 225 页。
② 梁漱溟：《人心与人生》，第 226 页。

人艺术化的生活。儒家提倡的"为政以德""以德治国"的外在形式就是制礼作乐以规范人们的行为，它借助这种艺术化的人生活动，对中国传统社会产生了伟大而深远的影响。

梁漱溟认为，礼乐是"人类生活中每到情感振发流畅时那种种的活动表现"，是人自然情感的延伸，"出自生命的自然要求和发作"①。礼乐艺术就是人们内在情感的外化和显现，是生命情感的自然流露。礼乐的制定就是为了表达、安顿、抒发人的自然情感。所谓"发乎情，止乎礼"，礼乐就是既注重情感的发作又要求"以礼节之"（《论语·学而》）。梁漱溟赞美儒家是以中庸之道来满足情感需求，安稳人生："中国古人（周、孔）之所为制作和讲求者，要在适得其当，以遂行人情，以安稳人生就是了。"② 礼的作用就是提供给人理想化、艺术化的社会生活，让人的情感得到恰当表达。梁漱溟所言之"适得其当""遂行人情"即是荀子说的"养人之欲，给人之求"（《荀子·礼论》）。《礼记·乐记》中说："乐者，天地之和也；礼者，天地之序也。和故百物皆化，序故群物皆别。"礼乐源于天之经、地之义，是维持社会秩序、促进社会和谐的不可或缺的方式。梁漱溟也说："而有礼必有乐，说到礼，便有乐在内。其礼其乐皆所以为在不同关节表达人的各式各样情感。扼要说明一句：礼的要义，礼的真意，就是在社会人生各种节目上要人沉着、郑重、认真其事，而莫轻浮随便苟且出之。"③ 荀子说："乐合同，礼别异。"（《荀子·乐论》）礼、乐都是在不同情况下表达情感的方式，两者本为一体。礼乐的作用不仅仅是表达情感，最重要的意义在于它能使人们在处理事务时有仪式感、敬畏心，以认真、敬的态度来处理生活事务，不至于敷衍了事、肆无忌惮。《荀子·礼论》中说："人生而有欲，欲而不得，则不能无求，求而无度量分界，则不能不争。争则乱，乱则穷。先王恶其乱也，故制礼义以分之，以养人之欲，给人之求。使欲必不穷乎物，物必不屈于欲，两者相持而长，是礼之所起也。"礼的作用是节制欲望，使物与欲达到一种平衡状态，人欲如果不加约束就会导致社会混乱。如梁漱溟说："倾身逐物是世俗人通病。""一切有待于外物以资生活。既唯恐其物之不足，又且拣择其美恶。重物则失己，生命向外

---

① 梁漱溟：《人心与人生》，第228页。
② 梁漱溟：《人心与人生》，第228页。
③ 梁漱溟：《人心与人生》，第228页。

倾欹，是其行事随便苟且的由来。当其向外逐求不已，唯务苟得，在自己就丧失生命重心，脱失生活正轨，颠颠倒倒不得宁贴；而在人们彼此间就会窃取争夺，不惜损人利己；人世间一切祸乱非由此而兴乎？说弊害，更何有重大于此者？"① 人们追逐外物而无节制，就会损人利己，迷失自我，内心不得安宁，导致灾害祸乱。礼意在让人们规范行为，节制欲望，适得其当，以理统情。因此，礼既是为了表达人的自然情感，又能以理性规范情感。梁漱溟认为，人与万物一气流通，浑然一体而无分别、无阻隔，其产生连接的关键就在于情感："人生是与天地万物浑元一气流通变化而不隔的。人要时时体现此通而不隔的一体性而莫自私自小，方为人生大道。吾人生命之变化流通主要在情感上。"② 情感让人感受到自身与万物的变化流通，从而摆脱自私自利，达到与天地合一的廓然大公之境。礼乐的作用就是要人们收回追逐外物的念头，关注内在情感，回归活泼灵动、鸢飞鱼跃的自然状态："礼乐之为用，即在使人从倾注外物回到自家情感流行上来，规复了生命重心，纳入生活正轨。"③ 礼乐具有净化心灵、唤醒情感的作用，使人退去计较心，关注此时此刻，"陶然共忘机"，回到生命最本然的状态。如梁漱溟说："礼乐的根本作用既是要人精神集中当下。"④ 礼乐就是人心情感的外发表现，是"情理之表出于体貌间者"，此人心之自然情感就是"浑然与物同体"⑤ 的毫无私情的状态。孔子说："以义为质，礼以行之。"(《论语·卫灵公》) 礼背后的实质内容就是"仁义"，在梁漱溟看来就是内在的敬重、和悦之情理："衷心敬重其事，不待见之于行礼；衷心和悦不待见之于奏乐。"⑥ 此内在之情理通而不隔，与万物浑然一体。情为本，礼为用，礼背后的支配性力量就是"敬"，即敬重的情感。礼乐的产生是以情感为尺度，最终服务于人的情感，这就是"称情而立文"(《礼记·三年问》)。如果情不足而礼有余，那就会产生繁文缛节。社会礼俗在婚丧嫁娶以及各种节日中有着抒发情感、自尽其心的作用，将生活艺术化、理想化，可以安顿人心，从而使人不陷于外物，进入万物一体的高明境界，故梁漱溟说：

---

① 梁漱溟：《人心与人生》，第 227-228 页。
② 梁漱溟：《人心与人生》，第 228 页。
③ 梁漱溟：《人心与人生》，第 228 页。
④ 梁漱溟：《人心与人生》，第 228 页。
⑤ （宋）程颢、程颐：《二程遗书》，上海：上海古籍出版社，2020 年版，第 65 页。
⑥ 梁漱溟：《人心与人生》，第 228 页。

"世界各方礼俗今后虽不是整齐划一的，却在社会文化造诣上或先或后进达一种高明境界当必相同。亦就是将必有共同的精神品质。"①

今后的时代将会是物质为精神服务，知识为情感支配，外物为心灵所利用的时代，即"身为心用"的时代："从人类心理发展言之，已往的历史均属人的身体势力强大，而心为身用的时代，今后则转入身为心用的时代。盖从社会主义取代资本主义便是社会发展史上从以往自发阶段转入今后自觉阶段了。正为人心抬头用事，在社会主义文化上道德将代宗教而兴。"② 社会主义之自觉阶段就是身为心用的阶段，它讲求服务人心、安顿情感、陶冶性情，人们不是一心追求物质发展，而是以物质服务心灵，以礼乐表达情感。人们不再借助宗教信仰来寻求解脱，而是自觉意识到自己本有一切德性，本具一切伟大力量，以自律、自省、自觉而达到"超躯壳或反躯壳"的境界。社会主义社会即是这种"以道德代宗教"的时代。以自觉自律的道德代替宗教不是一蹴而就的事情，这需要对人们内在的品质和感情进行涵养和扶持。梁漱溟说："凡从政治经济方面所推测信必实现之种种，无不赖有人们精神面貌转变为其前提。信乎旧日宗教此时将代以自觉自律之道德，然为人们自觉自律之本的高尚品质、优美感情，却必有其涵养和扶持之道。"③ 存心养性、涵养情感是自律之道德代替他律之宗教的前提，如果不对人的品质和情感加以扶持、保存，自律自觉之道德就无法达成，遑论以道德代替宗教。此涵养和扶持之道就是以礼乐教化生活，"在生产劳动上在日常生活上逐渐倾向艺术化"④。只有进入艺术化的生活，才能使人们在礼乐中受到潜移默化而唤醒内在道德。艺术化的生活又是如何涵养人的道德和情感的呢？梁漱溟说："其要点总在使人集中当下之所从事，自然而然地忘我，自然而然地不执着于物，而人则超然于物之上。以其精神之集中也，勤奋自在其中，未必劳苦，劳苦亦不觉劳苦。"⑤ 艺术化的生活就是万物浑然一体、通而不隔的忘我状态。这种状态使人们关注当下，物我两忘，回归本真，达到"万物一体之仁"的宇宙境界。在艺术化的生活中，心

---

① 梁漱溟：《人心与人生》，第231页。
② 梁漱溟：《人心与人生》，第230页。
③ 梁漱溟：《人心与人生》，第232页。
④ 梁漱溟：《人心与人生》，第232页。
⑤ 梁漱溟：《人心与人生》，第232页。

不为形役，人没有了计较心、功利心，这是一种精神集中、淡定从容的状态，不加勉励而自然勤奋。人没有私欲牵累就不会感到劳苦，如孔颜乐处，虽处于贫苦之中却能安贫乐道。

四、结语："美育"高于"道德"

随着社会的发展，人的自觉性将会大步提高，所谓自觉性就是自反、自律、自我体认的品质，通过涵养内在道德而做到身为心用。梁漱溟说："人类如何自反而体认此身此心的学问势将注意讲求，从而懂得要有以调理身心，涵养德性，且懂得其道不在对人说教而宁在其生活的艺术化。唯其社会人生之造于此境也，人的自觉性发展乃进入高度深刻中，亦便是达于人类心理发展之极峰。"[1] 礼乐使人过上艺术化的生活，让人表达自然情感，启发道德意识，本质上就是发展了人的自觉性，最终以自觉性的道德代替了他觉性的宗教。梁漱溟又预料，随着社会生产力的发展，传统的礼乐文明会在当今逐渐兴起，进而普及到全世界。社会主义社会即是自觉性的社会阶段，走的就是一条道德之路："走向社会主义是当前世界主流，其所需要、其所可能者唯是道德之路而非宗教之路，此其形势明白可睹。"[2] 因此，未来的世界将是中国传统文化复兴的时代，即是从"人对物的问题"转变为"人对人的问题"[3]。"人对人的问题"就是道德问题，即关于自我体认、自觉自律、调理身心、涵养道德的问题。宗教是由外而内的，道德是由内而外的。道德本身是目的而非手段，可以说"即目的即手段"，此类似于康德的定言命令，如梁漱溟说："道德本身在人世间具有绝对价值，原不是为什么而用的一种方法手段。宗教在人每表现其从外而内的作用，反之，道德发乎人类生命内在之伟大，不从外来。人类生活将来终必提高到不再分别目的与手段，而随时随地即目的即手段，悠然自得的境界。此境界便是没有道德之称的道德生活。"[4] 人类的未来必然会以道德代替宗教，通过发挥道德的绝对价值，达到不分目的和手段的自觉自得的境

---

① 梁漱溟：《人心与人生》，第 233 页。
② 梁漱溟：《人心与人生》，第 233 页。
③ 梁漱溟：《人心与人生》，第 233 页。
④ 梁漱溟：《人心与人生》，第 233-234 页。

界，这就是无善无恶、万物一体的生活状态，看似无道德却是最高的道德。

中国传统的礼乐制度本质上就是艺术教化生活，"纳一切行事于礼乐之中，即举一切生活而艺术化之"①。生活中的视听言动都在礼乐的涵摄之下，礼乐所主宰的生活即是艺术化的生活。礼乐既表达情感又启迪理性，使得人的情感在理性的规范下能顺其自然而无所逾越："不从言教启迪理性，而直接作用于身体血气之间，便自然地举动安和，清明在躬——不离理性自觉。"② 礼乐使人的一举一动自然而然地和乐而文明，不刻意求理性而自然有理性自觉。而宗教则是人为制作的借以求福避祸的工具，是出于人们的依赖心理而产生的，会使人们失去自觉性。梁漱溟认为，礼乐的兴起高扬人的自觉性，将宗教的弊端扫除殆尽，"即唯恃乎此，而人得超脱其有求于外的鄙俗心理，进于清明安和之度也"③。礼乐使人超脱世俗，涵养内在的伟大品质，抒发道德情感，达到自觉自律、清明自在的境界，因此，"根本地予人的高尚品质以涵养和扶持，其具体措施唯在礼乐"④。基于此，梁漱溟提出"以美育代宗教"，即以礼乐使人进入艺术化的生活，进而走向道德之路、理想之路。

宗教提供的信仰之路可以勖勉人的情感，但人们容易因为依赖外力而失去自我；道德提供的理性之路可以让人自觉自律，却无法彻底解决人的情感问题。所以，梁漱溟提出"以美育代宗教"，以艺术化的生活来解决人的道德情感问题。艺术既可安顿情感、陶冶性情，又让人不离理性、自觉、自信。艺术审美给人以物我两忘、自觉自信的精神境界。在礼乐艺术的熏陶之下，人们的一举一动自然和乐、清明在躬、和谐有序，既能率性又合乎理性。"道德代宗教"是使生活秩序化，"美育代宗教"是使生活艺术化，两种方式的结合达到了情与理的统一，也就是真、善、美的统一。艺术创造使理性之道德生生不穷，将道德与艺术融为一体。

对"美育代宗教"和"道德代宗教"的关系，陈明教授说："美育代宗教不是独立一系，而是附属于道德代宗教，或者为道德代宗教的一种补充，最终梁漱溟导向的是道德自觉。"笔者认为，梁漱溟所指向的道德自觉状态是一种

---

① 梁漱溟：《人心与人生》，第 234 页。
② 梁漱溟：《人心与人生》，第 234 页。
③ 梁漱溟：《人心与人生》，第 234 页。
④ 梁漱溟：《人心与人生》，第 234 页。

艺术与道德、情与理相统一的状态，这种状态似道德而非道德，似宗教而非宗教，是无德之德的境界。因此，"美育代宗教"并非只是一种附属，它既能使艺术生活道德化又能使道德生活艺术化，既包括了"道德代宗教"的作用，又弥补了"道德代宗教"的情感缺失。由于"美育代宗教"解决了"道德代宗教"在情感与理性上的冲突问题，因此，前者的境界更高一筹。陈明教授也说："梁漱溟晚年美育代宗教，为解决道德理性过强带来的情感矛盾，道德作为抽象的理性不能解决情感问题，而艺术审美恰恰与道德相通，直达本体。美育是道德代宗教融会贯通的一种境界，即道德、宗教、艺术相交融的终极自由状态。"① "美育代宗教"解决的是理性过而情感不及的问题，使生活艺术化，从而让人能抒发情感、安稳人生。美育的生活是一种道德与宗教、理性与情感融会贯通的自由状态。由此可见，"美育代宗教"的境界要高于"道德代宗教"的境界。通过以上分析，我们知道，梁漱溟两个"代宗教"思想在中国历史上都有其独特的教化意义，同时对当代社会在提升国民道德素养和树立正确价值观等方面有一定指导作用。

---

① 陈明，樊兵策：《梁漱溟儒教观的宗教学解读——以道德代宗教论为中心》，《宗教学研究》2020 年第 3 期。

当代儒学
文献研究

《蒙培元全集》介绍

黄玉顺[*]

　　作者按：《蒙培元全集》（全十八卷），黄玉顺、杨永明、任文利主编，四川人民出版社 2021 年 12 月版。《全集》由四川省哲学社会科学重点研究基地——宜宾学院"四川思想家研究中心"资助出版。本文是四川思想家研究中心申报四川省哲学社会科学研究成果奖《申报书》的部分内容。

　　作为四川思想家研究中心的重大项目，《蒙培元全集》（全十八卷）是对蒙培元先生著述的首次全面的搜集、编辑、出版，收录了迄今所能搜集到的蒙培元先生的全部著述，包括专著、论文，以及其他文章、文字，如散文、诗歌等（未收书信）。这些著述，绝大多数是公开发表、出版过的；此外还收录了一些未公开发表过的文字，因为它们也是具有思想学术价值的。

　　蒙培元先生是中国当代著名的哲学家、中国哲学史家。蒙培元先生于 1963 年跟随著名哲学家冯友兰做研究生，1966 年毕业于北京大学哲学系。1980 年到中国社会科学院哲学研究所从事中国哲学研究，历任中国社科院哲学研究所研究员，研究生院教授，中国哲学研究室主任，中国哲学史学会副会长，《中国哲学史》杂志主编。同时，曾任美国哥伦比亚大学、哈佛大学访问教授，台北"中研院"文哲所访问教授，香港中文大学客座教授等。蒙培元共发表论文近三百篇，出版专著十部。

　　蒙培元先生的哲学思想的形成，是"以史出论"，即通过对中国传统哲学

---

　　* 作者简介：黄玉顺，山东大学儒学高等研究院教授，博士生导师。

的研究、叙述与诠释而呈现出来的，这充分体现在《蒙培元全集》之中。

第一卷是蒙培元先生1980年至1988年的文章，共29篇。这些研究成果主要是宋明理学的研究，提出了一系列新观点，当时即引起广泛关注。最值得注意的是，蒙培元先生此时已正式提出了"情感哲学"的概念，为蒙先生哲学的整体基本特征"情感儒学"确定了基调。

第二卷是蒙培元先生的第一部学术专著《理学的演变——从朱熹到王夫之戴震》（1984年）。此书是宋明理学研究的重要学术成果，其研究理路的独创性在于"既不是从北宋的不同学派开始，也不是从理学奠基人二程开始，而是从南宋的朱熹开始，讲理学的历史演变"，揭示出理学在后来演变乃是出于朱熹理论体系的"内在张力"。

第三卷是蒙培元先生的另一部重要专著《理学范畴系统》（1989年）。此书分为"理气""心性""知行""天人"诸篇，共二十五章，全面、系统、立体地呈现了宋明理学的庞大范畴体系。此书旨在提出并回答这样的问题："理学中有不同派别，各派之间又有不同体系和特点，究竟有没有一个统一的理学范畴系统？这个系统有什么特点？提出和讨论理学范畴系统这样的问题，有何意义？"此书的影响极大，至今仍然是中国哲学史研究，特别是宋明理学研究的必读参考文献。

第四卷是蒙培元先生的又一部重要著作《中国心性论》（1990年）。此书不仅是蒙先生的研究对象的全面拓展，即从宋明理学拓展到横向的儒道佛、纵向的整个中国哲学史，而且独树一帜地将整个中国哲学传统概括为"中国心性论"，为后来"心灵哲学"的提出奠定了基础。

第五卷是蒙培元先生1989年至1992年的文章，共31篇。这些文章不仅是上述研究的进一步拓展与深化，而且正式提出了"心灵哲学"概念；尤其难能可贵的是基于现代性诉求，对中国哲学传统进行了深刻的反思。

第六卷是蒙培元先生的重要专著《中国哲学主体思维》（1993年）。这既是对当时整个中国哲学界"主体性"时代思潮的回应，"它不只是中国哲学的问题，更是世界哲学的问题"；更是对中国哲学传统特征的新概括的进一步深化，即确立"心性论"或"心灵哲学"的"主体"根基。

第七卷是蒙培元先生1993年至1997年的文章，共34篇。这些文章不仅在"主体心灵"——"心灵的开放与开放的心灵"范畴下，更为鲜明、全面、系统地阐发了中国哲学传统的"情感哲学"特征，更重要的思想推进是探索"心灵境界"，指明中国哲学不是实体论的，而是境界论的。

第八卷是蒙培元先生的重要专著《心灵超越与境界》（1998 年）。此书的意义，顾名思义，不仅进一步揭示了中国哲学传统的"境界论"特征，而且揭示了中国哲学传统的"超越论"特征，即主体心灵通过自我超越而达到更高的精神境界。

第九卷是蒙培元先生 1998 年至 2001 年的文章，共 47 篇。这些文章不仅更进一步深化了"情感儒学"上述各个维度的思考，更重要的是关注"人与自然"问题，而将中国哲学传统的"天人之际""天人合一"思想阐发为一种"生态哲学"或"生态儒学"。蒙先生因此而成为当代儒家生态哲学探索的先驱。

第十卷是蒙培元先生与任文利教授合著的专著《儒学举要》（2002 年）。此书从"历史概要"和"思想精要"两个维度上全面系统地介绍了儒家哲学。

第十一卷是蒙培元先生的重要专著《情感与理性》（2002 年）。此书堪称蒙先生"情感儒学"哲学思想的最重要的代表作，全面系统地总结了作为"情感哲学"的中国哲学传统。

第十二卷是蒙培元先生 2002 年至 2004 年的文章，共 49 篇。这些文章是蒙先生情感哲学，特别是其中的"生态儒学"思想的进一步拓展与深化。

第十三卷是蒙培元先生的重要专著《人与自然——中国哲学生态观》（2004 年）。此书是蒙先生"生态儒学"的代表作，对于当代的儒家生态哲学研究具有开创性贡献。

第十四卷是蒙培元先生 2005 年至 2007 年的文章，共 39 篇。这些文章既是"生态儒学"的深化，也广泛涉及蒙先生哲学思想的方方面面。

第十五卷是蒙培元先生的两本专著《蒙培元讲孔子》（2005 年）、《蒙培元讲孟子》（2006 年）。这是蒙先生的孔孟儒学研究的总结性著作，同时也是其"情感儒学"及"生态儒学"的一种特定角度的总结，在读者中具有广泛影响。

第十六卷是蒙培元先生 2008 年至 2009 年的文章，共 28 篇。对于蒙先生的整个哲学思想的若干重要方面，这些文章具有回顾性和总结性。

第十七卷是蒙培元先生的最后一部专著《朱熹哲学十论》（2010 年）。此书不仅总结了蒙先生的朱熹哲学研究，而且进一步提出了一系列新的论断，且与蒙先生的第一部专著《理学的演变——从朱熹到王夫之戴震》形成首尾呼应。

第十八卷是蒙培元先生 2010 年至 2017 年的文章，共 43 篇。这些文章不仅总结了包括"心灵哲学"和"生态儒学"等在内的"情感儒学"，而且可以看出蒙先生的哲学思想还在继续拓展与深化。

以上《蒙培元全集》共十八卷，充分展示了蒙培元先生的哲学思想体系的整体面貌，即凸显"主体""心灵""超越""境界"与"自然"等最重要的关键词，并由"情感"贯通起来，由此呈现出独具一格的"情感哲学"体系，学界称之为"情感儒学"。

《蒙培元全集》所体现的蒙培元先生的"情感儒学"哲学思想体系，包括其内在的次级理论"心灵哲学""情感境界论""境界超越论""生态儒学"等，是中国哲学研究的重大理论创新，即中国哲学传统的一种"创造性转化与创新性发展"，可谓是对两千年来儒家主流哲学之大翻转，尤其是颠覆了以宋明儒学为代表的"性本情末""性体情用"的观念架构，而回归孔孟的情感本源观念，实乃明清之际以来开启的儒家内部的现代转型的当代体现。

《蒙培元全集》具有重要的学术价值，因为它所阐发的"情感儒学"或"情感哲学"，包括"心灵哲学""情感境界论""境界超越论""生态儒学"等，是中国哲学特别是儒家哲学的"创造性转化与创新性发展"的当代范例之一。

《蒙培元全集》同时具有重要的社会价值。例如，它所阐发的"生态儒学"思想，就是当今世界人类社会解决环境问题和生态问题时可资参考的非常重要的中国文化资源。

蒙培元先生的"情感儒学"，与他的导师冯友兰先生的"新理学"和他的后辈学者的"生活儒学"及"自由儒学"等一起，构成了当代中国哲学的"情理学派"，不仅在中国大陆和台湾等地区具有重要影响，而且在韩国及日本等具有国际影响。（参见《当代中国哲学的情理学派》，山东大学出版社2021 年版）

1. 蒙培元先生的多篇文章，在韩国、日本的刊物上译载；专著《理学范畴系统》《中国心性论》《中国哲学主体思维》均出版了韩文版。

2. 迄今为止，学界研究和评论蒙培元哲学思想的文章，已经有近200篇（参见《蒙培元全集》第十八卷附录二《蒙培元研究文献总目》）。

3. 学界多次召开蒙培元哲学思想全国学术研讨会，并结集出版：《情与理："情感儒学"与"新理学"研究——蒙培元先生70寿辰学术研讨集》，中央文献出版社2008年版；《儒学中的情感与理性——蒙培元先生七十寿辰学术研讨会》，现代教育出版社2008年版；《人是情感的存在——蒙培元先生80寿辰学术研讨集》，北京大学出版社2018年版；《"情感儒学"研究——蒙培元先生八十寿辰全国学术研讨会实录》，四川人民出版社2018年版。

当代儒学观察家

儒学复兴·理论创新·代表人物

——"儒家思想之现状与展望"学术研讨会暨《当代儒学》创刊十周年座谈会会议综述

李承志*

2022 年 9 月 17 日，"儒家思想之现状与展望"学术研讨会暨《当代儒学》创刊十周年座谈会成功举行。会议由四川思想家研究中心、山东大学儒学高等研究院和《当代儒学》编辑部联合主办，《当代儒学》编辑部承办。来自中国社会科学院、清华大学、中国人民大学、山东大学、华东师范大学、上海交通大学、苏州大学、上海财经大学、河北大学、曲阜师范大学、山西社会科学院、台湾元亨书院、韩国首尔大学等多家高校和科研机构的 20 多位专家学者与会并发言。

《当代儒学》主编、四川思想家研究中心主任杨永明回忆了《当代儒学》筚路蓝缕的创刊缘起，含辛茹苦的创刊经历与所取得的丰硕成果，不禁让人感叹"其作始也简，其将毕也必巨"。杨先生将《当代儒学》所取得的成就总结为四点：一是培育人才，壮大研究队伍；二是拓展研究方向，努力做到兼容并包；三是推动儒学现代化，使儒学从书斋走向生活；四是传承文化，增强文化自信。这四点正与《当代儒学》的"办刊宗旨"若合符契。早在创刊之初，《当代儒学》业已阐明自身宗旨："通过对当代儒学的研究与评介，推动儒学复兴、中华文化复兴的伟大事业。因此，本刊的着眼之点，乃在于儒家的'活的思想'，意在推进儒学的思想原创、理论建构，推出当代儒学的重要学

---

* 作者简介：李承志，山东大学儒学高等研究院中国哲学博士研究生，研究方向为儒家哲学、中西比较哲学。

派、代表人物。"而创刊十周年座谈会上的群贤高见,亦可围绕着"儒学复兴与活的思想""思想原创与理论建构""重要学派与代表人物"这三个核心主题观之。

一、儒学复兴与活的思想

复兴的儒学必然是一种当代儒学。然而何谓"当代儒学"?山东大学的黄玉顺教授给出了提纲挈领的阐释。首先,"当代儒学"不是指的前现代的儒学研究。"当代儒学"强调"活的思想",乃是对现实生活的趋向、人类社会的趋势的回应。其次,"当代儒学"甚至不是指的现代性的儒学。"现代性诉求"仍然是时代的基本课题,但后现代主义者所提出的"反思现代性"亦应当是"当代儒学"的题中应有之义。最后,"当代儒学"乃是指的当下性的儒学。"当下性"(immediateness)是一个"前时间性"(pre-time/meta-time)"前主体性""前存在者"的概念,在此意义上,"当代"是一个与"前现代"甚至某种"现代性"相对的概念。既有的存在者化的东西,首先应当接受"当下"视域的"解构"与"还原"。

与黄教授的观点不谋而合,台湾元亨书院林安梧院长同样认为"当代儒学"的提法是重要的,因为它不只有当代性,还有当下性。所谓当下性,即以当下作为一个连接过去以及展开未来的非常重要的切入点。当下性里蕴藏着儒学"接地气""通天道""入本心""布乎四体,达于八方"的关键。此外,林先生还指出儒学研究进入到了一个"反思年代"。最后,针对儒学的现代化,林先生认为应当将工夫花在让传统、经典的语汇通过现代生活与现代学术的语汇表达出来,充分展开古今对话。

传统与现代的对话意味着传统必须被置于反思的天平上。中国人民大学梁涛教授便结合自己的荀子研究经历,指出当代儒学的重建要在同情理解之基础上加以批判反省,两者不可偏废。了解得愈深入,则批评和反省愈有建设性。应当反思将儒学的一切合理化甚至美化的倾向,外王与制度的方面尤其,切不可将之完全视作中国文明、中国道路的特色所在。

某种意义上,反思的天平上放置着知识与信仰的砝码。这便引出了清华大学任剑涛教授提出的儒学如何在基本价值上既能卫道又能求知,即在知识上如何寻求可靠与信仰或信念上如何宣称可信的问题。他强调我们必须要有一种真正面对问题而不是面对现代和传统知识的优劣来进行比较的知识心态，强调儒学作为人学对人的本质的把握，而不是捍卫什么儒家立场。强调儒学在知识学建构上的可公度性标准，解决公共问题，而不是安顿个人的信仰和信念。

科技问题是当代社会公共问题的重要面向。华东师范大学方旭东教授认为NBIC 代表着 21 世纪最前沿的科技发展，而儒学在 NBIC 时代，可能会遇到伦理、价值以及学术研究等多方面的挑战。当代儒学应该正视科技发展所带来的一系列问题，但现成的"孔孟"并不能提供答案。为解决这些问题，儒学需要吸收当代思想界的最新成果，同时从儒学中找出可以活化的资源。

事实上，对话不仅具备古今之变的维度，也具备中西之际的面向。山东大学陈晨捷副教授认为儒家的对话理论应包含三个层面，即儒学与世界上其他文明的对话，儒学与其他学派的对话以及儒学内部不同流派间的对话。他镜鉴哈贝马斯的对话理论，希望由传统形成的共识转变为由对话形成的共识。进而以《荀子》尤其是"以仁心说，以学心听，以公心辨"为突破口，以人为出发点和理论归宿寻找儒家对话伦理的资源，避免儒学的独白和独尊，重建儒学主体性。

山东大学徐庆文教授与邹晓东副教授则分别就当代儒学的复兴展开了具有总结意义的发言。徐教授指出，一方面，传统儒学的兴盛不可复制。因为近代西方文化的输入打破了传统社会固有的运作模式。另一方面，儒学复兴的关键在于儒学再造。具体做法则包括回归儒学核心，精简儒学内容与融会不同文化。他强调这是需要几代甚至几十代学人深潜的志业。

邹副教授则认为儒学研究应正视并摆脱不切实际的"复述论"理想、"新夷夏之辨"洁癖和忌惮学理批判的"伪忠厚"这三个"心结"，但也不应矫枉过正地抛弃"从文本出发""中国主体意识"和"礼敬传统"这三个正面价值，从而更好地为兼具诠释学根基、世界性视野、建设性批判精神的儒学鸣锣开道。

二、思想原创与理论建构

方法论的创新是思想理论创新的前提。苏州大学周可真教授认为儒家学术思想方法一言蔽之曰"史"与"论"。若撇开内容而仅从形式上看，其与培根的"新工具"是一致的，都是实践性演绎而非理论性演绎。但由于中西传统学术背景不同，中国学术发展因此出现了明显偏蔽。而传统思维方式一直延续到当代中国，辩证逻辑强而形式逻辑弱，难以形成理论思维。这种情况亟待改变。

周教授的方法论创新在中国社会科学院赵法生研究员那里得到了回应。他提出的"现代新儒学思想建构的三个向度"中的第一个向度即"必须面对理性缺失的问题"。传统儒学缺少知识论、缺少逻辑，而知识论和逻辑是现代社会的根源性基础，故现代新儒学必须吸收理性、科学和民主。第二个向度是"必须重新诠释儒家的心性论传统"。先秦儒家的心性论具有非常现代的思想意义，尤其表现在它对人和情的张扬。第三个向度是"必须回答现代性的挑战"。国人思想要重返轴心期，要义有二：一是重新诠释道统的意义，二是建立现代人本主义。

中国人民大学李若晖教授在方法论上亦有创见。他认为儒学是把握和理解中国的主要方法，也是把握和理解儒学自身的重要方法。然而，以当代儒学形态为基准进行逆推的方法来研究古代儒学，将会扭曲甚至裁割中国古代儒学的真实面貌。历史地看，儒学是一个综合体系，它将哲学思想、伦理道德、国家政治、社会结构结合成为一个有机整体，研究者应纵横贯通地予以把握与阐释。

方法论问题解决后，便可直面儒家思想理论的建构问题。中国人民大学韩星教授倡言内圣外王是儒家一个一以贯之的内在思想结构。心性儒学是内圣之学，政治儒学和社会儒学可归纳为外王之学。当今新儒学应该以儒家的综合之道，整合心性儒学、政治儒学和社会儒学，在内圣外王之道的高度安稳儒家的核心结构，确立儒家的价值主体，与时俱进地吸收世界多元文明成果，重建圆融圆满的新儒学体系。

曲阜师范大学涂可国教授力图建构儒学形态学，即对儒学基本形态及其衍生形态的划分标准、构成要素、根本特征、基本功能、历史演变等进行研究的元儒学学科。真正完善的儒学理论形态应包含作为思想内容的儒学，作为功能实现的儒学和作为存在形态的儒学三大层面。建构儒学形态学的目的既是为了助成儒学的结构优化、强化儒学的整合统一，也是为了突出儒家具备普遍性而又为人们所忽视的思想，更是为了凸显儒学的社会大用。

韩国首尔大学郭沂教授希望以道哲学修正中国传统形而上学或本原论。郭教授将哲学分为价值观和方法论两个层面。自轴心突破后，人类基本价值体系建立起来，此后价值观并未发生太大变化；但在近代科学冲击下，本原论逐渐失落，重建哲学的主要任务在于放眼世界重新为价值观寻找一个新的方法论依据，而体用一如的道哲学恰能为此提供资凭。

在宏观的理论建构外，具体的思想创新亦不可忽视。山东大学沈顺福教授从"工具人"谈起，指出传统儒家没有从个体的角度关注人的生存问题。他认为任何一种规则和道德规范都需要个体参与，而非盲目、僵化地听从某些人的指令。故儒学发展的未来和方向在于培养每一个独立自主的个体，而不是单纯地宣扬教化。

上海交通大学的余志平教授则基于董仲舒的"调均"思想，分析和诠释了"仕则不稼"与"田则不渔"两大命题。他认为不同职业之间应确立一系列的领域边界与利益界限，各司其职，各守其责，尤其是应规避官僚集团对普通民众的利益进行垄断、霸占与褫夺，但前提是公务人员的薪酬体系要完善健全。

上海财经大学郭美华教授深入剖析了牟宗三对孟子心性论的误解。首先，牟宗三将整体的人划分成两个彼此隔绝的存在，这不符合人的真实。其次，牟宗三以肯定式的话语描述心性之普遍，完全悖于近代以来关于人类自由生存的基本理解。再次，牟宗三的形而上学在某种意义上是一种形式化的、假的、不道德的道德学。最后，牟宗三对"仁义内在"的讨论没有予以任何人生命存在之意义的创造能动性，也扩大了道德法则内在性与普遍性的矛盾，更撇开了行动将内在性的讨论还原成了观念的游戏。

儒学思想理论的创新，不能脱离与其他学派的汇通。山东大学曾振宇教授以"墨离为三"为界将墨家分作前期和后期。前期墨家持原始宗教意义上的天本论，后期墨家则在心性论基础上建构起来了义本论。曾教授认为后期墨家已经建立起道德形上学并逐渐向儒家靠拢。诸子百家最终从相反走向相成，从相互辩驳走向相互融合。

三、重要学派与代表人物

当代儒学研究领域已经涌现出一批重要学派与代表人物，河北大学程志华教授对此作出了精到的总结。他梳理了"新世纪儒学本体论的重构"的"两代八家"：第一代为李泽厚、张立文、蒙培元、牟钟鉴四家，第二代为陈来、杨国荣、黄玉顺、林安梧四家。程教授的结论是，尽管面临实证主义与后现代的冲击，儒学若想发展还应重视哲学或本体论的建构，这将是中国哲学登场的基础或重要的一面。

"礼学研究"已经加入到当代儒学的队伍中来了，这是中国社会科学院刘丰研究员的一个基本判断。他认为礼学研究并不完全是一种历史的、面向过去的儒学史研究，而已成为打通思想与社会的一个优良视角，故应进一步凸显礼学在当代儒学建构中的意义和价值。

"易学研究"是山东大学林忠军教授关注的领域。但当前的"易学研究"存在的问题日益突出，如缺乏宏观的远大视野、缺乏突破现状的新方法、缺乏贴近现实的关切和缺乏实质性的学术互动。因此充实与总结当下已有的易学研究成果、开拓新的易学领域，从易学原典出发，着眼于当下现实，以全球化视野，通过中西哲学文化互鉴，建立新的易学体系，使易学真正走向世界，参与世界对话，是今后易学研究新的动向和目标。

山东大学张文智教授则将"易学研究"进一步具体和深化。他主张通过卦体阐发《周易》中的宇宙生成论和心性本体论，提出中国哲学需要顺应现代价值，进行理论创新。他强调用易学之五行平衡的协调性指涉当代社会的多元性，进而保障作为现代性之重要特质的个体性。

当代儒学的重要学派不仅以内容区分，亦凭地域相别。山西社会科学院宋大琦研究员认为在今天，儒学、儒家、儒行这三者的统一很重要。儒学首先是一种学问，是一种建构，这种建构如果不表现为一种落实于民间的行为的话，那么它的意义是有限的。反过来，"山西儒学"在学理建构上虽比较落后，但是民间儒学非常活跃。宋先生试图以《山西儒学》串联省内县域层级的知识分子，深耕出地方性的儒家柔性共同体。

山东大学察应坤助理研究员则从个体人物的角度切入研究。他指出作为西方"新儒家"思想的开拓者之一，狄百瑞并非仅仅是一位"书斋型"的学者，同时也积极组织参加美国及国际学术联合体，利用美国在二战后的学术话语权使"新儒家"思想体系在东西方文化学术界成为一种权威的正统建构，并试图以此解决世界性的现代化困境问题。他将中国传统引入全球视野，赋予了中国文化、中国文明更为广泛的世界性意义。

总而言之，与会学者从"儒学复兴与活的思想""思想原创与理论建构"以及"重要学派与代表人物"三个维度深入讨论了当代儒学的开展。这既是对当代儒学发展过程的阶段性总结，也为当代儒学的未来擘画了方向路径，同时也增强了《当代儒学》办刊的底气和自信。正如《当代儒学》执行主编、山东大学郭萍副研究员在会议结束时所总结的那样，《当代儒学》将始终坚守办刊宗旨和理念，一如既往地配合学界同仁共同致力于儒学的现代转型研究，以"活的思想"回应时代问题。最后，衷心祝愿《当代儒学》越办越好。

山东大学"历下论学"研究生论坛
暨第三期"稽古"系列研究生工作坊
开幕致辞

黄玉顺[*]

黄玉顺[*]

> **编者按**：2022 年 12 月 11 日，由山东大学儒学高等研究院主办，中国人民大学孔子研究院、中国政法大学国际儒学院、孔子研究院《走进孔子》杂志、《法大研究生》杂志联合举办的"山东大学'历下论学'研究生论坛暨第三期'稽古'系列中国哲学研究工作坊"以线上会议的方式成功召开。在开幕式上，山东大学儒学高等研究院黄玉顺教授紧扣该论坛的"历下"特色与"稽古"旨趣，做了言简意赅而富有深意的致辞。在此分享这篇致辞，以便广大读者一窥论坛的学术风格。

各位老师、各位同学：

大家好！我谨代表山东大学儒学高等研究院，向各位表示热烈的欢迎和由衷的感谢！

今天的会议，是"历下论学"研究生学术论坛，这个论坛是由我们山东大学儒学高等研究院主办的，已经办过几期。

同时，今天的会议，也是"稽古"系列研究生工作坊的第三期。这个工作坊，最初是由中国政法大学国际儒学院发起的；本期工作坊，由山东大学儒学高等研究院、中国人民大学孔子研究院、中国政法大学国际儒学院联合

---

* 作者简介：黄玉顺，山东大学儒学高等研究院教授，博士生导师。

主办。

本次会议的主题是：中国哲学中的体用与境界。

我们的会议，是中国古典学，这体现在论坛和工作坊的名称上，也就是"历下论学"和"稽古"。

所谓"历下"，意思是"历山之下"，指的是山东大学所在地济南市；济南有一个区就叫"历下区"。"历山"，现在叫"千佛山"，是因为隋朝的时候在山上雕刻了数千座佛像；济南有一条街就叫"历山路"。

"历山"的典故，是说的帝舜的故事，出自《尚书·大禹谟》："帝初于历山，往于田。"孔安国传："言舜初耕于历山之时。"《墨子·尚贤中》也记载："古者舜耕历山。"东晋的干宝有一篇文章，题目就叫《舜耕于历山》。济南有一条街就叫"舜耕路"。

这个"历山"的"历"字，很可能和尧舜禹相传的"天之历数"有关，进而也和"十六字心传"有关。《论语·尧曰》记载，尧告诉舜："天之历数在尔躬，允执其中。"然后，"舜亦以命禹"，据《尚书·大禹谟》记载，舜又告诉禹："天之历数在汝躬。"紧接着就讲出了著名的"十六字心传"："人心惟危，道心惟微。惟精惟一，允执厥中。"

尽管《大禹谟》属于《古文尚书》，但是，这个"十六字心传"，人们一致认为是儒家"道统"的核心内涵。今天，我们也可以说，这是中国古典学所谓"古典"的核心内涵，它的核心精神值得我们反复咀嚼，那就是怎样看待"人心"，怎样看待人的情感、意志和理性，怎样看待人性。

从"人心"到"道心"，这是"境界"的提升。但是，一方面，"人心"是危险的，"道心"是微妙的；而另一方面，两者不可偏废，而应当"执中"，避免"过犹不及"。

这个"心传"，也可以称之为"历山心传"，这里的"历山"代指帝舜。心传的上述内涵表明，中国古典学乃是"人心之学"。这应当是我们今天"稽古"的核心内涵。

"稽古"的典故，是讲的帝尧，出自《尚书》的第一句话，也就是《尧典》篇的第一句："曰若稽古帝尧……"

孔安国传："若，顺；稽，考也。能顺考古道而行之者，帝尧。"孔颖达疏："能顺考校古道而行之者，是帝尧也。"这就是说，"稽古"的意思是"考校古道"。

这里的"考校"，尽管包括但远不止是文献学意义上的"考据""校雠"的意思。所以，孔颖达指出：

"古人之道，非无得失；施之当时，又有可否。考其事之是非，知其宜于今世，乃顺而行之。……是后世为治，当师古法，虽则圣人，必须顺古；若空欲追远，不知考择，居今行古，更致祸灾。"

这段话说得太好了！一方面，不能脱离传统；但另一方面，不能陷入复古主义、原教旨主义，否则就会导致灾祸。

这里，孔颖达解释了"考校"的意思是"考择"，即考察和选择，分为两个层次：

一是"考其事之是非"，因为"古人之道，非无得失"，这就是说，古道本身有得有失，并不完全正确。

二是"知其宜于今世"，因为某种古道"施之当时，又有可否"，它本身即便在当时是正确的，今天也未必适宜。

总的讲，刚才谈到的"人心""道心"问题，是"体用"之"体"的问题；这里的"知其宜于今世"，是"体用"之"用"的问题。

因此，我想，"考其事之是非，知其宜于今世"这两点，应当是我们今天进行"历下稽古"的宗旨，也是我们今天落实"历山心传"的要领。

这就是《大禹谟》所说的："无稽之言勿听，弗询之谋勿庸。"

以上是我的一些粗浅想法。

预祝会议圆满成功！谢谢大家！

2022 年 12 月 11 日

征稿启事

本刊《当代儒学》是"四川思想家研究中心"主办的儒家思想理论辑刊，每年出版两辑。

近些年来，儒学研究的刊物纷纷涌现。但是，这些刊物的内容，往往是对传统"儒学史"的某种对象化的所谓"客观"研究，在这种研究中，儒家儒学成为"历史上的"东西，即"故纸堆里的""博物馆里的"东西，而与当代社会现实生活无关。

有别于此，本刊所称的"当代儒学"，是指的改革开放以来，尤其是21世纪以来的儒学复兴中所出现的新的儒家思想创造、新的儒学理论形态，这些思想理论的探索，旨在回应当今时代的呼唤、解决当今社会的问题。

本刊宗旨：通过对当代儒学的研究与评介，推动儒学复兴、中华文化复兴的伟大事业。因此，本刊的着眼之点，乃在于儒家的"活的思想"，意在推进当代儒学的思想原创、理论建构，推出当代儒学的重要学派、代表人物。

栏目设置：

●当代儒家思想探索：具有原创性的当代儒家思想者，可推出他们最新的思想创获。

●当代儒家理论建构：研究与评介当代儒家具有原创性的理论学说。

●当代儒家学派评介：组织有关稿件，对当代儒家的学派进行研究或评介。

●当代儒家文献研究：评介当代儒家著述中有可能在将来成为经典文献的重要作品。

●当代儒学观察家：观察与评介当代儒学复兴中的最新活动、动向。

●当代儒家访谈录：组织对当代儒家中的名儒、大儒的访谈。

● "××××"专题研究：本刊每一辑都将推出一些特定栏目，专题讨论当代儒学中的热点问题和重大问题。

凡在本刊发表的文章，并不代表本刊的立场、观点，作者文责自负，本刊只是提供一个研究、讨论、交流的平台。热忱欢迎广大作者惠赐稿件！

投稿要求：

1. 稿件篇幅在 1.2 万字以上，特殊稿件例外。

2. 来稿请用 A4 纸张、Word 文件格式。文章标题用 2 号黑体字，副标题用 4 号仿宋体字；作者署名用 4 号楷体字；正文用 5 号宋体字；独立段落的引文用 5 号仿宋体字；一级标题用 4 号楷体字，二级标题用小 4 号黑体字。

3. 来稿请撰写【摘要】【关键词】【英文标题】，并附【作者简介】及联系方式。

4. 注释一律采用页下脚注形式。

5. 参考文献：古籍采用随文夹注形式（《书名·篇名》），在文中第一次出现时以脚注形式注明该书的版本信息；其余文献采用脚注形式，格式如下：

（1）图书：作者/编者：《书名》，出版地：出版社，出版年份，版次，页码（第＊页）。

（2）期刊：作者：《文章标题》，《刊名》，××××年第×期。

（3）报纸：作者：《文章标题》《报纸名称》出版年月日。

（4）网络文章：作者：《文章标题》，网名，英文网址。

著作权使用许可声明：本刊已许可中国知网以数字化方式复制、汇编、发行、信息网络传播本刊全文。本刊支付的稿酬已包含中国知网著作权使用费，所有署名作者向本刊提交文章发表之行为视为同意上述声明。如有异议，请在投稿时说明，本刊将按作者说明处理。

投稿邮箱：dangdairuxue@163.com

《当代儒学》编辑部